新时代的中国式法治现代化研究丛书

公丕祥　总主编

新时代的中国式
行政法治现代化

主　编｜吴　欢

副主编｜尹培培　孟星宇

XINSHIDAI DE ZHONGGUOSHI
XINGZHENG FAZHI XIANDAIHUA

法律出版社
LAW PRESS · CHINA
——北京——

图书在版编目(CIP)数据

新时代的中国式行政法治现代化 / 吴欢主编 ; 尹培培，孟星宇副主编. -- 北京 : 法律出版社, 2023
(新时代的中国式法治现代化研究丛书)
ISBN 978-7-5197-7926-9

Ⅰ. ①新… Ⅱ. ①吴… ②尹… ③孟… Ⅲ. ①行政法-研究-中国 Ⅳ. ①D922.104

中国国家版本馆 CIP 数据核字(2023)第 082409 号

新时代的中国式行政法治现代化
XINSHIDAI DE ZHONGGUOSHI XINGZHENG FAZHI XIANDAIHUA

吴 欢 主 编
尹培培 孟星宇 副主编

策划编辑 肖 越
责任编辑 肖 越
装帧设计 汪奇峰

出版发行 法律出版社
编辑统筹 法商出版分社
责任校对 晁明慧
责任印制 胡晓雅
经　　销 新华书店

开本 710 毫米×1000 毫米 1/16
印张 29.25 **字数** 363 千
版本 2023 年 12 月第 1 版
印次 2023 年 12 月第 1 次印刷
印刷 唐山玺诚印务有限公司

地址:北京市丰台区莲花池西里 7 号(100073)
网址:www.lawpress.com.cn
投稿邮箱:info@lawpress.com.cn
举报盗版邮箱:jbwq@lawpress.com.cn
销售电话:010-83938349
客服电话:010-83938350
咨询电话:010-63939796

书号:ISBN 978-7-5197-7926-9
定价:98.00 元

前 言

2022年10月，在开启全面建设社会主义现代化国家新征程、向第二个百年奋斗目标进军的关键时刻，中国共产党召开了具有重大而深远意义的第二十次全国代表大会。这是党和国家政治生活中的一件大事。为了深入学习贯彻、研究阐释党的二十大精神，中国法治现代化研究院院务（扩大）会议经过慎重研究，决定编写六卷本的“新时代的中国式法治现代化研究丛书”。

在庆祝中国共产党成立100周年大会上的重要讲话中，习近平总书记明确提出了“中国式现代化新道路”的崭新概念，指出：“中国特色社会主义是党和人民历经千辛万苦、付出巨大代价取得的根本成就，是实现中华民族伟大复兴的正确道路。我们坚持和发展中国特色社会主义，推动物质文明、政治文明、精神文明、社会文明、生态文明协调发展，创造了中国式现代化新道路，创造了人类文明新形态。”党的十九届六中全会审议通过的《中共中央关于党的百年奋斗重大成就和历史经验的决议》（以下简称十九届六中全会《决议》）进一步强调，“党领导人民成功走出中国式现代化道路,创造了人类文明新形态,拓展了发展中国家走向现代化的途径,给世界上那些既希望加快发展又希望保持自身独立性的国家和民族提供了全新选择”。在党的二十大报告中,习近平总书记运用马克思主义世界观和方法论,深刻把握全面建成社会主义现代化强国、实现第二个百年奋斗目标、以中国式现代化全面推进中华民族伟大复兴这一新时代新征程中国共产党的中心任务,系统论述了中国式现代化的历史进程、本质要求、战略安排、目标任务、重大原则等一系列重大问题。这些重要论述精辟概括了中国共产党百年奋斗创造的伟大成就,深刻揭示了中国式现代化的内在特质、丰富内涵、基本要求和重大意义,为坚持和拓展中国式现代化指明了前进方向。

中国式现代化是一个内涵丰富、意义深刻的重大命题,涉及经济、政治、社会、文化、生态、中国与世界的关系等广泛领域,是一个与本国国情相适应的、体现社会主义性质的、反映现代化客观规律的全方位的崭新的现代化道路。中国式法治现代化,是中国式现代化在法治领域中的集中体现,是在中国的具体国情下所展开的法治变革过程,是超越西方法治现代化模式的法治现代化的中国道路,是既符合中国国情又汲取人类法治文明成果的现代化法治之路。

因此,这套六卷本的“新时代的中国式法治现代化研究丛书”的分析主轴是:深入考察党的十八大以来坚持和拓展中国式法治现代化的波澜壮阔的时代进程,充分展示新时代推进全面依法治国取得的历史性成就、发生的历史性变革。编写这套丛书的总体要求是:深入学习贯彻党的二十大精神,坚持以习近平法治思想为指导,全面系统地研究新时代中国式法治现代化的重要理论和实践问题,注重理论分析与实证研究的有机结合,深入考察党的十八大以来全面推进依法治国、加快建设法治中国、实现中国式法治现代化的重大进展,深刻总结推进中国式法治现代化的基本经验,对新时代新征程中国式法治现代化建设的重要领域及其发展前景进行战略性、整体性、前瞻性的深入研究,更加坚定中国特色社会主义法治道路自信,更加坚定不移走中国式法治现代化新道路,从而以高质量的研究成果为推进和拓展中国式法治现代化奉献智识和力量。

这套六卷本丛书的写作分工是：

中国法治现代化研究院法治发展战略研究所：《中国式法治现代化的理论逻辑》；

中国法治现代化研究院立法发展研究所：《新时代的中国式立法现代化》；

中国法治现代化研究院法治政府研究所：《新时代的中国式行政法治现代化》；

中国法治现代化研究院司法改革与现代化研究所：《新时代的中国式司法现代化》；

中国法治现代化研究院法治社会研究所：《新时代的中国式社会治理法治化》；

中国法治现代化研究院区域法治发展研究所：《新时代的中国式区域法治现代化》。

这套丛书的编写工作得到了法律出版社的鼎力支持，张雪纯副总编和薛晗分社长给予了热情指导和支持，各卷责任编辑做了精心的编辑工作；江苏省委宣传部及江苏省新型智库建设办公室、南京师范大学对这套丛书的编写工作给予了大力支持；中国法治现代化研究院办公室做了大量具体协调工作。在此，谨致以衷心的感谢！

编　者

2022 年 11 月于南京

总　序

公丕祥

党的十八大以来"新时代十年的伟大变革",[①]是党和国家事业取得历史性成就、发生历史性变革的十年,是坚持全面依法治国、推进中国式法治现代化取得重大进展的十年。以习近平同志为核心的党中央高瞻远瞩,总揽全局,科学把握共产党执政规律、社会主义建设规律和人类社会发展规律,把全面依法治国纳入"四个全面"战略布局予以有力推进,对全面依法治国、加快建设社会主义法治国家作出了一系列重大战略谋划和精心部署,创立了"习近平法治思想"这一原创性的法治理论,推动当代中国法治领域取得历史性成就,中国式法治现代化正在向纵深推进。在认真学习贯彻党的二十大精神的新形势下,以习近平法治思想为指导,深入回顾党的十八大以来全面推进依法

---

① 参见习近平:《高举中国特色社会主义伟大旗帜　为全面建设社会主义现代化国家而团结奋斗——在中国共产党第二十次全国代表大会上的报告》,人民出版社 2022 年版,第 15 页。

治国的历史性成就，深刻总结全面依法治国、建设法治中国的基本经验，无疑具有重要的意义。

一、创立原创性的法治理论

习近平法治思想是党的十八大以来最为重要的原创性的法治理论。习近平法治思想坚持和运用马克思主义法治基本原理和方法论原则，深入思考和研究为什么要推进全面依法治国、怎样推进全面依法治国这一重大时代课题，提出了一系列原创性的新时代坚持和发展中国特色社会主义法治的新理念新思想新战略，成为推进全面依法治国、实现中国式法治现代化的根本指导思想，对马克思主义法治理论在21世纪的发展作出了原创性的贡献。

习近平法治思想开启了马克思主义法治理论中国化时代化的新的历史性飞跃。20世纪以来，马克思主义法治理论在中国广泛传播和深入发展。中国共产党在领导人民进行革命、建设和改革的伟大斗争中，坚持把马克思主义法治理论同中国具体实际相结合、同中华优秀传统法律文化相结合，有力推动了马克思主义法治理论的新发展。在中华民族迎来从站起来、富起来到强起来的伟大飞跃的历史进程中，习近平法治思想应运而生，这在马克思主义法治理论中国化进程中具有里程碑意义，实现了马克思主义法治理论中国化时代化的新的历史性飞跃。习近平法治思想把握全面依法治国、建设法治中国的战略机遇和发展大势，系统阐述了新时代中国特色社会主义法治思想，将其精辟地概括为“十一个坚持”，科学回答了建设中国特色社会主义法治的基本问题，它构成了习近平法治思想的核心要义，是马克思主义法治理论中国化时代化的最新重大理论成果。习近平法治思想注重加强对事关全面依法治国全局性、长远性、整体性重大问题的战略谋划，是一个博大精深、内容丰富、逻辑严密、系统完备的科学的法治理论体系，科学把握全面依法治国的政治方向、重要地位、工作布局、重点任务、重大关系和重要保障，具有深刻的理论逻辑和巨大的实践伟力。

习近平法治思想是中华文化和中国精神的时代精华。怎样对待本国传统文化,是世界各国在实现现代化的过程中都必须解决好的重大问题。中华民族有着悠久的文化传统。中华民族之所以能够在几千年的历史长河中生生不息、薪火相传、顽强发展,其中一个很重要的原因,“就是中华民族有一脉相承的精神追求、精神特质、精神脉络”。[①] 中国共产党人始终是中华优秀传统文化和中国精神的忠实继承者和弘扬者。在延绵经久的中华文明发展进程中,中华民族铸造了体现独特的民族法律品格的博大精深的法律文化。中华优秀传统法律文化为马克思主义法治理论中国化提供了文化沃土,也是中国特色社会主义法治赖以存在和发展的历史传承。习近平法治思想蕴含深厚的民族精神,鲜明体现中华民族五千多年来积累的伟大历史智慧,深入中华民族历久弥新的法律精神世界,科学对待中华优秀传统法律文化,悉心总结我国古代治国理政的有益经验,着力开掘和传承中华政治文明和法律文化精华,汲取营养,择善而用,努力实现中华优秀传统法律文化的创造性转换、创新性发展,使之与中国特色社会主义法治文明相融相通,共同服务于新时代建设法治中国、推进中国式法治现代化的历史使命。习近平法治思想注重把握世界法治文明发展大势,记载深厚的中国经验,融入丰富的中国元素,体现鲜明的中国精神,从而展现出深厚的历史逻辑和强大的理论生命力。

习近平法治思想是当代中国马克思主义法治理论、21 世纪马克思主义法治理论。20 世纪以来中国革命、建设和改革的历史进程的新进展,都伴随马克思主义法治理论中国化时代化的新飞跃。习近平法治思想着眼于推进新时代治国理政的战略考量,创造性地阐述和运用马克思主义历史唯物主义法治基本原理,深入考察当代中国法治发展的内在矛盾运动,创立了具有原创意义的 21 世纪马克思主义法治理论体系,标志着当代中国马克思主义法治理论创新发展进入了一个崭新的历史阶段。习近平法治思想不断深化对共产党执政规律的认识,创造性地论述坚持党的领

① 参见习近平:《论党的宣传思想工作》,中央文献出版社 2020 年版,第 111 页。

导、人民当家作主、依法治国有机统一的重大法治方针；不断深化对社会主义建设规律的认识，创造性地论述中国特色社会主义法治建设的重大战略问题；不断深化对人类社会发展规律的认识，创造性地阐述推动人类法治文明发展、构建人类命运共同体进程中的重大理论和实践问题，闪烁着马克思主义法治理论的真理光辉，开辟了当代中国马克思主义法治理论、21 世纪马克思主义法治理论创新发展的崭新境界。

二、推进法治领域变革性实践

党的十八大以来，随着中国特色社会主义进入新时代，法治在国家现代化进程中的地位更加突出、作用更加重大。以习近平同志为核心的党中央高度重视新的时代条件下法治建设的系统性、整体性和协同性，以前所未有的力度加强对全面依法治国的战略谋划和协调推进。在中央全面依法治国工作会议等重要会议上，习近平总书记回顾总结了十八大以来我们党坚定推进全面依法治国的变革性实践。

一是从全面依法治国的战略考量来看，党中央明确提出全面依法治国，并将其纳入"四个全面"战略布局予以有力推进。

二是从全面依法治国总体战略决策来看，党的十八届三中全会在我们党的历史上第一次提出"推进国家治理体系和治理能力现代化"和"推进法治中国建设"的重大命题，对全面深化改革进行系统整体设计，具有划时代意义。党的十八届四中全会在我们党的历史上第一次专门研究全面依法治国若干重大问题，并作出专门的决定，在新中国法治史上具有里程碑意义。党的十九大将"明确全面推进依法治国总目标"确立为习近平新时代中国特色社会主义思想的重要组成部分，将"坚持全面依法治国"确立为新时代坚持和发展中国特色社会主义基本方略的有机构成要素，并且对新时代推进中国式法治现代化作出战略安排。党的十九届四中全会专题研究坚持和完善中国特色社会主义制度、推进国家治理体系和治理能力现代化的重大问题，意义重大，影响深远。

三是从中央全面依法治国委员会的重要作用来看，党的十九大召开后，党中央组建由习近平总书记担任主任的中央全面依法治国委员会，从全局和战略高度对全面依法治国作出一系列重大的决策部署，推动新时代法治中国建设大踏步前进。

四是从健全完善党领导全面依法治国制度来看，通过完善党领导立法、保证执法、支持司法、带头守法制度，党对全面依法治国的领导更加坚强有力。

五是从全面依法治国总体布局来看，将建设中国特色社会主义法治体系确立为全面依法治国的“总抓手”，完善顶层设计，统筹推进法律规范、法治实施、法治监督、法治保障和党内法规体系建设，中国特色社会主义法治体系建设加快推进，全面依法治国总体格局基本形成。

六是从落实全面依法治国重点任务来看，适应党和国家事业发展要求，完善立法体制，加快重点领域立法；坚持依宪治国，宪法实施和监督得到全面加强；推进法治政府建设，推进严格规范公正文明执法；加快推进司法体制改革，依法纠正一批冤错案件；推进全民普法，人民群众法治意识进一步增强；坚持依法执政，加快党内法规制度建设；贯彻依法治军战略；等等。

显然，新时代推进全面依法治国的变革性实践波澜壮阔、深入展开，取得了重大进展。从党的十八届三中全会作出“推进法治中国建设”的重大战略决策，到十八届四中全会提出全面依法治国的总蓝图、路线图和施工图；从十九大提出坚持全面依法治国基本方略，并且对新时代推进中国式法治现代化作出“两步走”的重大战略安排，十九届四中全会作出加强国家制度与法律制度建设的重大决策，十九届五中全会描绘开启全面建设社会主义现代化国家新征程第一个五年的法治蓝图，十九届六中全会对十八大以来推进全面依法治国及其历史性成就进行深刻总结，到二十大对新时代新征程坚持全面依法治国、推进法治中国建设作出新的重大战略部署，全面依法治国、建设法治中国所取得的每一个重大进展，都是在以习近平同志为核心的党中央的坚强领导下取得的，凝结着当代中国共产党人领导人民治国理政的重大法治成果。

三、全面依法治国取得突破性进展

党的十八大以来,在习近平法治思想的指引下,社会主义法治建设迈出重大步伐,全面依法治国的重要领域和关键环节取得突破性进展,深刻改变着当代中国国家与社会生活的基本面貌,中国式法治现代化进入了一个新的历史发展阶段。

第一,党领导全面依法治国的体制机制更加健全。中国共产党的领导是中国特色社会主义最本质的特征,是推进全面依法治国的根本保证。这必然要求健全和完善党领导全面依法治国的体制、制度和工作机制,推进党对全面依法治国领导的制度化、法治化,把党对全面依法治国的领导构筑在坚实的法治基础之上。习近平总书记强调,"推进党的领导制度化、法治化,既是加强党的领导的应有之义,也是法治建设的重要任务"①。党的十八大以来当代中国法治建设的一个鲜明特点,就是党对全面依法治国的战略统筹及其组织化程度显著有效提升,成为中国式法治现代化向纵深推进的强大动力。党的十八大以后,全面推进依法治国、加快建设法治中国,已经成为全党的普遍共识,成为全党意志的集中体现。党中央还加大推进法治领域改革的组织领导力度。根据十八届三中全会精神,中央成立了以习近平总书记为组长的中央全面深化改革领导小组,"负责改革总体设计、统筹协调、整体推进、督促落实"。② 在中央全面深化改革领导小组的强有力的领导推动下,当代中国新一轮法治领域改革如火如荼、有声有色,法治领域改革的顶层设计方案、试点方案以及一系列具体的改革项目计划相继推出,法治领域改革的计划性和系统性大大增强。十八届四中全会明确提出,要健全党领导依法治国的制度和工作机制,完善保证党确定依法治国方针政策和决策部署的工作机制和程序,进而将党对全面依法治国领导的制度机制概括为

---

① 习近平:《论坚持全面依法治国》,中央文献出版社 2020 年版,第 223 页。

② 参见《中共中央关于全面深化改革若干重大问题的决定》,人民出版社 2014 年版,第 58 页。

"三统一""四善于"。[①]

党的十九大以来，我们党加强和改进对全面依法治国领导所取得的重大制度创新成果，就是组建由习近平总书记担任主任的中央全面依法治国委员会。习近平总书记指出："党中央决定组建中央全面依法治国委员会，这是我们党历史上第一次设立这样的机构，目的是加强党对全面依法治国的集中统一领导，统筹推进全面依法治国工作。"[②]根据十九大和十九届三中全会的精神，中央全面依法治国委员会作为党中央决策议事协调机构，旨在加强党中央对法治中国建设的集中统一领导，健全党领导全面依法治国的制度和工作机制，更好落实全面依法治国基本方略。其重要职责是统筹协调全面依法治国工作，研究全面依法治国重大事项、重大问题，协调推进中国特色社会主义法治体系和社会主义法治国家建设等。[③] 县级以上地方各级党委也相应成立统筹协调本地法治工作的决策议事协调机构。习近平总书记多次主持召开中央全面依法治国委员会全体会议并发表重要讲话，对推进新时代全面依法治国作出了一系列重大部署。在中央全面依法治国委员会的坚强领导和统筹协调下，新时代法治中国建设迈出了新步伐。

第二，更加坚定维护宪法尊严和权威。宪法是治国安邦的总章程，是国家长治久安的根本法治保证。我们党高度重视宪法在治国理政中的重要作用。党的十八大以来，以习近平同志为核心的党中央对依宪治国、依宪执政提出新的更高要求，采取一系列重大举措，把全面贯彻实施宪法摆在推进全面依法治国的突出位置，更加坚定维护我国宪法尊严和权威，加强宪法实施和监督。习近平总书记深刻阐述当代中国共产党人在新的历史条件下崭新的治国理念，指出："依法治国首先要坚持依宪治国，依法执

① 参见《中共中央关于全面推进依法治国若干重大问题的决定》，人民出版社 2013 年版，第 49 页。

② 习近平：《论坚持全面依法治国》，中央文献出版社 2020 年版，第 222 页。

③ 参见《深化党和国家机构改革方案》，人民出版社 2018 年版，第 4 ~ 5 页。

政首先要坚持依宪执政。”①党的十八届三中全会提出，要健全宪法实施监督机制和程序。党的十八届四中全会进一步提出，要完善全国人大及其常委会宪法监督制度，健全宪法解释程序机制；加强备案审查制度和能力建设，把所有规范性文件纳入备案审查范围，依法撤销和纠正违宪违法的规范性文件；将每年12月4日定为国家宪法日；在全社会普遍开展宪法教育，弘扬宪法精神；并且决定建立宪法宣誓制度，明确凡经人大及其常委会选举或者决定任命的国家工作人员正式就职时公开向宪法宣誓。全国人大常委会先后于2014年11月和2015年7月，通过关于设立国家宪法日的决定和关于实行宪法宣誓制度的决定。2015年8月，依据宪法规定，全国人大常委会通过《关于特赦部分服刑罪犯的决定》，国家主席发布特赦令，这是我国改革开放以来第一次实行特赦，具有重大政治意义和法治意义。2017年3月，党中央提出明确要求，规定工作范围，全国人大常委会宪法解释程序机制进一步完善。党的十九届二中全会审议通过《中共中央关于修改宪法部分内容的建议》，强调要以这次宪法修改为契机，把依法治国、依宪治国提高到一个新水平。十三届全国人大一次会议审议通过现行宪法第五个修正案，充实完善现行宪法有关制度规定。党的十九届四中全会通过的《中共中央关于坚持和完善中国特色社会主义制度 推进国家治理体系和治理能力现代化若干重大问题的决定》基于坚持和完善中国特色社会主义制度、推进国家治理体系和治理能力现代化的战略考量，明确提出要“健全保证宪法全面实施的体制机制”，强调要“加强宪法实施和监督，落实宪法解释程序机制，推进合宪性审查工作”。

宪法的伟力来自人民的内心拥护和真诚信仰。党的十八大以来，遵守宪法、学习宪法、维护宪法的宪法宣传教育活动在中华大地蓬勃兴起。宪法教育纳入“八五”全民普法教育之中，并且作为党员干部教育的重要内容，在全社会大力营造有利于保证宪法实施、维护宪法权威的浓厚

① 习近平：《论坚持全面依法治国》，中央文献出版社2020年版，第230页。

氛围。

此外,根据现行《宪法》和《香港特别行政区基本法》,全国人大及其常委会还先后作出《关于〈中华人民共和国香港特别行政区基本法〉第一百零四条的解释》、批准《内地与香港特别行政区关于在广深港高铁西九龙站设立口岸实施"一地两检"的合作安排》,通过《关于完善香港特别行政区选举制度的决定》等一系列有关香港特别行政区宪制与法治问题的重要文件,充分表明中央贯彻"一国两制"方针的坚定决心和反对"港独"的坚定立场。

第三,中国特色社会主义法律体系加快完善。经过新中国成立以来特别是1978年改革开放以来40多年的不懈努力,中国特色社会主义法律体系形成,国家生活和社会生活各方面总体上实现了有法可依,"这是一个了不起的重大成就"。[①] 随着中国特色社会主义进入新时代,面对推进国家治理现代化的时代要求,立法工作的任务繁重而艰巨。党的十九大提出"以良法促进发展、保障善治"的重大战略任务。加快形成完备的法律规范体系,是法律体系内在和谐一致性的必然要求,是建设中国特色社会主义法治体系的前提和基础。

建设法治体系,必须坚持立法先行。以习近平同志为核心的党中央始终把完善中国特色社会主义法律体系放在治国理政法治化的大局来谋划和推进,着力推动法律体系随着时代前进的步伐和实践发展的要求而不断完善和发展。党的十八大以来,全国人大及其常委会围绕"五位一体"总体布局,深入推进全过程人民民主建设,紧紧抓住事关改革发展稳定的重大立法项目,加强立法工作组织协调,加强重点领域立法,《国家安全法》《慈善法》《网络安全法》《监察法》《外商投资法》《民法典》《反外国制裁法》等一批重要法律陆续出台,不断满足人民群众日益增长的法治新需求。在中央全面依法治国工作会议上,习近平总书记总结十八大以

① 参见《中共中央关于全面推进依法治国若干重大问题的决定》,人民出版社2014年版,第52页。

来我国法律体系建设取得的成就，指出："党的十八大以来，全国人大及其常委会通过宪法修正案，制定法律 48 件，修改法律 203 件次，作出法律解释 9 件，通过有关法律问题和重大问题的决定 79 件次。截至目前，现行有效法律 282 件，行政法规 608 件，地方性法规 12,000 余件。"[①]这为建设中国特色社会主义法治体系奠定了坚实的基础。

第四，法治政府建设加快推进。在当代中国，加快建设法治政府，是一场深刻的政府革命。习近平总书记强调，"法治政府建设是重点任务和主体工程，要率先突破"。[②] 党的十八大和十八届五中全会都把"法治政府基本建成"确定为 2020 年全面建成小康社会宏伟目标的重要内容。2015 年 12 月，中共中央、国务院公布《法治政府建设实施纲要（2015—2020 年）》，确立了法治政府基本建成的衡量标准，提出加快建设法治政府的 7 大主要任务和 40 项具体措施。2021 年 8 月，中共中央、国务院颁发《法治政府建设实施纲要（2021—2025 年）》，由 10 个部分、35 条组成，展现了"十四五"时期全面推进法治政府建设的路线图和施工图，确立了到 2025 年法治政府建设的总体目标各领域分目标及其重大举措。

加强法治政府建设示范创建活动。活动要求从 2019 年启动第一批法治政府建设示范地区评估认定开始，每两年开展一次，梯次推进，树立一批新时代法治政府建设的新标杆，形成样板效应，营造法治政府建设创优争先的浓厚氛围，并且公布了《市县法治政府建设示范指标体系》，对法治政府建设进行量化评估，借以加强对建设法治政府的具体指引。在中央的强有力推动下，全国范围内的法治政府建设示范创建活动有序展开，法治政府建设的内生动力竞相迸发。

第五，法治经济建设深入展开。习近平总书记强调，"社会主义市场经济本质上是法治经济"，"必须坚持法治思维、增强法治观念，依法调控

---

① 习近平：《坚定不移走中国特色社会主义法治道路 为全面建设社会主义现代化国家提供有力法治保障》，载《求是》2021 年第 5 期。

② 习近平：《论坚持全面依法治国》，中央文献出版社 2020 年版，第 4 页。

和治理经济”。[1] 党的十八届五中全会鲜明提出“加快建设法治经济”的历史性任务。这既是完善和发展社会主义市场经济的内在要求,也是建设中国特色社会主义法治体系的重要内容。

产权是现代市场经济的基石,是激励市场主体创新发展的制度安排,也是法治经济的价值所在。党的十八届三中全会、十八届四中全会都把完善产权保护制度作为全面深化改革、全面依法治国的重要内容;十八届五中全会把“产权得到有效保护”确定为全面建成小康社会的目标要求之一,明确提出要“推进产权保护法治化”,加快形成有利于创新发展的产权制度。因此,加快建设法治经济,必须把产权保护法治化放在更加突出的位置。2016 年 11 月,中共中央、国务院发布《关于完善产权保护制度依法保护产权的意见》,对完善产权保护法律制度机制提出了顶层设计方案,强调“推进产权保护法治化,在事关产权保护的立法、执法、司法、守法等各方面各环节体现法治理念”。这是在新的历史条件下推进产权保护法治化的纲领性文献。民法是调整市场经济关系的基本法律,是产权保护法治化的法典化样式,因而是法治经济的制度基石。《民法典》的编纂与实施,标志着当代中国法治经济制度建设的历史性进步。

“法治是最好的营商环境。”[2]运用法治思维和法治方式营造和优化稳定、公平、透明、高效、可预期的法治化营商环境,是发展社会主义市场经济、推进改革开放、推动经济高质量发展的应有之义。党的十八大以来,以习近平同志为核心的党中央采取一系列强有力的法治举措营造和优化法治化营商环境。继十三届全国人大二次会议审议通过《外商投资法》之后,国务院又于 2019 年 10 月发布《优化营商环境条例》,对标国际先进水平,对优化营商环境作出了制度安排,从市场主体保护、市场环境、政务服务、监督执法、法治保障等方面设置了具体规定。与此同时,中央全面依法治国委员会办公室还组织开展“营造法治化营商环境　保护民

① 参见《习近平关于全面依法治国论述摘编》,中央文献出版社 2015 年版,第 115 页。

② 习近平:《论坚持全面依法治国》,中央文献出版社 2020 年版,第 254 页。

营企业发展”专项督察活动，进一步推动法治化营商环境的持续改善。

第六，法治社会建设不断深入。法治社会是一个信仰法治、依法治理的社会。党的十八大以来，加快建设法治社会成为全面依法治国工作布局的有机组成部分，被提上党和国家的重要议事日程。习近平总书记指出：“法治社会是构筑法治国家的基础。”①继党的十八届三中全会、十八届四中全会和十九大之后，党的十九届四中全会对加快推进法治社会建设作出了新的部署，使之成为新时代国家制度和国家治理体系建设的重要内容。

坚持和发展新时代“枫桥经验”。形成于20世纪60年代初的“枫桥经验”，充分展示了在党组织领导下依靠群众化解基层矛盾纠纷、维护社会稳定、促进社会和谐的显著优势。在新的历史条件下，“枫桥经验”被赋予了新的时代内涵，党建引领、人民主体、“三治结合”、共建共享等构成了新时代“枫桥经验”的基本要素，成为加强和创新基层社会治理的有效载体。习近平总书记多次对坚持和发展新时代“枫桥经验”作出重要指示和批示，强调要“坚持把非诉讼纠纷解决机制挺在前面”，为促进纠纷多元解决机制建设、推进基层社会治理现代化指明了方向。中央政法委和最高人民法院、最高人民检察院、公安部、司法部以及各地党委政府和有关部门加大工作力度，提出具体实施方案，全面推进多元化纠纷解决机制建设，取得了显著成效。

加快推进市域社会治理现代化。在当代中国，市域(设区的市)是纵向的国家行政辖区层级体系的空间单元之一。市域社会治理在国家治理进程中具有承上启下的独特地位，是国家治理体系的基础性环节。近年来，各地从实际出发，坚持改革创新，强化问题导向，推进法治保障，努力构建市域社会治理制度机制，着力破解市域社会治理面临的突出问题，不断提升市域社会治理效能，取得了较为明显的成效。习近平总书记强调，要“推进市域社会治理现代化”。党的十九届四中全会着眼于构建新时

---

① 习近平：《论坚持全面依法治国》，中央文献出版社2020年版，第230页。

代基层社会治理新格局,提出“加快推进市域社会治理现代化”。2019 年 12 月,中央政法委召开全国市域社会治理现代化工作会议,就贯彻落实习近平总书记重要讲话和十九届四中全会精神作出专门部署,提出推进市域社会治理现代化的总体思路、重点工作和具体措施,并且印发《全国市域社会治理现代化试点工作实施方案》和《全国市域社会治理现代化试点工作指引》,旨在解决市域社会治理突出问题,创新市域社会治理体制机制,为推进国家与社会治理现代化打下坚实的基础。时下,新时代市域社会治理现代化进程正在深入展开。

第七,司法体制综合配套改革不断深入。新中国成立 70 多年来,当代中国司法改革经历了一个极不平凡的过程。党的十八大以来,以习近平同志为核心的党中央从中国的国情出发,加强对深化司法体制改革的战略筹划和总体设计,党的十八届三中全会、十八届四中全会专门作出部署,增强推进司法体制改革的计划性、组织性和系统性,逐步推出深化司法体制改革的顶层设计方案、试点方案以及一系列具体的司法改革项目,健全机制,强化责任,因地制宜,狠抓落实,努力形成推进司法体制改革的强大动力,当代中国司法体制改革正在以空前的广度和深度全方位地展开,取得了历史性的重大进展。

加强深化司法体制综合配套改革的统筹谋划。习近平总书记强调,“要抓住司法责任制这个‘牛鼻子’,深入研究司法责任制综合配套改革方案,加快构建权责一致的司法权运行新机制”①。在习近平法治思想的指引下,党的十八届四中全会、十九大和十九届四中全会都提出要全面落实司法责任制。中央政法委制定的《关于政法领域全面深化改革的实施意见》提出,要推动政法领域工作质量变革、效率变革、动力变革。最高人民法院发布的《人民法院第五个五年改革纲要(2019—2023)》提出,要健全以司法责任制为核心的审判权力运行体系等十大体系,并提出 65 项具体改革举措。最高人民检察院发布的《2018—2022 年检察改革工作规

① 习近平:《论坚持全面依法治国》,中央文献出版社 2020 年版,第 234 页。

划》提出,要完善检察权运行体系等六大体系改革构想,在全面落实司法责任制的深化和配套方面下功夫、见成效。与此同时,正确处理有序放权与有效监管的关系,进一步完善司法监督管理机制,规范起诉量刑权、量刑建议权,制定法官检察官权力清单和履职指引,严格司法责任追究。在党中央的统筹部署下,全国政法系统深入开展队伍教育整顿工作,查处了一批"害群之马",得到了广大人民群众的好评。

第八,加快构建完善的党内法规体系。党内法规体系是中国特色社会主义法治体系的重要组成部分。习近平总书记强调,"加强党内法规制度建设是全面从严治党的长远之策、根本之策",要"以改革创新精神加快补齐党建方面的法规制度短板,力争到建党一百周年时形成比较完善的党内法规制度体系"[①]。党的十八大以来,以习近平同志为核心的党中央加大依法治国与依规治党统筹推进、一体建设的力度,制定《关于加强党内法规制度建设的意见》和两个中央党内法规制定工作的五年规划,出台一批标志性、关键性、基础性的法规制度,有规可依的问题基本得到解决,到建党 100 周年之时形成了一个以党章为根本、以准则条例为主干、覆盖党的领导和党的建设各方面的党内法规制度体系,从而充分发挥依规治党对依法治国的引领和保障作用。

规范党内法规制定和备案审查程序,提升党内法规执行力。党的十八大以来,习近平总书记多次强调要切实提高党内法规制定质量,加大党内法规执行力度。党中央修订出台《中国共产党党内法规制定条例》,进一步明确党内法规的制定事项和制定权限,使党内法规制定程序更加完备;修订出台《中国共产党党内法规和规范性文件备案审查规定》,进一步细化合法合规性、合理性、规范性等审查标准,有力提升了党内法规和规范性文件的科学化规范化水平;出台《中国共产党党内法规执行责任制规定(试行)》,切实解决党内法规"执行难"问题,维护党内法规的权威性和严肃性。

---

① 习近平:《论坚持全面依法治国》,中央文献出版社 2020 年版,第 169 页。

第九，深入推进依法治军。党的十八大以来，以习近平同志为核心的党中央把依法治军纳入全面依法治国总体布局，全面贯彻依法治军战略，新时代依法治军实践取得重大进展。作为党中央总书记、国家主席、中央军委主席，习近平同志高度重视依法治军、从严治军，贯彻依法治军战略，强调“一个现代化国家必然是法治国家，一支现代化军队必然是法治军队。深入推进依法治军、从严治军，是全面推进依法治国总体布局的重要组成部分，是实现强军目标的必然要求”。[①] 按照党中央和习近平主席的要求，中央军委印发《关于新形势下深入推进依法治军从严治军的决定》，采取一系列有力措施，加大依法治军、从严治军工作力度，推动治军方式发生深刻变革，努力实现从单纯依靠行政命令的做法向依法行政的根本性转变，从单纯依靠习惯和经验开展工作的方式向依靠法规和制度开展工作的根本性转变，从突击式、运动式抓工作的方式向按条令条例办事的根本性转变，有力提高了国防和军队建设法治化水平。

着力构建中国特色军事法治体系。党的十八大以来，人民军队坚持以习近平强军思想、习近平法治思想为指引，准确把握依法治军战略的基本要求，既从战略和全局的高度加强系统谋划，推进贯彻依法治军战略的顶层设计，又抓住重点领域和关键环节，强化军事立法、法规制度实施、法规制度执行监督、涉外军事法治工作等方面的针对性、实效性，在构建系统完备、严密高效的军事法规制度体系、军事法治实施体系、军事法治监督体系、军事法治保障体系上落实举措，从而凝聚起贯彻依法治军战略的强大合力，加快形成中国特色军事法治体系。

第十，加快涉外法治工作战略布局。当今世界正处在一个全球治理体系大变革的进程之中。习近平总书记强调，“中国走向世界，以负责任大国参与国际事务，必须善于运用法治”[②]，要加快涉外法治工作战略布局，协调推进国内治理和国际治理，更好维护国家主权、安全、发展

---

① 习近平：《论坚持全面依法治国》，中央文献出版社 2020 年版，第 130 页。

② 习近平：《论坚持全面依法治国》，中央文献出版社 2020 年版，第 225 页。

利益。[①] 党的十八大以来，在习近平法治思想的指引下，涉外法治体系建设加快推进，健全促进和保障境外投资的法律、政策和服务体系，坚定维护中国企业的海外合法权益；健全外商投资国家安全审查、反垄断审查、国家技术安全清单管理、不可靠实体清单等制度；加快我国法域外适用法律体系建设，健全现行法律域外适用的标准和程序；建立健全法治工作应对机制，在重点国家和地区使领馆探索建立法务参赞制度，加强有关部门之间的协同配合，从法治上有效应对各种国际摩擦纠纷；运用法律武器坚决反击某些西方国家的“长臂管辖”，十三届全国人大常委会二十九次会议审议通过了《反外国制裁法》，此外，商务部经批准发布了《阻断外国法律与措施不当域外适用办法》；积极参与国际规则制定，推动《区域全面经济伙伴关系协定》（Regional Comprehensive Economic Partnership, RCEP）的正式签署和实施，有力提升我国在全球治理变革中的话语权和影响力。

进一步完善开放型经济新体制的法律体系。适应推进高水平对外开放的法治需要，2019 年 3 月，十三届全国人大二次会议审议通过《外商投资法》，明确规定国家对外商投资实行准入前国民待遇加负责清单管理制度，国家保障外商投资企业依法平等参与标准制定工作，依法通过公平竞争参与政府采购活动，国家保护外商投资者和外商投资企业的知识产权，国家建立健全外商投资服务体系，国家建立外商投资信息报告制度，从而构建了一个崭新的外商投资法律制度，为推动形成当代中国新一轮高水平对外开放新格局夯实法治基础。

四、形成法治建设标志性成果

党的十八大以来，以习近平同志为核心的党中央从坚持和发展中国特色社会主义全局和战略高度，对全面推进依法治国、加快实现中国式法

① 《习近平在中央全面依法治国工作会议上强调　坚定不移走中国特色社会主义法治道路　为全面建设社会主义现代化国家提供有力法治保障》，载人民网 2020 年 11 月 18 日，http://jhsjk.people.cn/article/31934590。

治现代化作出一系列重大决策部署,推动我国社会主义法治建设取得一系列重大成果,全面依法治国进入了一个新时代。

其一,召开中央全面依法治国工作会议。2020 年 11 月 16 日至 17 日,党中央在北京召开中央全面依法治国工作会议。这是继 2014 年 10 月党的十八届四中全会之后党中央召开的专门研究全面依法治国重大问题的又一次十分重要的会议,是新中国成立以来首次召开的中央全面依法治国工作会议。这次会议最重大的成果,就是正式提出“习近平法治思想”,确立了习近平法治思想在全面依法治国中的指导地位,这是我国社会主义法治建设历程中具有里程碑意义的一件大事。习近平法治思想是顺应实现中华民族伟大复兴时代要求而生的重大理论创新成果,是马克思主义法治理论中国化最新成果,是习近平新时代中国特色社会主义思想的重要组成部分,实现了马克思主义法治理论同中国具体实际相结合、同中华优秀传统法律文化相结合的新的历史性飞跃,是全面依法治国、推进中国式法治现代化的根本遵循和行动指南,具有重大的政治意义、理论意义、实践意义和世界意义。在这次会议上,习近平总书记从十一个方面系统阐述新时代中国特色社会主义法治思想,将其精辟地概括为“十一个坚持”,对新时代推进全面依法治国重点抓好的工作提出了明确要求。“十一个坚持”阐发透辟、思想深刻,集中体现了当代中国共产党人对坚持全面依法治国的重大理论与实践问题的全方位思考,科学回答了建设中国特色社会主义法治的基本问题,构成了习近平法治思想的核心要义。

其二,完善法治中国建设的战略规划。随着全面建成小康社会的第一个百年奋斗目标的实现,当代中国进入了全面建设社会主义现代化国家、向第二个百年奋斗目标进军的新发展阶段。2021 年 1 月,中共中央正式发布《法治中国建设规划(2020—2025 年)》。这是新中国成立以来我们党关于法治中国建设的第一个专门的战略规划,是“十四五”时期建设法治中国的总蓝图、施工图,是新时代推进全面依法治国的纲领性文献。《法治中国建设规划(2020—2025 年)》由九个部分构成,分为三个板块。第一板块为总论,即第一部分,主要阐述党的十八大以来推进全面依法治国取得的重大进展，新时代新阶段法治中国建设面临的新形势新任务新要求，“十四五”时期法治中国建设的指导思想、必须遵循的基本原则、主要目标以及到2035年的总体目标。第二板块为分论，总体上按照建设中国特色社会主义法治体系的“总抓手”来组织安排，分领域阐述“十四五”时期法治中国建设的重点任务，设定了七个部分，明确全面贯彻实施宪法、建设完备的法律规范体系、建设高效的法治实施体系、建设严密的法治监督体系、建设有力的法治保障体系、建设完善的党内法规体系以及依法维护国家主权、安全、发展利益等重点领域的思路和重点工作，作出具体工作部署。第三板块为结尾，即第九部分，主要阐述加强党对法治中国建设的集中统一领导，深入学习宣传贯彻习近平法治思想，推进依法执政，加强中国特色社会主义法治理论研究，加强党对全面依法治国的统一领导、统一部署、统筹协调等内容。与《法治中国建设规划（2020—2025年）》相配套，我国还发布了《法治政府建设实施纲要（2021—2025年）》《法治社会建设实施纲要（2020—2025年）》《关于加强社会主义法治文化建设的意见》等重要文件，从而形成了新时代全面依法治国、建设法治中国的总体战略构想。

其三，通过现行宪法第五个修正案。2018年3月11日，十三届全国人大一次会议根据党的十九届二中全会提出的《中国共产党中央委员会关于修改宪法部分内容的建议》，在充分审议的基础上，高票表决通过了《宪法修正案》（以下简称“宪法新修正案”），亦即1982年发布并实施的《宪法》（以下简称“八二宪法”）的第五个修正案。这是党和国家政治生活中的一件大事，具有重大的现实意义和深远的历史意义。“宪法新修正案”坚持党的领导、人民当家作主、依法治国有机统一，在总体保持现行宪法连续性和稳定性的基础上，对宪法部分内容做了适当修改，充分反映党的十八大以来党和国家事业发展的新成就新经验新要求，充实完善宪法的有关重大制度规定，涉及国家指导思想、坚持党的领导、人大制度、统一战线制度、宪法宣誓制度、国家元首制度、国务院管理制度、监察制度、地方立法制度等关乎党和国家长治久安的重大制度安排。“宪法新修正案”第32条将习近平新时代中国特色社会主义思想确立为党和国家必须长期坚持的指导思想，丰富和发展了新时代国家和社会生活的指导思想；第36条在现行《宪法》“总纲”第1条第2款中增写“中国共产党领导是中国特色社会主义最本质的特征”的重要内容，使现行《宪法》关于我国国体的表述更加坚实、更加丰富、更加深刻；第32条完整地表述了中国特色社会主义事业“五位一体”总体布局，充分展示了新时代国家现代化进程的战略方向；基于坚持和完善中国特色社会主义制度、推进国家治理体系和治理能力现代化的战略考量，进一步完善国家制度的重要安排、国家机构的设置及其运行体制机制，意义重大，影响深远。

其四，编纂和实施《民法典》。党的十八大以来，以习近平同志为核心的党中央高度重视民法典编纂工作。十八届四中全会提出了“编纂民法典”的重大法治任务，十二届全国人大五次会议审议通过了《民法总则》，十三届全国人大常委会持续进行民法典各分编草案的审议工作。在此基础上，2020年5月28日，十三届全国人大三次会议审议通过《民法典》，2021年1月1日，《民法典》正式施行。这在新时代中国法治建设进程中具有里程碑意义。在新中国的立法史上，《民法典》是第一部以“法典”命名的法律，分为总则编、物权编、合同编、人格权编、婚姻家庭编、继承编、侵权责任编及附则，总计1260条，形成了和谐协调、有机统一的集大成的民事法律体系，具有鲜明的中国特色、实践特色、时代特色，在中国特色社会主义法律体系中具有基础性的重要地位。编纂和实施《民法典》，是坚持以人民为中心、保障人民权益实现和发展的必然要求。民法典是社会生活的“百科全书”，是公民民事权利保护的宣言书，充分反映人民利益和愿望，以保护民事主体合法权益为立法宗旨，确立了平等、自愿、公平、诚信等民事活动基本准则，注重解决人民群众最关心、最直接、最现实的利益问题，集中体现了对生命健康、财产安全、交易便利、生活幸福、人权尊严等各方面的权利平等保护，建构了一个更加完备、更加有效、更具时代性的民事权利体系和民事权利保护机制。《民法典》的编纂和实施，对于全面依法治国、建设法治中国，发展社会主义市场经济，依法维护人民权益,推进国家治理体系和治理能力现代化,更好发挥法治固根本、稳预期、利长远的保障作用,意义重大而深远。

其五,推进国家监察体制改革。党的十八大以来,以习近平同志为核心的党中央从新时代推进全面从严治党、完善和发展中国特色社会主义制度与国家治理体系的战略全局出发,对推进国家监察体制改革作出重大决策部署。2016 年 12 月 25 日,十二届全国人大常委会二十五次会议根据党中央的重大决策部署作出《关于在北京市、山西省、浙江省开展国家监察体制改革试点工作的决定》。经过一年多的试点实践,国家监察体制改革积累了可复制、可推广的经验。党的十九大强调要构建集中统一、权威高效的国家监察体系,并且提出"制定国家监察法,依法赋予监察委员会职责权限和调查手段,用留置取代'两规'措施"。根据十九大的精神,十二届全国人大常委会三十次会议通过《关于在全国各地推开国家监察体制改革试点工作的决定》。由此,这项改革试点工作在全国有序展开,迈出了坚实步伐。十九届二中全会审议通过的《中国共产党中央委员会关于修改宪法部分内容的建议》提出将监察委员会纳入国家机构体系。十九届三中全会审议通过的《深化党和国家机构改革方案》把组建国家监察委员会列在深化党中央机构改革方案第 1 条。十三届全国人大一次会议审议通过的"宪法新修正案",规定在《宪法》第三章"国家机构"中增加一节"监察委员会",并对国家监察委员会和地方各级监察委员会的性质、地位、名称、人员组成、任期任届、领导体制、工作机制等作出了具体规定。十三届全国人大一次会议审议通过的《监察法》明确了监察工作的指导思想、领导体制、工作原则和方针、监察委员会的产生和职责、监察委员会的监察范围、工作权限及监察程序等,为坚持党内监督与国家监督有机统一、坚持走中国特色监察道路提供了有力法治保障。

其六,改革和完善立法体制。立法体制是国家治理体制的重要制度安排。"八二宪法"基于我国国情特点,确立了"在中央的统一领导下,充分发挥地方的主动性、积极性"的宪法原则,建立了统一性与分层性相衔接、中央立法与地方立法相结合的中国特色立法体制。2000 年施行的

《立法法》,进一步明确了我国的立法体制。面对新时代对立法工作的新需求,习近平总书记强调,“推进科学立法,关键是完善立法体制”①。党的十八届三中全会提出改革立法体制的战略性任务,十八届四中全会进一步提出“依法赋予设区的市地方立法权”。在当代中国,从地方没有立法权,到赋予省一级地方立法权,再到少数设区的市(较大的市)拥有地方立法权,进而到所有设区的市均被赋予地方立法权,形成了从中央到地方的完整立法体系。这是一个与国家现代化与法治现代化进程相适应的循序渐进、逐步放开的过程,是当代中国立法体制的一次重大变革。

其七,建立健全香港特别行政区维护国家安全的法律制度和执行机制。自1997年香港回归以来,“一国两制”实践过程中面临的一个突出问题就是香港特别行政区国家安全风险日益凸显。一些外国和境外势力公然干预香港事务,利用香港从事危害我国国家安全的活动,香港反中乱港势力公然鼓吹“港独”“自决”“公投”等主张,特别是2019年“修例风波”以来发生的一系列严重危害公共安全、破坏社会稳定、破坏国家统一、分裂国家的激进暴力犯罪行为,严重危害国家主权、统一和领土完整,严重损害香港居民合法权益,严重危害香港长期繁荣稳定,严重挑战“一国两制”原则底线,必须采取有力措施依法予以防范、制止和惩治。对此,以习近平同志为核心的党中央高度重视在“一国两制”之下建立健全香港特别行政区维护国家安全的法治体系。针对《香港特别行政区基本法》第23条立法被长期“搁置”的风险,党的十九届四中全会明确提出要“建立健全特别行政区维护国家安全的法律制度和执行机制”。习近平总书记强调,“法治是香港长期繁荣稳定的重要基石”,“止暴制乱、恢复秩序是香港当前最紧迫的任务”。② 在党中央的坚强领导下,全国人大常委会从国家层面抓紧推进香港维护国家安全立法工作。2020年5月28日,根据宪法和香港基本法以及多年来的有关实践,十三届全国人大三次会议审

① 习近平:《论坚持全面依法治国》,中央文献出版社2020年版,第114页。
② 习近平:《论坚持全面依法治国》,中央文献出版社2020年版,第120、123页。

议通过《关于建立健全香港特别行政区维护国家安全的法律制度和执行机制的决定》,确立了香港特别行政区维护国家安全制度安排的基本原则和核心要素,为下一步制定相关法律提供了依据。2020 年 6 月 30 日,十三届全国人大常委会二十次会议通过的《香港特别行政区维护国家安全法》(以下简称《香港国家安全法》),分为六章,共 66 条,是一部兼具实体法、程序法和组织法内容的综合性法律,明确规定中央人民政府对有关国家安全事务的根本责任和香港特别行政区维护国家安全的宪制责任,明确规定香港特别行政区维护国家安全应当遵循的重要法治原则、相关机构及其职责,明确规定四类危害国家安全的罪行和处罚以及案件管辖、法律适用和程序,明确规定中央人民政府驻香港特别行政区维护国家安全机构及其工作机制等。上述决定和《香港国家安全法》的制定与实施,符合我国现行宪法规定和宪法原则,体现"一国两制"方针和香港基本法精神,从国家层面建构了香港特别行政区维护国家安全的法治制度,有力促进了香港特别行政区维护国家安全制度安排的法律化、规范化、明晰化,为加强香港特别行政区维护国家安全执法司法工作提供了有力的宪制依据和法律依据。实践充分表明,上述决定和《香港国家安全法》的制定与实施,成为香港特别行政区维护国家安全,维护宪法和香港特别行政区基本法确立的特别行政区宪制秩序,维护国家主权、安全、发展利益的"定海神针",具有十分重要的作用。

其八,制定和实施《反外国制裁法》。近年来,某些西方国家出于其不可告人的政治目的,打着所谓维护民主、人权等幌子,利用各种借口,肆意对中国内外政策进行歪曲、诋毁、遏制和打压,甚至依据其本国法律实行"长臂管辖",对中国有关国家机关、企业、组织和人员实施所谓"制裁",粗暴干涉我国内政,严重破坏国际法治。面对这一特殊形式的国际斗争,党的十八大以来,以习近平同志为核心的党中央综合运用政治、经济、外交、法治等多种手段加以应对,把法治应对摆在更加突出位置,坚持统筹推进国内法治和涉外法治,加强涉外领域立法,进一步完善反制裁、反干涉、反制"长臂管辖"法律法规,运用法治手段开展国际斗争。习近平总书记强调,“针对西方国家打着‘法治’幌子的霸权行径,要加强反制理论和实践研究,建立阻断机制,以法律的形式明确我国不接受任何国家的‘长臂管辖’”①。在党中央的坚强领导下,2020 年 10 月全国人大常委会制定了《出口管制法》;经国务院批准,商务部先后于 2020 年 9 月和 2021 年 1 月发布《不可靠实体清单规定》和《阻断外国法律与措施不当域外适用办法》。根据实践和形势需要,借鉴国外相关做法,2021 年 6 月 10 日,十三届全国人大常委会二十九次会议审议通过《反外国制裁法》。这部法律是当代中国第一部系统规定反制裁、反干涉、反制“长臂管辖”的重要法律,共有 16 条,重申中国长期以来奉行的基本外交政策和原则立场,明确规定采取反制措施的情形和反制措施适用的对象,明确列举三类反制措施,建立了反制工作机制,并且对有关组织和个人的义务和违法行为的后果作出了规定。《反外国制裁法》的制定和实施,对于有效提升我国应对外部风险挑战的法治能力,维护我国的主权、安全、发展利益,保护我国公民、组织的合法权益,反对霸权主义和强权政治,推动构建人类命运共同体,无疑具有重大意义。

五、主要经验

党的十八大以来十余年推进全面依法治国的伟大实践,集中体现了以习近平同志为核心的党中央推进治国理政的重大战略抉择,充分彰显了中国特色社会主义国家制度与法律制度的显著优势,凝聚着丰厚的当代中国法治建设的宝贵经验,这些经验对新时代新征程坚持和拓展中国式法治现代化具有重要的指导意义,需要我们深入总结、倍加珍惜、长期坚持,在法治实践中不断丰富和发展。

一是必须坚持党对全面依法治国的领导。中国共产党是中国特色社会主义事业的坚强领导核心。党的领导是中国特色社会主义法治之魂,是推进全面依法治国的最根本政治保证。党的十八大以来,全面依法治

---

① 习近平:《论坚持全面依法治国》,中央文献出版社 2020 年版,第 257 页。

国、建设法治中国的每一个重大进展，都是在以习近平同志为核心的党中央坚强领导下取得的，凝结着中国共产党治国理政的重大法治化成果。在新的征程上，我们要始终不渝坚持党对全面依法治国的领导，把党的领导贯彻落实到全面依法治国各领域各方面各环节，确保新时代新阶段全面依法治国的正确政治方向。

二是必须坚持以科学的法治理论为指导。新时代伟大社会革命，有力推动了马克思主义法治理论中国化时代化的历史进程。习近平法治思想聆听时代的声音，探索实践的需要，紧跟科学的发展，悉心把握新时代推进全面依法治国伟大实践的时代主题，系统总结新时代全面依法治国的开创性的丰富实践经验，在坚持法治实践创新的基础上，提出了一系列事关法治建设全局的新理念新思想新战略。习近平法治思想对于新时代法治领域实践创新的科学理论总结，引领着新时代深化全面依法治国实践澎湃向前。在新的征程中，我们要坚定不移地坚持习近平法治思想的指导地位，推动进入新发展阶段的全面依法治国实践创新，奋力开创法治中国建设的崭新局面。

三是必须坚持人民至上的法治发展准则。全面依法治国最广泛、最深厚的基础是人民。坚持以人民为中心推进全面依法治国，做到法治建设为了人民、依靠人民、造福人民、保护人民，这是贯穿党的十八大以来全面依法治国实践全过程的时代主题。新时代法治建设的鲜明特点，就是践行全过程人民民主理念，努力回应人民群众对法治的新要求新期待，不断激发广大人民群众投身法治建设事业的巨大热忱，积极鼓励和充分尊重人民群众在法治建设中的实践探索。在新的征程上，我们要始终坚守人民至上的根本立场，顺应新时代社会主要矛盾的新变化，继续深化全过程人民民主建设，依法保障人民权益，坚定地维护和促进社会公平正义，不断增强人民群众获得感、幸福感、安全感，用法治保障人民安居乐业。

四是必须坚持完善和发展中国特色社会主义国家制度和法律制度。制度优势是一个国家的最大优势，制度竞争是国家间最根本的竞争。中国共产党人顺应社会基本矛盾的运动方向，领导中国人民进行伟大的社会革命，推进中国特色社会主义国家制度与法律制度建设，为当代中国发展进步提供了根本的制度保障。党的十八大以来推进全面依法治国的伟大实践，始终扭住完善和发展中国特色社会主义国家制度与法律制度这个关键，为创造“中国奇迹”、实现“中国之治”夯实法治制度根基，鲜明展示了中国特色社会主义国家制度与法律制度的显著优越性和强大生命力。在新的征程上，我们要坚定不移走中国特色社会主义法治道路，牢牢抓住建设中国特色社会主义法治体系这个全面依法治国的“总抓手”，推动中国特色社会主义国家制度与法律制度与时俱进、不断完善和发展。

五是必须坚持推进法治领域改革。党的十八大以来，全面依法治国进程的一个明显特点就是法治建设与法治改革内在地结合在一起。坚定不移推进法治领域改革，有效解决法治领域存在的突出问题，努力克服影响法治发展的体制性、机制性、保障性障碍，是新时代推进全面依法治国面临的一项重大战略任务。以习近平同志为核心的党中央高度重视法治领域改革的系统性、整体性和协同性，加强对法治领域改革的统筹谋划、协调推进，在加强顶层设计的同时，坚持从中国的国情实际出发，遵循法治领域的客观规律，积极稳妥有序地推进法治领域改革。对于一些关乎法治建设全局的重大改革举措，坚持试点先行，鼓励不同区域进行差别化探索，及时总结经验、逐步推开，确保法治领域改革绝不在根本性问题上出现颠覆性错误，新时代法治改革取得了重大进展。在新的征程上，我们要悉心把握社会主要矛盾的深刻变化，围绕全面建设社会主义现代化国家的战略目标，确立法治领域改革的战略重点、优先顺序、主攻方向、工作机制和推进方式，推动新时代新阶段的法治领域改革不断向纵深发展。

六是必须坚持走适合自己的法治道路。“独立自主是中华民族精神之魂，是我们立党立国的重要原则。走自己的路，是党百年奋斗得出的历史结论。”[①]当今世界正经历百年未有之大变局，当代中国的法治发展如何保持独立自主的法治品格，走出一条中国式的法治现代化新道路，是我

① 《中共中央关于党的百年奋斗重大成就和历史经验的决议》，人民出版社 2021 年版，第 67 页。

们必须面对的重大时代挑战。习近平总书记强调,“世界上没有放之四海而皆准的具体发展模式,也没有一成不变的发展道路。历史条件的多样性,决定了各国选择发展道路的多样性”[①]。党的十八大以来,我们党深刻总结推进法治建设的成功经验,充分运用党关于新时代加强法治建设的理论成果和实践成果,团结带领人民从国情条件和时代要求出发,坚持独立自主、开拓奋进,传承中华优秀传统法律文化,同时借鉴国外法治有益成果,继续探索适合自己的法治道路,成功地开辟、坚持和拓展自主型的中国式法治现代化新道路,超越了“西方中心主义”的法治现代化模式,开创了世界法治现代化进程的崭新范例。在新的征程上,我们要在习近平法治思想的指引下,在新时代伟大社会革命的进程中,牢牢把握全面依法治国的前进方向,更加坚实地走适合自己的自主型法治现代化道路,为全面建设社会主义现代化国家、实现中华民族伟大复兴构筑坚实的法治基础。

---

① 《习近平谈治国理政》(第一卷),外文出版社 2018 年版,第 29 页。

目　录

导　论　中国式行政法治现代化的基本方位

《诗》云:“周邦虽旧,其命维新。”古往今来之中国,因循中有常变,巨变中有不变,这正是古今中国治道循环的生机所在、命脉所系、伟力所存。中国共产党是中华优秀传统文化的忠实传承者和弘扬者。在向国际友人论及看待发展变化的“中国视角”时,习近平总书记曾经指出:“我们对于时间的理解,不是以十年、百年为计,而是以百年、千年为计。”①在党的二十大报告中,习近平总书记郑重强调:“中国共产党已走过百年奋斗历程。我们党立志于中华民族千秋伟业,致力于人类和平与发展崇高事业,责任无比重大,使命无上光荣。全党同志务必不忘初心、牢记使命,务必谦虚谨慎、艰苦奋斗,务必敢于斗争、善于斗争,坚定历史自信,增强历史主动,谱写新时代中国

---

① 参见《习近平同意大利总理孔特举行会谈》,载新华网,http://www.xinhuanet.com/world/2019-03/23/c_1124274012.htm。

特色社会主义更加绚丽的华章。”[①]习近平总书记的这些重要论述启示我们，要秉持高度历史自觉和坚定历史自信，从大历史长时段来理解“中国之治”变与不变的基本方位。[②]

就本书所聚焦的通过法治政府建设的中国式行政法治现代化而言，[③]只要坚持以习近平法治思想特别是习近平法治思想中的行政法治论为根本遵循，坚持以习近平总书记深刻阐述的以百年千年为计的中国时间观为认识尺度，[④]坚持运用马克思主义法治国情理论深刻把握中国行政法治发展的国情条件，就能充分体认到：行政法治既有其普遍性基本原理，又有其本土化生成模式；包括中国在内的各国行政法治现代化，是具有高度实践性但并非线性发展的历史过程，是兼具共时性原理与历时性经验的系统工程，需要妥善处理不同时空方位下国家建构与法治发

---

① 习近平：《高举中国特色社会主义伟大旗帜　为全面建设社会主义现代化国家而团结奋斗——在中国共产党第二十次全国代表大会上的报告》，人民出版社2022年版，第1页。

② 在党的十九届四中全会全面系统总结中国特色社会主义制度的显著优势后，通过“中国之制”的“中国之治”在“世界之乱”的映衬下，迅速成为重大学术议题，参见王刚：《从“中国之制”到“中国之治”的内在逻辑》，载《探索》2020年第1期。党的二十大报告鲜明提出“以中国式现代化全面推进中华民族伟大复兴”，具有重大的理论与现实意义。准确理解从“中国之制”到“中国之治”的重大意义，需要秉持大历史长时段的整体史观，为此有必要关注美籍华裔学者黄仁宇这位“大历史观”首倡者，其代表作参见[美]黄仁宇：《万历十五年》，生活·读书·新知三联书店1997年版；[美]黄仁宇：《中国大历史》，生活·读书·新知三联书店2007年版；[美]黄仁宇：《放宽历史的视界》，九州出版社2012年版。

③ 行政法治现代化与法治政府建设的概念内涵存在表里差异，但本书旨在强调中国式行政法治现代化系以法治政府建设作为鲜明主体实践特征，差可谓通过法治政府建设的中国式行政法治现代化。本书将在表里互文的意义上交替使用行政法治与法治政府、行政法治现代化与法治政府建设等提法。更集中的讨论参见吴欢：《中国式行政法治现代化新道路的逻辑与底蕴》，载《荆楚法学》2022年第4期。

④ 在理论探索的时间尺度问题上，司马迁和布罗代尔等中外良史为我们树立了榜样。司马迁以“究天人之际，通古今之变，成一家之言”自许，法国年鉴学派史学家布罗代尔提出基于长时段结构、中时段局势和短时段事件的时段理论和总体史观。他们的著作如《史记》和《菲利普二世时期的地中海和地中海地区》，都是大历史长时段研究的典范。参见刘家和：《论司马迁史学思想中的变与常》，载《北京师范大学学报(人文社会科学版)》2000年第2期；孙晶：《布罗代尔的长时段理论及其评价》，载《广西大学学报(哲学社会科学版)》2002年第3期。此外，美国政治学者亨廷顿也曾富有洞见地指出：“亚洲人倾向于以百年和千年为单位来计算其社会的演进，把扩大长远利益放在首位。”参见[美]塞缪尔·亨廷顿：《文明的冲突与世界秩序的重建》，周琪等译，新华出版社1999年版，第250页。

展,法治国家、法治政府与法治社会,或曰治民、治官与治王之间可能的张力和次序问题。因此,我们可以而且应当做到“放眼量风物”,在中华民族伟大复兴的时代征程中,在古今中国治理转型需求与国家建构任务既巨变又贯通的意义上,综合研判行政法治现代化的世界潮流,科学认识通过法治政府建设的中国式行政法治现代化,进而探索发现其可大可久的法治文明底蕴与法治发展方位。在此基础上,我们方能进一步准确把握中国式行政法治现代化范式转换的理论内涵,深刻理解中国式行政法治现代化总体方案的内在逻辑,全面阐述新时代中国式行政法治现代化各领域的原创性理论、变革性实践、突破性进展和标志性成果,从而更加坚定中国式行政法治现代化的理论自信、道路自信、制度自信和文化自信,更加增强在新征程上推进和拓展中国式法治现代化的历史主动。

一、行政法治现代化的世界潮流

世界潮流,浩浩荡荡。行政法治现代化或曰法治政府建设,如同中国法治现代化或曰法治中国建设,既是典型的中国法政词汇,又表征着显著的世界秩序潮流。法治政府建设作为中国式法政话语,虽然难以找到准确传神的外文对译词,但这并不影响建设法治政府成为人类法治文明的共同选择。同理,尽管行政法治的理念和实践主要发源于西方法治文明,但这并不妨碍中国政府和中国人民共同投身这场世界潮流进而创造性地书写行政法治现代化的中国篇章。正是在与域外行政法治模式的互鉴互明中,行政法治现代化的中国主体性得以高度彰显,法治政府建设的中国实践性得以充分展现。因此,在科学认识中国式行政法治现代化诸议题之前,需要综合研判作为参照的域外行政法治原理及其典型模式。

从中外学者汗牛充栋的论著中,可以概括出行政法治或曰法治政府的一般原理。诸如:行政法治所要求的政府是有限政府,政府权力必须来自法律授权,权力行使必须纳入法治轨道;行政法治所要求的政府是守法政府，合法行政行为必须同时具备主体合格、具有职权、内容合法、程序合法等要件，行政裁量也应当符合合理性准则；行政法治所要求的政府是公开政府，行政决策、行政执法和政府信息等原则上都应依法公开；行政法治所要求的政府是责任政府，行政机关行使职权应当依法接受监督并承担责任。[①] 这些一般原理，肇端于古希腊古罗马民主共和传统，[②]蒙尘于漫长的中世纪，[③]重光于《政府论》《社会契约论》《常识》等启蒙思想家巨著，[④]集成于《法国行政法》、《德国行政法》、《日本行政法》、《行政法》(英国)、《行政法》(美国)等域外行政法大作，[⑤]译介于王名扬先生的《英国行政法》《法国行政法》《美国行政法》等比较行政法经典，[⑥]传播于从新时期司法部统编教材《行政法概要》到新时代“马工

① 参见应松年：《新时代行政法治建设的内容、经验与展望》，载《中国司法》2022 年第 2 期；倪洪涛：《论西方行政法治的主要类型》，载《法律科学》2022 年第 3 期；胡建淼主编：《法治政府建设：全面依法治国的重点任务和主体工程》，人民出版社 2021 年版；江国华：《法治政府要论——基本原理》，武汉大学出版社 2020 年版；朱新力等：《中国法治政府建设：原理与实践》，江苏人民出版社 2019 年版；郑成良等：《法治政府建设的理念与路径》，上海人民出版社 2018 年版；关保英：《法治政府概论》，中国法制出版社 2018 年版；杨登峰编著：《当代中国的法治政府建设》，法律出版社 2017 年版；江必新：《国家治理现代化与行政法治》，中国法制出版社 2016 年版；江必新：《法治政府的制度逻辑与理性构建》，中国法制出版社 2014 年版；余逊达：《法治与行政现代化》，中国社会科学出版社 2005 年版；刘旺洪：《行政与法治：中国行政法制现代化研究》，南京师范大学出版社 1998 年版；王永山：《行政法治现代化标准剖析》，载《江海学刊》1997 年第 5 期；吴建依：《行政法治现代化的方法论思考》，载《江汉论坛》2005 年第 7 期。什么是“行政法治”实难有确切而全面的回答，此处只是尽可能提取公因式作为理论参照。

② 参见黄洋：《古代世界的共和主义》，载《史学集刊》2010 年第 3 期。

③ 关于欧洲中世纪是否确实漫长而黑暗，学界亦有不同观点，此处姑且遵从多数说。

④ 类似启蒙思想家巨著还有很多，此处仅略举代表。参见[英]约翰·洛克：《政府论》，叶启芳、瞿菊农译，商务印书馆 1996 年版；[法]让－雅克·卢梭：《社会契约论》，何兆武译，商务印书馆 1996 年版；[美]托马斯·潘恩：《常识》，马清槐译，商务印书馆 2015 年版。

⑤ 参见[法]让·里韦罗、[法]让·瓦利纳：《法国行政法》，鲁仁译，商务印书馆 2008 年版；[德]奥托·迈耶：《德国行政法》，刘飞译，商务印书馆 2002 年版；[日]南博方：《日本行政法》，杨建顺、周作彩译，中国人民大学出版社 1988 年版；[英]威廉·韦德：《行政法》，徐炳等译，中国大百科全书出版社 1997 年版；[美]理查德·J. 皮尔斯：《行政法》，苏苗罕译，中国人民大学出版社 2016 年版。这些域外行政法巨著大多一版再版，译本不一，此处仅就其中的代表性版本略作枚举。

⑥ 参见王名扬：《英国行政法》，中国政法大学出版社 1987 年版；王名扬：《法国行政法》，中国政法大学出版社 1988 年版；王名扬：《美国行政法》，中国法制出版社 1995 年版。

程”重点教材《行政法与行政诉讼法学》的中国行政法教科书,[①]正名于从2004年《全面推进依法行政实施纲要》到《法治政府建设实施纲要(2015—2020年)》再到《法治政府建设实施纲要(2021—2025年)》的法治政府建设顶层设计,堪堪构成一场波澜壮阔的行政法治原理跨语际传播史,也堪堪构成一场生动鲜活的法治政府原理本土化实践史。[②] 虽然这场迄今为止仍未结束的“概念旅行”还有待深刻总结和反思,[③]但我们大体上可以说,经过改革开放以来40余年的引介与借鉴、教学与研究、宣传与实践,推进和拓展中国式行政法治现代化已经成为当代中国法治领域不言自明的重大议题,无论是庙堂之高还是江湖之远,法治政府建设始终在场。同时,值得我们深思的是,相较于长青的生活之树,理论永远是灰色的;行政法治的原理从来不是法律学者的发明,而永远是法治实践的产物。

从大历史长时段的整体史观来看,人类社会的行政法治实践,伴随着世界秩序的重构而展开。姑且不论古希腊古罗马等老生常谈的法治源头,仅从晚近而言,近代西方资产阶级革命有目共睹地为行政法治发展提供了重要的“武器的批判”。[④] 从英国光荣革命到法国大革命再到美国独立战争,从《权利法案》到《人权宣言》再到《独立宣言》,从君主立宪制到民主共和制再到三权分立制,近代西方在实现民族国家建构和治理秩序转型的同时,也使行政法治接连获得了新的政权保障、宪制架构和政体空间,并顺应不同的历史传统和现实国情而生发出不同的存在

---

① 《行政法概要》(王珉灿主编,法律出版社1983年版)是改革开放以后出版的第一部行政法学统编教材,是当代中国行政法学恢复重建的历史起点。“马工程”系列《行政法与行政诉讼法学》(高等教育出版社2018年版)是新时代马克思主义理论研究和建设工程教材之一,具有重要的政治意义。

② 有关跨语际传播理论,参见刘禾:《跨语际实践》,生活·读书·新知三联书店2002年版。

③ 部分学者已经意识到中国行政法学理论在血统/学统上的“杂交”问题,进而主张推动中国行政法学时代化本土化体系化发展,参见章剑生:《现代行政法总论》,法律出版社2019年版,“修订版补记”;于立深:《新中华法系行政法学的重建与发展》,载《法治现代化研究》2019年第2期。

④ 此处系借用马克思的经典表达,参见《马克思恩格斯选集》(第1卷),人民出版社1995年版,第9页。

样态。如英国行政法治要服从于议会至上的政体结构,[①]法国行政法治要服务于人民主权的宪制原则,[②]美国行政法治要受制于立法司法的权力分支。[③] 尤其是法国,得益于最高行政法院的存在和实践,成为"行政法母国"和行政法治标杆。[④] 至于德国,也在学习借鉴法国行政法资源的基础上,建构了迈向"法治国"理想图景的德国特色行政法治体系。[⑤] 再就是日本,作为后发资本主义国家,在行政法治领域先学习法国后转向德国,终究完成了行政法治的本土化构造。[⑥] 又如巴西,这个在短期内实现了从帝制到军政再到民主的跨越式变革的新兴国度,其国家建构的结构性难题决定着其前路漫漫的行政法治之道。[⑦] 时至今日,行政法治已经成为从《联合国宪章》到《世界人权宣言》,再到世界贸易组织协定等国际法文件广泛倡导和坚持的基本原则。[⑧] 透明度、市场准入、公平竞争和非歧视性等世界贸易组织基本原则,都贯彻着行政法治的精神理念,都将行政法治的原理和实践从内国拓展至国际。尽管近年来世界局势出现"逆全球化"征兆,但全球化的总体趋势并未发生根本转变,行政法治的全球拓展也并未受到根本阻碍。[⑨] 更宜究心的是,随着信息时代的到来,大数据、云计算、物联网和人工智能日益快速发展,已经并将继续深刻影响和重构人类行政法治现代化的图景与样态。[⑩] 这一切都雄辩地说明,行政法治现代化是人类法治文明必然要求的世界潮流,是

---

① 参见田飞龙:《英国议会主权的思想史演变》,载《环球法律评论》2014 年第 3 期。

② 参见刘练军:《人民主权理论的思想史叙事》,载《政法论坛》2020 年第 3 期。

③ 参见张定河:《美国分权体制的确立及其演变》,载《文史哲》2000 年第 1 期。

④ 参见王菁:《"行政法之母国":法国的行政法院》,载《中国社会科学报》2011 年 7 月 12 日版。

⑤ 邵燕芬:《一次启蒙式的阅读——奥托·迈耶的〈德国行政法〉读后》,载《比较法研究》2005 年第 1 期。

⑥ 参见杨建顺:《日本行政法及行政法学的历史发展及其特色》,载《法学家》1998 年第 4 期。

⑦ 有关巴西的民主现代化进程,参见董经胜:《现代化进程中的民主与威权——对巴西 1964 年军事政变经济根源的个案研究》,载《史学月刊》2002 年第 2 期。

⑧ 参见石佑启:《WTO 对中国行政法治建设的影响》,载《中国法学》2001 年第 1 期。

⑨ 参见公丕祥:《全球秩序重构进程中的法治中国建设》,载《法律科学》2016 年第 5 期。

⑩ 参见吴欢:《"互联网 +"法治政府建设:意义、空间与进路》,载《黑龙江社会科学》2017 年第 1 期。

世界文明各国共同面对的时代命题。在中华民族伟大复兴的时代征程中,行政法治现代化也毫无疑问地已经并将继续构成重要法治与政治议题。

习近平总书记强调指出:“法治当中有政治,没有脱离政治的法治。西方法学家也认为公法只是一种复杂的政治话语形态,公法领域内的争论只是政治争论的延伸。每一种法治形态背后都有一套政治理论,每一种法治模式当中都有一种政治逻辑,每一条法治道路底下都有一种政治立场。”[①]习近平总书记这一重要论述深刻阐明了政治和法治的辩证关系,具有深远而普遍的理论指导意义,尤其有助于我们正确理解行政法治现代化模式与国家建构历程的深层次关联。[②] 前文已经述及的行政法治域外模式和下文将要论及的法治政府建设中国新道路充分表明,行政法治现代化并非凭空出世、孤立存在、一蹴而就,而是同中外各国国家建构历程与国家治理实践密不可分、息息相关、协同推进;行政法治现代化所关联的治民治官治王三维法治体系定位,或曰法治国家、法治政府、法治社会三位一体的法治现代化体系格局,也并非互相割裂、线性推进、单调叙事,而是同中外各国国家建构任务与国家治理需要深度关联、动态耦合、复调协奏。尽管我们可以在抽象的理论与概括的实践中进行治民、治官与治王的类型化分析,然而一旦进入大历史长时段的广阔场景,与行政法治现代化世界潮流深度关联的法治国家、法治政府、法治社会发展样态与次序,就必然呈现统一于治理转型与国家建构的复杂动态叙事。在此不妨以法治政府的英国模式、法国模式和巴西模式作为典型案例,略加分析。这些国家的行政法治现代化历程,均伴随各自国家治理转型的历程而展开,在某种意义上也是各自民族国家兴起的见证。

从英国来看,辉格史观塑造的古老英国法治叙事,实际上奠基于1215年《大宪章》签署前即已阶段性完成的盎格鲁－撒克逊国家基础性

---

① 《习近平关于社会主义政治建设论述摘编》,中央文献出版社2017年版,第98页。

② 参见陈柏峰:《习近平法治思想中的“党的领导”理论》,载《法商研究》2021年第3期。

能力建构。王在法下与王在法上、国王与议会、普通法与成文法，在英国法上交织成复杂的实践历史图景。近代英国行政法治的真正起步，来自17世纪的光荣革命，来自英国议会对现代国家权力的重新塑造，并且始终在有限政府与国家能力之间谋求有权威但依法的动态平衡。现代英国行政法治在责任内阁与司法审查的推动下得以发展，但同样兼顾以法治约束政府权力和以法治建构政府权力两大目标。换言之，在国家建构的大背景下，英国的行政法治现代化以基础性的治民成效为内在前提，以保守性的治王革命为重构标志，并以制度化的治官体系为运行保障，在议会主权与司法审查的对话与互动中维系着帝国荣耀与人民自由的动态耦合。①

法国的情况又有所不同。近代早期的开明专制奠定了法国国家秩序的基础能力，壮怀激烈的大革命扫清了封建君主的旧制度，启蒙思想中的人民主权与三权分立支撑着最高行政法院的建制性存在，大陆法系母国的理论化思维推动着法国行政法治在公共服务与政府权力之间此起彼伏，欧洲一体化与市民社会的兴起则在拓展法国行政法治现代形态的同时隐然带来治理能力孱弱的危机。法国近年来持续不断的"黄马甲"运动，以及新冠肺炎疫情中的政府应对与人民反应，即明证。换言之，伴随着国家建构的展开，法国行政法治革命性地完成了治王的历史使命，创造性地建立了治官的司法体系，同时面临着后现代治民难题。②

作为后发式行政法治现代化的典型样本，巴西的情况又有所不同。巴西在较短时期内经历了从帝国到军政府，再从军政府到民选政府的跨越式发展，走出了一条具有地区特色的法治发展道路，在法治理念、法律体系和机制建设方面一应俱全，但面临着如何让这些理念、规范和机制在实践中具有最高权威，进而让执政者、官员和民众一体遵循的重大难

① 参见于明：《议会主权的"国家理由"英国现代宪制生成史的再解读（1642—1696）》，载《中外法学》2017年第4期；于明：《司法治国：英国法庭的政治史（1154—1701）》，法律出版社2015年版。

② 参见陈天昊：《法国行政法的法典化：起源、探索与借鉴》，载《比较法研究》2021年第5期；李晓兵：《法国法治发展的多维考察："法之国"的法治之路》，载《交大法学》2014年第4期。

题。换言之,受制于国家建构的系统性难题,巴西的行政法治现代化在治王与治官层面虽然收获了短期成效,解决了合法性问题,但在制度主体性和治理能力上有显著不足,法治理想仍然前路漫漫。①

综上所述,行政法治具有有限、守法、公开、责任等内在规定性,与治民治官治王,或曰法治国家、法治政府、法治社会深度关联、动态耦合与复调协奏,由此生发出一系列制度要素。以习近平法治思想创造性阐述和发展的马克思主义法治国情理论为认识论和方法论指引,域外行政法治主要有立基于国家建构和议会主权、发展为有限政府与责任内阁、公权私权依法而治的英国模式,内生于分权理论和行政法院、拓展至公共服务与公私协作、依法治官理论与实践独树一帜的法国模式,以及面临国家建构难题、依法行政制度完备但法治理想前路漫漫的巴西模式等。行政法治现代化的世界潮流及其典型模式,为科学认识通过法治政府建设的中国式行政法治现代化提供了重要的理论参照与现实镜鉴。

二、法治政府建设的中国新道路

在庆祝中国共产党成立100周年大会上,习近平总书记以马克思主义政治家、思想家、战略家的宏阔历史视野和深邃战略眼光强调指出:"中国共产党一经诞生,就把为中国人民谋幸福、为中华民族谋复兴确立为自己的初心使命。一百年来,中国共产党团结带领中国人民进行的一切奋斗、一切牺牲、一切创造,归结起来就是一个主题:实现中华民族伟大复兴"。② 习近平总书记这一重要讲话思想深刻、意义重大,蕴含着很多新提法新概念新论断新命题新观点,其中提纲挈领的重大理论创新在于,将中国共产党的历史置于中国近现代史的大历史背景之中,采取中华民族伟大复兴的叙事方式,直达本质地总结概括了中国共产党百年的历史主题,并以实现中华民族伟大复兴的时代征程和历史贡献为标

---

① 参见谭道明:《巴西的法治道路与现代国家构建问题》,载《拉丁美洲研究》2021年第5期。

② 习近平:《在庆祝中国共产党成立100周年大会上的讲话》,载《人民日报》2021年7月2日版。

准,将中国共产党的历史划分为四个历史阶段,从而将过去的革命史观和现代化史观高度统一,将中国共产党的历史与中华民族伟大复兴的历史紧密相连,将实现中华民族伟大复兴的历史重要性和时势必然性极度彰显。[①] 在这一重要讲话中,习近平总书记首次提出了“中国式现代化新道路”的崭新概念,指出:“以史为鉴、开创未来,必须坚持和发展中国特色社会主义。走自己的路,是党的全部理论和实践立足点,更是党百年奋斗得出的历史结论。中国特色社会主义是党和人民历经千辛万苦、付出巨大代价取得的根本成就,是实现中华民族伟大复兴的正确道路。我们坚持和发展中国特色社会主义,推动物质文明、政治文明、精神文明、社会文明、生态文明协调发展,创造了中国式现代化新道路,创造了人类文明新形态。”[②] 承此之绪,在党的第二十次全国代表大会上,习近平总书记系统阐述了新时代新征程中国共产党的使命任务,指出:“从现在起,中国共产党的中心任务就是团结带领全国各族人民全面建成社会主义现代化强国、实现第二个百年奋斗目标,以中国式现代化全面推进中华民族伟大复兴。在新中国成立特别是改革开放以来长期探索和实践基础上,经过十八大以来在理论和实践上的创新突破,我们党成功推进和拓展了中国式现代化。中国式现代化,是中国共产党领导的社会主义现代化,既有各国现代化的共同特征,更有基于自己国情的中国特色。”[③]这些“中国特色”包括:中国式现代化是人口规模巨大的现代化;中国式现代化是全体人民共同富裕的现代化;中国式现代化是物质文明和精神文明相协调的现代化;中国式现代化是人与自然和谐共生的现代化;中国式现代化是走和平发展道路的现代化。[④] “中国式现代化的本质要求是:坚持中国共产党领导,坚持中国特色社会主义,实现高质

---

① 参见王立胜:《“七一”重要讲话的重大理论创新及意义》,载《人民论坛》2021 年第 21 期。

② 习近平:《在庆祝中国共产党成立 100 周年大会上的讲话》,载《人民日报》2021 年 7 月 2 日版。

③ 习近平:《高举中国特色社会主义伟大旗帜 为全面建设社会主义现代化国家而团结奋斗——在中国共产党第二十次全国代表大会上的报告》,人民出版社 2022 年版,第 21 ~ 22 页。

④ 习近平:《高举中国特色社会主义伟大旗帜 为全面建设社会主义现代化国家而团结奋斗——在中国共产党第二十次全国代表大会上的报告》,人民出版社 2022 年版,第 22 ~ 23 页。

量发展，发展全过程人民民主，丰富人民精神世界，实现全体人民共同富裕，促进人与自然和谐共生，推动构建人类命运共同体，创造人类文明新形态。”[①]与之相呼应，党的二十大通过的《中国共产党章程（修正案）》凝聚全党意志，顺应时代要求，统一党心民心，旗帜鲜明将“以中国式现代化全面推进中华民族伟大复兴”作为党的使命任务重要内容载入党的总章程、总规矩。

从建党一百年到党的二十大，习近平总书记关于中国式现代化的系列重要论述精辟概括了中国共产党百年奋斗创造的伟大成就，系统阐述了新时代新征程中国共产党的使命任务，深刻揭示了中国式现代化的坚实基础、中国特色、本质要求和重大意义，为全面建设社会主义现代化国家新征程上推进和拓展中国式现代化提供了根本遵循、指明了前进方向。这些重要论述既是指引全党全国各族人民全面建设社会主义现代化国家的马克思主义纲领性文件，也是指引我们深入学习、研究和思考包括中国式行政法治现代化在内的中国式法治现代化的马克思主义法治思想宣言和法治行动指南。这诚如论者所指出的，中国式现代化新道路以其宏伟格局、深刻逻辑和广阔前景，内在地包含和规定了中国式法治现代化新道路：“中国式法治现代化新道路，是中国式现代化新道路在法治领域中的集中体现，是中国共产党领导人民在伟大社会革命进程中创造出来的植根中华大地、推进法治变革的自主型法治发展道路，蕴涵着深厚的历史逻辑、理论逻辑和实践逻辑。”[②]中国式法治现代化新道路与中国特色社会主义法治道路之间，具有内在一致性和逻辑同构性：“二者处于同一个历史进程中。如果说中国特色社会主义法治道路是中国式法治现代化新道路的前提和基础，那么，中国式法治现代化新道路则是在坚持和拓展中国特色社会主义法治道路进程中开辟出来的建设现代化法治国家的唯一正确道路，是超越西方法治现代化模式的法治

---

① 习近平：《高举中国特色社会主义伟大旗帜　为全面建设社会主义现代化国家而团结奋斗——在中国共产党第二十次全国代表大会上的报告》，人民出版社 2022 年版，第 23～24 页。

② 公丕祥：《中国式法治现代化新道路的内在逻辑》，载《法学》2021 年第 10 期。

现代化的中国道路,是既符合中国国情,又汲取人类法治文明成果的现代化法治之路。”①

具体到行政法治现代化领域,在新中国成立特别是改革开放以来长期探索和实践基础上,经过十八大以来在理论和实践上的创新突破,我们党成功开创、推进和拓展了中国式行政法治现代化。中国式行政法治现代化新道路,是中国式法治现代化新道路在行政法治领域的集中体现,是中国特色社会主义法治道路在行政法治领域的生动展开,是党领导人民在伟大社会革命进程中创造出来的植根中华大地、推进法治变革的自主型行政法治发展道路,是党领导人民发展行政法治、建设法治政府的宝贵理论结晶。② 中国式行政法治现代化,是中国共产党领导的社会主义行政法治现代化,既有各国行政法治现代化的共同特征,又有基于自己国情的中国特色,蕴含着深厚的历史逻辑、理论逻辑和实践逻辑。

第一,中国式行政法治现代化,就其历史逻辑概括而言,是中国共产党人深刻反思近代中国行政法制发展的历史进程,深入总结和运用党领导人民实行行政法治的重要经验,继承和弘扬中华优秀传统行政法律文化,成功地开创、推进和拓展的行政法治现代化新道路,具有鲜明的中国特质。遵循以百年千年为计的中国时间观,在中华民族伟大复兴的时代征程中,行政法治现代化的中国历程清晰可见。在嘉道以降的帝制黄昏时代,传统中国政府治理呈现出成熟法制形态又不得不因应冲击自我调适;在帝制与共和交替的民国时期,域外传来的“法治国”理想与此起彼伏的专制统治存在严重的“二律悖反”;在社会主义革命和建设时期,“依计划治国”与“依政策行政”形塑了新中国行政法治的基本样态;在改革开放新时期,以市场经济为导向的行政法治发展成为法治国家建设的重要基石。党的十八大以来,行政法治现代化的中国历程因应新的时代背景,以习近平法治思想为指导,以国家治理现代化为总范式,形成了

① 公丕祥:《中国式法治现代化新道路的内在逻辑》,载《法学》2021 年第 10 期。

② 参见吴欢:《中国式行政法治现代化新道路的逻辑与底蕴》,载《荆楚法学》2022 年第 4 期。

中国式行政法治现代化的总体方案。新征程上人民群众对政府治理法治化的美好期待日益增长,行政法治现代化的中国方案愈益完备,历久弥新的中国法治政府建设永远在路上。

第二,中国式行政法治现代化,就其理论逻辑概括而言,是中国共产党人科学把握当代中国政府治理法治化的主权结构、治理类型、治理内涵、治理方式、时代议题和全球视野,成功地开创、推进和拓展的行政法治现代化新道路,具有强大的理论力量。中国式行政法治现代化新道路或曰政府治理法治化的中国新道路,在主权结构上,是从传统的"君主为民父母"走向现代的"人民当家作主",从而开启了政府治理法治化的崭新境界;在治理类型上,是从人治走向法治,从而找到了优良政府治理的可靠保障;在治理内涵上,是从传统政府治理走向现代法治政府,从而具有了时代化的运行机制;在治理方式上,是从管制走向管理再到治理,从而形成了统摄性、效能性与综合性兼备的治理方式体系。中国式行政法治现代化的新时代深化拓展,要求坚持党对行政法治现代化的坚强领导,坚持行政法治现代化的科学理论武装,坚持行政法治现代化的行政为民宗旨,坚持依靠法治推进政府治理现代化,坚持从中国实际出发建设法治政府,坚持发挥法治政府建设的示范带动作用,坚持抓住"关键少数"建设法治政府。行政法治现代化的世界潮流不可阻挡,法治政府建设的中国新道路必将越走越宽广。①

第三,中国式行政法治现代化,就其实践逻辑概括而言,是中国共产党领导中国人民进行伟大政府治理革命的实践产物,展现了中国特色社会主义行政体制与职责明确、依法行政的政府治理体系创新发展的实践成果,彰显了党领导法治政府建设的实践伟力,具有显著的制度优势。中国式行政法治现代化内生于当代中国的政府治理现代化伟大实践。改革开放新时期,经济体制改革呼唤政府治理革命,法治精神启蒙引导依法行政实践,高度行政管制转向常态行政管理,行政诉讼法治倒逼行

① 参见吴欢:《法治政府建设的中国历程》,南京师范大学 2021 年法学博士后出站报告,"结论"。

政实体法治，由此汇聚而成的以社会主义市场经济为导向的行政法治现代化生动实践，为全面依法治国新时代的行政法治发展奠定了坚实基础。新时代中国的法治政府建设，清晰地呈现了行政法治的内在要求与动态结构，集大成地形成了中国式行政法治现代化的总体方案。党的十九届四中全会明确提出“坚持和完善中国特色社会主义行政体制，构建职责明确、依法行政的政府治理体系”，明确要求“必须坚持一切行政机关为人民服务、对人民负责、受人民监督，创新行政方式，提高行政效能，建设人民满意的服务型政府”。① 这就为我们将中国式行政法治现代化的制度优势转化为治理效能指明了前进方向。

第四，中国式行政法治现代化，在法治发展类型上，尤其以法治政府建设为鲜明主体实践特征，是通过法治政府建设的中国式行政法治现代化。不可否认，行政法治与法治政府在语法构造和语词要素上存在差异，行政法治现代化与法治政府建设在时态维度和内涵维度上有所不同。行政法治主要指向法治化的行政权运作状态，法治政府则主要指向法治化的政府治理模式；行政法治现代化表征着现代行政活动的理想类型，法治政府建设则意味着政府治理的实践推进。与此同时，行政法治现代化与法治政府建设具有表里包含和逻辑贯通的体用辩证关系。在21世纪马克思主义法治发展理论视域中，行政法治现代化从属于法治现代化的时代进程，法治政府建设则是通往中国式行政法治现代化的必由之路。不同于其他国家和地区强调自生自发秩序的演化主义行政法治现代化模式，具有鲜明自主建设色彩的中国特色法治政府建设，一直是中国式行政法治现代化的重要实践依托。② 在中华民族伟大复兴的

① 《中共中央关于坚持和完善中国特色社会主义制度　推进国家治理体系和治理能力现代化若干重大问题的决定》，人民出版社2019年版，第15～16页。

② 参见姜明安：《论新时代中国特色法治政府建设》，载《北京大学学报（哲学社会科学版）》2018年第1期；马怀德：《新时代法治政府建设的意义与要求》，载《中国高校社会科学》2018年第5期；李洪雷：《行政体制改革与法治政府建设四十年（1978—2018）》，载《法治现代化研究》2018年第5期；杨海坤：《“四个全面”战略布局下如何全面推进法治政府建设》，载《法学评论》2015年第5期；熊文钊、郑毅：《建设法治政府的模式与政府法治论》，载《法学杂志》2010年第11期。

时代征程和党领导人民厉行法治的百年行程中，法治政府建设的中国历程始终在场且愈益丰富。在社会主义革命和建设时期奠定的政府治理基本样态基础上，法治政府建设伴随着依法治国、法治国家、行政法治、法治政府、依法行政等话语和实践的兴起而展开。2004年《全面推进依法行政实施纲要》是改革开放新时期法治政府建设最具典型性和代表性的制度成果与实践蓝图。党的十八大以来，特别是《法治政府建设实施纲要（2015—2020年）》贯彻落实五年来，各地区各部门多措并举、改革创新，法治政府建设取得重大进展："党对法治政府建设的领导不断加强，责任督察和示范创建活动深入实施，法治政府建设推进机制基本形成；'放管服'改革纵深推进，营商环境大幅优化；依法行政制度体系日益健全，重大行政决策程序制度初步建立，行政决策公信力持续提升；行政执法体制机制改革大力推进，严格规范公正文明执法水平普遍提高；行政权力制约和监督全面加强，违法行政行为能够被及时纠正查处；社会矛盾纠纷依法及时有效化解，行政争议预防化解机制更加完善；各级公务员法治意识显著增强，依法行政能力明显提高。"[①]这一系列原创性理论、变革性实践、突破性进展和标志性成果，为中国式行政法治现代化的范式转换提供了坚实可靠的实践基础，也为中国式行政法治现代化的总体方案提供了生动鲜活的理论资源。在此基础上，2021年中央全面依法治国工作会议确立的习近平法治思想，作为新时代全面依法治国的根本指导思想，不仅为新时代法治政府建设提供了理论指南，还为中国式行政法治现代化擘画了总体方案。在习近平法治思想的科学指引下，《法治政府建设实施纲要（2021—2025年）》强调指出："当前，我国已经开启全面建设社会主义现代化国家、向第二个百年奋斗目标进军的新征程，统筹中华民族伟大复兴战略全局和世界百年未有之大变局，推进国家治理体系和治理能力现代化，适应人民日益增长的美好生活需要，都对法治政府建设提出了新的更高要求，必须立足全局、着眼长远、

① 《法治政府建设实施纲要（2021—2025年）》，载《人民日报》2021年8月12日版。

补齐短板、开拓进取，推动新时代法治政府建设再上新台阶。"[①]在新时代新征程上循此科学方案扎实推进，通过法治政府建设的中国式行政法治现代化的主体实践特征必将愈益鲜明。

伟大时代孕育伟大理论，伟大理论引领伟大实践。在党领导人民厉行法治、奉法强国的百余年奋斗历程中，党的二十大前所未有地高度重视法治政府建设，不仅首次在党的全国代表大会报告中专节部署"扎实推进依法行政"，而且郑重重申"法治政府建设是全面依法治国的重点任务和主体工程"，并进行系列战略谋划。[②] 党的二十大报告关于法治政府建设的重要论述是推进和拓展中国式行政法治现代化的最新政治宣言和行动纲领。在新时代新征程上，全面贯彻落实党的二十大精神，以习近平法治思想科学擘画的中国式行政法治现代化总体方案为时间表、任务书和路线图，通过法治政府建设的中国式行政法治现代化，必将迎来更加引人注目的原创性理论、变革性实践、突破性进展和标志性成果。

论者指出："纵观世界法治现代化的历史进程，我们可以看到，法治现代化是一个普遍性的世界历史进程，构成了近代以来国家与法治领域变革发展的主旋律。然而，这一进程在不同的国度具有不同的历史特点，也由此形成不同样式的法治现代化道路。中国共产党成立一个世纪以来，团结带领中国人民进行艰苦卓绝、气壮山河的伟大社会革命，把马克思主义法治理论基本原理同中国具体实际相结合、同中华优秀传统法律文化相结合，自主成功地开创、坚持和拓展了适合中国国情条件的中国式法治现代化新道路，在世界法治现代化进程中具有标识性的重大意义。"[③]承此之绪，在行政法治现代化的世界潮流中，中国式行政法治现代化以其深刻的内在逻辑、理性的制度设计和鲜明的主体特征，为人类

① 《法治政府建设实施纲要（2021—2025年）》，载《人民日报》2021年8月12日版。

② 习近平：《高举中国特色社会主义伟大旗帜　为全面建设社会主义现代化国家而团结奋斗——在中国共产党第二十次全国代表大会上的报告》，人民出版社2022年版，第40～41页。

③ 公丕祥：《中国式法治现代化新道路的内在逻辑》，载《法学》2021年第10期。

行政法治文明贡献了中国智慧和中国方案。这条既与人类法治文明普遍准则相沟通，又具有鲜明中国政府治理特色的行政法治现代化新道路，必将越走越宽广。需要进一步探索发现的是，通过法治政府建设的中国式行政法治现代化新道路，如此这般越走越宽、可大可久，系建基于何种法治文明底蕴之上。

三、中国新道路的法治文明底蕴

孔子曰："必也正名乎。"韩非云："循名而责实。"儒法两家政治哲学虽然大异其趣，但在治国理政方针上均注重名实之辩，差可谓先秦为政思想的方法论共识。[①] 由此及彼，在探索发现通过法治政府建设的中国式行政法治现代化的法治文明底蕴之前，实有必要对"行政法治"这一核心概念以及相关概念进行语义和语用的检视。此举用意不在于纯粹的知识考古，而是试图借助名实之辩的方法，为后续相关研究引入基于中华法治文明实践的方法论框架。

学界已有不少"行政法治"相关的词源考察。学者们一般会从"法治"说起，指出古代"法治"与现代"法治"含义根本不同，法家"以法治国"与当下"依法治国"不可同日而语，此类说法已经成为教科书式的经典表述。[②] 部分学者还会从"rule of law"的中译过程入手，考察近代学者有关"法治"译法的用例与用意，当然还包括与之相关的政府、行政、行政法等概念的译介过程，进而从民国时期流行的"法治国"话语延伸到当代中国常用的若干语词，借以指出近代中西法政知识互鉴中的若干

① 既有研究多从语言学、逻辑学、伦理学角度讨论先秦名实之辩，参见王俊涛：《简述先秦哲学中的"名实"之辩》，载《咸阳师专学报》1995 年第 1 期；杨国荣：《孔墨老与先秦名实之辩》，载《学术界》1990 年第 6 期；马艳玲：《名实之辩与韩非法治思想》，载《学术交流》2013 年第 6 期。但从原文语境上看，孔子语录系回答子路为政之先的提问，韩非语录系解释何谓人主所执之术，都明确指向治国理政方针。

② 参见史浩林：《依法治国与以法治国、法治与法制论异》，载《长白学刊》1999 年第 3 期。

问题。[①] 还有学者会进一步辨析"法治"与"法制"等概念,进而强调从"法制"到"法治"、从"依法治国"到"全面依法治国"的重大意义。[②] 此外,还有学者会追溯"社会主义法制""依法行政""政府法制""依法治国"等提法的出现、含义及其同"法治政府"概念的差别与联系,借以阐明行政法治相关概念的演进史。[③] 但多数学者的词源考察往往到此为止,转而面向现实讨论法治政府建设的目标与路径等实践议题。时至今日,随着法治政府建设的深入人心,此类词源考察结论已经成为近乎毋庸再议的常识。

就本书所聚焦的通过法治政府建设的中国式行政法治现代化而言,实有必要专题考究"行政法治"在当代中国的简明概念史。据我们的观察,仅以公开出版的学术论著而言,至迟在 1989 年,即有学者在重要期刊以"行政法治"为标题和关键词讨论其基本理论问题。该学者认为,"行政法治原则是全部行政法或行政诉讼基础的理论原则,其基本含义是要求政府在处理与人民的关系时必须有法律依据"。[④] 由此可见,我国学者最初是将"行政法治"作为行政法理论原则(之一)来定位和使用的,这也符合彼时"行政法治是法国行政法的基本原则(之一)"的比较法认知,[⑤]以及行政法基础理论百家争鸣的学术脉络。[⑥] 此后数年,陆续有学者专题探讨行政法治原则。[⑦] 党的十四大以后,随着社会主义市场经济体制的确立,"法治政府""依法行政""行政法制"等概念在庙堂与书斋之间穿梭互动并互相竞争,"行政法治"的概念位格有所上升,被认

---

① 参见冯晓川、张雨:《明治维新与清末新政中"行法""行政"的概念嬗变——以中日学者对译"administration"词汇为中心》,载《中西法律传统》2021 年第 2 期。

② 参见张文显:《新时代全面依法治国的思想、方略和实践》,载《中国法学》2017 年第 6 期。

③ 参见杨海坤、樊响:《法治政府:一个概念的简明史》,载《法律科学》2016 年第 1 期。

④ 参见于安:《试论行政法治的基本理论问题》,载《法律学习与研究》1989 年第 4 期。

⑤ 参见胡建淼、张焕光:《行政法学原理》,劳动人事出版社 1989 年版,"第二章(胡建淼执笔)"。

⑥ 参见杨解君:《关于行政法理论基础若干观点的评析》,载《中国法学》1996 年第 2 期。

⑦ 参见王安:《行政法治原则是行政法的基本原则》,载《理论探索》1992 年第 4 期。

为涵摄“精神与制度”，因而具有“新一代”范式意义。[①] 党的十五大确立依法治国方略后，“法治政府”“依法行政”“行政法制”等概念持续实定化和实务化，“行政法治”的概念位格进一步提升，抽象程度进一步加深，“行政法治(制)现代化”也伴随着“法制(治)现代化”的兴起而成为经典理论研究范式。[②]

党的十八大以来，在习近平法治思想的科学指引下，随着法治政府建设的全面推进，依法行政事业的蓬勃发展，通过法治政府建设的中国式行政法治现代化深化拓展，以国家治理现代化总目标为宗旨和皈依的中国式行政法治现代化，已经并将继续迎来范式性变革和整全性方案。就此概括而言，“行政法治”及其相关概念，是当代中国自主探索法治现代化新道路进程中涌现的一系列具有中国特色的法治话语。在长期的政学互动和语词竞争中，“行政法治(现代化)”逐渐占据范式性的概念位格，成为当代中国法治政府建设理论与实践的统领性话语标识。但应当注意，早期“行政法治”作为舶来概念，具有浓厚的大陆法系法国法族色彩，是法国法治文化传统的产物，也是域外法治话语移植的表征。[③] 在深入建构中国特色法学学科体系、学术体系和话语体系的今天，当我们将其作为新时代中国法治政府建设的范式标识关键词之际，需要在共时性与历时性兼顾、中国法与比较法互通的意义上，对“行政法治”概念进行本土化阐释，以期为通过法治政府建设的中国式行政法治现代化确证法治文明底蕴。这就需要切实将“行政法治(现代化)”视作中国化的法治话语，进而对其展开基于中国法治文明传统的语义和语用分析。就此而言，我们不宜再像此前论者一样，仅从“行政”和“法治”两个维度认

---

① 参见包万超：《行政法治：精神及制度》，载《政府法制》1996 年第 4 期；笑侠：《论新一代行政法治》，载《外国法译评》1996 年第 2 期。值得注意的是，《行政法学研究》1997 年第 1 期集中刊发了莫于川、谈义、王周户、柯阳友等人以行政法治为题的多篇论文。

② 此种理论范式下的代表性论著，参见王永山：《行政法治现代化标准剖析》，载《江海学刊》1997 年第 5 期；刘旺洪：《行政与法治：中国行政法制现代化研究》，南京师范大学出版社 1998 年版；吴建依：《行政法治现代化的方法论思考》，载《江汉论坛》2005 年第 7 期。

③ 参见周佑勇、尚海龙：《论法国行政法的基本原则》，载《法国研究》2004 年第 1 期。

识“行政法治”。立足中国法治文明传统，“行政法治”至少包括“行政”“法”“治”三个典型意义元素，值得深入剖析阐释。

首先是“法”。“法”的维度既有研究已有充分讨论。学者们每每强调要法治不要人治，法治之“法”是目的性的而不是工具性的，是主体性的而不是客体性的，因此我们要依法治国而不是以法治国。[①] 这无疑是值得尊重的科学认识，但多少有些顾此失彼，总体上还是囿于传统与现代的二元对立观。如欲正本清源，我们需要在大历史长时段中把握行政法治的古今流变，避免受到法治领域“意识形态偏见”的影响和遮蔽。我们也要注意到，现代行政法治之“法”已经极大地突破了传统意义上“依法行政”之“法”的范围。[②] 大量的低位阶法源乃至不成文法源，包括行政规章、行政规定、裁量基准、执法手册、行政惯例、平台协议乃至算法规则等，在行政法治实践中被广泛运用。一方面，这会带来理论上的“作茧自缚”效应，将行政权力的“制度笼子”越扎越密；另一方面，这也会带来实践中的“规制冗余”风险，进一步强化行政权力的“墨守成规”属性。为此需要找准“合法性”与“最佳性”的平衡点，让行政权力有为而不越位。[③]

其次是“行政”。多数学者约定俗成地将其等同于近代西方语境中富含形式法治要素的“administration”，同时对传统中国语境中富含实质治理意义的“行政”存而不论。事实上，古今中外的“行政”语词，既有其时空差异，又并非不可通约。中文语境中的“行政”具有施行政令、执掌政治、治国理政等丰富含义，其中的执行、职掌、治理等要素，同西文语境中的对应词不乏暗合，故近代学人以“行政”对译“administration”，选词命义堪称考究。[④]《孟子·梁惠王上》云：“庖有肥肉，厩有肥马，民有饥

---

① 参见史浩林：《依法治国与以法治国、法治与法制论异》，载《长白学刊》1999 年第 3 期。

② 参见王柱国：《依法行政原则之“法”的反思》，载《法商研究》2012 年第 1 期。

③ 参见朱新力等：《行政法基础理论改革的基本图谱：“合法性”与“最佳性”二维结构的展开路径》，法律出版社 2013 年版。

④ 参见冯晓川、张雨：《明治维新与清末新政中“行法”“行政”的概念嬗变——以中日学者对译“administration”词汇为中心》，载《中西法律传统》2021 年第 2 期。

色,野有饿莩,此率兽而食人也。兽相食,且人恶之。为民父母,行政不免于率兽而食人。恶在其为民父母也?"这段语录堪称传统中国"行政"本质的经典表述,讲的就是治理者(君主和官吏)要以为民父母的心态治国理政、执掌政治和施行政令,如果令子民陷入"率兽而食人"的凶险境地,治理者就不配为民父母,也就丧失了行政与治理的正当性与合法性。这种古典"行政"文明自觉,实属难能可贵,亟待发扬光大。顺带提及,与"行政"有类似遭遇的还有"政府"。多数学者径行将西文语境的"government"与中国实践中的"政府"等量齐观,这未免忽视了古今中外政府治理的内在张力。已有论者概括指出,中国的"法治政府"往往被理解为法治国家建设的一部分,而西方人在说"法治政府"时,无论是 government under law 还是 government of laws,都是指整体的政府,重点指行使统治权力的古代君主或者现代机构。承此之绪需要强调,基于"政"的整全性内涵,"政府"在传统中国也是整体性的,"政府治理"因而具有古今中西的通约性;基于全能政府的认知与期待,当代中国官方和民间也会在整体意义上使用"政府"概念,借以指代所有公权力机关,如"党和政府""中国政府""有困难找政府"等说法。① 这就启示我们,在探索发现中国式行政法治现代化的法治文明底蕴之际,既要考虑行政概念的古今共性,又要把握政府角色的中外差别,进而在现行法治体系中妥善定位行政法治,使之既能兼容中外法治政府的共同追求,又能凸显古今政府治理的中国特色。

最后是"治"。学界既有相关讨论大多将"行政法治"中的"治"一笔带过,或仅将其与"制"作对比,以凸显其柔性与理性。② 但我们认为,恰恰是"治",才是时代化本土化中国化的行政法治话语不可忽视的法治文明核心要素,才是沟通古今政府治理实践和中外行政法治叙事的关

---

① 参见张创新:《中国古代政府论纲》,吉林大学出版社 2004 年版;包国宪、郎玫:《治理、政府治理概念的演变与发展》,载《兰州大学学报(社会科学版)》2009 年第 2 期;王浦劬:《国家治理、政府治理和社会治理的含义及其相互关系》,载《国家行政学院学报》2014 年第 3 期。

② 参见郑春燕:《转型政府与行政法治》,载《浙江大学学报(人文社会科学版)》2021 年第 1 期。

键枢纽。也正是“治”,代表着传统中国法政秩序的深层结构及其文明理念。《史记·太史公自序》曾载司马谈“论六家要旨”:“太史公仕于建元、元封之间,愍学者之不达其意而师悖,乃论六家之要旨曰:《易·大传》:‘天下一致而百虑,同归而殊途。’夫阴阳、儒、墨、名、法、道德,此务为治者也,直所从言之异路,有省不省耳。”这段文字堪称理解先秦思想史的“锁钥”,历来受到文史学界高度重视。[①] 从法政视角来看,这段文字同样具有重要的政治哲学意义和治理秩序价值。诚如论者所指出的,“六家要旨”的关键就是“务为治”,这里的“治”代表着中国古代法思想的一个“深层结构”。[②] 论者进而指出,在司马谈看来,孜孜求治是先秦六家共同的政治理想和思想主张:一方面,“六家”具有“务为治”这一共同的问题意识和时代关怀;另一方面,“六家”又都建构了各自不同的关于“治”的思想理论。在旁征博引的论证后,论者总结认为,“从春秋战国到清代,诸子百家和历代学者,都致力于思考‘治’,追求‘治’。这一‘务为治’的思想要旨,也是中国古代法思想的一大要旨。而‘务为治’的法思想,已形成包含多种论题的结构。对这一结构进行研究,是认识中国古代法思想的一个独特方案”。[③] 承此之绪反观当下,“治”同样表征着当代中国法思想的一个“深层结构”。作为中国优秀传统文化的宝贵结晶,“治”的思想与实践、观念与方法、目标与行动,早已深深渗透到当代中国治国理政全过程与各方面。姑且不论社会主义革命和建设时期的治理探索,仅就改革开放新时期而言,从“法制”到“法治”再到“依法治国”的重大转变,已然充分昭示着“治”的理性回归与实践在场。党的十八大以来,“治”的结构性功能地位在治国理政话语及其实践中更加凸显,“坚持和发展马克思主义,必须同中华优秀传统文化相结合”

① 参见邓曦泽:《问题、方法与文献——〈论六家要旨〉的启示》,载《现代哲学》2010 年第 1 期。

② 参见程燎原:《千古一“治”:中国古代法思想的一个“深层结构”》,载《政法论坛》2017 年第 3 期。程燎原是较早系统研究“法治论”的国内学者,曾与王人博在 20 世纪 80 年代合著《法治论》(山东人民出版社 1989 年版)这一国内较早提出“法治论”和“依法治国论”的重要著作。

③ 参见程燎原:《千古一“治”:中国古代法思想的一个“深层结构”》,载《政法论坛》2017 年第 3 期。

“坚持和完善中国特色社会主义制度,推进国家治理体系和治理能力现代化”“建设中国特色社会主义法治体系,建设社会主义法治国家”“坚持全面依法治国,推进法治中国建设”“全面依法治国是国家治理的一场深刻革命”“在法治轨道上全面建设社会主义现代化国家”“全面推进国家各方面工作法治化”“坚持党要管党、全面从严治党”“弘扬社会主义法治精神,传承中华优秀传统法律文化”等治国理政新观点新论断新思想,无不坚定传承着治平天下的文化精髓,高度彰显着中国之治的独特优势。

综上所述,从语用学角度看,“行政法治”在当代中国实现了从域外理论到本土范式的转型与升格;从语义学角度看,时代化本土化中国化行政法治话语的法治文明底蕴,需要借助“行政”“法”“治”的构词要素加以把握,特别是要从古今中国政府治理之道的连续性上加以考察。孜孜以求治,汲汲以为民,正是通过法治政府建设的中国式行政法治现代化的深厚法治文明底蕴所在。

四、本书的分析框架与内容安排

正是基于对“治”在古今中国治理秩序变迁中深层次地位与功能的认识,以及对“行政”和“政府”在中西法治话语体系建构中主客观差异与共性的关切,本书在综论中国式行政法治现代化的基本方位、范式转换和总体方案,进而分论中国式行政法治现代化各领域的原创性理论、变革性实践、突破性进展和标志性成果时,特别注重坚持以“治”作为核心关键词,主张以治民治官治王的三维动态耦合结构,或曰法治国家、法治政府、法治社会三位一体的法治现代化体系格局,[①]作为考察中国式

① 各领域学者对法治国家、法治政府、法治社会三位一体法治现代化体系格局背后的治民与民治、治吏与吏治等议题的研究,参见燕继荣:《治民 · 治政 · 治党——中国政治发展战略解析》,载《北京行政学院学报》2006 年第 1 期;袁达毅:《从“治民”到“民治”:国家治理民主的发展转型》,载《长白学刊》2016 年第 5 期;田兆阳:《法治、民治、吏治与自治——论依法行政的主体》,载《新视野》2000 年第 3 期;曾坚:《吏治与治吏:中国实现法治的关键》,载《行政与法》1998 年第 4 期。

行政法治现代化的方法论框架。换言之,我们试图以"治"为中心,从法治国家、法治政府、法治社会的三维动态耦合结构出发,全方位观测和评估中国式行政法治现代化诸议题。本书以下各章将证明这一理论预设、方法选择暨分析框架是可行且可欲的。此处有必要先行指出,鉴于"治"本身是一个动态复杂的话语—实践系统,治民治官治王三维动态耦合的行政法治现代化分析框架,也有基于不同治理秩序和国家建构时空状态的复杂内部形态。

就治民而言,依法而治的社会秩序是国家秩序建构和国家治理能力的重要基础。广土众民的国家如果无法通过法治有效整合境内民众而任其一盘散沙,则国家建构的基础性条件将不复存在;即便国家建构完成、国家能力强盛,如何德法合治、教化人民,仍然是一个持续性议题。反过来,依法而治的社会秩序并不是以国家强制力将民众客体化,其中也内含着民治的可行思路,亦即引导人民自我教育,并通过高质量的民主自治来倒逼和促进治官与治王。就治官而言,依法控权是行政法治最直接和最关键的制度要求。如果依法控权的问题解决得不好,则国家建构的价值性目标就会落空;我们甚至可以说,当国家能力强盛而官僚集团难治,国家治理就会面临空前而系统的灾难。反过来,依法控权也并非以制度牢笼让政府官员客体化,其中应当而且必然存在依法全面履行政府职能的一面,亦即以良法实现善治,从而求得治民与治官、官治与民治的良性循环。就治王而言,依法执政是现代治理秩序最艰难也是最关键的层次,如果依法执政问题解决得不好,治民与治官就会沦落为"皇帝的新装"与"权力的游戏"。反过来,依法执政也有在法治轨道上增强国家制度和治理体制核心竞争力的一面。广土众民的国家如果缺乏定于一尊的治国理政秩序核心,在岁月静好的常态政治下也许精致而完美,但在类似于重大突发事件应对等非常态历史时刻,也难免会呈现空心化乃至委顿化局面。就此而言,治民与民治、治官与官治、治王与王治,这三对范畴三个维度与治理秩序转型期的国家建构任务之间的深度关联与动态张力,着实值得审慎思考与妥善应对,进而在行政法治现代化进程中守正创新。

回到新时代中国的法治话语及其实践。2020 年 11 月,习近平总书记在中央全面依法治国工作会议上发表重要讲话,从十一个方面系统阐述了作为全面依法治国根本指导思想的习近平法治思想的核心要义,其中第七个方面就是坚持依法治国、依法执政、依法行政共同推进,法治国家、法治政府、法治社会一体建设。习近平总书记强调指出:“全面依法治国是一个系统工程,要整体谋划,更加注重系统性、整体性、协同性。依法治国、依法执政、依法行政是一个有机整体,关键在于党要坚持依法执政、各级政府要坚持依法行政。法治国家、法治政府、法治社会相辅相成,法治国家是法治建设的目标,法治政府是建设法治国家的重点,法治社会是构筑法治国家的基础。”[①]党的二十大报告在专章部署“坚持全面依法治国,推进法治中国建设”之际,亦明确指出:“全面依法治国是国家治理的一场深刻革命,关系党执政兴国,关系人民幸福安康,关系党和国家长治久安。必须更好发挥法治固根本、稳预期、利长远的保障作用,在法治轨道上全面建设社会主义现代化国家。我们要坚持走中国特色社会主义法治道路,建设中国特色社会主义法治体系、建设社会主义法治国家,围绕保障和促进社会公平正义,坚持依法治国、依法执政、依法行政共同推进,坚持法治国家、法治政府、法治社会一体建设,全面推进科学立法、严格执法、公正司法、全民守法,全面推进国家各方面工作法治化。”[②]由此可见,在习近平法治思想科学体系和法治中国建设顶层设计中,法治政府建设并非孤立存在,而是要同法治国家、法治社会建设一体推进;法治一体建设也并非自成一体,而是要与坚持党的领导和坚持人民当家作主有机统一,要在推进国家治理体系和治理能力现代化全局

① 习近平:《坚定不移走中国特色社会主义法治道路 为全面建设社会主义现代化国家提供有力法治保障》,载《求是》2021 年第 5 期。

② 习近平:《高举中国特色社会主义伟大旗帜 为全面建设社会主义现代化国家而团结奋斗——在中国共产党第二十次全国代表大会上的报告》,人民出版社 2022 年版,第 40 页。

中着力深刻把握。[①] 以“治”为中心的治民治官治王分析框架，与习近平法治思想科学擘画的法治一体建设格局高度契合，与习近平法治思想中的行政法治论高度契合，与新征程上扎实推进依法行政、加快建设法治政府的战略安排高度契合。

立基于以“治”为中心的治民治官治王三维分析框架，本书进一步主张从内在理路而不是外在外围来看待中国式行政法治现代化的历史、现状与未来，深入求解中国式行政法治现代化诸领域重要理论与现实议题，力图揭示和诠释行政为民的中国传统、人民至上的价值准则、为民服务的政府宗旨、政府治理的中国特色、依法行政的中国经验、法治政府的中国方案和行政法理的中国范式，从而巩固和提升中国式行政法治现代化“四个自信”。在内容安排上，本书坚持以习近平法治思想为指导，全面学习贯彻党的二十大精神，旨在围绕推进和拓展中国式法治现代化的主轴主线，全面总结阐述中国式行政法治现代化的基本方位、范式转换、总体方案及其各领域原创性理论、变革性实践、突破性进展和标志性成果。本书导论、第一章和第二章可视为总论。导论部分借助大历史长时段的整体史观，旨在从世界潮流和中国道路的相互关系中深刻把握中国式行政法治现代化的基本方位。第一章旨在深入分析中国式行政法治现代化的总范式、原动力、新作为和新议题等，突出强调中国式行政法治现代化的范式转换及其理论内涵。第二章旨在系统阐释习近平法治思想科学擘画的中国式行政法治现代化的总体方案的核心要义、思想脉络、实践基础、历史底蕴、哲理逻辑、法理创造和重点任务等，借以确证中国式行政法治现代化总体方案的内在逻辑。第三章至第八章可视为分论。这些章节基本按照《法治政府建设实施纲要（2021—2025 年）》的内容顺序展开，依次涉及政府机构职能体系现代化、依法行政制度体系现代化、行政决策制度体系现代化、行政执法工作体系现代化、突发事件应对体系现代化、数字政府保障体系现代化等重大议题，旨在全方位展

① 参见公丕祥：《习近平的法治与国家治理现代化思想》，载《法商研究》2021 年第 2 期。

示和建言中国式行政法治现代化各领域重大成就、主要经验和发展前景。第九章旨在强调坚持党的集中统一领导，持续深入推进和拓展通过法治政府建设的中国式行政法治现代化。

第一章　中国式行政法治现代化的范式转换

世界潮流浩浩荡荡，中国发展永不停步。进入21世纪，全球范围内的政治经济局势深刻调整，文明交流互鉴深化发展，中国特色社会主义现代化事业在中国共产党领导下，紧紧抓住难得的战略机遇期，创造了举世瞩目的发展奇迹，为实现中华民族伟大复兴坚定了宝贵的道路自信、理论自信、制度自信和文化自信。在庆祝中国共产党成立100周年大会上的重要讲话中，习近平总书记强调指出："为了实现中华民族伟大复兴，中国共产党团结带领中国人民，自信自强、守正创新，统揽伟大斗争、伟大工程、伟大事业、伟大梦想，创造了新时代中国特色社会主义的伟大成就。党的十八大以来，中国特色社会主义进入新时代，我们坚持和加强党的全面领导，统筹推进'五位一体'总体布局、协调推进'四个全面'战略布局，坚持和完善中国特色社会主义制度、推进国家治理体系和治理能力现代化，坚持依规治党、形成比较完善的党内法规体系，战胜一系列重大风险挑战，实现第一个百年奋斗目标，明确实现第二个百年奋斗目标的战略安排，党和国家事业取得历史性成就、发生历史性变革，为实现中华民族伟大复兴提供了更为完善的制度保证、更为坚实的物质基础、更为主动的精神力量。中国共产党和中国人民以英勇顽强的奋斗向世界庄严宣告，中华民族迎来了从站起来、富起来到强起来的伟大飞跃，实现中华民族伟大复兴进入了不可逆转的历史进程！”[①]在党的二十大报告中，习近平总书记专章论述“过去五年的工作和新时代十年的伟大变革”，指出：“十年来，我们经历了对党和人民事业具有重大现实意义和深远历史意义的三件大事：一是迎来中国共产党成立一百周年；二是中国特色社会主义进入新时代；三是完成脱贫攻坚、全面建成小康社会的历史任务，实现第一个百年奋斗目标。这是中国共产党和中国人民团结奋斗赢得的历史性胜利，是彪炳中华民族发展史册的历史性胜利，也是对世界具有深远影响的历史性胜利。”[②]以这三件大事为统领，党的二十大报告从“创立了新时代中国特色社会主义思想”等十六个方面，全面阐述了党的十八大以来以习近平同志为核心的党中央采取的一系列战略性举措，推进的一系列变革性实践，实现的一系列突破性进展和取得的一系列标志性成果，充分确证了十年来，包括法治中国建设开创新局面在内的“党和国家事业取得历史性成就、发生历史性变革”。[③]

从大历史长时段来看，“新时代十年的伟大变革，在党史、新中国史、改革开放史、社会主义发展史、中华民族发展史上具有里程碑意义”。[④] 以“新时代十年的伟大变革”为重要里程碑的中国特色社会主义事业伟大成就和坚定自信，充分表明近代以来古老而年轻的中国所面临

---

① 习近平：《在庆祝中国共产党成立100周年大会上的讲话》，载《人民日报》2021年7月2日版。

② 习近平：《高举中国特色社会主义伟大旗帜　为全面建设社会主义现代化国家而团结奋斗——在中国共产党第二十次全国代表大会上的报告》，人民出版社2022年版，第4页。

③ 习近平：《高举中国特色社会主义伟大旗帜　为全面建设社会主义现代化国家而团结奋斗——在中国共产党第二十次全国代表大会上的报告》，人民出版社2022年版，第6~14页。

④ 习近平：《高举中国特色社会主义伟大旗帜　为全面建设社会主义现代化国家而团结奋斗——在中国共产党第二十次全国代表大会上的报告》，人民出版社2022年版，第15页。

的治理转型与国家建构使命，以及近代以来无数仁人志士孜孜以求的强国梦想，正在以前所未有的力度照进现实并向前推进。正是在这一大历史背景下，党的十八大构成了迈向中国特色社会主义新时代的标志性起点，也构成了当代中国治理现代化与法治现代化进程的革命性枢纽。在党的十八大以来极不平凡的发展成就基础上，党的十九大报告深入分析中国特色社会主义进入新时代的基本现实状况，指出："中国特色社会主义进入新时代，我国社会主要矛盾已经转化为人民日益增长的美好生活需要和不平衡不充分的发展之间的矛盾。"[①]党的十九大报告提出的这一重大政治判断，准确地反映了当代中国社会发展的阶段性特征，鲜明地展现了社会基本矛盾运动在新时代中国发展进程中的新的表现样式，清晰地阐明了新时代我国社会主要矛盾新变化的基本指向，科学地引领了中国式法治现代化的历史方位、价值取向和路径选择，对于坚持和发展中国特色社会主义法治道路，把握中国式法治现代化的运动方向有着重大深远的意义。[②] 党的二十大报告将"明确我国社会主要矛盾是人民日益增长的美好生活需要和不平衡不充分的发展之间的矛盾，并紧紧围绕这个社会主要矛盾推进各项工作，不断丰富和发展人类文明新形态"作为新时代十年伟大变革的重要内容予以深刻阐述，指出："我们坚持把实现人民对美好生活的向往作为现代化建设的出发点和落脚点，着力维护和促进社会公平正义，着力促进全体人民共同富裕，坚决防止两极分化。"[③]从党的十八大到党的二十大，从重大政治判断到重大政治结论，从伟大变革到伟大成就，这一系列重要论述深刻表明，遵循以习近平同志为核心的党中央关于我国社会主要矛盾的重大政治判断，以完善和发展中国特色社会主义制度，推进国家治理体系和治理能力现代化为总

---

① 习近平：《决胜全面建成小康社会 夺取新时代中国特色社会主义伟大胜利——在中国共产党第十九次全国代表大会上的报告》，载《人民日报》2017 年 10 月 28 日版。

② 参见公丕祥：《新时代中国法治现代化的战略安排》，载《中国法学》2018 年第 3 期。

③ 习近平：《高举中国特色社会主义伟大旗帜 为全面建设社会主义现代化国家而团结奋斗——在中国共产党第二十次全国代表大会上的报告》，人民出版社 2022 年版，第 6 ~ 14 页。

目标，坚持全面依法治国，全面推进国家各方面工作法治化，在法治轨道上全面建设社会主义现代化国家，是新时代十年的伟大变革、伟大成就凝结而成的基本经验，是回应新时代我国社会主要矛盾新变化的必然要求，是党领导人民推进和拓展中国式法治现代化、丰富和发展人类法治文明新形态的宝贵探索。①

具体到行政法治现代化领域，新时代十年人民群众对美好公共生活有了更高的要求和期待，这就需要在新的历史起点上高质量建设法治政府，全面推进中国式行政法治现代化。着眼于此，以习近平新时代中国特色社会主义思想特别是习近平法治思想为指导的中国式行政法治现代化，在国家治理现代化总范式下，坚持以人民美好生活需要为原动力，持续探索打造制度笼子的新作为，为开启和推进全面依法治国新征程作出了新的重要贡献，进而在更为广阔深远的时空维度上，为近代以来的政府治理法治化中国历程注入了新的法理元素，为近代以来的行政法治现代化中国历程谱写了新的实践篇章，为近代以来的中国治理秩序转型与重构汇入了新的经验智慧。以习近平法治思想为科学指引，立足新时代法治政府建设理论创新、制度创新与实践创新成果，从总范式、原动力、新作为和新议题等方面，集中阐释中国式行政法治现代化的范式转换及其理论内涵，积极展望新征程上法治政府建设的推进重点，无疑有助于在法治轨道上全面建设社会主义现代化国家。② 在此过程中，我们力图彰显行政法治现代化的中国主体性，亦即人民主体性，并以"行政为民"作为中国式行政法治现代化的核心法理，从而在中国式行政法治现代化的新时代叙事中深刻揭示当代中国政府治理的法治逻辑。

---

① 参见公丕祥：《新时代中国法治现代化的内在动因——基于我国社会主要矛盾新变化的初步分析》，载《中国高校社会科学》2019 年第 3 期。

② 考虑到内容结构安排的便利，本章写作暂以新时代十年为基本时间范围，并以 2012 ~ 2020 年的中国式行政法治现代化为主要理论阐述对象，本书第二章将专题论述作为中国式行政法治现代化总体方案之系统集成规划形态的《法治政府建设实施纲要(2021—2025 年)》。

一、中国式行政法治现代化的总范式

从党的十八大到党的十九大再到党的二十大，从党的十九大提出的"八个明确""十四个坚持"到党的十九届六中全会提出的"十个明确""十三个方面成就"再到党的二十大提出的"三件大事""十六个方面变革"，从党的十八届三中全会到党的十八届四中全会再到党的十九届四中全会，从习近平关于全面依法治国重要论述到习近平全面依法治国新理念新思想新战略再到习近平法治思想，从"十三五"规划圆满收官到"十四五"规划顺利开局，这一系列中国特色社会主义理论创新、制度创新和实践创新成果始终坚持并反复强调，中国特色社会主义新时代是一个完善和发展中国特色社会主义制度、推进国家治理体系和治理能力现代化的新时代。正如建立和完善市场经济体制是新时期开创和推进中国特色社会主义的深刻革命，推进国家治理体系和治理能力现代化也是新时代完善和发展中国特色社会主义的深刻革命。[①] 如果说社会主义市场经济为新时期的政府治理法治化中国探索导引了大方向，国家治理现代化则为新时代的行政法治现代化中国叙事提供了新的总范式。

（一）国家治理现代化的总范式意义

2013 年党的十八届三中全会将"完善和发展中国特色社会主义制度，推进国家治理体系和治理能力现代化"确立为全面深化改革总目标，前所未有地创新发展了新时代党和国家治国理政话语体系和战略布局。[②] 2019 年党的十九届四中全会进一步以"坚持和完善中国特色社会

---

① 参见孙肖远：《国家治理现代化的中国逻辑》，载《江海学刊》2019 年第 4 期。

② 值得注意的是，部分论者在有意无意之间将这一总目标割裂开来，侧重于后半句，并将域外"治理"理论与当代中国的治理现代化理论等量齐观。事实上，"完善和发展中国特色社会主义制度"和"推进国家治理体系和治理能力现代化"是不可分割的有机整体，其中前者规定了根本方向，后者是前者指引下的鲜明方向。参见徐显明：《国家治理现代化关乎国家存亡》，载《法制与社会发展》2014 年第 5 期。

主义制度、推进国家治理体系和治理能力现代化"为主题,"全面总结党领导人民在我国国家制度建设和国家治理方面取得的成就、积累的经验、形成的原则,重点阐述坚持和完善支撑中国特色社会主义制度的根本制度、基本制度、重要制度,部署需要深化的重大体制机制改革、需要推进的重点工作任务",[①]全面系统集大成地以"中国之治"应对"时代之变",开辟了中国国家治理现代化的新境界。2020 年中央全面依法治国工作会议将习近平法治思想确立为全面依法治国的根本指导思想,并将"坚持在法治轨道上推进国家治理体系和治理能力现代化"确立为习近平法治思想核心要义的重要内容,明确指出"法治是国家治理体系和治理能力的重要依托。只有全面依法治国才能有效保障国家治理体系的系统性、规范性、协调性,才能最大限度凝聚社会共识",从而深刻阐明了全面依法治国与国家治理现代化的内在关联,为新时代新征程上推进国家治理现代化提供了根本遵循,指明了前进方向。[②] 党的二十大报告继往开来地将"社会主义法治国家建设深入推进,全面依法治国总体格局基本形成,中国特色社会主义法治体系加快建设,司法体制改革取得重大进展,社会公平正义保障更为坚实,法治中国建设开创新局面"总结回顾为新时代十年伟大变革的重要内容,进而前所未有地专章部署"坚持全面依法治国,推进法治中国建设",明确提出"全面依法治国是国家治理的一场深刻革命,关系党执政兴国,关系人民幸福安康,关系党和国家长治久安。必须更好发挥法治固根本、稳预期、利长远的保障作用,在法治轨道上全面建设社会主义现代化国家"。[③] 党的二十大报告关于全面依法治国的最新重要论述,面向新征程旗帜鲜明发出了"全面推进国家各方面工作法治化"的进军号令,既是未来五年实现"中国

---

① 习近平:《关于〈中共中央关于坚持和完善中国特色社会主义制度　推进国家治理体系和治理能力现代化若干重大问题的决定〉的说明》,载《人民日报》2019 年 11 月 5 日版。

② 正是在这个意义上,《法治政府建设实施纲要(2021—2025 年)》在导语中强调指出:"法治政府建设是全面依法治国的重点任务和主体工程,是推进国家治理体系和治理能力现代化的重要支撑。"

③ 习近平:《高举中国特色社会主义伟大旗帜　为全面建设社会主义现代化国家而团结奋斗——在中国共产党第二十次全国代表大会上的报告》,人民出版社 2022 年版,第 10、40 页。

特色社会主义法治体系更加完善”目标任务的应有之义和必然要求,也是“坚持全面依法治国,推进法治中国建设”战略部署的预期成效和检验标准。[①]

时代是思想之母。国家治理现代化从改革总目标到理论总范式的话语转换,有着深刻的时代背景和鲜明的中国立场。在国家治理现代化总目标的指引下,有关国家治理理论的讨论与研究,以蓬勃之势成为时代热潮和学术焦点,其中当然也包括对域外“治理”理论的积极引介。尽管“治理”理论确实是引领域外公共管理潮流的重要话语资源,[②]但诚如论者所指出的,在正本清源的意义上,“它指的是公共管理(包括治国理政)的方式、方法、途径、能力,而不是指任何特定的公共管理(治国理政)的方式、方法与途径”。[③] 从语义与语用分析来看,当代中国治国理政话语体系中的“治理”并非舶来品,而是对人类古今治理实践经验智慧的总结,是中西人类对政治共同体优良治理秩序的期许。就此而言,中国的国家治理体系和治理能力现代化,应当而且必须建立在自己的历史传承、文化传统与现实国情基础之上。[④] 习近平总书记强调指出:“一个国家的治理体系和治理能力是与这个国家的历史传承和文化传统密切相关的。解决中国的问题只能在中国的大地上探寻适合自己的道路和办法。”[⑤]人类自有共同体生活以来,就面临着建构共同体治理秩序的重大任务;进入近现代民族国家阶段,国家治理秩序建构更加成为一项重大课题。近现代民族国家面临的诸多治理难题,均在深度和广度上刷

---

① 参见张文显:《全面推进国家各方面工作法治化》,载《法制与社会发展》2022 年第 6 期。

② 英国学者格里·斯托克提炼的有关“治理”(Governance)的五个论点被广泛引据。参见[英]格里·斯托克:《作为理论的治理:五个论点》,华夏风译,载《国际社会科学杂志(中文版)》1999 年第 1 期。系统介绍参见俞可平:《治理与善治》,社会科学文献出版社 2000 年版。

③ 参见王绍光:《治理研究:正本清源》,载《开放时代》2018 年第 2 期。

④ 参见李龙、任颖:《“治理”一词的沿革考略——以语义分析与语用分析为方法》,载《法制与社会发展》2014 年第 4 期。此文与王绍光的研究有微妙差异,但均强调治理的本土资源与中国话语。

⑤ 《习近平在省部级主要领导干部学习贯彻十八届三中全会精神全面深化改革专题研讨班开班式上发表重要讲话》,载共产党员网,https://news. 12371. cn/2014/02/17/. shtml。

新了前现代国家治理的经验，也考验着近现代治理者们的智慧。特别是中国这样一个从老大帝国艰难走向民主共和的国家，国家治理秩序转型与建构的任务更加深重，也更加强烈地要求近代以来的治理者们运用经验与智慧，完成历史性变革。1840 年以来，洋务派、维新派、革命党，乃至北洋政府和国民党政府，无论其有何阶级属性差别，也无论其是否存在自主自觉意识，都面临着建构近现代国家治理秩序的历史重任，也都或多或少地为这一任务的实现提供了经验、智慧抑或教训。[①] 因此，推进国家治理体系和治理能力现代化，不仅是新时代全面深化改革的总目标，也是实现近代以来仁人志士孜孜以求的中华民族伟大复兴的必由之路。这诚如习近平总书记在庆祝中国共产党成立 100 周年大会上的重要讲话强调指出的："为了拯救民族危亡，中国人民奋起反抗，仁人志士奔走呐喊，太平天国运动、戊戌变法、义和团运动、辛亥革命接连而起，各种救国方案轮番出台，但都以失败而告终"，直到"中国产生了共产党，这是开天辟地的大事变，深刻改变了近代以后中华民族发展的方向和进程，深刻改变了中国人民和中华民族的前途和命运，深刻改变了世界发展的趋势和格局。中国共产党一经诞生，就把为中国人民谋幸福、为中华民族谋复兴确立为自己的初心使命。一百年来，中国共产党团结带领中国人民进行的一切奋斗、一切牺牲、一切创造，归结起来就是一个主题：实现中华民族伟大复兴"。[②] 要实现中华民族伟大复兴，必须坚持和完善中国特色社会主义制度，推进国家治理体系和治理能力现代化，这是中华民族近代以来近 200 年的历史、中国共产党成立以来 100 多年的历史、中华人民共和国成立以来 70 多年的历史充分证明的正确战略抉择。

遵循习近平总书记系列重要论述，推进国家治理体系和治理能力现代化，既是改革总目标，又是改革方法论，还蕴含着改革辩证法，有着鲜

---

① 参见叶志坚：《国家治理体系和治理能力现代化的历史考察——以中国近代以来社会变革过程为视角》，载《福建行政学院学报》2014 年第 5 期。

② 习近平：《在庆祝中国共产党成立 100 周年大会上的讲话》，载《人民日报》2021 年 7 月 2 日版。

明问题导向、深刻实践内涵和辩证理论品格，因而具有引领中国式行政法治现代化范式转换的重大理论与现实意义。[①] 习近平总书记强调指出："国家治理体系和治理能力是一个国家制度和制度执行能力的集中体现。"[②]两者相辅相成，单靠哪一个治理国家都不行。治理国家，制度是起根本性、全局性、长远性作用的。然而，没有有效的治理能力，再好的制度也难以发挥作用。同时还要看到，国家治理体系和国家治理能力虽然有紧密联系，但又不是一码事，不是国家治理体系越完善，国家治理能力自然而然就越强。综观世界，各国各有其治理体系，而各国治理能力由于客观情况和主观努力的差异又有或大或小的差距，甚至同一个国家在同一种治理体系下不同历史时期的治理能力也有很大差距。申言之，建构治理秩序，实现优良治理，有赖于治理者集团综合运用多种治理方式和资源。不同时代有不同治理秩序建构侧重点，可资运用的治理资源和实际选用的治理方式也有所不同。在近代以来的民族复兴历程中，为了推进现代国家建构和治理秩序转型，仁人志士依托各自不同治理资源、条件和基础，选取了各具考量的治理方案、方式与方法，但在主客观因素作用下终究成为未竟之业。在中央全面依法治国工作会议上，习近平总书记强调指出："法治是国家治理体系和治理能力的重要依托。只有全面依法治国才能有效保障国家治理体系的系统性、规范性、协调性，才能最大限度凝聚社会共识"，"在统筹推进伟大斗争、伟大工程、伟大事业、伟大梦想的实践中，在全面建设社会主义现代化国家新征程上，我们要更加重视法治、厉行法治，更好发挥法治固根本、稳预期、利长远的保障作用，坚持依法应对重大挑战、抵御重大风险、克服重大阻力、解决重大矛盾"。[③] 在习近平法治思想科学指引的全面依法治国新

① 问题导向、系统思维、辩证方法等是新时代治国理政话语的突出特点。参见何显明：《习近平国家治理体系和治理能力现代化重要论述的理论创新意蕴》，载《观察与思考》2019年第1期。

② 习近平：《切实把思想统一到党的十八届三中全会精神上来》，载《求是》2014年第1期。

③ 习近平：《坚定不移走中国特色社会主义法治道路　为全面建设社会主义现代化国家提供有力法治保障》，载《求是》2021年第5期。

时代，我们必须坚持在法治的轨道上推进包括政府治理现代化在内的国家治理现代化，全面推进国家各方面工作法治化。

法治政府建设作为新时代全面依法治国的重点任务和主体工程，是全面深化改革的应有之义，是推进国家治理现代化的重要支撑，必须置于推进国家治理体系和治理能力现代化的总体进程中来理解和把握，也必须遵循新时代国家治理现代化的理论—实践总范式。[①] 作为一种发端于近代西方的世界潮流，行政法治现代化有其经典范式。但此种经典范式在提供认识框架和分析工具的同时，也会在有意无意中遮蔽乃至扼杀作为"他者"的行政法治发展主体性。从生成过程上看，行政法治现代化的经典范式源于对前现代政府治理法制的反思。无论是西方中世纪，还是中国古代，政府（或曰政治共同体）的权力范围和运行方式尽管或多或少存在某些成文或不成文的规范与限制，但总体而言具有相当程度的不确定性，因而往往与专制、极权、恣意、不公等负面词汇联系在一起，甚至经常被覆盖上神意、天威、君心、主权者的命令等神秘外衣。[②] 面对此种局面，近代西方启蒙思想家们率先进行了系统的理论反思，行政法治也因此被赋予有限、守法、公开、责任等内在规定性，以及相应的一系列制度要素。从马基雅维利的《君主论》到洛克的《政府论》，从孟德斯鸠的《论法的精神》到托克维尔的《论美国的民主》，从卢梭的《社会契约论》到潘恩的《常识》，等等，一部部西方法政经典在建构近代西方国家形态的同时，也为近代西方行政法治描绘了基本蓝图。在西方行政法治理想图景中，法治政府是民主的政府，是有限的政府，是守法的政府，是民有的政府，是民治的政府，是民享的政府，是公开的政府，是透明的政府，是遵守程序的政府，等等。[③] 这些当代中国法律人耳熟能详的

---

① 新时代中国公法发展，必须置于国家治理现代化的语境下。参见公丕祥：《国家治理与公法发展：中国法治现代化的时代议题》，载《中国高校社会科学》2016 年第 1 期。

② 如此表述并不意味着我们忽视了中西法律传统中源远流长的宪制资源，更不意味着我们对中国古代思想家的相关智慧视而不见。中国法律传统中的相关内容，可参见吴欢：《安身立命：传统中国国宪的形态与运行——宪法学视角的阐释》，中国政法大学出版社 2013 年版。

③ 参见刘旺洪：《法治政府的基本理念》，载《南京师大学报（社会科学版）》2006 年第 4 期。

有关行政法治的“常识”，几乎都源于近代西方启蒙思想家的思考。但正如既有研究以及本书下文所指出的，即便是在帝制时代的传统中国，也存在有关政府应当如何是好的思想与实践，其中的“为民父母行政”治理者自觉和“明主治吏不治民”治理术提炼，以及传统律典体系中的行政法制部分，建构起了有关治民与牧民、治官与官治，乃至王治与治王的实定法框架与政府治理体系。这一框架体系尽管在近代以来逐步瓦解，但其中的“真理颗粒”值得反复挖掘提炼，进而助力建构具有中国主体性的行政法治现代化叙事和中国特色社会主义行政法治理论。

行政法治现代化的理论范式并非一蹴而就，更不应一成不变。法治的西方源流本就莫衷一是，古希腊法治与古罗马法治气质迥异，中世纪法治存而不论，仅仅近代以来的西方行政法治就有英国模式、法国模式、德国模式、美国模式、日本模式乃至巴西模式等各具特色的理论—实践范式。随着资本主义发展到垄断阶段，西方法治理论与实践的某些深层次张力逐渐显现，法律实证主义大行其道，自然法思想黯淡无光。特别是在德国“纳粹”主义和日本军国主义统治下，所谓“法治国”理想，不过是用“恶法”替代“暴君”。① 另外，早期行政法治理论秉持“政府是必要之恶”的预设，信奉“管的最少的政府才是好政府”的理念，严守“依法律行政”的原则，尽可能减少行政权对经济社会生活的干预和介入，这就为行政权的行使留下了广阔的自由裁量空间。此种局面，导致传统行政权在合法性与合理性上均面临较为严重的缺失，无法有效应对工业化大生产时代日益紧迫的规制需求。随着“二战”以后资本主义的自我调适，以及自然法思想的回归，②加上新公共管理或曰新公共行政浪潮的日益兴起，③域外行政法治经历了“管制—放松管制—再管制”的交替循

① 参见朱峰：《论法律实证主义的权威理论》，载《环球法律评论》2009 年第 3 期。

② 参见舒国滢：《现代西方自然法学的形成和发展》，载《山东法学》1986 年第 3 期。

③ 参见陈振明：《从公共行政学、新公共行政学到公共管理学——西方政府管理研究领域的“范式”变化》，载《政治学研究》1999 年第 1 期。

环,[①]以实现权利与权力、合法性与最佳性之动态平衡。[②] 承此之绪反观中国,传统政府治理形态为中国式行政法治现代化积淀了宝贵本土资源,近代法治理想的现实遭遇为中国式行政法治现代化提供了深刻经验教训,新民主主义革命以及社会主义革命和建设时期的政府治理体制为中国式行政法治现代化设定了独特色精神气质,改革开放以来的治理转型与国家建构新任务则已经并将继续孕育和催生中国式行政法治现代化的范式转换。

正是基于行政法治现代化经典叙事范式的确立过程及其发展演变,尤其是基于行政法治现代化中国叙事的自身特质,我们认为,中国式行政法治现代化的理论—实践范式亟待转型升级,以充分彰显中国行政法治的主体性与自觉性,同时有效解释中国行政法治的历时性与共时性。就此而言,国家治理现代化作为中国式行政法治现代化的总范式具有重大理论价值与实践意义。[③] 主张以国家治理现代化作为中国式行政法治现代化的理论—实践范式和行政法治中国叙事的主体性寄托,并不意味着对行政法治现代化经典范式的架空或者抛弃。正如实践所反复证明的,中国式行政法治现代化仍然需要坚持和落实行政法治的基本原理和价值要求,同时服从并服务于国家治理现代化的总范式。也正因如此,从《中共中央关于坚持和完善中国特色社会主义制度　推进国家治理体系和治理能力现代化若干重大问题的决定》(以下简称十九届四中全会《决定》)到习近平法治思想核心要义,以及《法治政府建设实施纲要(2021—2025年)》,均强调在法治轨道上推进政府治理现代化。党的二十大报告更加明确提出"国家治理体系和治理能力现代化深入推进"和"中国特色社会主义法治体系更加完善"的未来五年法治建设目标任务,明确要求"在法治轨道上全面建设社会主义现代化国家","全面推

① 参见于立、肖兴志:《规制理论发展综述》,载《财经问题研究》2001年第1期。

② 参见朱新力等:《行政法基础理论改革的基本图谱:"合法性"与"最佳性"二维结构的展开路径》,法律出版社2013年版。

③ 参见石佑启、杨治坤:《中国政府治理的法治路径》,载《中国社会科学》2018年第1期。

进国家各方面工作法治化”。[①]

(二)总范式引领中国行政法治发展

在国家治理现代化总范式指引下,中国式行政法治现代化的理论创新、制度创新与实践创新成果高度彰显,新时代中国行政法治发展成效显著。在新时期法治政府建设观念嬗替、制度建构和司法推进的基础上,至2012年党的十八大召开前,当代中国以社会主义市场经济为导向的法治政府建设实现了“依计划治国”到依法治国,从“依政策行政”到依法行政,从管制到管理再到服务的重大转变,依法治官的法律规范体系基本建立,官民冲突的法治化解决成效突出,“党必须在宪法和法律的范围内活动”成为宪制共识。但这一系列发展成就同党和国家事业发展要求相比,同人民群众期待相比,同推进国家治理体系和治理能力现代化总目标相比,还存在许多不适应、不符合的问题,还没有达到更加成熟、更加定型的程度。[②] 正是着眼于此,党的十八大报告明确将“法治政府基本建成”确立为2020年全面建成小康社会的重要目标之一,中国式行政法治现代化由此进入全面加快阶段,与新时代全面深化改革在理念、逻辑与路径上同频共振,尤其在动力机制上呈现顶层设计与“摸着石头过河”相结合的“双线推进”模式。

在顶层设计与“摸着石头过河”相结合的意义上,新时代中国式行政法治现代化的“双线推进”实践历程,鲜明地折射了国家治理现代化的辩证法与方法论,进而在顺应服从这一总范式的同时,创新和拓展着新时代全面深化改革的实践样态与理论空间。[③] 在顶层设计方面,以习近平同志为核心的党中央对中国式行政法治现代化作出系列重要战

---

① 习近平:《高举中国特色社会主义伟大旗帜　为全面建设社会主义现代化国家而团结奋斗——在中国共产党第二十次全国代表大会上的报告》,人民出版社2022年版,第25、40页。

② 参见姜明安:《论新时代中国特色法治政府建设》,载《北京大学学报(哲学社会科学版)》2018年第1期。

③ 参见吴欢:《新时代法治政府建设的区域探索及其意义——基于江苏省近年来实践的评析》,载《黑龙江社会科学》2018年第6期。此种“双线推进”模式某种意义上仍带有计划和政策的惯性。

略部署。党的十八届三中全会明确提出“建设法治中国,必须坚持依法治国、依法执政、依法行政共同推进,坚持法治国家、法治政府、法治社会一体建设”。[①] 党的十八届四中全会明确要求“加快建设职能科学、权责法定、执法严明、公开公正、廉洁高效、守法诚信的法治政府”。[②] 党的十八届五中全会提出了“以人民为中心”的发展思想,为中国式行政法治现代化重申了为人民服务的使命初心。党的十八届六中全会就全面从严治党作出重大制度安排,加强和改进了党对中国式行政法治现代化的领导。这四次党的中央全会,是新时代“四个全面”战略布局和“五位一体”总体布局逐步形成的重要标志,也为新时代国家治理现代化总体进程中的中国式行政法治现代化提供了总体战略目标、宏观制度方案、根本价值引领和政治生态保障。遵循“四个全面”战略布局和“五位一体”总体布局,中共中央、国务院印发的《法治政府建设实施纲要(2015—2020年)》为“十三五”时期法治政府建设确定了清晰明确的时间表、任务书和路线图。[③] 党的十九大进一步将中国式行政法治现代化放在决胜全面建成小康社会,开启全面建设社会主义现代化国家新征程的战略安排的高度加以强调,并着重部署了深化机构和行政体制改革等重大任务。2018年全国“两会”上,现行宪法第五个修正案与党和国家机构改革总体方案获得审议通过,中国式行政法治现代化进一步朝着推进政府治理现代化的方向稳步前进。[④] 党的十九届四中全会明确将“坚持全国一盘棋,调动各方面积极性,集中力量办大事”概括为我国国家制度和国家治理体系的显著优势之一,并从完善国家行政体制、优化政府职责

① 《中共中央关于全面深化改革若干重大问题的决定》,载《人民日报》2013年11月16日版。

② 《中共中央关于全面推进依法治国若干重大问题的决定》,载《人民日报》2014年10月29日版。

③ 胡建淼:《基本建成法治政府是全面依法治国的关键目标》,载《法治现代化研究》2017年第2期。

④ 值得注意的是,2018年中央全面依法治国委员会第一次全体会议明确将“坚持依法治国、依法执政、依法行政共同推进,法治国家、法治政府、法治社会一体建设”确立为新时代全面依法治国新思想新理念新战略之一。2019年中央全面依法治国委员会第二次全体会议进一步部署了法治政府建设示范创建、规范重大行政决策程序、构建法治化营商环境等中国式行政法治现代化重点工作。

体系、优化政府组织结构以及健全充分发挥中央和地方两个积极性体制机制四个方面，系统部署坚持和完善中国特色社会主义行政体制，构建职责明确、依法行政的政府治理体系的重大任务，从而为中国式行政法治现代化提出了崭新课题。[①] 党的十九届五中全会将“国家行政体系更加完善，政府作用更好发挥，行政效率和公信力显著提升”等确立为“十四五”时期经济社会发展主要目标的重要内容，并为之明确具体任务要求和改革举措，还将“基本建成法治国家、法治政府、法治社会”确立为2035年远景目标的重要内容，为新征程上的中国式行政法治现代化指引了前进方向。党的十九届六中全会全面系统深刻总结党的百年奋斗重大成就和历史经验，为新征程上的中国式行政法治现代化提供了殊为宝贵的智慧启迪，也为新发展阶段的法治政府建设提出了“十个坚持”等至关重要的本质要求。特别是党的历史上首次召开的中央全面依法治国工作会议，不仅将习近平法治思想确立为全面依法治国的根本遵循，还将“坚持依法治国、依法执政、依法行政共同推进，法治国家、法治政府、法治社会一体建设”明确为习近平法治思想核心要义的重要内容，这就为中国式行政法治现代化确立了具有重大原创性的根本指导思想。在习近平法治思想特别是习近平法治思想中的行政法治论的科学指引下，中共中央、国务院印发《法治政府建设实施纲要（2021—2025年）》，从而为新征程上的中国式行政法治现代化明确了新的顶层设计宏伟蓝图以及时间表任务书路线图。[②] 党的二十大报告面向全面建设

---

① 参见《中共中央关于坚持和完善中国特色社会主义制度 推进国家治理体系和治理能力现代化若干重大问题的决定》，人民出版社2019年版，第15~18页。

② 参见《法治政府建设实施纲要（2021—2025年）》，载《人民日报》2021年8月12日版。值得注意的是，2022年8月，中央全面依法治国委员会印发《关于进一步加强市县法治建设的意见》，提出“力争通过5年时间的努力，党领导市县法治建设的制度和工作机制更加完善，市级立法质量明显提高，市县政府行为全面纳入法治轨道，执法司法公信力进一步提升，领导干部运用法治思维和法治方式深化改革、推动发展、化解矛盾、维护稳定、应对风险的意识和能力明显增强，市县法治工作队伍思想政治素质、业务工作能力、职业道德水准明显提高，群众法治素养和基层社会治理法治化水平显著提升，全社会尊法学法守法用法的浓厚氛围进一步形成”，从而为新时代新征程上市县法治政府建设提供了更加明确具体的操作方案。

社会主义现代化国家、全面推进中华民族伟大复兴的新征程，专章部署“坚持全面依法治国，推进法治中国建设”，专节部署“扎实推进依法行政”，[①]并在全文各章节统筹部署中国式法治现代化的战略要求和实践举措，是新征程上深入推进中国式行政法治现代化的最新政治宣言和行动纲领。在“摸着石头过河”方面，各地区各部门也在中央顶层设计框架下呈现差异化竞争的发展态势。2012 年以来的行政审批制度改革、权力清单推行实践、“放管服”改革、“最多跑一次”改革等地方政府治理创新探索，在行政法治的工作思路、组织形式、实施领域、推进方式、运行机制和保障体系等方面，积累了可复制可借鉴可推广的改革经验，从而为新时代政府治理现代化暨行政法治现代化全局丰富了实践内涵，增强了动力机制，拓展了运行空间。[②] 特别是自《法治政府建设实施纲要(2021—2025 年)》印发以来，各地区各部门立足新发展阶段、贯彻新发展理念、构建新发展格局，围绕“深入学习贯彻习近平法治思想，努力实现法治政府建设全面突破”总体要求，坚持党的全面领导，坚持以人民为中心，坚持问题导向，坚持改革创新，坚持统筹推进，深入研判当前面临的新形势新任务新挑战，科学编制本地区本部门法治政府建设实施方案，积极开展法治政府建设示范创建活动，因地制宜推进法治政府建设率先突破，必将为新征程上的中国式行政法治现代化提供强劲内生动力。

在习近平法治思想的科学指引下，以国家治理现代化为总范式的中国式行政法治现代化具有多维特质。概括而言，除了顶层设计与“摸着石头过河”相结合的“双线推进”模式，中国式行政法治现代化的政治方向、根本动力、价值皈依、目标任务和方式方法，都全面贯彻和生动践行了习近平法治思想特别是习近平法治思想中的行政法治论的原则要求。习近平总书记强调指出：“全面依法治国决不是要削弱党的领导，而是要加强和改善党的领导。要健全党领导全面依法治国的制度和工作机

---

① 习近平：《高举中国特色社会主义伟大旗帜　为全面建设社会主义现代化国家而团结奋斗——在中国共产党第二十次全国代表大会上的报告》，人民出版社 2022 年版，第 40～41 页。

② 参见应松年：《新时代行政法治建设的内容、经验与展望》，载《中国司法》2022 年第 2 期。

制，推进党的领导制度化、法治化，通过法治保障党的路线方针政策有效实施。要坚持依法治国和依规治党有机统一，确保党既依据宪法法律治国理政，又依据党内法规管党治党、从严治党。”[①]因而在政治方向上，中国式行政法治现代化必须坚持党的集中统一领导，坚定政治方向，坚守正确道路，既不能回到计划经济体制下高度集中、僵化封闭的老路，也不能滑向政府治理体系混乱、政府治理能力涣散的邪路。习近平总书记强调指出：“随着我国经济社会持续发展和人民生活水平不断提高，人民群众对民主、法治、公平、正义、安全、环境等方面的要求日益增长，要积极回应人民群众新要求新期待，坚持问题导向、目标导向，树立辩证思维和全局观念，系统研究谋划和解决法治领域人民群众反映强烈的突出问题，不断增强人民群众获得感、幸福感、安全感，用法治保障人民安居乐业。”[②]因而在根本动力上，人民日益增长的美好公共生活需要同政府治理发展不平衡不充分之间的矛盾，是新时代我国社会主要矛盾在行政法治现代化领域的生动投影，由此催生着政府治理体系的深刻变革。[③]习近平总书记强调指出：“全面依法治国最广泛、最深厚的基础是人民，必须坚持为了人民、依靠人民。要把体现人民利益、反映人民愿望、维护人民权益、增进人民福祉落实到全面依法治国各领域全过程，保证人民在党的领导下通过各种途径和形式管理国家事务、管理经济文化事业、管理社会事务，保证人民依法享有广泛的权利和自由、承担应尽的义务。”[④]因而在价值皈依上，中国式行政法治现代化要始终坚持“以人民为中心”的发展思想，坚持人民主体地位，尊重人民首创精神，不断满足

① 习近平：《坚定不移走中国特色社会主义法治道路　为全面建设社会主义现代化国家提供有力法治保障》，载《求是》2021年第5期。

② 习近平：《坚定不移走中国特色社会主义法治道路　为全面建设社会主义现代化国家提供有力法治保障》，载《求是》2021年第5期。

③ 参见公丕祥：《新时代中国法治现代化的内在动因——基于我国社会主要矛盾新变化的初步分析》，载《中国高校社会科学》2019年第3期。

④ 习近平：《坚定不移走中国特色社会主义法治道路　为全面建设社会主义现代化国家提供有力法治保障》，载《求是》2021年第5期。

人民对美好公共生活的向往和需求。[①] 习近平总书记强调指出:"法治是国家治理体系和治理能力的重要依托。只有全面依法治国才能有效保障国家治理体系的系统性、规范性、协调性,才能最大限度凝聚社会共识。"[②]因而在目标任务上,要以发展和完善中国特色社会主义依法行政事业,推进政府治理体系与治理能力现代化为总目标,确保实现党和国家确立的一系列中国式行政法治现代化战略任务。[③] 习近平总书记强调指出:"全面依法治国必须正确处理政治和法治、改革和法治、依法治国和以德治国、依法治国和依规治党的关系。社会主义法治必须坚持党的领导,党的领导必须依靠社会主义法治。'改革与法治如鸟之两翼、车之两轮',要坚持在法治下推进改革,在改革中完善法治。要坚持依法治国和以德治国相结合,实现法治和德治相辅相成、相得益彰。要发挥依法治国和依规治党的互补性作用,确保党既依据宪法法律治国理政,又依据党内法规管党治党、从严治党。"[④]因而在方式方法上,国家治理现代化也具有方法论上的统摄意义,政治与法治、法治与德治、依法治国与依规治党,以及管制、管理与服务,都是推进中国式行政法治现代化可行可欲可用的方式,都是新时代政府治理工具箱中因事因地制宜的方法。[⑤] 中国式行政法治现代化的这一系列质的规定性,不仅指引和塑造着新时代国家治理现代化进程中的政府治理法治化生动实践,还呼唤和催生着立足中国行政法治国情实际的中国行政法理转型升级。

二、中国式行政法治现代化的原动力

政治是众人之事,人民是美好公共生活的实践主体,政府治理是公

---

① 参见盛明科:《坚持以人民为中心推进服务型政府建设》,载《湖南社会科学》2017年第6期。

② 习近平:《坚定不移走中国特色社会主义法治道路　为全面建设社会主义现代化国家提供有力法治保障》,载《求是》2021年第5期。

③ 参见曾明:《法治政府的目标体系及建构路径——学习习近平总书记关于法治政府建设的重要论述》,载《吉首大学学报(社会科学版)》2018年第3期。

④ 习近平:《加强党对全面依法治国的领导》,载《求是》2019年第4期。

⑤ 参见焦石文:《改革开放以来中国政府治理方式的变迁》,载《理论与改革》2018年第6期。

共生活的重要场域，行政法治是政府治理的可靠方式和优良状态。中国式行政法治现代化的根本任务是满足人民日益增长的美好公共生活需要。中国共产党领导中国人民建设法治政府、发展行政法治的百年历程，不仅鲜明地确证了国家治理现代化的总范式意义，而且成功地开创了通过法治政府建设满足人民美好公共生活需要的中国式行政法治现代化新道路。就此而言，中国式行政法治现代化最为核心的原动力，就是人民的美好公共生活需要。[①] 人民美好公共生活需要作为中国式行政法治现代化原动力，具有深厚哲理基础、坚实实践依托和深刻法理意涵。

（一）美好公共生活需要的哲理基础

人民美好公共生活需要作为中国式行政法治现代化原动力，是马克思主义基本原理在政府治理领域的生动体现。马克思主义基本原理认为，人的需要及其满足是社会发展的原动力。马克思主义经典作家从人的需要与生产及两种生产所引发的双重关系中，揭示了社会发展的基本矛盾和基本规律，人的需要和满足需要的方式的统一，则构成了推动市民社会发展的主要矛盾。[②] 在 21 世纪马克思主义的整体视阈中理解美好生活，需要全面把握这一命题的划时代内涵与变革性意义。立足于经济社会发展的事实性转变，在认识论、价值论等多重意义上，美好生活从人的自发需要转变为人的理论自觉。在时间与空间的双重维度中，美好生活深度推进了中国社会生活的变迁历程，并与“世界历史”的走向高度契合，证明了社会主义对人民生活的真实改善，展现了中国方案对世界的贡献。通过人的自由自觉的活动，通过中国共产党对于实现美好生活的整体布局，美好生活将得到全面实现，成就中华文明史与人类文明史上的全新生活样式，彰显中华文明复兴的价值意蕴。[③] 具体到社会主

① 对此问题的专题论述，参见吴欢：《行政为民：新时代行政法治现代化的法理内核及其前瞻》，载《中央社会主义学院学报》2022 年第 5 期。

② 参见龚廷泰：《人的需要、社会主要矛盾与法治保障》，载《法学》2018 年第 8 期。

③ 参见项久雨：《论美好生活的马克思主义逻辑》，载《马克思主义研究》2020 年第 7 期。

要矛盾与法治发展类型的关系上，马克思主义法律发展理论认为，“马克思把文明社会法律发展类型变迁放置到生产力与生产关系、经济基础与上层建筑之间的矛盾运动中来加以把握”，而“法律发展类型转换过程表明，区别法权关系类型历史差异性的尺度，不仅表现为一定社会经济关系的性质以及种种非经济因素或条件的影响力量，而且体现为人与人之间的关系，亦即一定社会条件下个人自主活动及其方式的固有特征，进而凝结为法律发展进程的独特价值方位”。[①] 换言之，社会主要矛盾变化及其法权要求变化的根本动力是社会基本矛盾运动，人的需求及其满足状况则是社会主要矛盾变化的原动力，因此在把握经济关系与法权关系，以及社会主要矛盾与法权要求相关命题时，一个须臾不可忽视且具有重大价值意蕴的能动因素就是人的需要及其满足，我们必须时刻谨记人的需要及其满足这一重要的法治价值维度，进而以此为价值引领，推进中华民族伟大复兴时代征程中的中国式行政法治现代化。

党的十九大报告指出，新时代我国社会主要矛盾已经转化为人民日益增长的美好生活需要和不平衡不充分的发展之间的矛盾，这一主要矛盾的主要方面是人民在民主、法治、公平、正义、环境、安全等方面日益增长的美好生活需要，这些美好生活需要集中反映为人民对美好公共生活和政府治理的热切期待。[②] 党的十九届六中全会指出：“全党必须永远保持同人民群众的血肉联系，站稳人民立场，坚持人民主体地位，尊重人民首创精神，践行以人民为中心的发展思想，维护社会公平正义，着力解决发展不平衡不充分问题和人民群众急难愁盼问题，不断实现好、维护好、发展好最广大人民根本利益，团结带领全国各族人民不断为美好生活而奋斗。”[③]在中央全面依法治国工作会议上，习近平总书记强调指

---

① 公丕祥：《马克思的法律发展思想及其当代意义》，载《中国社会科学》2017 年第 10 期。

② 张文显：《新时代社会主要矛盾变化与中国法治现代化》，载《法治现代化研究》2018 年第 4 期。

③ 《中共中央关于党的百年奋斗重大成就和历史经验的决议》，载《人民日报》2021 年 11 月 17 日版。

出:“推进全面依法治国,根本目的是依法保障人民权益。随着我国经济社会持续发展和人民生活水平不断提高,人民群众对民主、法治、公平、正义、安全、环境等方面的要求日益增长,要积极回应人民群众新要求新期待,坚持问题导向、目标导向,树立辩证思维和全局观念,系统研究谋划和解决法治领域人民群众反映强烈的突出问题,不断增强人民群众获得感、幸福感、安全感,用法治保障人民安居乐业。”[①]党的二十大报告从战略全局高度强调指出:“江山就是人民,人民就是江山。中国共产党领导人民打江山、守江山,守的是人民的心。治国有常,利民为本。为民造福是立党为公、执政为民的本质要求。必须坚持在发展中保障和改善民生,鼓励共同奋斗创造美好生活,不断实现人民对美好生活的向往。我们要实现好、维护好、发展好最广大人民根本利益,紧紧抓住人民最关心最直接最现实的利益问题,坚持尽力而为、量力而行,深入群众、深入基层,采取更多惠民生、暖民心举措,着力解决好人民群众急难愁盼问题,健全基本公共服务体系,提高公共服务水平,增强均衡性和可及性,扎实推进共同富裕。”[②]在中国式行政法治现代化进程中深入贯彻落实习近平法治思想,必须始终坚持以习近平同志为核心的党中央关于新时代我国社会主要矛盾的科学判断,牢牢把握人民美好公共生活需要与政府治理不平衡不充分之间的矛盾,紧紧抓住主要矛盾的主要方面,积极运用法治思维和法治方式去解决政府治理发展不平衡不充分的问题,不断以中国式行政法治现代化发展成效满足人民美好公共生活需要。[③]

---

① 习近平:《坚定不移走中国特色社会主义法治道路 为全面建设社会主义现代化国家提供有力法治保障》,载《求是》2021 年第 5 期。

② 习近平:《高举中国特色社会主义伟大旗帜 为全面建设社会主义现代化国家而团结奋斗——在中国共产党第二十次全国代表大会上的报告》,人民出版社 2022 年版,第 46 页。

③ 也正因如此,作为中国式行政法治现代化总体方案之系统集成规划形态,《法治政府建设实施纲要(2021—2025 年)》以习近平法治思想为指导,开创性地将“人民满意”作为新形势下法治政府建设新的衡量标准和目标要求,不仅在基本原则中明确提出“坚持以人民为中心,一切行政机关必须为人民服务、对人民负责、受人民监督”,而且在整个体系结构和任务举措中高度彰显“行政为民”的法理精神。

（二）美好公共生活需要的实践依托

人民美好公共生活需要作为中国式行政法治现代化原动力，是中国共产党领导中国人民推动行政法治发展、创造美好公共生活宝贵经验的科学总结。中国共产党历来重视法治建设，特别注重在法治轨道上推进政府治理现代化。基于人民当家作主的为人民服务，是中国共产党的使命初心，也是党领导人民治国理政的宗旨使命，是宪法和党章始终坚持的宪制原则和执政理念。早在新民主主义革命阶段，为人民服务就是中国共产党领导的革命根据地政权建设与行政管理的宗旨原则，由此奠定了新中国政府治理与行政法治的红色基因。我国现行《宪法》第 2 条将人民代表大会制度确立为我国的根本政治制度，同时明确了人民作为中华人民共和国主权者的崇高宪制地位。从"人民当家作主"的宪制原理出发，宪法在四个条文中直接提及"为人民服务"，充分体现了"为人民服务"的丰富宪制内涵。改革开放以来，从管制到管理再到服务的政府治理变革，催生着以人为本的服务型政府实践。2003 年党的十六届三中全会正式确立"以人为本"的执政理念，2004 年宪法修正案正式确立"国家尊重和保障人权"的人权原则。党的十八大以来，"为人民服务"的宪制原则进一步升华为"以人民为中心"的发展思想，从而为新时代全面依法治国确立了基本建设原则与崇高价值准则。党的十八届三中全会明确提出"让发展成果更多更公平惠及全体人民"，党的十八届四中全会将"坚持人民主体地位"确立为全面依法治国必须坚持的基本原则，党的十八届五中全会将"以人民为中心"确立为指导治国理政全局的新发展思想。党的十九大将"坚持以人民为中心"明确为新时代坚持和发展中国特色社会主义的基本方略之一。党的十九届四中全会明确提出"建设人民满意的服务型政府"，充分彰显了新时代政府治理的人民性价值及其法理要义，深刻启发着现代行政法学知识体系回归"人民主权论"和"相对人中心主义"的逻辑原点。党的十九届五中全会明确要求"坚持人民主体地位，坚持共同富裕方向，始终做到发展为了人民、发展依靠人民、发展成果由人民共享，维护人民根本利益，激发全体人民积极性、主动性、创造性,促进社会公平,增进民生福祉,不断实现人民对美好生活的向往”。在中央全面依法治国工作会议上,习近平总书记强调指出:“全面依法治国最广泛、最深厚的基础是人民,必须坚持为了人民、依靠人民。要把体现人民利益、反映人民愿望、维护人民权益、增进人民福祉落实到全面依法治国各领域全过程,保证人民在党的领导下通过各种途径和形式管理国家事务、管理经济文化事业、管理社会事务,保证人民依法享有广泛的权利和自由、承担应尽的义务。”①在论述中国人权发展道路时,习近平总书记强调指出:“尊重和保障人权成为人民高品质美好生活的核心内容,确保人民享有广泛充分、真实具体、有效管用的人权亦成为我们党治国理政的重要目标。”②这一系列大政方针特别是习近平总书记的重要论述,充分表明人民是推动法治发展的根本力量,要坚持人民至上,尊重人民在法治建设中的主体地位,紧紧依靠人民全面推进依法治国,切实保障人民群众的合法权益,始终坚持法治建设中的群众路线。

党的十八大以来,以习近平同志为核心的党中央在统筹推进“五位一体”总体布局和协调推进“四个全面”战略布局中,始终坚持以人民为中心的发展思想,生动践行坚持人民主体地位法治原则。作为“十三五”时期中国式行政法治现代化的纲领性文件,《法治政府建设实施纲要(2015—2020年)》确立的主要任务和具体措施,如优化政府组织结构、完善宏观调控、加强市场监管、创新社会治理、优化公共服务、强化生态环境保护、提高政府立法公众参与度、增强执法公众参与实效、创新执法方式、健全依法解纷机制、加强人民调解工作、改革信访制度等,③高度彰显了法治政府为人民的价值取向。近年来各地区各部门的行政审

---

① 习近平:《坚定不移走中国特色社会主义法治道路 为全面建设社会主义现代化国家提供有力法治保障》,载《求是》2021年第5期。

② 《坚定不移走中国人权发展道路 更好推动我国人权事业发展》,载《光明日报》2022年2月27日版。党的二十大报告指出“人民性是马克思主义的本质属性”,为新时代人权事业发展深刻阐明了理论基石。

③ 参见《法治政府建设实施纲要(2015—2020年)》,载《人民日报》2015年12月28日版。

批制度改革、权力清单制度改革、“放管服”改革、“最多跑一次”改革等，都深入贯彻了以人为本、坚持人民主体地位、为人民服务等原则要求。作为“十四五”时期中国式行政法治现代化的纲领性文件，《法治政府建设实施纲要(2021—2025 年)》将“坚持以人民为中心，一切行政机关必须为人民服务、对人民负责、受人民监督”明确为新发展阶段法治政府建设主要原则，并将人民满意明确为新发展阶段法治政府建设奋斗目标。[①] 在依法抗击新冠疫情的伟大斗争中，人民至上、生命至上所诠释的使命初心及其指引下的应急行政实践，再一次雄辩地证明了“行政为民”的法理价值与实践伟力。凡此种种，鲜明诠释了人民美好公共生活需要作为中国式行政法治现代化原动力的实践内涵，进而强烈要求在法治政府建设实践中深度释放人民美好生活需要的法治发展动能。

(三)美好公共生活需要的法理蕴含

人民美好公共生活需要作为中国式行政法治现代化原动力，启迪着中国行政法理的时代化本土化体系化转型升级。[②] 行政法理旨在从本源上回答行政法是什么、行政法为什么，是对“行政法治应当如何是好”问题的集中解答。行政法理的内涵具有特殊性，形态具有多元性，构成具有二维性，载体具有广泛性。行政法理还具有解释与分析、推理和思维、论证与评价等重要功能。中国行政法学亟待进行范式更新与法理重构，亦即在习近平法治思想的科学指引下，以国家治理现代化为总范式，以人民美好公共生活需要为原动力，在中国发现行政法理。这是新时代赋予中国行政法学的学术使命。在中国发现行政法理，是依法行政实践的客观需要，是行政法学发展的时代要求，也是对行政法理生成规律的顺应服从。在中国发现行政法理，是行政法学中国化的必由之路，是中国行政法学时代化本土化体系化发展的必然要求，是中国行政法学安身

---

① 参见《法治政府建设实施纲要(2021—2025 年)》，载《人民日报》2021 年 8 月 12 日版。

② 吴欢：《迈向行政法理：中国行政法史研究与教学基本问题刍议》，载《东南法学》2019 年第 2 期。

立命之根本。①

在中国发现行政法理，既要遵循发现与提炼法理的一般方法，也需要经由立足传统行政法律文化、反省近代行政法制历程和深入当代依法行政实践的三重进路。中国传统行政法律文化中固有行政法理的核心旨趣是“为民父母行政”与“明主治吏不治民”有机结合而成的“为民治吏”。中国近代行政法制历程中转型行政法理的理想图景是移植自域外的“法治国”原则，但囿于时代条件和异质属性终究未能实现。中国共产党领导的中国式行政法治现代化，为中国行政法理的时代化本土化体系化发展创造了历史契机、奠定了红色基因，也启示乃至要求我们从中发现和提炼原生性的中国行政法理，而非亦步亦趋于域外行政法理。② 着眼于行政法理生成的外在规律与内在逻辑，从新中国为人民服务的宪制原则、以人民为中心的发展思想和坚持人民主体地位的法治原则中发现和提炼的“行政为民”法理，应成为当代中国改革行政法理的核心内涵。党的十九届四中全会提出“必须坚持一切行政机关为人民服务、对人民负责、受人民监督，创新行政方式，提高行政效能，建设人民满意的服务型政府”，充分彰显了新时代政府治理的人民性价值及其法理要义。中央全面依法治国工作会议系统阐述了习近平法治思想的核心要义，“坚持以人民为中心”成为指导新时代全面依法治国各项工作的科学理论的重要内涵。习近平总书记强调指出：“全面依法治国最广泛、最深厚的基础是人民，必须坚持为了人民、依靠人民。要把体现人民利益、反映人民愿望、维护人民权益、增进人民福祉落实到全面依法治国

---

① 参见吴欢：《从为民治吏到行政为民：在中国发现行政法理》，载《学术月刊》2022 年第 12 期。

② 事实上，应松年等学者早在 1983 年就主张以“为人民服务”作为我国行政法学的理论基础，参见应松年等：《行政法学理论基础问题初探》，载《中国政法大学学报》1983 年第 4 期。但是“这一观点事后没有被更多的人所接受和重复。显然可以说，该文提出该论题这一事实本身比所提出的论题答案的意义更为重大，因为此文毕竟标志了中国理论界对行政法学理论基础研究的良好开端”。1995 年陈泉生教授撰文指出，现代行政法的主要内容是“服务与授益”，现代行政法学的重心是服务行政，现代行政法学的理论基础应该是“服务论”，这与“为人民服务论”相比，已然少了某些十分重要的中国元素。时至今日，重读重思“为人民服务论”，深感应松年教授等思想深邃，卓有远见。

各领域全过程。”[①]习近平法治思想中的“坚持以人民为中心”理论，为新时代建设人民满意的服务型政府提供了根本遵循，也为新时代政府治理实践和行政法学研究提出了弘扬“行政为民”行政法理的崭新命题。党的二十大报告“着眼解决新时代改革开放和社会主义现代化建设的实际问题，不断回答中国之问、世界之问、人民之问、时代之问，作出符合中国实际和时代要求的正确回答，得出符合客观规律的科学认识，形成与时俱进的理论成果，更好指导中国实践”，明确指出“必须坚持人民至上。人民性是马克思主义的本质属性，党的理论是来自人民、为了人民、造福人民的理论，人民的创造性实践是理论创新的不竭源泉。一切脱离人民的理论都是苍白无力的，一切不为人民造福的理论都是没有生命力的。我们要站稳人民立场、把握人民愿望、尊重人民创造、集中人民智慧，形成为人民所喜爱、所认同、所拥有的理论，使之成为指导人民认识世界和改造世界的强大思想武器”。[②] 在新时代新征程上，以习近平法治思想为指引重光进而重构“行政为民”行政法理，不仅确证了“行政为民”是新时代中国改革行政法理的时代使命，还将为传统中国固有行政法理和近代中国转型行政法理的创造性转化与创新性发展，以及当代中国改革行政法理的自觉自主自信生成，开辟广阔的理论想象空间与实践努力方向。

综上所述，人民的美好生活需要，是新时代我国社会主要矛盾的主要方面；为人民服务，是中国共产党领导人民治国理政的使命初心；以人民为中心，是中国式行政法治现代化的价值追求；人民满意的法治政府，是中国式行政法治现代化的核心要求；人民的主体性实践，是中国式行政法治现代化的动力源泉。正是在哲理基础、实践依托和理论蕴含相结合的意义上，同时在与国家治理现代化总范式的质的规定性相契合的意

① 习近平：《坚定不移走中国特色社会主义法治道路　为全面建设社会主义现代化国家提供有力法治保障》，载《求是》2021 年第 5 期。

② 习近平：《高举中国特色社会主义伟大旗帜　为全面建设社会主义现代化国家而团结奋斗——在中国共产党第二十次全国代表大会上的报告》，人民出版社 2022 年版，第 17 ~ 19 页。

义上，人民美好公共生活需要构成了中国式行政法治现代化原动力，构成了中国行政法理的生长源泉。

三、中国式行政法治现代化的新作为

以习近平法治思想特别是习近平法治思想中的行政法治论为科学指引，以国家治理现代化为总范式，以人民美好公共生活需要为原动力，以"行政为民"为核心法理的中国式行政法治现代化，既是一个规范性的法治实践过程，也蕴含着开放性的法治发展要求。习近平法治思想科学指引下的中国式行政法治现代化伟大实践，以一系列蕴含深刻的新作为，已经并将继续积极助力国家治理现代化改革进程，有效回应人民美好公共生活需要，充分滋养"行政为民"法理重光与理论重构，进而在更为深远的意义上创新和发展中国特色社会主义法治理论，深化和拓展现代中国国家建构和中华民族伟大复兴的法治根基。

（一）理顺法治领域重大政治关系

新时代中国式行政法治现代化新作为首先体现在根据宪法党章，理顺法治领域特别是行政法治领域重大政治关系。中国共产党是中华人民共和国的领导党与执政党，是新中国革命、建设与改革的领导核心，是中国特色社会主义事业的领导核心。就此而言，在当代中国，党与宪法法律、依法治国及法治政府的关系，本是顺理成章，清晰无比。同时，在特定历史时期，党与宪法法律等的实践关系，也存在某种不健康状态，乃至引发正反两方面的错误认识。习近平总书记强调指出："党和法的关系是政治和法治关系的集中反映。法治当中有政治，没有脱离政治的法治。西方法学家也认为公法只是一种复杂的政治话语形态，公法领域内的争论只是政治争论的延伸。每一种法治形态背后都有一套政治理论，每一种法治模式当中都有一种政治逻辑，每一条法治道路底下都有一种政治立场。"[①]改革开放以来，党和国家政治生活拨乱反正，经济社会发

① 《习近平关于社会主义政治建设论述摘编》，中央文献出版社 2017 年版，第 98 页。

展步入正轨,1982 年通过的《宪法》和党的十二大党章都明确提出,党必须在宪法和法律的范围内活动。[①] 以党政分开、政企分开、政社分开为特征的新时期政府治理改革,也为市场经济体制的建立完善奠定了重要基础。党的十八大以来,以习近平同志为核心的党中央遵循坚持党的领导、人民当家作主、依法治国有机统一的指导方针,形成了依法治国、依法执政、依法行政共同推进,法治国家、法治政府、法治社会一体建设,依法治国、制度治党、依规治党统筹建设,科学立法、严格执法、公正司法、全民守法有机统一的全面依法治国工作布局。[②] 2017 年党的十九大通过的党章和 2018 年通过的宪法修正案,在明确"中国共产党领导是中国特色社会主义最本质的特征"的同时,再次重申"党必须在宪法和法律的范围内活动"的宪制原则。在习近平法治思想核心要义中,"坚持党对全面依法治国的领导"位居第一。习近平总书记强调指出:"正反两方面的经验告诉我们,国际国内环境越是复杂,改革开放和社会主义现代化建设任务越是繁重,越要运用法治思维和法治手段巩固执政地位、改善执政方式、提高执政能力,保证党和国家长治久安","全面依法治国决不是要削弱党的领导,而是要加强和改善党的领导。要健全党领导全面依法治国的制度和工作机制,推进党的领导制度化、法治化,通过法治保障党的路线方针政策有效实施。要坚持依法治国和依规治党有机统一,确保党既依据宪法法律治国理政,又依据党内法规管党治党、从严治党"。[③] 在庆祝中国共产党成立 100 周年大会上的重要讲话中,习近平总书记再次强调指出:"办好中国的事情,关键在党。中华民族近代以来 180 多年的历史、中国共产党成立以来 100 年的历史、中华人民共和国成立以来 70 多年的历史都充分证明,没有中国共产党,就没有

---

① 参见韩大元:《论党必须在宪法和法律范围内活动原则》,载《法学评论》2018 年第 5 期。

② 公丕祥:《十八大以来全面依法治国的理论与实践论纲》,载《中国高校社会科学》2017 年第 5 期。

③ 习近平:《坚定不移走中国特色社会主义法治道路　为全面建设社会主义现代化国家提供有力法治保障》,载《求是》2021 年第 5 期。

新中国，就没有中华民族伟大复兴。历史和人民选择了中国共产党。中国共产党领导是中国特色社会主义最本质的特征，是中国特色社会主义制度的最大优势，是党和国家的根本所在、命脉所在，是全国各族人民的利益所系、命运所系。”[①]党的十九届六中全会回顾历史强调指出：“历史和现实都证明，没有中国共产党，就没有新中国，就没有中华民族伟大复兴。治理好我们这个世界上最大的政党和人口最多的国家，必须坚持党的全面领导特别是党中央集中统一领导，坚持民主集中制，确保党始终总揽全局、协调各方。”[②]党的二十大报告展望未来鲜明指出：“坚持依法治国首先要坚持依宪治国，坚持依法执政首先要坚持依宪执政，坚持宪法确定的中国共产党领导地位不动摇，坚持宪法确定的人民民主专政的国体和人民代表大会制度的政体不动摇。”[③]党的二十大通过的党章在坚持和重申“中国共产党的领导是中国特色社会主义最本质的特征，是中国特色社会主义制度的最大优势。党政军民学，东西南北中，党是领导一切的”的基础上，进一步旗帜鲜明增写和强调“党是最高政治领导力量”。[④]

具体到行政法治现代化领域，以宪法和党章为依据理顺重大政治关系，内涵深刻、意义重大。一方面，党的领导是全面推进依法治国、加快建设法治政府最根本的保证，必须坚持党总揽全局、协调各方，发挥各级党委领导核心作用，把党的领导贯彻到中国式行政法治现代化全过程全方位全领域；另一方面，必须坚持党对依法行政的保证和保障，坚持党在宪法法律的范围内领导政府治理，坚持提高党领导法治政府建设的法治思维和法治能力。新时代行政法治现代化领域一系列权威论述、顶层设计和改革举措，如“依法治国首先要坚持依宪治国，依法执政首先要依宪执政”“党的领导是我国社会主义法治之魂，是我国法治同西方资本

---

① 习近平：《在庆祝中国共产党成立100周年大会上的讲话》，载《人民日报》2021年7月2日版。

② 《中共中央关于党的百年奋斗重大成就和历史经验的决议》，载《人民日报》2021年11月17日版。

③ 习近平：《高举中国特色社会主义伟大旗帜　为全面建设社会主义现代化国家而团结奋斗——在中国共产党第二十次全国代表大会上的报告》，人民出版社2022年版，第41页。

④ 参见《中国共产党章程》，人民出版社2022年版，第23页。

主义国家法治最大的区别”“有些事情要提交党委把握，但这种把握不是私情插手，不是包庇性的干预，而是一种政治性、程序性、职责性的把握”等重要论断，[①]《法治政府建设实施纲要（2015—2020 年）》和《法治政府建设实施纲要（2021—2025 年）》这两个纲领性文件，以及法治政府建设第一责任人制度等，都是依据宪法党章理顺党和法治政府关系的产物，充分彰显了法治政府形式与实质相结合，依法治国、依法执政、依法行政相统一的法治内核。2016 年开启的国家监察体制改革，2018 年开启的党和国家机构改革，以及统筹推进依法治国和依规治党，全面推进依法治军和从严治军，乃至统筹推进国内法治与涉外法治，也都是中国式行政法治现代化直接或间接相关重要举措，不仅深刻改变了我国法治体系，也深入启示我们思考党和法治应然关系的实然建构。

（二）坚持为民控权打造制度笼子

新时代中国式行政法治现代化新作为着重体现在坚持为民控权，打造依法行政的制度笼子。政府公权力依法受到控制、监督与制约，既是“行政为民”法理的基本要求，也是国家治理现代化的应有之义，更是人民对美好公共生活与优良政府治理的核心诉求。这就要求中国式行政法治现代化坚持为民控权，打造更加成熟更加定型的依法行政制度笼子。改革开放以来，党和国家以惨痛历史教训为镜鉴，深刻改革高度集中的计划经济体制暨政府治理模式，在“依法办事”方针和“依法治国”方略的指引下，进行了长期的依法行政法律规范体系建设，至 2011 年基本建成了中国特色社会主义行政法律体系。[②] 党的十八大以来，习近平总书记提出“把权力关进制度的笼子”的重要论断，成为社会各界的广泛共识，也成为新时代构建职责明确、依法行政的政府治理体系的重要指导思想。

---

① 习近平：《坚定不移走中国特色社会主义法治道路　为全面建设社会主义现代化国家提供有力法治保障》，载《求是》2021 年第 5 期。

② 参见胡东：《改革开放 40 年行政法治建设的成就、问题与展望》，载《学术交流》2018 年第 12 期。

从具体的制度建设成果来看,以 2014 年党的十八届四中全会确立的中国特色社会主义法治体系五大组成部分为分析框架,在依法行政相关法律规范体系建设层面,2018 年宪法修正案涉及的授予设区的市立法权等内容,为中国式行政法治现代化设定了新的宪制原则与改革任务;以《立法法》《公务员法》《行政诉讼法》等修订重颁为标志的重大立法举措,为中国式行政法治现代化提供了更加成熟更加定型的制度框架;以《优化营商环境条例》《重大行政决策程序暂行条例》《政府信息公开条例》等为代表的重要法规规章,为中国式行政法治现代化创设了更加完备的权力运行规范。在依法行政相关法治实施体系建设方面,以前后相继的《法治政府建设实施纲要(2015—2020 年)》和《法治政府建设实施纲要(2021—2025 年)》为代表的中国式行政法治现代化顶层设计及其推进落实,促进了新时代依法行政制度体系建设运行。在依法行政相关法治监督体系建设方面,以监察体制改革为标志,领导干部干预司法活动、插手具体案件处理的记录、通报和责任追究制度,行政机关依法出庭应诉、支持法院受理行政案件、尊重并执行法院生效裁判相关制度和最高人民法院巡回法庭制度等,也都在稳步推进并取得成效。在依法行政相关法治保障体系建设方面,国家工作人员学法用法制度,"谁执法,谁普法"制度,法治政府建设第一责任人制度等,也都有助于法治政府建设原则要求落到实处。在依法行政相关党内法规体系建设方面,以十九大党章为统率,以《廉洁自律准则》《党内监督条例》《纪律处分条例》等为主干的新时代党内法规体系,坚持"党纪挺在前头""党规严于国法"等理念,坚持依法治国、制度治党、依规治党统筹建设,进一步加强和改善了党对行政法治现代化的领导。与此同时,行政组织与行政程序领域的制度建设仍是新时代依法行政制度体系建设的重要紧迫任务。[①] 随着新中国第一部《民法典》制定实施,"行政法典"的研究制定工作已经提上议事日程,《行政处罚法》已经完成全面修订并颁布施行,

① 参见关保英:《新时代行政法体系的构造研究》,载《甘肃社会科学》2019 年第 5 期。

《行政复议法》正在紧锣密鼓修订之中,行政规范性文件统一立法正在抓紧研究,法治政府建设示范创建标准正在深入完善。这一系列制度建设成果从实体与程序相结合上逐步建立起职责明确、依法行政的政府治理体系,将新时代为民控权的制度笼子打造得越来越严密坚固、成熟定型。

（三）坚持为民用权实现良法善治

新时代中国式行政法治现代化新作为突出体现在坚持为民用权,实现政府治理的良法善治。如果说坚持为民控权、打造制度笼子是从规范维度出发的实体与程序相结合的崭新作为,那么坚持为民用权、实现良法善治则是从价值维度出发的彰显行政为民法理内核的崭新作为。相较于近代行政法治,现代行政法治实现了从形式法治国向实质法治国的理念飞跃,从恪守依法律行政到强调行政合理合法的原则嬗替,以及从干预行政到给付行政的领域拓展。在遵循这一基本规律的同时,新时代的中国式行政法治现代化,尤其基于行政为民的法理内核,实现了从依法控权到为民用权,从依法行政到良法善治的转型升级。法律是治国之重器,良法是善治之前提。从治理体系与治理能力的辩证关系来看,良法是治理体系建设的核心,善治是治理能力建设的关键;良法与善治相结合,既是理想法律秩序,也是优良治理状态。从中国式行政法治现代化原动力来看,人民所需要的优良政府治理,不是要将政府变成没有生机活力的官僚机器,而是要求政府积极创造条件,主动担当作为,达致良法善治。行政为民的新时代法理,要求法治政府建设在恪守形式法治基础上进一步实现实质法治,将合法性与最佳性的二维理论图景落到实处。[①] 就此而言,为民控权与为民用权并不是非此即彼的关系,而是应当协同并进实现规范与价值相统一,这也正是现代实质法治对近代形式法治的重大发展。习近平总书记在党史学习教育动员大会上强调指出:

---

① 参见朱新力等:《行政法基础理论改革的基本图谱:“合法性”与“最佳性”二维结构的展开路径》,法律出版社 2013 年版。

“江山就是人民、人民就是江山。”[①]坚持为民用权，实现政府治理的良法善治，是中国式行政法治现代化不可偏废的重大使命，是中国式行政法治现代化的鲜明价值取向。

党的十八大以来，中国式行政法治现代化沿着从管制到管理再到服务的转型轨迹继续向前，积极回应人民需求，加快推进依法行政，深入转变政府职能，在优化政府组织结构、完善宏观调控、加强市场监管、创新社会治理、优化公共服务、强化生态环境保护，以及完善依法行政制度体系、推进行政决策科学化民主化法治化、坚持严格规范公正文明执法、强化对行政权力的制约和监督、依法有效化解社会矛盾纠纷和全面提高政府工作人员法治思维和依法行政能力等方面都做出了持续努力。近年来深入推进的党和国家机构改革、“放管服”改革，权力清单制度“最多跑一次”改革等，也都是着眼为民用权，迈向现代治理的中国式行政法治现代化实践探索。[②] 与此同时，新时代以坚持行政为民，促进良法善治为宗旨的中国式行政法治现代化，还在新形势下面临诸多新任务。例如，从传统行政管理向现代公共治理转型过程中，政府与市场、政府与社会乃至政府治理系统内部各要素之间的关系问题；新时代党和国家机构体系历史性变革背景下，法治政府的组织法、主体法和救济法理论与实践回应问题；行政法治现代化如何积极对接五个文明建设、区域协调发展战略、三大攻坚战等重大现实行政法问题；行政法治现代化如何应对“云物大智”等现代技术的冲击以实现理念、原则、结构和运行革新问题；行政法治现代化如何妥善应对传统风险与新型风险，以及预防化解治理危机和依法应对突发事件等。[③] 凡此种种，均拷问着中国式行政法治现代化的使命初心，也考验着中国式政府治理现代化的经验智慧。

---

① 习近平:《在党史学习教育动员大会上的讲话》，载《中国人大》2021 年第 7 期。

② 参见骆梅英:《优化营商环境的改革实践与行政法理》，载《行政法学研究》2020 年第 5 期。

③ 姜明安:《新时代中国行政法学的转型与使命》，载《财经法学》2019 年第 1 期；张江莉:《有效市场、有为政府与法治建设》，载《社会治理》2020 年第 11 期；戚建刚、唐梅玲:《论精准扶贫的行政法规制》，载《江汉论坛》2017 年第 9 期；吴欢:《“互联网 + ”法治政府建设:意义、空间与进路》，载《黑龙江社会科学》2017 年第 1 期；王贵松:《风险行政的组织法构造》，载《法商研究》2016 年第 6 期。

四、中国式行政法治现代化的新议题

在习近平法治思想的科学指引下，随着"十三五"圆满收官、"十四五"顺利开局，新时代的中国式行政法治现代化正根据新的顶层设计和理想蓝图开启新征程。[①] 值得高度重视的是，2020 年暴发的新冠疫情迅速蔓延至世界各地，在对各国人民生命财产和生产生活造成巨大损害和影响的同时，也深刻考验了包括中国在内的各国治理体系和治理能力，尤其在政府治理领域带来了诸多新的重大挑战。[②] 中国政府和人民在付出沉痛代价后取得了疫情防控重大战略成果，新冠疫情无疑将对现代政府治理体系带来深刻影响，进而启示我们以此为契机，重思现代国家建构任务与中国式行政法治现代化的未来走向。

（一）国家建构任务与行政法治发展

新冠疫情防控是对世界各国治理体系和治理能力的一场大考。迄今为止，在这场大考中，中国党和政府领导人民经过艰苦卓绝的努力取得了举世瞩目的成绩。这场大考也深刻表明，近代以来的中国治理现代化转型与国家建构任务，或曰中华民族伟大复兴的时代征程，还有待深入推进和充分落实。疫情大考的深远意义远不止于应急管理法治建设，在常态化疫情防控阶段，实有必要深入思考中国式行政法治现代化与国家建构任务的深度关联与深化发展。

回顾行政法治现代化的中国历程，治民与民治、治官与官治、治王与王治之间的动态耦合与反复纠缠尤其鲜明。从大历史长时段来看，截至

---

① 作为中国式行政法治现代化总体方案之系统集成规划形态，《法治政府建设实施纲要（2021—2025 年）》明确指出："当前，我国已经开启全面建设社会主义现代化国家、向第二个百年奋斗目标进军的新征程，统筹中华民族伟大复兴战略全局和世界百年未有之大变局，推进国家治理体系和治理能力现代化，适应人民日益增长的美好生活需要，都对法治政府建设提出了新的更高要求，必须立足全局、着眼长远、补齐短板、开拓进取，推动新时代法治政府建设再上新台阶。"

② 参见俞可平：《新冠肺炎危机对国家治理的影响》，载微信公众号"北大政治学（PKURCCP）"，最后访问日期：2022 年 5 月 15 日。也可参见唐皇凤、吴瑞：《新冠肺炎疫情的整体性治理：现实考验与优化路径》，载《湖北大学学报（哲学社会科学版）》2020 年第 3 期；何志鹏等：《国家治理现代化与应对新冠肺炎疫情（笔谈）》，载《吉林大学社会科学学报》2020 年第 3 期。

清末的传统中国政府治理秩序中,基于"为民父母行政"治理者自觉和"明主治吏不治民"治理术提炼,教民牧民色彩高度彰显,民治实践侧身于基层乡里;严以治吏主张被充分贯彻,以官治民更是运用娴熟;君主专制稳定延续,治王之法则隐而不彰。民国治理秩序转型之际,民主自治话语日渐兴起并局部试行,但民智未开和民力难用也并非纯然诡辩;官为公仆主张虽然起自孙中山,但为人民服务的实践有赖于共产党;中华民国数十载虽然立宪不断,但"党天下"较"家天下"更加肆无忌惮。中华人民共和国成立后,国家建构成就巨大,人民终于当家作主,但高度管制之下民治空间有限;为人民服务成为党宗国旨,但频繁的群众运动也使治理秩序濒临崩溃;党的一元化领导是革命与建设的定海神针,但也出现了被历史决议根本否定的重大失误。改革开放以来,治理秩序拨乱反正,民主法制恢复重建,人民群众首创精神重焕生机;制度笼子越扎越紧,政府效能日益提升;依宪执政成为党的庄严承诺,党的领导更加坚强有力。可以说,从近代到今天,在治民与民治、治官与官治、治王与王治重大问题上,立足不同历史阶段反复探索实践积累的正反两方面经验,当代中国治理现代化和民族复兴征程中的行政法治现代化达成了前所未有的秩序共识,行政法治现代化的中国叙事前所未有地迎来了行政为民的转型升级,行政法治现代化的中国道路也前所未有地清晰与广阔。也正因如此,以治理现代化为总范式的中国式行政法治现代化,也是以国家建构任务为统率的行政法治现代化。归根结底,治理秩序转型是贯穿于行政法治现代化中国叙事的国家建构任务,新时代中国的国家建构任务就是国家治理现代化。

党的十八大以来,中国式行政法治现代化取得了极不平凡的发展成就。①

① 《法治政府建设实施纲要(2021—2025 年)》指出:"党的十八大以来,特别是《法治政府建设实施纲要(2015—2020 年)》贯彻落实 5 年来,各地区各部门多措并举、改革创新,法治政府建设取得重大进展。党对法治政府建设的领导不断加强,责任督察和示范创建活动深入实施,法治政府建设推进机制基本形成;'放管服'改革纵深推进,营商环境大幅优化;依法行政制度体系日益健全,重大行政决策程序制度初步建立,行政决策公信力持续提升;行政执法体制机制改革大力推进,严格规范公正文明执法水平普遍提高;行政权力制约和监督全面加强,违法行政行为能够被及时纠正查处;社会矛盾纠纷依法及时有效化解,行政争议预防化解机制更加完善;各级公务员法治意识显著增强,依法行政能力明显提高。"

就行政法学理角度而言,这些发展成就亦可以归结为六个方面。[①] 一是战略地位不断提升,顶层设计日益明确。中国式行政法治现代化当仁不让地成为新时代全面依法治国的重要建设环节,并构成全面建成小康社会的重要评判标准、全面深化改革的重要实施场域和全面从严治党的重要关联领域,更成为国家治理体系和治理能力现代化的重要推进抓手。[②] 以法治政府建设实施纲要的接连印发实施为标志,党中央国务院有关中国式行政法治现代化的顶层设计层层压实、逐年推进、不断深入。二是体制机制不断革新,执法改革稳步推进。政府立法不断加强改进,依法行政制度体系日益完善;相对集中行使行政权改革试验日益成熟;综合行政执法体制改革试点全面推进;行政审批制度改革持续推进,政府职能转变全面深入。[③] 三是程序保障不断加强,权力行使逐渐规范。行政决策程序日益健全,行政决策科学民主法治程度不断提升;行政执法程序日益完善,行政权力行使日益走向严格规范公正文明。[④] 四是政务公开不断拓展,权力运行日益透明。以《政府信息公开条例》为核心的政府信息公开法律体系日益完备,并从政府信息公开拓展至包括党务、立法、司法等信息在内的全领域全流程全链条政务公开。[⑤] 五是监督制约不断完善,人民权益保障有力。政府权力清单制度从自发探索走向全面推行,行政权内部的监督与制约制度建设不断完善,行政权外部的监督与制约制度建设不断加强,面向现代国家治理的审计监督制度深化改革,作为重大政治体制改革的国家监察体制改革深入推进。[⑥] 六是

---

① 参见杨登峰主编:《当代中国的法治政府建设》,法律出版社 2017 年版,第 277 ~ 386 页;亦可参见马怀德、孔祥稳:《中国行政法治四十年:成就、经验与展望》,载《法学》2018 年第 9 期。

② 杨海坤:《"四个全面"战略布局下如何全面推进法治政府建设》,载《法学评论》2015 年第 5 期。

③ 参见马英娟、李德旺:《我国政府职能转变的实践历程与未来方向》,载《浙江学刊》2019 年第 3 期。

④ 参见刘辉:《论我国程序法治建设的路径》,载《广西政法管理干部学院学报》2018 年第 6 期。

⑤ 参见马怀德:《政府信息公开制度的发展与完善》,载《中国行政管理》2018 年第 5 期。

⑥ 参见肖培:《强化对权力运行的制约和监督》,载《人民日报》2019 年 12 月 26 日版。

"关键少数"依法行政意识和依法行政能力不断提升,这尤其得益于法治政府建设第一责任人制度和行政首长出庭应诉制度的建立落实。[①]新冠疫情暴发以来,党和政府领导人民坚持依法抗疫取得重大战略成果,高度彰显了中国特色社会主义制度和中国特色政府治理体系无可比拟的巨大优越性。新时代中国式行政法治现代化的基本成就与主要经验,再次印证了国家建构任务统率下的治民、治官、治王三维分析框架。中国式行政法治现代化以国家治理现代化为总范式,以美好公共生活需要为原动力,根据宪法党章理顺重大政治关系,坚持为民控权打造制度笼子,坚持为民用权实现良法善治,清晰地呈现了行政法治的内在要求与动态结构,鲜明地促进了"行政为民"行政法理的新时代转型升级,有力地助推了新时代国家治理体系和治理能力现代化进程。同时也要清醒地认识到,中国式行政法治现代化还有一系列重点难点问题,新冠疫情大考尤其暴露出我国政府治理领域诸多短板弱项。

(二)基于内部视角的行政法治议题

2019 年 10 月召开的党的十九届四中全会,继 2013 年党的十八届三中全会提出全面深化改革总目标后,"从党的十九大确立的战略目标和重大任务出发,着眼于坚持和巩固中国特色社会主义制度、确保党长期执政和国家长治久安,着眼于完善和发展中国特色社会主义制度、全面建设社会主义现代化国家,着眼于充分发挥中国特色社会主义制度优越性、推进国家治理体系和治理能力现代化,全面总结党领导人民在我国国家制度建设和国家治理方面取得的成就、积累的经验、形成的原则,重点阐述坚持和完善支撑中国特色社会主义制度的根本制度、基本制度、重要制度,部署需要深化的重大体制机制改革、需要推进的重点工作任务"。[②] 党的十八届三中全会审议通过的《关于坚持和完善中国特色

① 参见李小红:《优化行政诉讼机制 提升依法行政能力》,载《群众》2018 年第 22 期。

② 习近平:《关于〈中共中央关于坚持和完善中国特色社会主义制度 推进国家治理体系和治理能力现代化若干重大问题的决定〉的说明》,载《人民日报》2019 年 11 月 5 日版。

社会主义制度 推进国家治理体系和治理能力现代化若干重大问题的决定》(以下简称十八届三中全会《决定》),在充分肯定"坚持党的集中统一领导,坚持党的科学理论,保持政治稳定,确保国家始终沿着社会主义方向前进""坚持人民当家作主,发展人民民主,密切联系群众,紧紧依靠人民推动国家发展""坚持全面依法治国,建设社会主义法治国家,切实保障社会公平正义和人民权利""坚持全国一盘棋,调动各方面积极性,集中力量办大事"等我国国家制度和国家治理体系所具有的十三个方面显著优势,以及专章论述"坚持和完善人民当家作主制度体系,发展社会主义民主政治"之后,继续专章论述"坚持和完善中国特色社会主义行政体制,构建职责明确、依法行政的政府治理体系",[①]明确提出"国家行政管理承担着按照党和国家决策部署推动经济社会发展、管理社会事务、服务人民群众的重大职责。必须坚持一切行政机关为人民服务、对人民负责、受人民监督,创新行政方式,提高行政效能,建设人民满意的服务型政府",进而系统部署了完善国家行政体制、优化政府职责体系、优化政府组织结构和健全充分发挥中央和地方两个积极性体制机制等方面政府治理法治化改革任务。[②] 党的十八届三中全会《决定》此处以及全文字里行间一咏三叹的"为人民服务、对人民负责、受人民监督",以及高度彰显的"人民至上"价值准则,充分指引了"行政为民"的中国式行政法治现代化总体方案及其发展方向。党的十九届五中全会面向第二个百年奋斗目标,系统部署当前和今后一段时期政府治理体制改革重大任务。党的十九届六中全会着眼党的百年奋斗历程,深刻总结党领导人民治国理政的历史意义和历史经验,具有里程碑式的重要意义。

在党的十九大和十九届历次全会精神指引下,2020 年 11 月召开的中央全面依法治国工作会议,将习近平法治思想确立为全面依法治国的

---

① 习近平:《关于〈中共中央关于坚持和完善中国特色社会主义制度 推进国家治理体系和治理能力现代化若干重大问题的决定〉的说明》,载《人民日报》2019 年 11 月 5 日版。

② 参见《中共中央关于坚持和完善中国特色社会主义制度 推进国家治理体系和治理能力现代化若干重大问题的决定》,人民出版社 2019 年版,第 15 ~ 18 页。

指导思想,为中国式行政法治现代化明确了根本遵循和行动指南。[①] 党的二十大报告首次在党的全国代表大会报告中专节部署“扎实推进依法行政”,明确提出了新征程上推进法治政府建设率先突破的一系列重点任务。[②] 在习近平法治思想的理论视域中,以中华民族伟大复兴时代征程中的国家建构任务和国家治理现代化总范式为统率的治民治官治王动态耦合,既为中国式行政法现代化提供了三维分析框架,也提示了法治政府建设内部要素与外部要素的考察路径。大体而言,治官与官治是基于内部视角的中国式行政法治现代化重点任务,治民与民治、治王与王治则是基于外部视角的法治政府基础性要求与关键性难题。因此,以下将分别从内部视角和外部视角来展望新征程上中国式行政法治现代化的新议题。就内部视角而言,应着力从如下方面进一步推进行政法治理论创新、制度创新与实践创新。

第一,进一步加强体制机制革新,完善行政组织法制体系。体制机制革新是完善新时代政府治理体系的首要任务。目前我国依法行政体制机制尚不健全,主要体现在行政组织法制体系尚不健全。虽然我国《行政处罚法》等立法成效显著,但始终缺乏一部体系完备的行政组织法。这就导致实践中出现行使行政权的主体五花八门、地位难辨、权责不清、追责不易等问题,不仅影响了依法行政事业的推进,也不利于对行政权的监督和对公民权益的保障,更加落后于数字时代和风险社会背景下的国家治理改革创新实践。[③] 党的十九届四中全会专题部署“坚持和完善中国特色社会主义行政体制,构建职责明确、依法行政的政府治理

---

① 中央全面依法治国工作会议胜利闭幕后,以习近平法治思想为科学指引,法治国家、法治政府、法治社会建设“一规划两纲要”相继印发,全面依法治国的顶层设计体系正式形成,包括法治政府建设在内的法治中国建设由此进入新规划时代。根据本书的内容结构安排,有关《法治政府建设实施规划(2021—2025年)》的全面解读和法理阐释,将在第二章“中国式行政法治现代化的总体方案”中进行。

② 习近平:《高举中国特色社会主义伟大旗帜　为全面建设社会主义现代化国家而团结奋斗——在中国共产党第二十次全国代表大会上的报告》,人民出版社2022年版,第41页。

③ 参见姜明安:《新时代中国行政法学的转型与使命》,载《财经法学》2019年第1期。

体系”，并从完善国家行政体制、优化政府职责体系、优化政府组织结构和健全充分发挥中央和地方两个积极性体制机制等方面进行顶层设计，明确要求“推进机构、职能、权限、程序、责任法定化，使政府机构设置更加科学、职能更加优化、权责更加协同。严格机构编制管理，统筹利用行政管理资源，节约行政成本”。[①] 党的二十大报告进一步明确要求“转变政府职能，优化政府职责体系和组织结构，推进机构、职能、权限、程序、责任法定化，提高行政效率和公信力”。[②] 面对这些政府体制机制改革重大任务，就行政组织法治现代化角度而言，需要进一步完善我国行政组织法制体系，尽快制定出台统一的行政组织法，全面规范行政组织的结构体系、法律地位、职责权限、冲突解决等问题。此外，新冠疫情的应对实践，在暴露出我国行政组织法应对重大风险挑战制度短板的同时，也启发了有关行政组织法基本原则的新思考，在坚持传统的法律优先、职权法定、法律保留等组织法原则的同时，行政效能原则应受到高度重视。[③]

第二，进一步严格规范行政执法，完善行政行为法制体系。规范行政执法是完善法治政府建设体系的关键环节。目前我国在行政处罚、行政许可、行政强制等典型行政执法领域已经有了专门立法，但是在行政收费等重要行政执法领域仍然缺乏高阶规范。不仅如此，虽然我国在行政权集中行使、综合行政执法体制改革和行政审批制度改革等方面积累了很多值得肯定的经验做法，但往往是通过中央文件加以确认和推广，而不是通过正式立法的方式进行规范和固化。这就不利于及时巩固改革成果，也不利于有效激励改革创新。党的十九届四中全会《决定》指出：“深化行政执法体制改革，最大限度减少不必要的行政执法事项。

---

① 参见《中共中央关于坚持和完善中国特色社会主义制度　推进国家治理体系和治理能力现代化若干重大问题的决定》，人民出版社 2019 年版，第 15～18 页。

② 习近平：《高举中国特色社会主义伟大旗帜　为全面建设社会主义现代化国家而团结奋斗——在中国共产党第二十次全国代表大会上的报告》，人民出版社 2022 年版，第 41 页。

③ 参见沈岿：《论行政法上的效能原则》，载《清华法学》2019 年第 4 期。

进一步整合行政执法队伍，继续探索实行跨领域跨部门综合执法，推动执法重心下移，提高行政执法能力水平。落实行政执法责任制和责任追究制度。创新行政管理和服务方式，加快推进全国一体化政务服务平台建设，健全强有力的行政执行系统，提高政府执行力和公信力。”①党的二十大报告强调：“深化行政执法体制改革，全面推进严格规范公正文明执法，加大关系群众切身利益的重点领域执法力度，完善行政执法程序，健全行政裁量基准。强化行政执法监督机制和能力建设，严格落实行政执法责任制和责任追究制度。完善基层综合执法体制机制。”②面对这些行政执法体制改革重大任务，新时代新征程上有必要进一步完善我国的行政行为法制体系，制定出台行政收费法等单行立法，同时在《行政许可法》等既有立法的修订和实施中充分吸收改革成果。③ 此外，部门行政执法实践中的体制机制改革、执法队伍建设、执法能力建设、责任追究制度、执法平台建设等创新成果，也要在实践探索的基础上进一步制度化规范化系统化。

第三，进一步健全行政执法程序，完善行政程序法制体系。健全行政执法程序是完善法治政府建设体系的重要内容。目前我国行政执法程序制度建设在地方行政程序立法、重大行政决策制度、行政执法程序规范化等方面取得了重大进展，但是还有待进一步提升。目前存在的突出问题是，地方行政程序立法位阶不高、执行乏力、体系性差；重大行政决策程序在实践中难以真正落实，公众参与制度缺乏有效保障；行政执法程序规范化建设中的许多行之有效的做法尚有待进一步立法确认；既有的部分法定程序在正当性方面有所欠缺，而部分正当程序尚未获得立

① 《中共中央关于坚持和完善中国特色社会主义制度　推进国家治理体系和治理能力现代化若干重大问题的决定》，人民出版社2019年版，第16页。

② 习近平：《高举中国特色社会主义伟大旗帜　为全面建设社会主义现代化国家而团结奋斗——在中国共产党第二十次全国代表大会上的报告》，人民出版社2022年版，第41页。

③ 相关研究参见章剑生：《行政收费的理由、依据和监督》，载《行政法学研究》2014年第2期；闫尔宝：《我国行政行为法体系建构的问题与症结》，载《国家检察官学院学报》2014年第5期；朱磊：《专家建议尽快修改行政许可法等相关法律》，载《法制日报》2013年12月20日版。

法认可等。党的十九届四中全会重点部署了加快政府职能转变和深入推进“放管服”改革的任务，明确要求“完善政府经济调节、市场监管、社会管理、公共服务、生态环境保护等职能，实行政府权责清单制度，厘清政府和市场、政府和社会的关系。深入推进简政放权、放管结合、优化服务，深化行政审批制度改革，改善营商环境，激发各类市场主体活力”。[①]这些实体性战略要求当然要在政府治理实践中积极落实，但也需要通过行政执法程序加以充分保障。为此，有必要在吸收地方立法成果和总结实践经验教训的基础上，制定一部真正符合正当法律程序理念的行政程序法。[②] 新冠疫情应对实践还提醒我们，在此过程中尤其要注意常态行政程序与非常态行政程序的协调衔接与平战转换。

第四，进一步推进政务公开透明，完善政务公开法制体系。政务公开透明是完善法治政府建设体系的可靠保障。自 2007 年《政府信息公开条例》颁行以来，我国的政府信息公开工作取得了长足的进展，但是仍然存在一些亟待解决的问题：如《政府信息公开条例》仅为行政法规，位阶相对不够，无法有效敦促行政机关开展政务公开工作；《政府信息公开条例》设定的政府信息范畴已经相对落后于实践发展，在互联网时代，政务公开的范畴远大于政府信息公开；在执法司法实践中，政府信息公开申请权和诉权滥用现象一定范围内存在，甚至表现得较为突出；当前政务公开工作主要依靠中央文件进行顶层设计和推动，缺乏有效立法支撑等。[③] 2019 年修订的《政府信息公开条例》对此前存在的一些问题有所回应，但仍存在一些落后于时代发展和人民需求之处，如立法层级仍然维持，

---

① 《中共中央关于坚持和完善中国特色社会主义制度 推进国家治理体系和治理能力现代化若干重大问题的决定》，人民出版社 2019 年版，第 16 页。

② 全国首部省级行政程序地方性法规《江苏省行政程序条例》于 2022 年制定通过，这标志着 2008 年《湖南省行政程序规定》开启的地方行政程序立法进入新的阶段，为中央行政程序立法打下了良好基础。

③ 参见姜明安：《中国政府信息公开制度的发展趋势》，载《比较法研究》2017 年第 2 期；章剑生：《政府信息获取权及其限制——〈政府信息公开条例〉第 13 条评析》，载《比较法研究》2017 年第 2 期；滕锐：《我国电子政务立法的思考——以政府信息公开法律制度为视角》，载《法学杂志》2010 年第 6 期。

适用范围政府为主,公开原则保障乏力,过程信息性质暧昧等。党的十九届四中全会明确要求:"创新行政管理和服务方式,加快推进全国一体化政务服务平台建设","建立健全运用互联网、大数据、人工智能等技术手段进行行政管理的制度规则。推进数字政府建设,加强数据有序共享,依法保护个人信息"。[①] 这实际上预示着大数据时代的政府治理深刻革命。为此,有必要制定较为系统全面且顺应时代潮流的政务公开法乃至政府数据法,以深入推进数字法治政府建设。

第五,进一步加强权力制约监督,完善行政监督与救济法制。权力监督制约是完善法治政府建设体系的应有之义。我国目前的行政权力监督制约体系较为复杂,包括党的领导和监督以及纪检监察监督,行政权系统内部的层级监督、复议监督和专门监督等,以及行政权系统之外的司法监督、人大监督、舆论监督等。值得注意的是,在国家治理体系和治理能力现代化改革进程中,审计监督地位日益突出;在国家监察体制改革背景下,一切公职人员或者公权行为均纳入监察范围。这些都意味着我国现行行政权监督制约体系正处于剧烈变动过程中。党的十八大以来,由纪检监察机关主导的"打虎拍蝇"巨大成就也在某种程度上暗示既有的监督体系有待完善。从行政救济法治的内部视角来看,2014年《行政诉讼法》的修正是中国式行政法治现代化的里程碑式重要事件,但修法之后的行政审判实践仍然面临诸多新的疑难问题,如受案范围的时代化拓展,官民纠纷的实质性化解,规范性文件合法性审查,审判程序的科学化建构,诉讼类型的体系化重构,原告胜诉率的实质性提升,判决执行的高效化运转等。尤其是党政合并设立、合署办公的改革背景下,行政诉讼被告制度与政府信息公开诉讼都面临着巨大的挑战。[②] 党的二十大报告从完善党的自我革命制度规范体系的战略高度,明确提出"健全党统一领导、全面覆盖、权威高效的监督体系,完善权力监督制约机制,以党内监督为主导,促进各类监督贯通协调,让权力在阳光下运

---

① 《中共中央关于坚持和完善中国特色社会主义制度 推进国家治理体系和治理能力现代化若干重大问题的决定》,人民出版社2019年版,第16~17页。

② 参见林鸿潮:《党政机构融合与行政法的回应》,载《当代法学》2019年第4期。

行。推进政治监督具体化、精准化、常态化，增强对'一把手'和领导班子监督实效。发挥政治巡视利剑作用，加强巡视整改和成果运用。落实全面从严治党政治责任，用好问责利器"，同时针对行政执法监督工作具体实际，明确要求"强化行政执法监督机制和能力建设，严格落实行政执法责任制和责任追究制度"。[①] 为此，有必要结合中央重大改革决策进一步完善行政监督法制体系，特别是加强行政执法监督机制和能力建设，强化行政权运行的监督制约，切实做到重大改革于法有据，同时还要继续完善《行政诉讼法》《行政复议法》《国家赔偿法》等立法，研究制定行政备案条例、行政执法监督条例等行政法规，使这些救济性、监督性立法真正成为实质性化解行政纠纷、维护人民合法权益的良善之法。[②]

第六，进一步加强行政法理研究，积极回应新的时代需求。党的二十大报告指出："实践没有止境，理论创新也没有止境。"[③]行政法理研究是完善法治政府建设体系的宝贵资源。当前我国法治政府相关研究取得了许多显著性成果，比如平衡论、法治政府论、中观行政法学等兼顾理论与实践、历史与现实的本土化理论。同时，新征程上的中国式行政法治现代化面临着新挑战，如风险社会对行政秩序的冲击，"互联网＋"引发的行政法治现代化革新，行政管理体制改革和公私协力事业发展带来的新的行政法学命题，等等，都是亟待研究的新领域。[④] 更为重要的是，

---

① 习近平：《高举中国特色社会主义伟大旗帜　为全面建设社会主义现代化国家而团结奋斗——在中国共产党第二十次全国代表大会上的报告》，人民出版社 2022 年版，第 41、66 页。

② 参见章志远：《以习近平法治思想引领行政复议法修改》，载《法学评论》2012 年第 6 期；莫于川：《〈行政诉讼法〉修改及其遗留争议难题——以推动法治政府建设为视角》，载《行政法学研究》2017 年第 2 期；姜明安：《行政诉讼法修改的若干问题》，载《法学》2014 年第 3 期。

③ 习近平：《高举中国特色社会主义伟大旗帜　为全面建设社会主义现代化国家而团结奋斗——在中国共产党第二十次全国代表大会上的报告》，人民出版社 2022 年版，第 18 页。

④ 参见章剑生：《我国行政模式与现代行政法的变迁》，载《现代法学》2013 年第 4 期；杨登峰：《国家任务社会化背景下的行政法主题》，载《法学研究》2012 年第 4 期；王贵松：《风险行政的组织法构造》，载《法商研究》2016 年第 6 期；朱新力、唐文明：《行政法基础理论改革的基本图谱："合法性"与"最佳性"二维结构的展开路径》，法律出版社 2013 年版；吴欢：《"互联网＋"法治政府建设：意义、空间与进路》，载《黑龙江社会科学》2017 年第 1 期；吴欢：《行政为民：新时代行政法治现代化的法理内核及其前瞻》，载《中央社会主义学院学报》2022 年第 5 期。

中国行政法学有必要从新时代行政法治实践中凝练中国方案，并作为中国特色法学话语体系的有机组成部分参与国际学术对话。这就有必要进一步加强基于中国政府治理历史与现实的以“行政为民”为核心的行政法理研究，以期助力传统中国固有行政法理和近代中国转型行政法理的创造性转化与创新性发展，推进当代中国改革行政法理的自觉自主自信生成，从而创新发展中国特色社会主义行政法治理论，有效回应国家治理现代化的时代需求。

（三）基于外部视角的行政法治议题

党的十八大以来，以习近平同志为核心的党中央提出一系列全面依法治国新理念新思想新战略，初步概括起来有十个方面重要内容。[①] 2020年召开的党的历史上第一次中央全面依法治国工作会议，将习近平全面依法治国新理念新思想新战略进一步概括为习近平法治思想，并将其明确为全面依法治国的指导思想、根本遵循和行动指南。习近平总书记在会上发表重要讲话，从十一个方面深刻阐述了习近平法治思想的核心要义，即坚持党对全面依法治国的领导；坚持以人民为中心；坚持中国特色社会主义法治道路；坚持依宪治国、依宪执政；坚持在法治轨道上推进国家治理体系和治理能力现代化；坚持建设中国特色社会主义法治体系；坚持依法治国、依法执政、依法行政共同推进，法治国家、法治政府、法治社会一体建设；坚持全面推进科学立法、严格执法、公正司法、全民守法；坚持统筹推进国内法治和涉外法治；坚持建设德才兼备的高素质法治工作队伍；坚持抓住领导干部这个“关键少数”。[②] 正如

---

① “十个坚持”分别是坚持加强党对依法治国的领导；坚持人民主体地位；坚持中国特色社会主义法治道路；坚持建设中国特色社会主义法治体系；坚持依法治国、依法执政、依法行政共同推进，法治国家、法治政府、法治社会一体建设；坚持依宪治国、依宪执政；坚持全面推进科学立法、严格执法、公正司法、全民守法；坚持处理好全面依法治国的辩证关系；坚持建设德才兼备的高素质法治工作队伍；坚持抓住领导干部这个“关键少数”。参见习近平：《加强党对全面依法治国的领导》，载《求是》2019年第4期。

② 参见习近平：《坚定不移走中国特色社会主义法治道路　为全面建设社会主义现代化国家提供有力法治保障》，载《求是》2021年第5期。

权威论者所指出的，习近平法治思想"从统筹中华民族伟大复兴战略全局和世界百年未有之大变局、实现党和国家长治久安的战略高度，深入回答了我国社会主义法治建设一系列重大理论和实践问题，明确提出了当前和今后一个时期推进全面依法治国的总体要求，系统阐述了新时代推进全面依法治国的重要思想和战略部署。'十一个坚持'高屋建瓴、视野宏阔、内涵丰富、思想深刻，是指导新时代全面依法治国的纲领性文件。"①

习近平总书记强调指出："推进全面依法治国，法治政府建设是重点任务和主体工程，对法治国家、法治社会建设具有示范带动作用，要率先突破"。② 以此为核心要义的习近平法治思想中的行政法治论，科学指引着我们深刻认识新时代国家治理现代化总范式下的中国式行政法治现代化基本经验和崭新议题。已有学者指出，党的十八大以来的中国式行政法治现代化经验可以归结为十个方面：一是坚持党的领导、人民当家作主和依法治国有机统一；二是坚持依法治国、依法执政、依法行政共同推进，法治国家、法治政府、法治社会一体建设；三是坚持宪法基本原则，忠实履行宪法法律赋予的职责；四是坚持以经济建设为中心，法治政府与经济发展相协调；五是坚持法治政府建设与政府职能转变和行政体制改革同步；六是坚持转变观念，以行政法治现代化助力国家治理现代化；七是坚持以依法治官、依法治权为重点，以民权保障为核心；八是坚持立法执法和监督并重，并使其互相协调整体推进；九是坚持顶层设计与"摸着石头过河"相结合，发挥多重积极性；十是坚持立足中国历史国情，注重行政法治现代化交流互鉴。③ 这些基本经验是中国式行政法治现代化生动实践历程凝结而成的宝贵思想财富，也是需要通过法治政府建设创新实践探索继续发展的重要理论成果。我们要以习近平法治思

---

① 栗战书：《习近平法治思想是全面依法治国的根本遵循和行动指南》，载《中国人大》2021 年第 2 期。

② 习近平：《坚定不移走中国特色社会主义法治道路　为全面建设社会主义现代化国家提供有力法治保障》，载《求是》2021 年第 5 期。

③ 胡建淼：《基本建成法治政府是全面依法治国的关键目标》，载《法治现代化研究》2017 年第 2 期。

想特别是习近平法治思想中的行政法治论为根本遵循,进一步推进中国式行政法治现代化的理论创新、制度创新与实践创新,从中华民族伟大复兴时代征程中的行政法治中国叙事的整体视野和治民治官治王的动态耦合中来考察新征程上中国式行政法治现代化新议题。在治民治官治王三维分析框架中,治民与治王尽管属于外部观察视角,但分别具有基础性和关键性的重要地位。正是在三者的耦合驱动下,行政法治现代化才得以朝着治理现代化的方向稳步前进。本章前文已从治官与官治的耦合驱动因素出发,展望了基于内部视角的中国式行政法治现代化新议题。进一步从外部视角来看,中国式行政法治现代化还需要积极回应治民与民治、治王与王治的新议题。就治民与民治的耦合驱动而言,既要进一步推进全民守法,又要进一步拓展人民民主;就治王与王治的耦合驱动而言,既要始终坚持党对中国式行政法治现代化的领导,又要始终坚持党在宪法法律范围内领导中国式行政法治现代化。当然,这四个方面并非新征程上中国式行政法治现代化外部新议题的全部内容,只是其中基础性和关键性的部分。

一是始终坚持党对中国式行政法治现代化的集中统一领导。党的十九届四中全会《决定》明确指出:“中国共产党领导是中国特色社会主义最本质的特征,是中国特色社会主义制度的最大优势,党是最高政治领导力量。”[①]党的二十大报告强调指出:“全面建设社会主义现代化国家、全面推进中华民族伟大复兴,关键在党”,“我们要落实新时代党的建设总要求,健全全面从严治党体系,全面推进党的自我净化、自我完善、自我革新、自我提高,使我们党坚守初心使命,始终成为中国特色社会主义事业的坚强领导核心”。[②] 以治理现代化为总范式和以国家建构任务为统率的中国式行政法治现代化,归根结底是为了坚持和完善中国

① 《中共中央关于坚持和完善中国特色社会主义制度　推进国家治理体系和治理能力现代化若干重大问题的决定》,人民出版社 2019 年版,第 6 页。

② 习近平:《高举中国特色社会主义伟大旗帜　为全面建设社会主义现代化国家而团结奋斗——在中国共产党第二十次全国代表大会上的报告》,人民出版社 2022 年版,第 64 页。

特色社会主义制度，推进国家治理体系和治理能力现代化，必然要始终坚持党对行政法治现代化的集中统一领导，把党的领导落实到政府治理各领域各方面各环节。这也是行政法治现代化治王与王治的耦合驱动因素的必然要求。坚持党对行政法治现代化的领导，要求把全面依法治国同依法执政、依法行政统一起来，把党总揽全局、协调各方同各级政府及其部门依法履行职责、开展工作统一起来。各级政府要在党委统一领导下，谋划和落实好法治政府建设的各项任务，主动向党委报告法治政府建设中的重大问题，及时消除制约法治政府建设的体制机制障碍。[①]此外还要建立不忘初心、牢记使命的制度，永葆"为人民服务"的政府治理宗旨，建设人民满意的服务型政府；要完善坚定维护党中央权威和集中统一领导的各项制度，健全部门协调配合机制，防止政出多门、政策效应相互抵消；要健全党的全面领导制度，完善党和政府机构职能体系，把党的领导贯彻到党和政府所有机构履行职责全过程，推动各方面协调行动、增强合力。[②]

二是始终坚持党在宪法法律范围内领导中国式行政法治现代化。党的领导和社会主义法治是一致的，社会主义法治必须坚持党的领导，党的领导必须依靠社会主义法治，党要领导立法、保证执法、支持司法、带头守法。[③] 党的十九届四中全会《决定》要求："各级党和国家机关以及领导干部要带头尊法学法守法用法，提高运用法治思维和法治方式深化改革、推动发展、化解矛盾、维护稳定、应对风险的能力。"[④]党的二十大报告指出："全党必须牢记，全面从严治党永远在路上，党的自我革命永远在路上，决不能有松劲歇脚、疲劳厌战的情绪，必须持之以恒推进全

① 参见潘波：《切实加强党对法治政府建设的领导》，载中国宪治网，http://fzzfyjy.cupl.edu.cn/info/1038/5908.htm，最后访问日期：2022 年 5 月 15 日。

② 参见《中共中央关于坚持和完善中国特色社会主义制度　推进国家治理体系和治理能力现代化若干重大问题的决定》，人民出版社 2019 年版，第 6 页。

③ 参见《党要领导立法、保证执法、支持司法、带头守法》，载《人民日报》2014 年 10 月 23 日版。

④ 《中共中央关于坚持和完善中国特色社会主义制度　推进国家治理体系和治理能力现代化若干重大问题的决定》，人民出版社 2019 年版，第 15 页。

面从严治党，深入推进新时代党的建设新的伟大工程，以党的自我革命引领社会革命。”[①]始终坚持党在宪法法律范围内领导法治政府建设，是中国式行政法治现代化的应有之义。为此，各级党政主要负责人不仅自身要带头遵守宪法法律，带头依法办事，而且要抓好领导班子和干部队伍法治素养与能力的培养提高；要把坚持不坚持依法行政、愿意不愿意依法办事、善于不善于运用法律手段做好工作，作为评判行政机关工作人员特别是领导干部工作水平高低、工作实绩大小的重要标准，使法治政府建设真正成为一项硬要求和硬约束；要不断提高党领导法治建设的水平，既要确保党在宪法法律范围内活动，又要依据党内法规管党治党，充分发挥各级政府及其部门中的党组织和党员干部在法治政府建设中的模范带头作用；各级行政机关中的党组织要领导和监督本单位模范遵守宪法法律。[②] 在党和国家机构改革的新形势下，要进一步探索研究党政机构融合后的行政诉讼被告确定、党政联合发文的公开方式与审查模式等新议题。

三是始终坚持中国式行政法治现代化的人民主体地位。我国服务型法治政府是以人民主体地位和公民权利本位为指导原则，在社会主义民主政治框架内，根据公民意志和国家法律组建起来并且以为人民服务为根本宗旨和基本职责的政府形态。[③] 在中国式行政法治现代化中始终坚持人民主体地位，关键是要做到人民共建共治共享法治政府，高度彰显“民治”的价值引领性与实践驱动力。这既是法治政府为人民服务的基本要求，也是新时代行政为民的核心法理要义。《法治政府建设实施纲要（2015—2020 年）》将坚持人民主体地位明确为法治政府建设基本原则，党的十九届四中全会进一步强调“国家行政管理承担着按照党

---

① 习近平：《高举中国特色社会主义伟大旗帜　为全面建设社会主义现代化国家而团结奋斗——在中国共产党第二十次全国代表大会上的报告》，人民出版社 2022 年版，第 64 页。

② 参见潘波：《切实加强党对法治政府建设的领导》，载中国宪治网，http://fzzfyjy.cupl.edu.cn/info/1038/5908.htm，最后访问日期：2022 年 5 月 15 日。

③ 参见吕普生：《立足人民主体地位推进服务型法治政府建设》，载《观察与思考》2017 年第 7 期。

和国家决策部署推动经济社会发展、管理社会事务、服务人民群众的重大职责。必须坚持一切行政机关为人民服务、对人民负责、受人民监督，创新行政方式，提高行政效能，建设人民满意的服务型政府”。[①] 党的二十大报告指出：“必须坚定不移走中国特色社会主义政治发展道路，坚持党的领导、人民当家作主、依法治国有机统一，坚持人民主体地位，充分体现人民意志、保障人民权益、激发人民创造活力。我们要健全人民当家作主制度体系，扩大人民有序政治参与，保证人民依法实行民主选举、民主协商、民主决策、民主管理、民主监督，发挥人民群众积极性、主动性、创造性，巩固和发展生动活泼、安定团结的政治局面。”[②]为此，要在全面履行政府职能中切实保障公民人身权、财产权、基本政治权利等各项权利不受侵犯，保障公民经济、文化、社会等各方面权利得到落实；要在政府治理立法制规中始终坚持民主原则，充分吸收和反映人民群众利益诉求；要在重大行政决策中坚持公众参与原则，切实保障人民群众知情权、参与权、表达权、监督权；要在行政执法实践中充分保障相对人参与权和救济权，虚心接受批评意见和群众监督；要在行政审判实践中切实维护相对人合法权益，让人民群众真切感受到公平正义；要在行政法学研究中高度彰显行政为民的法理内核。

四是始终坚持营造全民守法的浓厚法治氛围。全民守法是现代化国家治理对国民的基本法治要求，也是完成现代国家建构任务所必需的法治国情要素。在法治政府治民治官治王三维分析框架中，治民是基础性的环节。中国式行政法治现代化语境中的“治民”，核心要求是营造全民守法的浓厚法治氛围，夯实法治政府的群众基础。党的十八届四中全会明确提出“使全体人民都成为社会主义法治的忠实崇尚者、自觉遵守者、坚定捍卫者。使尊法、信法、守法、用法、护法成为全体人民的共同

---

① 参见《中共中央关于坚持和完善中国特色社会主义制度　推进国家治理体系和治理能力现代化若干重大问题的决定》，人民出版社2019年版，第15～16页。

② 习近平：《高举中国特色社会主义伟大旗帜　为全面建设社会主义现代化国家而团结奋斗——在中国共产党第二十次全国代表大会上的报告》，人民出版社2022年版，第37页。

追求”。[①] 党的十九届四中全会明确要求“坚持法治建设为了人民、依靠人民、加强人权法治保障,保障人民依法享有广泛的权利和自由、承担应尽的义务”。[②] 党的二十大报告进一步强调指出:“法治社会是构筑法治国家的基础。弘扬社会主义法治精神,传承中华优秀传统法律文化,引导全体人民做社会主义法治的忠实崇尚者、自觉遵守者、坚定捍卫者。建设覆盖城乡的现代公共法律服务体系,深入开展法治宣传教育,增强全民法治观念。推进多层次多领域依法治理,提升社会治理法治化水平。发挥领导干部示范带头作用,努力使尊法学法守法用法在全社会蔚然成风。”[③]为此,要加大全民普法工作力度,增强全民法治观念,完善公共法律服务体系,夯实依法治国群众基础;要全面贯彻“谁执法,谁普法”的普法责任制,推动建立法官、检察官、行政执法人员、律师等以案释法制度,增加法律法规的可接受性;要加强社会诚信体系建设,推动完善公民和社会组织信用建设,在全社会确立守法者受惠、违法者受罚的导向;要培育和弘扬尊重社会主义法治文化,树立宪法法律至上、法律面前人人平等的法治理念;努力提高公民法治素养,在全社会倡导公民和组织学法守法用法;要推动领导干部研究问题先学法、制定决策遵循法、解决问题依照法。

五、本章小结

在庆祝中国共产党成立 95 周年大会上的重要讲话中,习近平总书记强调指出:“历史没有终结,也不可能被终结。中国特色社会主义是不是好,要看事实,要看中国人民的判断,而不是看那些戴着有色眼镜的

① 参见《中共中央关于全面推进依法治国若干重大问题的决定》,载《人民日报》2014 年 10 月 29 日版。

② 参见《中共中央关于坚持和完善中国特色社会主义制度　推进国家治理体系和治理能力现代化若干重大问题的决定》,人民出版社 2019 年版,第 14 页。

③ 习近平:《高举中国特色社会主义伟大旗帜　为全面建设社会主义现代化国家而团结奋斗——在中国共产党第二十次全国代表大会上的报告》,人民出版社 2022 年版,第 42 页。

人的主观臆断。中国共产党人和中国人民完全有信心为人类对更好社会制度的探索提供中国方案。”[①]在庆祝中国共产党成立100周年大会上的重要讲话中，习近平总书记再次强调指出：“走自己的路，是党的全部理论和实践立足点，更是党百年奋斗得出的历史结论。中国特色社会主义是党和人民历经千辛万苦、付出巨大代价取得的根本成就，是实现中华民族伟大复兴的正确道路。我们坚持和发展中国特色社会主义，推动物质文明、政治文明、精神文明、社会文明、生态文明协调发展，创造了中国式现代化新道路，创造了人类文明新形态。”[②]中国特色社会主义道路，就是中国共产党和中国人民为人类对更好社会制度的探索提供的中国方案。以习近平法治思想特别是习近平法治思想中的行政法治论为科学指引，以国家治理现代化为总范式，以美好公共生活需要为原动力，根据宪法党章理顺重大政治关系，坚持为民控权打造制度笼子，坚持为民用权实现良法善治的中国式行政法治现代化，同样已经并将继续在行政法治现代化的世界潮流中，为人类对更好政府治理的法治化探索提供中国方案，深深镶嵌于中华民族伟大复兴时代征程中的行政法治中国叙事，也必将在治民治官治王的动态耦合中谱写新的篇章。

---

① 习近平：《在庆祝中国共产党成立95周年大会上的讲话》，载《人民日报》2016年7月2日版。

② 习近平：《在庆祝中国共产党成立100周年大会上的讲话》，载《人民日报》2021年7月2日版。

第二章　中国式行政法治现代化的总体方案

习近平总书记强调指出："正确认识党和人民事业所处的历史方位和发展阶段，是我们党明确阶段性中心任务、制定路线方针政策的根本依据，也是我们党领导革命、建设、改革不断取得胜利的重要经验。"[①]2020年10月召开的党的十九届五中全会不仅审议通过了《中共中央关于制定国民经济和社会发展第十四个五年规划和二〇三五年远景目标的建议》，还审时度势地提出"全面建成小康社会、实现第一个百年奋斗目标之后，我们要乘势而上开启全面建设社会主义现代化国家新征程、向第二个百年奋斗目标进军，这标志着我国进入了一个新发展阶段"。[②]新发展阶段开启全面建设社会主义现代化国家、向第二个百年奋斗目标进军的新征程，迫切需要更好发挥

---

① 习近平：《把握新发展阶段，贯彻新发展理念，构建新发展格局》，载《求是》2021年第9期。

② 习近平：《把握新发展阶段，贯彻新发展理念，构建新发展格局》，载《求是》2021年第9期。

法治固根本、稳预期、利长远的保障作用。在党的十九届五中全会闭幕后的2020年11月，中央全面依法治国工作会议在中国共产党历史上首次召开。会议强调，推进全面依法治国要从把握新发展阶段、贯彻新发展理念、构建新发展格局的实际出发，围绕建设中国特色社会主义法治体系、建设社会主义法治国家的总目标，坚持党的领导、人民当家作主、依法治国有机统一，以解决法治领域突出问题为着力点，坚定不移走中国特色社会主义法治道路，在法治轨道上推进国家治理体系和治理能力现代化，为全面建设社会主义现代化国家、实现中华民族伟大复兴的中国梦提供有力法治保障。[①] 这次中央全面依法治国工作会议最重大的成果就是将习近平法治思想确立为全面依法治国的指导思想，并从十一个方面深刻阐述习近平法治思想的核心要义。[②] 中央全面依法治国工作会议闭幕后，以习近平法治思想为指导，着眼于新发展阶段全面依法治国新形势新目标新任务，《法治中国建设规划(2020—2025年)》《法治社会建设实施纲要(2020—2025年)》《法治政府建设实施纲要(2021—2025年)》接连印发，从而全面升级和系统建构了法治中国建设"一规划两纲要"的顶层设计宏伟蓝图和贯彻实施了任务书施工图时间表，为新时代新征程全面依法治国提供了坚定有力的指导方针、原则要求、目标任务、政策路线和实施保障，在新的历史起点上开启了法治中国建设和中国式法治现代化进程的新篇章。[③]

---

① 参见《为千秋伟业夯基固本——习近平法治思想引领新时代全面依法治国纪实》，载《人民日报》2010年11月19日版。另参见《中央全面依法治国工作会议为何如此重要?》，载新华网客户端，https://baijiahao.baidu.com/s?id=1683620253939 5&wfr=spider&for=pc，最后访问日期：2022年5月15日。

② 张文显教授指出，习近平法治思想深刻回答了新时代为什么实行全面依法治国、怎样实行全面依法治国等一系列重大问题，是顺应实现中华民族伟大复兴时代要求应运而生的重大理论创新成果，是马克思主义法治理论中国化最新成果，是习近平新时代中国特色社会主义思想的重要组成部分，是全面依法治国的根本指导思想。参见张文显：《习近平法治思想的理论体系》，载《法制与社会发展》2021年第1期。

③ 参见马怀德：《迈向"规划"时代的法治中国建设》，载《中国法学》2021年第3期。党的十九届六中全会深刻总结了党的百年奋斗重大成就和历史经验，对于中国式行政法治现代化具有重要指导意义。

党的二十大报告立足新时代,全面系统总结了党的十八大以来中国式法治现代化取得的历史性成就、发生的历史性变革,指出:“社会主义法治国家建设深入推进,全面依法治国总体格局基本形成,中国特色社会主义法治体系加快建设,司法体制改革取得重大进展,社会公平正义保障更为坚实,法治中国建设开创新局面。”[①]党的二十大报告面向新征程,旗帜鲜明地发出了“在法治轨道上全面建设社会主义现代化国家”的时代强音,指出:“我们要坚持走中国特色社会主义法治道路,建设中国特色社会主义法治体系、建设社会主义法治国家,围绕保障和促进社会公平正义,坚持依法治国、依法执政、依法行政共同推进,坚持法治国家、法治政府、法治社会一体建设,全面推进科学立法、严格执法、公正司法、全民守法,全面推进国家各方面工作法治化。”[②]具体到行政法治现代化领域,党的十八大以来,以习近平同志为核心的党中央高度重视推进依法行政、建设法治政府,围绕新时代为什么要建设法治政府、建设什么样的法治政府、怎样建设法治政府等重大课题,作出系列重大部署和战略安排,提出系列新观点新论断新举措,形成了习近平法治思想中的行政法治论,成为习近平法治思想的重要组成部分和中国式行政法治现代化的根本遵循。[③] 在前文中,我们在习近平法治思想的科学指引下,以行政法治现代化的世界潮流为参照,概括指出了法治政府建设的中国新道路及其法治文明底蕴,鲜明提出了通过法治政府建设的中国式行政法治现代化的核心命题,深入分析了以国家治理现代化为总范式的中国式行政法治现代化原动力、新作为与新议题。在本章中,我们继续在习近平法治思想的科学指引下,深入学习贯彻党的二十大精神,以法治

---

① 习近平:《高举中国特色社会主义伟大旗帜 为全面建设社会主义现代化国家而团结奋斗——在中国共产党第二十次全国代表大会上的报告》,人民出版社 2022 年版,第 10 页。

② 习近平:《高举中国特色社会主义伟大旗帜 为全面建设社会主义现代化国家而团结奋斗——在中国共产党第二十次全国代表大会上的报告》,人民出版社 2022 年版,第 40 页。

③ 参见江必新、黄明慧:《习近平法治思想中的法治政府建设理论研究》,载《行政法学研究》2021 年第 4 期;马怀德:《论习近平法治思想中的法治政府理论》,载《政法论坛》2020 年第 6 期;马怀德:《习近平法治思想中法治政府理论的核心命题》,载《行政法学研究》2020 年第 6 期。

中国建设“一规划两纲要”特别是以《法治政府建设实施纲要(2021—2025年)》为纲领蓝图,从核心要义、思想脉络、实践基础、历史底蕴、哲理逻辑、法理创造和重点任务等方面,系统阐释了习近平法治思想科学擘画的中国式行政法治现代化总体方案。我们认为,这一总体方案是习近平法治思想的重要实践发展,是政府治理现代化中国方案的重要法治篇章,是中华民族伟大复兴的中国之治的重要组成部分,对于巩固和提升新时代法治中国建设“四个自信”具有重要的理论与现实意义。

一、总体方案的核心要义与思想脉络

习近平法治思想中的行政法治论系统阐述了中国式行政法治现代化的概念本质、战略定位、目标任务、薄弱环节、推进路径、工作抓手、重点工作和后盾保障等重大议题,具有内涵深刻的核心要义。同时,习近平法治思想中的行政法治论是实践、开放、发展的科学理论,随着习近平总书记从政实践的不断发展而持续深化,具有线索清晰的思想脉络。习近平法治思想科学擘画的中国式行政法治现代化总体方案,必须以习近平法治思想中的行政法治论为根本遵循。

(一)总体方案的核心要义

在习近平法治思想科学体系中,“坚持依法治国、依法执政、依法行政共同推进,法治国家、法治政府、法治社会一体建设”不仅深刻阐明了全面依法治国的工作布局,而且高度概括了习近平法治思想中的行政法治论。党的十八大以来,围绕这一集大成式的科学论断,习近平总书记针对中国式行政法治现代化的一系列重大命题展开深刻论述、作出重要部署,为新时代中国的法治政府建设提供了根本遵循,构成了中国式行政法治现代化总体方案的核心要义。①

---

① 本部分参考了时任中共江苏省委全面依法治省办专职副主任马太建先生的研究成果,特此致谢。参见马太建:《习近平法治思想中的推进依法行政建设法治政府理论》,载《法治现代化研究》2022年第1期。

其一,概念本质论。习近平总书记指出:“用法律的准绳去衡量、规范、引导社会生活,这就是法治”,①“守法律、重程序,这是法治的第一位要求”,②“坚持以法治的理念、法治的体制、法治的程序开展工作”。③ 可见,通过法治政府的行政法治,就是指行政主体依照法定权限、程序和规则管理公共行政事务的状态;面向行政法治的法治政府,就是指以法治的理念、体制和程序运作的政府;行政法治现代化就是通过法治政府建设实现行政法治理想的过程和状态。习近平总书记强调“要把权力关进制度的笼子里”,这就准确揭示了行政法治现代化的关键在于依法治权。中国式行政法治现代化具有鲜明的政治特质。一是坚持党的领导。这是中国式行政法治现代化最本质的特征。习近平总书记强调:“各级政府必须坚持在党的领导下、在法治轨道上开展工作。”④二是坚持以人民为中心。这是中国式行政法治现代化的根本目的特征。习近平总书记指出:“推进全面依法治国,根本目的是依法保障人民权益。”⑤三是坚持维护公平正义。这是中国式行政法治现代化的价值取向特征。习近平总书记明确:“公平正义是执法司法工作的生命线。”⑥四是坚持法治与德治相结合。这是中国式行政法治现代化的行为规范特征。习近平总书记提出:“法律是成文的道德,道德是内心的法律。”⑦五是坚持从国情和实际出发。这是中国式行政法治现代化的根本实践特征。必须坚持走中国特色社会主义法治道路,同推进政府治理体系和治理能力现代化相适应,既汲取我国传统行政法律精华,又借鉴境外有益行政法治经验。

其二,战略定位论。战略定位决定全局成效,把中国式行政法治现

---

① 《习近平关于全面依法治国论述摘编》,中央文献出版社 2015 年版,第 8 ~ 9 页。
② 习近平:《论坚持全面依法治国》,中央文献出版社 2020 年版,第 141 页。
③ 习近平:《论坚持全面依法治国》,中央文献出版社 2020 年版,第 113 页。
④ 习近平:《论坚持全面依法治国》,中央文献出版社 2020 年版,第 97 页。
⑤ 习近平:《论坚持全面依法治国》,中央文献出版社 2020 年版,第 2 页。
⑥ 习近平:《论坚持全面依法治国》,中央文献出版社 2020 年版,第 259 页。
⑦ 习近平:《论坚持全面依法治国》,中央文献出版社 2020 年版,第 109 页。

代化摆在什么样的战略定位,决定着中国式行政法治现代化总体方案的全局意义。习近平总书记高度重视法治建设的战略引领,在中央全面依法治国工作会议上强调指出:"全面依法治国是一个系统工程,要整体谋划,更加注重系统性、整体性、协同性。依法治国、依法执政、依法行政是一个有机整体,关键在于党要坚持依法执政、各级政府要坚持依法行政。法治国家、法治政府、法治社会相辅相成,法治国家是法治建设的目标,法治政府是建设法治国家的重点,法治社会是构筑法治国家的基础。"①这就从全面依法治国系统工程的战略高度,特别是从新发展阶段推进全面依法治国的重点要求出发,科学阐明了依法治国、依法执政、依法行政的有机联系,深刻揭示了法治国家、法治政府、法治社会建设的辩证关系,高度彰显了中国式行政法治现代化的战略定位,即中国式行政法治现代化是全面依法治国的关键因素、重点任务、主体工程和前沿阵地。《法治政府建设实施纲要(2021—2025 年)》根据习近平法治思想科学擘画的战略定位,深入明确了新发展阶段法治政府建设的历史方位:"当前,我国已经开启全面建设社会主义现代化国家、向第二个百年奋斗目标进军的新征程,统筹中华民族伟大复兴战略全局和世界百年未有之大变局,推进国家治理体系和治理能力现代化,适应人民日益增长的美好生活需要,都对法治政府建设提出了新的更高要求,必须立足全局、着眼长远、补齐短板、开拓进取,推动新时代法治政府建设再上新台阶。"②

其三,目标任务论。目标任务决定前进方向,为中国式行政法治现代化确立什么样的目标任务,决定着中国式行政法治现代化总体方案的发展前途。习近平总书记高度重视法治建设的目标导向,在中央全面依法治国工作会议上强调指出:"推进全面依法治国,法治政府建设是重点任务和主体工程,对法治国家、法治社会建设具有示范带动作用,要率

---

① 习近平:《坚定不移走中国特色社会主义法治道路　为全面建设社会主义现代化国家提供有力法治保障》,载《求是》2021 年第 5 期。

② 《法治政府建设实施纲要(2021—2025 年)》,载《人民日报》2021 年 8 月 12 日版。

先突破。”[①]党的二十大报告郑重重申:“法治政府建设是全面依法治国的重点任务和主体工程。”[②]这就为新发展阶段的中国式行政法治现代化提出了率先突破的重大任务。《法治政府建设实施纲要(2021—2025年)》据此提出“深入学习贯彻习近平法治思想,努力实现法治政府建设全面突破”的总体要求,并将“坚持改革创新,积极探索具有中国特色的法治政府建设模式和路径”确立为“十四五”时期全面推进法治政府建设主要原则的重要内容,还将“各地区各层级法治政府建设协调并进,更多地区实现率先突破”确立为到2025年全面推进法治政府建设总体目标的重要方面,进而在具体任务中明确要求“加强中国特色社会主义法治政府理论研究”和“加大法治政府建设成就经验宣传力度,传播中国政府法治建设的时代强音”。[③] 中央依法治国办负责同志也明确指出:“深入贯彻落实习近平总书记关于‘法治政府建设是重点任务和主体工程,要率先突破’的重要指示精神,着眼法治国家、法治政府、法治社会一体建设,力争以‘重点突破’带动‘整体提升’,为到2035年基本建成法治国家、法治政府、法治社会奠定坚实基础”,是《法治政府建设实施纲要(2021—2025年)》确立到2025年法治政府建设总体目标的首要考虑因素。[④]

其四,薄弱环节论。薄弱环节是关键短板,找准中国式行政法治现代化的薄弱环节并对症下药,决定着中国式行政法治现代化总体方案的成败得失。习近平总书记高度重视法治建设的底线思维,在中央全面依法治国工作会议上强调指出:“现在,法治政府建设还有一些难啃的硬骨头,依法行政观念不牢固、行政决策合法性审查走形式等问题还没有

---

① 习近平:《坚定不移走中国特色社会主义法治道路 为全面建设社会主义现代化国家提供有力法治保障》,载《求是》2021年第5期。

② 习近平:《高举中国特色社会主义伟大旗帜 为全面建设社会主义现代化国家而团结奋斗——在中国共产党第二十次全国代表大会上的报告》,人民出版社2022年版,第41页。

③ 参见《法治政府建设实施纲要(2021—2025年)》,载《人民日报》2021年8月12日版。

④ 参见《中央依法治国办负责同志就〈法治政府建设实施纲要(二〇二一—二〇二五年)〉答记者问——把法治政府建设向纵深推进》,载《人民日报》2021年8月12日版。

根本解决”，“一些地方运动式、‘一刀切’执法问题仍时有发生，执法不作为问题突出”。[①] 党的二十大报告指出，新征程上“重点领域改革还有不少硬骨头要啃”。[②] 这就实事求是地指出了中国式行政法治现代化的薄弱环节，为新时代法治政府建设指明了着力方向，也为中国式行政法治现代化总体方案提出了崭新要求。《法治政府建设实施纲要（2021—2025 年）》据此在任务举措上对《法治政府建设实施纲要（2015—2020 年）》已经完成的不再部署，需要持续推进的进一步强化，试点成效突出的全面推广，并提出新任务新举措，不断推动建设更高水平、更高质量的法治政府，特别是针对行政决策等“难啃的硬骨头”，明确提出“各级行政机关负责人要牢固树立依法决策意识，严格遵循法定权限和程序作出决策，确保决策内容符合法律法规规定”，“严格执行《重大行政决策程序暂行条例》，增强公众参与实效，提高专家论证质量，充分发挥风险评估功能，确保所有重大行政决策都严格履行合法性审查和集体讨论决定程序”，“完善行政决策执行机制，决策机关应当在决策中明确执行主体、执行时限、执行反馈等内容。建立健全重大行政决策跟踪反馈制度”。[③]

其五，推进路径论。总的来说，中国式行政法治现代化必须坚持走中国特色社会主义法治道路。就其具体路径而言，一是在推进体制上坚持上下互动。即以党的领导统揽全局，党政主要负责人同为推进依法行政、建设法治政府的第一责任人，在整个推进过程中始终保持政府与社会的沟通、衔接和互动。二是在推进实务上坚持顶层设计和“摸着石头过河”相结合。行政法治现代化领域发展规划要遵循这样的思路，既要高屋建瓴，胆子要大，又要脚踏实地，步子要稳，使规划更科学、更符合实际。三是在推进布局上坚持法治与经济、政治、文化、社会、生态文明同

① 习近平：《坚定不移走中国特色社会主义法治道路　为全面建设社会主义现代化国家提供有力法治保障》，载《求是》2021 年第 5 期。

② 习近平：《高举中国特色社会主义伟大旗帜　为全面建设社会主义现代化国家而团结奋斗——在中国共产党第二十次全国代表大会上的报告》，人民出版社 2022 年版，第 14 页。

③ 参见《法治政府建设实施纲要（2021—2025 年）》，载《人民日报》2021 年 8 月 12 日版。

频共振同向共进。为此必须把中国式行政法治现代化放在改革开放和社会主义现代化建设事业全局来考虑,作为全面落实依法治国、依法执政的重大任务来谋划,将中国式行政法治现代化完全融入统筹推进“五位一体”的总体布局。四是在推进格局上坚持立法、执法、司法、守法同向发力。要从立法、执法、司法、守法的法治工作格局各环节全面发力,扎实有序均衡推进中国式行政法治现代化。五是在推进方法论上坚持问题导向、改革突破、人民评判。要继续坚定不移地推进政府治理领域改革,解决好立法、执法、司法、守法等环节的突出矛盾和问题。要加强改革效果评估,注意发现和解决苗头性、倾向性、潜在性问题。法治政府建设的成色成效要由人民来评判。六是在推进策略上坚持统筹兼顾、突出重点、循序渐进。中国式行政法治现代化是一个系统工程,必须统筹兼顾、把握重点、整体谋划、循序渐进,更加注重系统性、整体性、协同性。

其六,工作抓手论。习近平总书记强调指出:“中国特色社会主义法治体系是推进全面依法治国的总抓手。”[①]他还指出:“民法典是全面依法治国的重要制度载体,各级政府要以保证民法典有效实施为重要抓手推进法治政府建设。”[②]中国式行政法治现代化必须抓住建设中国特色社会主义法治体系这个总抓手和实施民法典这个重要抓手,此外还必须抓住一些行之有效的具体抓手。一是用好考核评价。考核评价对于中国式行政法治现代化具有重要的杠杆撬动作用。要抓紧对领导干部推进法治建设实绩的考核制度进行设计,对考核结果运用作出规定。二是加强示范创建。示范创建对于中国式行政法治现代化具有重要的标杆带动作用。《法治政府建设实施纲要(2021—2025 年)》明确要求:“扎实做好法治政府建设示范创建活动,以创建促提升、以示范带发展,不断激发法治政府建设的内生动力。”[③]三是强化法治督察。法治督察是以

---

① 习近平:《坚定不移走中国特色社会主义法治道路 为全面建设社会主义现代化国家提供有力法治保障》,载《求是》2021 年第 5 期。

② 习近平:《论坚持全面依法治国》,中央文献出版社 2020 年版,第 280 ~ 281 页。

③ 《法治政府建设实施纲要(2021—2025 年)》,载《人民日报》2021 年 8 月 12 日版。

习近平同志为核心的党中央确立的一项重要制度安排,对于中国式行政法治现代化具有重要的督促推动作用。四是坚持用人导向。习近平总书记强调指出:“我们党选拔任用干部的标准就是德才兼备,而法治观念、法治素养是干部德才的重要内容。用人导向最重要、最根本、也最管用。”[①]树立和落实用人导向对于中国式行政法治现代化具有重要的动力传导作用。五是落实报告制度。年度报告对于中国式行政法治现代化具有重要的公示公信作用。要建立健全各地区各部门法治政府建设年度报告制度,及时向上级党委、政府报告工作进展,并按时向社会公开,接受督察监督。

其七,重点工作论。重点工作是“牛鼻子”,扭住中国式行政法治现代化的“牛鼻子”精准发力,决定着中国式行政法治现代化总体方案的实践效能。习近平总书记高度重视法治建设的重点关键,在中央全面依法治国工作会议上强调指出:“要用法治给行政权力定规矩、划界限,规范行政决策程序,健全政府守信践诺机制,提高依法行政水平。要根据新发展阶段的特点,围绕推动高质量发展、构建新发展格局,加快转变政府职能,加快打造市场化、法治化、国际化营商环境,打破行业垄断和地方保护,打通经济循环堵点,推动形成全国统一、公平竞争、规范有序的市场体系。”[②]针对行政执法工作,习近平总书记指出:“行政执法工作面广量大,一头连着政府,一头连着群众,直接关系群众对党和政府的信任、对法治的信心。要推进严格规范公正文明执法,提高司法公信力。近年来,我们整治执法不规范、乱作为等问题,取得很大成效。同时,一些地方运动式、‘一刀切’执法问题仍时有发生,执法不作为问题突出。强调严格执法,让违法者敬法畏法,但绝不是暴力执法、过激执法,要让执法既有力度又有温度。要加强省市县乡四级全覆盖的行政执法协调

① 习近平:《论坚持全面依法治国》,中央文献出版社2020年版,第142页。

② 习近平:《坚定不移走中国特色社会主义法治道路　为全面建设社会主义现代化国家提供有力法治保障》,载《求是》2021年第5期。

监督工作体系建设，强化全方位、全流程监督，提高执法质量。”[①]围绕建成法治政府的宏伟目标，习近平总书记还在不同场合提出了一系列“对法治政府建设十分紧要”[②]的措施，系统部署了中国式行政法治现代化的重点工作。《法治政府建设实施纲要（2021—2025 年）》据此从健全八个方面体系、强化八个方面能力提出系统完善的改革发展举措。

其八，监督问责论。习近平总书记强调指出：“强化对行政权力的制约和监督。”[③]党的十八大以来，以习近平同志为核心的党中央着力推动完善新时代党和国家监督体系，对加强行政权力的制约和监督提出了新的更高要求。一是着力增强监督实效，构建和健全规范有效的行政决策、行政执行、行政监督既分工合理又相互协调的行政权力制约监督体系。二是把对党政机关“一把手”的监督作为重点，坚持把党政领导班子特别是党政“一把手”管住管好。三是强化国家监察的监督作用，加强纪检监察监督和巡视监督，纪委派驻监督、巡视监督都要对行政机关全覆盖。四是加强行政机关内部制约和监督，围绕授权、用权、制权等环节，合理分解和科学配置行政权力，形成科学的行政权力结构和运行机制。五是加强司法监督。加强对行政权力的司法监督，是习近平总书记亲自领导和推动司法体制改革的重要考量因素。加强检察机关对行政违法行为的监督，是国家监察体制改革后党中央赋予检察机关的新职能新任务。六是健全制约监督制度，健全投诉举报信访和申诉控告检举、媒体监督、政府信息公开、执法监察、规范性文件备案审查等制度。对行政权力的制约和监督，必须以纠错问责作后盾作保障。习近平总书记强调指出：“权力监督的目的是保证公权力正确行使，更好促进干部履职尽责、干事创业。”[④]要完善行政问责机制，健全责令公

---

① 习近平：《坚定不移走中国特色社会主义法治道路　为全面建设社会主义现代化国家提供有力法治保障》，载《求是》2021 年第 5 期。

② 习近平：《论坚持全面依法治国》，中央文献出版社 2020 年版，第 98 页。

③ 习近平：《论坚持全面依法治国》，中央文献出版社 2020 年版，第 114、220 ~ 221 页。

④ 习近平：《论坚持全面依法治国》，中央文献出版社 2020 年版，第 242 页。

开道歉、停职检查、引咎辞职、责令辞职、罢免等问责方式和程序，推动形成不想腐、不能腐、不敢腐的有效机制，还要坚持严管和厚爱相结合、激励和约束并重。

其九，治理系统论。在习近平法治思想科学体系和法治中国建设顶层设计中，法治政府建设并非孤立存在的，而是要同法治国家、法治社会建设一体推进；法治一体建设也并非自成一体，而是要与坚持党的领导和坚持人民当家作主实现有机统一，要在推进国家治理体系和治理能力现代化全局中着力深刻把握。[①] 全面理解中国式行政法治现代化总体方案，除了深入学习习近平总书记集中论述的前述核心要义，还必须坚持将其置于习近平法治思想科学体系和法治中国建设顶层设计的整体逻辑之中，深刻认识其历史逻辑、理论逻辑和实践逻辑。在此基础上，我们认为，习近平总书记在中央全面依法治国工作会议上的前述重要论断及其逻辑展开与规划落实，不仅闪烁着马克思主义法哲学思想光辉，彰显着中国特色社会主义法治理论创新，还回应着新时代法治一体建设的实践需求，指引着中国式行政法治现代化的前进方向。习近平法治思想科学擘画的中国式行政法治现代化总体方案，以习近平法治思想特别是习近平法治思想中的行政法治论为根本遵循，以新发展阶段法治中国建设“一规划两纲要”顶层设计体系特别是以《法治政府建设实施纲要（2021—2025 年）》为宏伟蓝图，以中华民族伟大复兴时代征程中的中国式行政法治现代化理论与实践凝结而成的成就经验为基础底蕴。立足于此，本章下文将论证指出，习近平法治思想科学擘画的这一总体方案，是行政法治现代化中国历程合乎逻辑的必然产物，具有清晰的思想脉络、深厚的实践基础、深邃的历史底蕴、科学的哲理逻辑、创新的法理蕴含和紧迫的重点任务。

（二）总体方案的思想脉络

习近平总书记高度重视法治建设，特别是法治政府建设，在从政以

① 参见公丕祥：《习近平的法治与国家治理现代化思想》，载《法商研究》2021 年第 2 期。

来每个阶段都科学谋划、前瞻部署、创新探索、统筹推进依法行政事业。特别是习近平总书记长时期跨地域多层次担任地方党委政府主要领导职务,法治政府建设构成了习近平法治思想形成发展的重要实践场域,行政法治现代化构成了习近平法治思想形成发展的重要理论支点,关于中国式行政法治现代化的理论思考和实践探索从一开始就蕴含在习近平法治思想的科学体系之中。从习近平法治思想形成发展的思想脉络,尤其是从习近平总书记在地方工作期间关于法治政府建设的前瞻性和创造性理念与举措来看,有关中国式行政法治现代化总体方案的科学认识,随着习近平总书记从政历程从地方到中央的发展而不断深化。①

在正定工作期间,习近平总书记以身作则坚持尊崇法治厉行法治,一以贯之坚持依法办事依法治理。他多次强调指出,党的领导是社会主义法制建设的保证,要求全面贯彻党中央关于社会主义法制建设"十六字"方针,敢于领导、善于领导,大力推进全县法制建设各项工作;他始终把人民群众放在心中最高位置,模范践行党的群众路线,经常深入基层,广泛接触群众,热心帮助群众排忧解难,满腔热情为群众谋利益,时时处处做群众贴心人,依法维护群众合法权益,推动建立"人大代表赶大集"制度;他注重建章立制,坚持依法办事,周密谋划正定县规划,制定乡规民约,重视打击黑恶势力,把法治作为治县理政的基本方式,为全县经济社会发展创造了良好环境;他十分重视弘扬中华优秀传统文化,亲自推动文物和古建筑保护工作,并把精神文明建设当作战略方针来抓,挖掘利用中华优秀传统文化中的道德资源,发挥道德的教化作用,实现了法律和道德相辅相成;他尤其以身作则带头遵守法律法规和规章制度,明确要求党员干部特别是领导干部要成为遵守宪法和法律

---

① 相关整体梳理参见王宝治、陈康帅:《习近平法治思想的形成脉络》,载《沈阳师范大学学报》2021 年第 3 期;阶段论述参见林瑛:《习近平法治思想的宁德实践》,载《沈阳干部学刊》2017 年第 4 期;专题讨论参见马怀德:《论习近平法治思想中的法治政府理论》,载《政法论坛》2020 年第 6 期。

的模范。[①] 正定是习近平总书记从政的起点,也是他探索形成治国理政法治思维的开端。习近平总书记在正定工作期间的依法治理实践,鲜明地体现了加强党的领导、维护人民权益、注重建章立制和领导干部带头等重要法治思想理念,是习近平法治思想形成发展的重要源头,也为他科学擘画中国式行政法治现代化总体方案奠定了守正创新的思想基石。

在福建工作期间,习近平总书记特别注重维护宪法法律权威、树立人大制度威信、遵守重大决策程序,明确提出"确保宪法、法律和法规在本行政区域内得到遵守和执行","各级党委要积极支持人大依法行使职权,树立人大的威信","对于本地区的重大决策,凡应该由人大决定的,都要及时提交人大,经过法定程序变动为国家意志。一旦形成决议或法规,政府部门就要认真贯彻落实,党组织和党员都要带头执行"。[②] 他高度重视以"软环境"建设促进经济发展,提出"简化手续、降低费用、改善服务质量,'一个窗口,一个图章'","切实保护外商的合法权益","要真正让外商按照国际惯例进行生产管理"。[③] 他大力提倡"马上就办"精神,推动建立首问责任制、办事限时制、红灯呈报制等一系列创新制度,首次提出"一栋楼办公"模式,充分发挥联合办公、联合招商、联合审批、一个窗口对外、跟踪服务等功能。[④] 他在全国率先推进服务型政府建设、数字福建建设、生态省建设、社会信用建设,主导省级机关效能建设,在全省推行县级政务公开。[⑤] 他特别强调"要坚持依法行政,推进政府行为法定化。市场经济就是法治经济,依法行政是对各级政府的基

---

① 参见董佡生:《始终尊崇法治厉行法治　一以贯之坚持依法办事依法治理——习近平法治思想正定溯源》,载《民主与法制》2021 年第 21 期。

② 参见习近平:《发挥人大作用,把闽东的事业推向前进》,载习近平:《摆脱贫困》,福建人民出版社 2014 年版,第 138 ~ 142 页。这篇 1989 年的讲话提出了法治政府的一系列应有之义和必然要求。

③ 参见习近平:《弱鸟如何先飞——闽东九县调查随感》,载习近平:《摆脱贫困》,福建人民出版社 2014 年版,第 1 ~ 9 页。这篇 1988 年的文章深刻论述了"弱鸟先飞"重大命题,不仅对于贫困地区经济建设具有指导意义,还蕴含着观念更新、软硬兼顾、因地制宜、从严治党的"超常发展"方法论。

④ 参见《习近平带着我们"马上就办"》,载《人民日报》2018 年 9 月 24 日版。

⑤ 参见《习近平在福建》,中共中央党校出版社 2021 年版,"出版说明"第 1 ~ 2 页。

本要求”。[①] 1985 年到 2002 年正是从健全法制到实行法治再到依法治国的法治转型期，习近平总书记领风气之先，在福建率先提出“马上就办”精神等创造性理念，创新推进法治“软环境”建设等前瞻性举措，有力推动了八闽大地走在中国式行政法治现代化的时代前沿。

在浙江工作期间，习近平总书记不仅“站立时代前沿看问题、立足改革全局谋发展、坚持扩大开放抢先机，致力于全面推进依法治省、建设法治浙江、建设平安浙江”，[②]还率先提出了“依法规范行政权力、全面建设法治政府，是建设‘法治浙江’的关键所在”等重要论断，进而在新的历史起点上统筹推进省域法治政府建设“干在实处、走在前列”。他率先提出全面依法治省，强调“必须按照建设社会主义法治国家的要求，积极建设‘法治浙江’，逐步把经济、政治、文化和社会生活纳入法治轨道”。[③] 他高度重视依法行政工作，强调“法治建设的核心是依法行政”。[④] 他全面部署法治政府建设，强调“进一步推动各级政府严格依照宪法和法律的规定履行职责，全面推进依法行政，建设法治政府”，[⑤]“就‘软环境’来说，重点是加强信用建设、法治建设和机关效能建设”，“市场经济是法治经济，必须进一步加强法治建设。既要抓立法，又要抓执法、司法、普法和法律监督”，[⑥]“强化环境保护和生态建设执法监督管理，加大执法力度，依法严肃查处各种环境违法行为和生态破坏现象，推动生态省建设走上法治化轨道”，[⑦]“以推进行政管理体制改革为着力

① 习近平：《坚定信心　奋发有为　把福建的现代化建设事业继续推向前进》，载《福建日报》2000 年 11 月 7 日版。时值福建省制定“十五”计划，法治政府建设由此纳入省域现代化建设事业全局。

② 张文显：《习近平法治思想的实践逻辑、理论逻辑和历史逻辑》，载《中国社会科学》2021 年第 3 期。

③ 习近平：《之江新语》，浙江人民出版社 2007 年版，第 202 页。

④ 《推进依法行政　建设“法治浙江”》，载《浙江日报》2005 年 8 月 27 日版。

⑤ 习近平：《进一步加强和改进党对人大工作的领导》，载《浙江人大》2004 年第 6 期。

⑥ 参见《习近平同志在省委十一届四次全体（扩大）会议上作报告时的插话（部分）》，载《今日浙江》2003 年第 14 期。习近平总书记在当时论述的“信用浙江”建设，尤其具有高度的前瞻性。

⑦ 习近平：《建设经济繁荣、山川秀美、社会文明的生态省》，载《今日浙江》2003 年第 7 期。

点，加快建设服务型政府”，[①]“要把依法处访作为依法行政的重要内容”。[②] 习近平总书记亲自部署推进的法治浙江建设是法治中国建设的先行示范，这一时期的省域法治政府建设创新探索为他科学擘画中国式行政法治现代化总体方案提供了重要实践基石。

在上海工作期间，习近平总书记始终把法治政府建设摆在突出位置，给予高度重视。习近平总书记在上海工作“虽然时间只有 7 个月，但其法治思想在这个超大规模国际化大都市治理中得到了进一步的验证、深化和拓展。他提出了‘全面推进依法治市，提高城市法治化水平’的上海法治建设总目标，并就依法执政、权力监督制约、科学立法和民主立法、依法行政、公正司法、法治经济和法治社会建设、打造国际化法治化营商环境作出了全面部署”。[③] 近年来上海在国际营商环境排名中屡创佳绩，即得益于法治上海建设实践探索。习近平总书记有关中国式行政法治现代化总体方案的理论思考，也在此期间获得新的实践推进。

党的十七大以后，习近平总书记走上中央领导岗位，从而在更高的战略层面深入研究思考包括法治政府建设在内的民主与法制建设各项工作。特别是在分管党的建设工作实践中，习近平总书记创造性地发展了以“民主集中制”为核心的党和国家领导制度理论，强调指出：“民主集中制是党的根本组织制度和领导制度。我们党在长期实践中创造性地运用和发展民主集中制原则，制定规范党内政治生活、处理党内关系的基本准则和具体制度，形成了党在组织建设上的鲜明特征”，“坚持和完善民主集中制，一方面必须充分发展党内民主、充分尊重广大党员的主体地位，确保党员按照党章规定充分行使党内民主权利；另一方面必须坚决维护中央权威、坚决维护党的团结统一。

① 习近平：《充分发挥“八个优势”　深入实施“八项举措”　扎实推进浙江全面、协调、可持续发展——在省委十一届五次全体(扩大)会议上的报告》，载《今日浙江》2004 年第 1 期。

② 《深化领导下访　促进依法信访》，载《浙江日报》2005 年 8 月 16 日版。

③ 张文显：《习近平法治思想的实践逻辑、理论逻辑和历史逻辑》，载《中国社会科学》2021 年第 3 期。

这二者是相辅相成、相互促进的。党内民主是党的生命和活力之源，是民主集中制的政治基础。坚持党和国家的集中统一，维护中央权威，是贯彻民主集中制的内在要求，是全党全国人民的最高利益所在”。[①] 这一重要论述充分阐释了党和国家制度体系中民主集中制的显著优势，为党的十九届四中全会全面部署包括“坚持和完善中国特色社会主义行政体制，构建职责明确、依法行政的政府治理体系”在内的坚持和完善中国特色社会主义制度，推进国家治理体系和治理能力现代化提供了重要理论渊源。

党的十八大以来，习近平同志成为党中央的核心、全党的核心，习近平法治思想进入形成和发展阶段。诚如论者所指出的，习近平法治思想中的行政法治论在此期间日益成形、成熟和深化，鲜明地体现出守正创新、突出重点、统筹布局、系统集成、聚焦实践、着眼根本的战略思维和创新特色，“回应了我国法治政府建设的价值立场、建设路径、重点任务和未来发展等重大问题。以人民为中心是我国法治政府建设的价值立场，分步推进和加强党的领导是法治政府建设的基本路径。法治政府建设的重点任务包括推动行政法律体系的完善、规范重大行政决策程序、坚持严格规范公正文明执法、深入推进放管服改革、构建多元纠纷解决体系、抓好法治政府建设中的‘关键少数’。以法治政府建设引领法治社会形成、以制度执行力检验法治政府建设成效、以智慧法治建设提升政府效能则体现了习近平总书记对法治政府建设未来发展的战略思考”。[②] 在2020年中央全面依法治国工作会议上，习近平法治思想正式提出并被确立为全面依法治国的根本指导思想，习近平法治思想中的行政法治论进一步从战略全局高度指引着中国式行政法治现代化不断取得率先突破。党的二十大报告强调指出：“我们要坚持走中国特色社会主义法治道路，建设中国特色社会主义法治体系、建设社会主义法治国

---

① 习近平：《关于新中国60年党的建设的几点思考——在中央党校2009年秋季开学典礼上的讲话》，载《学习时报》2009年9月28日版。

② 参见马怀德：《论习近平法治思想中的法治政府理论》，载《政法论坛》2020年第6期。

家，围绕保障和促进社会公平正义，坚持依法治国、依法执政、依法行政共同推进，坚持法治国家、法治政府、法治社会一体建设，全面推进科学立法、严格执法、公正司法、全民守法，全面推进国家各方面工作法治化"，"法治政府建设是全面依法治国的重点任务和主体工程"。① 这些重要论述高度彰显了习近平法治思想中的行政法治论的原创性理论贡献，系统部署了新时代新征程上扎实推进依法行政的重点任务，具有重大战略意义。就此而言，历经长期实践检验的习近平法治思想中的行政法治论，已经并将继续为中国式行政法治现代化总体方案的形成和确立、规划和实施、深化和拓展提供根本遵循和行动指南。

二、总体方案的实践基础与历史底蕴

中国式行政法治现代化的总体方案，是马克思主义法治原理与中国法治实际和中华优秀传统法律文化相结合的产物，具有深厚的实践基础和历史底蕴。这一总体方案坚持走中国特色社会主义法治道路，坚持从当代中国国情和实际出发，坚持同推进政府治理体系和治理能力现代化相适应，既汲取我国传统法律文化精华，又借鉴境外有益法治经验，具有鲜明的中国特色、实践特色、时代特色。

（一）总体方案的实践基础

时代是思想之母，实践是理论之源。改革开放以来，站在社会主义市场经济的逻辑起点上，行政法治现代化的中国历程遵循依法治国的基本方略，在思想观念、制度建树和司法实践等方面取得重要成果。党的十八大以来，在以习近平同志为核心的党中央坚强领导下，我国各地区各部门多措并举、改革创新，法治政府建设取得重大进展："党对法治政府建设的领导不断加强，责任督察和示范创建活动深入实施，法治政府建设推进机制基本形成；'放管服'改革纵深推进，营商环境大幅优化；

① 习近平：《高举中国特色社会主义伟大旗帜　为全面建设社会主义现代化国家而团结奋斗——在中国共产党第二十次全国代表大会上的报告》，人民出版社2022年版，第41～42页。

依法行政制度体系日益健全，重大行政决策程序制度初步建立，行政决策公信力持续提升；行政执法体制机制改革大力推进，严格规范公正文明执法水平普遍提高；行政权力制约和监督全面加强，违法行政行为能够被及时纠正查处；社会矛盾纠纷依法及时有效化解，行政争议预防化解机制更加完善；各级公务员法治意识显著增强，依法行政能力明显提高。”①特别是习近平总书记就新时代法治政府建设作出系统论述，进行重大部署，取得突出成果，为中国式行政法治现代化的总体方案奠定了深厚的实践基础。

一是将严格规范公正文明执法作为新时代推进法治政府建设的“先手棋”。习近平总书记将“严格执法”摆在新时代社会主义法治建设“十六字”方针的重要位置，突出体现了行政执法对于中国式行政法治现代化的重要意义。在首都各界纪念现行宪法公布施行30周年大会上，习近平总书记指出：“国务院和地方各级人民政府作为国家权力机关的执行机关，作为国家行政机关，负有严格贯彻实施宪法和法律的重要职责，要规范政府行为，切实做到严格规范公正文明执法。”②在主持十八届中央政治局第四次集体学习时，习近平总书记强调：“行政机关是实施法律法规的重要主体，要带头严格执法，维护公共利益、人民权益和社会秩序。执法者必须忠实于法律，既不能以权压法、以身试法，也不能法外开恩、徇情枉法。”③这就在新时代伊始为探索中国式行政法治现代化总体方案指明了重要着力点。循此“先手棋”纵深推进，中国式行政法治现代化不断取得重大进展。

二是为中国式行政法治现代化的总体方案设定科学合理的目标任务。《法治政府建设实施纲要(2015—2020年)》立足当时实际，提出“经过坚持不懈的努力，到2020年基本建成职能科学、权责法定、执法

① 参见《法治政府建设实施纲要(2021—2025年)》，载《人民日报》2021年8月12日版。

② 习近平：《论坚持全面依法治国》，中央文献出版社2020年版，第13页。

③ 习近平：《论坚持全面依法治国》，中央文献出版社2020年版，第21页。

严明、公开公正、廉洁高效、守法诚信的法治政府”的总体目标。[①] 经过5年持续推进，这一总体目标基本实现。在此基础上，《法治政府建设实施纲要(2021—2025年)》根据党的十八大以来各地区各部门推进法治政府建设实践，在全面总结成就经验的同时，深入研判当前面临的新形势新任务新挑战，明确提出“全面建设职能科学、权责法定、执法严明、公开公正、智能高效、廉洁诚信、人民满意的法治政府”，从而进一步突出了对建设数字法治政府和提高人民群众满意度的要求。[②] 这是在新的时代背景和发展形势下，以习近平同志为核心的党中央对中国式行政法治现代化目标内涵的丰富和发展，突出彰显了法治政府目标的人民性和时代性。

三是将法治政府建设明确为推进全面依法治国的重点任务和主体工程。习近平总书记将法治政府建设摆在新时代全面依法治国工作布局的重要位置，在中央全面依法治国工作会议上强调指出：“全面依法治国是一个系统工程，要整体谋划，更加注重系统性、整体性、协同性。依法治国、依法执政、依法行政是一个有机整体，关键在于党要坚持依法执政、各级政府要坚持依法行政。法治国家、法治政府、法治社会相辅相成，法治国家是法治建设的目标，法治政府是建设法治国家的重点，法治社会是构筑法治国家的基础。”[③]这就从全面依法治国的战略全局高度出发，为法治一体建设格局中的法治政府建设明确了战略定位，进而为中国式行政法治现代化的总体方案指明了系统谋划、统筹推进的法治方位。

四是在总体布局和战略布局中全方位部署推进中国式行政法治现代化。从党的十八大报告到二十大报告，从党的十八届三中全会《决

---

① 参见《法治政府建设实施纲要(2015—2020年)》，载《人民日报》2015年12月28日版。

② 参见《中央依法治国办负责同志就〈法治政府建设实施纲要(二〇二一—二〇二五年)〉答记者问——把法治政府建设向纵深推进》，载《人民日报》2021年8月12日版。

③ 习近平：《坚定不移走中国特色社会主义法治道路　为全面建设社会主义现代化国家提供有力法治保障》，载《求是》2021年第5期。

定》到十九届四中全会《决定》,从党的十八届五中全会通过的“十三五”规划建议到十九届五中全会通过的“十四五”规划和2035年远景目标建议,一直到党的十九届六中全会通过的“第三个历史决议”,中国式行政法治现代化始终在统筹推进“五位一体”总体布局、协调推进“四个全面”战略布局中占据重要位置。特别是党的十八届四中全会专题论述“深入推进依法行政,加快建设法治政府”,明确提出“各级政府必须坚持在党的领导下、在法治轨道上开展工作,创新执法体制,完善执法程序,推进综合执法,严格执法责任,建立权责统一、权威高效的依法行政体制”。[①] 这就极大加速了中国式行政法治现代化总体方案的实践推进过程。

五是着眼国家治理现代化总目标系统部署推进中国式行政法治现代化。以习近平同志为核心的党中央将中国式行政法治现代化摆在推进国家治理现代化的战略全局的重要位置,系统明确中国式行政法治现代化必须坚持和巩固的根本点以及完善和发展的方向。特别是党的十九届四中全会将“坚持和完善中国特色社会主义行政体制,构建职责明确、依法行政的政府治理体系”摆在突出位置,明确提出“必须坚持一切行政机关为人民服务、对人民负责、受人民监督,创新行政方式,提高行政效能,建设人民满意的服务型政府”。[②] 这就高度彰显了国家治理现代化的总范式和以人民为中心的根本立场。《法治政府建设实施纲要(2021—2025年)》据此开宗明义地强调指出:“法治政府建设是全面依法治国的重点任务和主体工程,是推进国家治理体系和治理能力现代化的重要支撑。”[③]

六是在民族复兴宏伟蓝图中前瞻部署推进中国式行政法治现代化。党的十九大报告首次提出“从全面建成小康社会到基本实现现代化,再

---

① 《中共中央关于全面推进依法治国若干重大问题的决定》,载《人民日报》2014年10月29日版。

② 《中共中央关于坚持和完善中国特色社会主义制度　推进国家治理体系和治理能力现代化若干重大问题的决定》,人民出版社2019年版,第15~16页。

③ 《法治政府建设实施纲要(2021—2025年)》,载《人民日报》2021年8月12日版。

到全面建成社会主义现代化强国”[1]的战略安排,党的十九届五中全会确立了到2035年社会主义现代化国家建设的远景目标,党的二十大报告深化明确“从二〇二〇年到二〇三五年基本实现社会主义现代化;从二〇三五年到本世纪中叶把我国建成富强民主文明和谐美丽的社会主义现代化强国”[2]的战略安排。在这些战略安排绘就的民族复兴宏伟蓝图中,基本建成法治国家、法治政府、法治社会始终是重中之重。《法治中国建设规划(2020—2025年)》提出“到2035年,法治国家、法治政府、法治社会基本建成”,《法治政府建设实施纲要(2021—2025年)》提出到2025年“各地区各层级法治政府建设协调并进,更多地区实现率先突破,为到2035年基本建成法治国家、法治政府、法治社会奠定坚实基础”。[3] 这就为中国式行政法治现代化的总体方案设定了合理衔接、有序协调的远景目标。

七是将“坚持依法治国、依法执政、依法行政共同推进,法治国家、法治政府、法治社会一体建设”明确为习近平法治思想核心要义的重要内涵。在中央全面依法治国工作会议上,习近平总书记强调指出:“推进全面依法治国,法治政府建设是重点任务和主体工程,对法治国家、法治社会建设具有示范带动作用,要率先突破。”[4]这一重要论述是习近平法治思想中法治政府理论核心要义的重中之重,不仅为中国式行政法治现代化总体方案提供了科学权威的根本遵循,还为之明确了继往开来的重点任务。《法治政府建设实施纲要(2021—2025年)》据此郑重要求“深入学习贯彻习近平法治思想,努力实现法治政府建设全面突破”。各地区各部门在贯彻落实中要把握好时间节点和原则标准,建立健全重

---

① 习近平:《决胜全面建成小康社会　夺取新时代中国特色社会主义伟大胜利——在中国共产党第十九次全国代表大会上的报告》,载《人民日报》2017年10月28日版。

② 习近平:《高举中国特色社会主义伟大旗帜　为全面建设社会主义现代化国家而团结奋斗——在中国共产党第二十次全国代表大会上的报告》,人民出版社2022年版,第24页。

③ 《法治政府建设实施纲要(2021—2025年)》,载《人民日报》2021年8月12日版。

④ 习近平:《坚定不移走中国特色社会主义法治道路　为全面建设社会主义现代化国家提供有力法治保障》,载《求是》2021年第5期。

点任务协调推进机制。[①]

八是为中国式行政法治现代化总体方案科学谋划顶层设计、全面加强立法供给、系统完善推进机制。从党的十八届四中全会明确提出“深入推进依法行政,加快建设法治政府”到十九届四中全会明确提出“构建职责明确、依法行政的政府治理体系”,从《法治政府建设实施纲要(2015—2020 年)》单兵突进到法治中国建设“一规划两纲要”系统集成再到《关于进一步加强市县法治建设的意见》落地落细,从《行政诉讼法》修改到《行政处罚法》修改再到《行政复议法》修改,从《民法典》制定到行政法典酝酿,从中央全面依法治国委员会创新设立到法治政府建设示范创建活动深入开展,从法治政府建设年度报告制度到法治政府建设指标体系,从法治政府建设第一责任人制度到法治政府建设责任督察制度,以习近平同志为核心的党中央始终高度重视中国式行政法治现代化总体方案的科学建构与系统推进。

九是始终坚持中国共产党对中国式行政法治现代化的集中统一领导。中国共产党的领导是中国式行政法治现代化的根本政治保证。习近平总书记强调指出:“党的领导是我国社会主义法治之魂,是我国法治同西方资本主义国家法治最大的区别。离开了党的领导,全面依法治国就难以有效推进,社会主义法治国家就建不起来。”[②]《法治政府建设实施纲要(2021—2025 年)》将坚持党的全面领导,确保法治政府建设正确方向确立为首要原则,专章部署加强党的领导,完善法治政府建设推进机制,明确提出“党的领导是全面依法治国、建设法治政府的根本保证,必须坚持党总揽全局、协调各方,发挥各级党委的领导作用,把法治政府建设摆到工作全局更加突出的位置”。[③] 各级党委和政府要深入

---

① 《中央依法治国办负责同志就〈法治政府建设实施纲要(二〇二一—二〇二五年)〉答记者问——把法治政府建设向纵深推进》,载《人民日报》2021 年 8 月 12 日版。

② 习近平:《坚定不移走中国特色社会主义法治道路　为全面建设社会主义现代化国家提供有力法治保障》,载《求是》2021 年第 5 期。

③ 《法治政府建设实施纲要(2021—2025 年)》,载《人民日报》2021 年 8 月 12 日版。

学习领会习近平法治思想，把习近平法治思想贯彻落实到法治政府建设全过程和各方面。

(二)总体方案的历史底蕴

在中央全面依法治国工作会议上，习近平总书记强调指出："历史和现实告诉我们，只有传承中华优秀传统法律文化，从我国革命、建设、改革的实践中探索适合自己的法治道路，同时借鉴国外法治有益成果，才能为全面建设社会主义现代化国家、实现中华民族伟大复兴夯实法治基础"，但"有一点要明确，我们推进全面依法治国，决不照搬别国模式和做法，决不走西方所谓'宪政''三权鼎立''司法独立'的路子"。[①] 党的二十大报告鲜明指出："只有把马克思主义基本原理同中国具体实际相结合、同中华优秀传统文化相结合，坚持运用辩证唯物主义和历史唯物主义，才能正确回答时代和实践提出的重大问题，才能始终保持马克思主义的蓬勃生机和旺盛活力。"[②]在历史与现实相贯通的意义上，传统中国政府治理法制中的文化精髓，近代中国政府治理法制中的合理因素，以及党领导的政府治理法制中的红色基因，为习近平总书记系统创立习近平法治思想，科学擘画中国式行政法治现代化的总体方案积淀了深邃历史底蕴。

传统中国政府治理法制中的文化精髓为中国式行政法治现代化的总体方案铸造了深厚文化根基。这些文化精髓可以归纳为九点：一是民为邦本的治道理念。传统中国治国理政主张天下为公、民为邦本，较早地形成了"为民父母行政"的治理者自觉，在政府治理制度设计和实践运行中高度重视以民为本。[③] 习近平总书记从政以来始终秉持人民情

---

① 习近平：《坚定不移走中国特色社会主义法治道路 为全面建设社会主义现代化国家提供有力法治保障》，载《求是》2021 年第 5 期。习近平总书记在这一重要讲话中还深刻地告诫指出："近代以后，不少人试图在中国照搬西方法治模式，但最终都归于失败。"

② 习近平：《高举中国特色社会主义伟大旗帜 为全面建设社会主义现代化国家而团结奋斗——在中国共产党第二十次全国代表大会上的报告》，人民出版社 2022 年版，第 24 页。

③ 参见范忠信：《作君、作亲、作师：中国传统行政的性质与特色》，载郑永流主编：《法哲学与法社会学论丛》总第 2 卷，中国政法大学出版社 1999 年版。

怀,一以贯之强调“以民为本,不负重托”“我将无我,不负人民”“人民至上、生命至上”。[①] 在中国式行政法治现代化总体方案中传承民为邦本的文化精髓,必须牢牢坚持人民性这一马克思主义本质属性,全面建设人民满意的服务型法治政府。二是隆礼重法的治国策略。传统中国治国理政强调礼法结合、德法合治,政府治理既以律令体系作为保障,又以道德教化导向善治。[②] 习近平总书记深刻论述“法安天下,德润人心”,高度强调“坚持依法治国和以德治国相结合,实现法治和德治相辅相成、相得益彰”。[③] 在中国式行政法治现代化总体方案中传承隆礼重法的文化精髓,必须坚持法治和德治相结合,既要强化法治政府建设对道德建设的促进作用,又要强化道德建设对法治政府建设的支撑作用。三是为政以德的施政方针。传统中国政府治理注重为政以德,高度重视治理者自身的德行操守并以此教化百姓。[④] 习近平总书记 2004 年就系统论述“用权讲官德,交往有原则”,深刻指出共产党人的官德就是为民、务实、清廉,面对利益诱惑要算好利益账、法纪账、良心账。[⑤] 在中国式行政法治现代化总体方案中传承为政以德的文化精髓,必须全面加强公职人员从政德行建设。四是天人合一的生态观念。“天人合一”是中国传统文化中独具特色的认识论和世界观,传统中国政府治理通过使民以时、山泽禁苑、婚田入务等制度设计将这一生态观念加以系统落实。习近平总书记在地方工作期间即率先推进“生态省”建设,党的十八大以来更是将生态文明建设纳入“五位一体”总体布局予以统筹推进。[⑥] 在中国式行政法治现代化总体方案中传承天人合一的文化精髓,必须全面履行生态治理的政府职能,实现人与自然和谐共生。五是诚信为本的社会风尚。讲信修睦、亲仁善邻是中华民族传统美德,也是

① 参见汪晓冬等:《江山就是人民　人民就是江山》,载《人民日报》2021 年 6 月 28 日版。

② 参见张晋藩:《论中国古代的德法共治》,载《中国法学》2018 年第 2 期。

③ 参见习近平:《论坚持全面依法治国》,中央文献出版社 2020 年版,第 231 页。

④ 参见陈琳、杨明:《“为政以德”:儒家治国理念的核心》,载《伦理学研究》2015 年第 2 期。

⑤ 参见习近平:《用权讲官德　交往有原则》,载《求是》2004 年第 19 期。

⑥ 参见杨治坤:《生态法治建设中的政府职责》,载《法治社会》2019 年第 4 期。

传统中国政府治理和社会生活良好风尚。[①] 习近平总书记在地方工作期间即深刻论述诚信建设在“软环境”建设中的重要作用，党的十八大以来更是全面部署诚信中国和社会信用体系建设，推动诚信友善等核心价值观入法入规，完善守法诚信褒奖和违法失信惩戒机制。在中国式行政法治现代化总体方案中传承诚信为本的文化精髓，要坚持以政务诚信建设为重点，全面推进诚信社会建设。[②] 六是效能为先的务实导向。传统中国政府治理崇尚实学经世，讲求行政效率，注重循名责实，发展出考绩、上计、京察等督责形式，确保有职官必有考课、有考课必有奖惩。习近平总书记高度重视效能建设，持续论述“干在实处，走在前列”“善学善思善作善成”“提高政府效率和效能”，党的十八大以来更是形成了系统的治国理政效能思想。[③] 在中国式行政法治现代化总体方案中传承效能为先的文化精髓，要切实将我国行政体制的制度优势转化为政府治理的强大效能。七是以和为贵的解纷传统。传统中国政府治理追求政通人和的善治局面，为达致政府治理的和谐状态，往往鼓励并支持矛盾纠纷的多元化解。传统中国的多元调解制度在海内外享有盛名，至今传承不息。习近平总书记高度重视社会主义和谐社会建设，强调在社会基层坚持和发展新时代“枫桥经验”，要求把非诉讼纠纷解决机制挺在前面。在中国式行政法治现代化总体方案中传承以和为贵的文化精髓，要着力推动完善社会矛盾纠纷多元预防调处化解综合机制。八是任人唯贤的选才意识。传统中国政府治理强调选贤任能，取士任官注重考察治理能力，既有身言书判的综合标准，又有明法科等专门考试，“文学法理，咸精其能”至宋代成为士林风尚。习近平总书记在1990年就撰文深刻论述“为官四要”，特别强调“为官

① 参见程潮、卢汉桥：《论中国古代的行政诚信》，载《湖南社会科学》2010年第6期。

② 参见邓安能：《论习近平的诚信思想》，载《学习论坛》2017年第7期。

③ 参见江必新：《贯彻习近平法治思想　提升法治建设效能》，载《学习时报》2021年5月14日版。

之义在于明法”。[①] 在中国式行政法治现代化总体方案中传承任人唯贤的文化精髓，要深入落实新时代党的组织路线，坚持重视法治素养和法治能力的用人导向，全面加强公职人员依法行政能力建设。九是严以治吏的政治纲纪。传统中国政府治理提倡严以治吏、宽以养民，强调明主治吏不治民。[②] 党的十八大以来，以习近平同志为核心的党中央持之以恒推进全面从严治党，高度重视中国历史上的吏治，多次强调“党要管党，首先是管好干部；从严治党，关键是从严治吏”。在中国式行政法治现代化总体方案中传承严以治吏的文化精髓，要坚持抓住领导干部这个“关键少数”，完善党的自我革命制度规范体系，健全党统一领导、全面覆盖、权威高效的监督体系，完善权力监督制约机制。这些方面的文化精髓，不仅集中呈现了习近平法治思想的深厚文化积淀和深刻文明价值，也高度契合着中国式行政法治现代化总体方案所蕴含的“治民、治官、治王”三维动态耦合结构及其实践推进要求。

近代中国政府治理法制中的合理因素为中国式行政法治现代化的总体方案提供了有益参考借鉴。党的二十大报告指出：“我们要拓展世界眼光，深刻洞察人类发展进步潮流，积极回应各国人民普遍关切，为解决人类面临的共同问题作出贡献，以海纳百川的宽阔胸襟借鉴吸收人类一切优秀文明成果，推动建设更加美好的世界。”[③]习近平总书记强调：“法治当中有政治，没有脱离政治的法治。西方法学家也认为公法只是一种复杂的政治话语形态，公法领域内的争论只是政治争论的延伸。每一种法治形态背后都有一套政治理论，每一种法治模式当中都有一种政

① 参见习近平：《从政杂谈》，载习近平：《摆脱贫困》，福建人民出版社 2014 年版，第 31～46 页。这篇 1990 年的文章提出了“芝麻官”千钧担等重大命题，系统论述了“为官四要”，即“为官之本在于为官一场，造福一方”“为官之理在于讲奉献”“为官之德在于清廉”“为官之义在于明法”。

② 参见李启成：《治吏：中国历代法律的“宗旨”——读〈法治是什么：从贵族法治到民主法治〉》，载《政法论坛》2017 年第 6 期。

③ 习近平：《高举中国特色社会主义伟大旗帜　为全面建设社会主义现代化国家而团结奋斗——在中国共产党第二十次全国代表大会上的报告》，人民出版社 2022 年版，第 21 页。

治逻辑，每一条法治道路底下都有一种政治立场。”①这些重要论述为我们认识近代中国乃至西方国家政府治理法制中的合理因素提供了重要的方法论指引。循着这些重要论述回望法制历史，近代中国政府治理法制本质上是一种移植自域外的异质性存在，是以西方公法学为标准的缺失主体性的存在。近代中国政府治理法制存在严重的形式与实质“二律悖反”，近代中国行政法治的“贫困”是由彼时国家治理的“贫困”所决定的。在此基础上，就其合理因素而言，近代中国仁人志士孜孜以求的法治国理想秩序，竭力坚持的依法律行政原则和探索推进的行政审判制度与实践等，都已经并将继续在新的历史条件下，以依法治国、依法行政和依法审判等崭新形态，为中国式行政法治现代化的总体方案提供启示和镜鉴。申言之，中国共产党领导下的中国式行政法治现代化，超越了形式法治国的陈旧范式，转而以良法善治为建设目标开启了实质法治国新境界；超越了依法律行政的狭隘空间，转而以合法性与最佳性相统一进入了法治政府新天地；超越了以行政权为中心的理论预设，转而根据人民至上的价值准则推进了以相对人为中心的理性回归；超越了“一元制”与“二元制”的体制纷争，转而以“府院互动”为标志开创了实质性化解行政纠纷新模式；超越了工业革命时代工业型政府治理的古老图式，转而在信息革命时代描绘了政府治理数字化转型新图景。

党领导的政府治理法制为中国式行政法治现代化的总体方案奠定了宝贵“红色基因”。习近平总书记强调指出：“我们党历来重视法治建设。在新民主主义革命时期，我们党就制定了《中华苏维埃共和国宪法大纲》以及大量法律法令，创造了‘马锡五审判方式’。新中国成立后，在社会主义革命、社会主义建设时期，我们党领导人民制定了‘五四宪法’和国家机构组织法、选举法、婚姻法等一系列重要法律法规，建立起社会主义法制框架体系，确立了社会主义司法制度。进入改革开放历史新时期，我们党提出‘有法可依、有法必依、执法必严、违法必究’的方

① 参见《习近平关于社会主义政治建设论述摘编》，中央文献出版社 2017 年版，第 98 页。

针,强调依法治国是党领导人民治理国家的基本方略、依法执政是党治国理政的基本方式,不断推进社会主义法治建设。"[①]概括而言,中国式行政法治现代化总体方案的"红色基因"主要包括:一是始终坚持党对行政法治现代化的领导,从局部执政实践开始,党的坚强领导一直指引着行政法治现代化的正确方向。二是始终坚持为人民服务的使命初心,江山就是人民,人民就是江山,党领导下的一切行政机关必须为人民服务、对人民负责、受人民监督。三是始终坚持尊崇法治厉行法治,用法治给行政权力定规矩、划界限,切实解决制约行政法治现代化的突出问题。四是始终坚持从中国实际出发,积极探索具有中国特色的行政法治现代化模式和路径,为人类对更好政府治理的法治化探索提供中国方案。五是始终坚持全国"一盘棋"、集中力量办大事的显著制度优势,在民族复兴的时代征程中以科学顶层设计系统谋划、统筹推进中国式行政法治现代化。

三、总体方案的哲理逻辑与法理创造

习近平总书记在党的二十大报告中强调指出:"马克思主义是我们立党立国、兴党兴国的根本指导思想。实践告诉我们,中国共产党为什么能,中国特色社会主义为什么好,归根到底是马克思主义行,是中国化时代化的马克思主义行。拥有马克思主义科学理论指导是我们党坚定信仰信念、把握历史主动的根本所在。"[②]马克思主义经典作家高度关注国家制度与法律制度的发展规律,深刻论述了国家治理与法律发展的辩证关系。[③] 前文关于核心要义、思想脉络、实践基础和历史底蕴的分析和阐释已经确证,中国式行政法治现代化的总体方案是顺应推进国家治

---

① 习近平:《坚定不移走中国特色社会主义法治道路　为全面建设社会主义现代化国家提供有力法治保障》,载《求是》2021 年第 5 期。

② 习近平:《高举中国特色社会主义伟大旗帜　为全面建设社会主义现代化国家而团结奋斗——在中国共产党第二十次全国代表大会上的报告》,人民出版社 2022 年版,第 16 页。

③ 参见公丕祥:《马克思的法律发展思想及其当代意义》,载《中国社会科学》2017 年第 10 期。

理现代化时代要求应运而生的重大理论创新成果。本节将进一步从马克思主义哲学原理和法治理论出发，分析和阐释这一总体方案的哲理逻辑与法理创造，借以确证习近平法治思想中的行政法治论的重大原创性理论贡献。

（一）总体方案的哲理逻辑

中国式行政法治现代化的总体方案有着科学的哲理逻辑，是对马克思主义哲学原理的科学运用，是对马克思主义法治理论的时代发展，是中国特色社会主义行政法治理论的集大成者，是马克思主义行政法治理论中国化的最新成果，为人类对更好政府治理的法治化探索提供了中国经验和中国智慧。

首先，中国式行政法治现代化的总体方案是对马克思主义哲学原理的科学运用。一是科学运用辩证唯物论的基本原理。辩证唯物论从世界的物质性出发，深刻揭示了物质和意识的辩证关系，规律的客观性与人的主观能动性的辩证关系，以及物质和运动的辩证关系，在方法论上要求我们坚持一切从实际出发，使主观与客观相符合，同时重视意识的作用，充分发挥主观能动性，把尊重客观规律和发挥主观能动性有机地结合起来。推进中国式行政法治现代化，必须坚持从中国实际出发，发挥主观能动性，充分把握法治政府建设的客观规律，形成系统科学的顶层设计方案。《法治政府建设实施纲要（2021—2025 年）》开篇提出“为在新发展阶段持续深入推进依法行政，全面建设法治政府，根据当前法治政府建设实际，制定本纲要”，[①]即体现了从我国国情实际出发进行法治政府建设顶层设计的辩证唯物论原理。二是科学运用唯物辩证法的基本原理。唯物辩证法在联系观上深刻阐述了联系的整体和部分的辩证关系等原理；在发展观上深刻阐述了运动和静止的辩证关系，前进性和曲折性的辩证关系，以及量变和质变的辩证关系等原理；在矛盾观上深刻阐述了矛盾的普遍性与客观性，主要矛盾和次要矛盾的辩证关系，

① 《法治政府建设实施纲要（2021—2025 年）》，载《人民日报》2021 年 8 月 12 日版。

以及矛盾的主要方面和次要方面的辩证关系等原理。习近平总书记在中央全面依法治国工作会议上关于中国式行政法治现代化总体方案核心要义的重要论述,特别是其中的"共同推进""一体建设""系统工程""整体谋划""系统性、整体性、协同性""有机整体""相辅相成""重点任务""主体工程""率先突破""难啃的硬骨头"等鲜活有力的理论表达,[①]即运用了整体和部分的辩证关系、量变和质变的辩证关系以及主要矛盾和次要矛盾的辩证关系等原理。三是科学运用马克思主义认识论基本原理。马克思主义认识论深刻揭示了可知论和不可知论的本质区别,实践和认识的辩证关系,认识发展的辩证过程,认识运动的不断反复和无限发展,真理的具体性,检验真理标准的唯物论和辩证法等基本原理。法治政府建设有其内在规律,我们党对于法治政府建设规律的认识经历了长期发展过程,经受了长期实践检验,中国式行政法治现代化的总体方案是对法治政府建设规律的系统科学把握。《法治政府建设实施纲要(2021—2025 年)》在制定过程中"根据党的十八大以来各地区各部门推进法治政府建设实践,在全面总结成就经验的同时,深入研判当前面临的新形势新任务新挑战,并广泛征求各方面的意见建议",[②]即彰显了法治政府建设科学认识的来源、发展和检验标准等认识论原理。四是科学运用唯物史观的基本原理。马克思主义经典作家深刻论述了人类社会与自然界的和谐发展,物质资料生产方式是人类社会发展的决定力量,社会的实践本质,社会是不断自我更新的有机体,社会意识形态的相对独立性,社会基本矛盾的运动规律,社会发展规律和人的自觉活动的辩证关系,经济基础和上层建筑的辩证关系,改革是社会主义社会发展的动力,以及历史观和党的群众观的统一等基本原理。习近平总书记根据新发展阶段的新形势新任务新要求,强调指出法治政府建设"具有示

① 习近平:《坚定不移走中国特色社会主义法治道路　为全面建设社会主义现代化国家提供有力法治保障》,载《求是》2021 年第 5 期。

② 《中央依法治国办负责同志就〈法治政府建设实施纲要(二〇二一—二〇二五年)〉答记者问——把法治政府建设向纵深推进》,载《人民日报》2021 年 8 月 12 日版。

范带动作用”,明确要求法治政府建设“要率先突破”,即生动诠释了在新发展阶段上以政府治理领域法治上层建筑率先变革反作用于国家治理和经济社会发展全局的唯物史观基本原理。

其次,中国式行政法治现代化的总体方案是对马克思主义法治理论的创新发展。在本体论层面,马克思主义法治理论要求着力分析法律现象赖以存在和发展的社会经济条件,借以确立把握法治问题的理论基点。[①]《法治政府建设实施纲要(2021—2025年)》从“统筹中华民族伟大复兴战略全局和世界百年未有之大变局,推进国家治理体系和治理能力现代化,适应人民日益增长的美好生活需要”的实际出发,深刻把握新发展阶段法治政府建设的经济社会条件,强调“法治政府建设是全面依法治国的重点任务和主体工程,是推进国家治理体系和治理能力现代化的重要支撑”,[②]从而深刻把握了新发展阶段法治政府建设的经济社会条件,准确定位了中国式行政法治现代化的理论基点与地位功能。在辩证论层面,马克思主义法治理论在充分肯定经济基础对上层建筑的最终决定作用的基础上,强调法律上层建筑对社会经济基础能动的反作用,注重揭示经济以外的因素对法律上层建筑的重要影响。[③] 中央依法治国办负责同志指出,《法治政府建设实施纲要(2021—2025年)》“对在新发展阶段不断推进法治政府建设,更好发挥法治政府建设在保障高质量发展、推动全面深化改革、维护社会大局稳定等方面的重要作用,更好发挥法治政府建设在法治国家、法治社会建设中的示范带动作用,具有重大意义”。[④] 这就充分阐明了法治政府建设在保障高质量发展等方面的积极能动作用,深刻揭示了法治政府建设在全面依法治国中的引领

---

① 参见公丕祥:《习近平法治思想:马克思主义法治思想中国化的第三次历史性飞跃》,载《法治现代化研究》2021年第1期。

② 参见《法治政府建设实施纲要(2021—2025年)》,载《人民日报》2021年8月12日版。

③ 参见公丕祥:《习近平法治思想:马克思主义法治思想中国化的第三次历史性飞跃》,载《法治现代化研究》2021年第1期。

④ 《中央依法治国办负责同志就〈法治政府建设实施纲要(二〇二一—二〇二五年)〉答记者问——把法治政府建设向纵深推进》,载《人民日报》2021年8月12日版。

作用。在价值论层面,马克思主义法治理论认为一定的国家与法治现象蕴含着特定的价值取向,国家与法治现象的价值评价及其价值选择,体现了国家治理过程中的个人与国家、个人与社会之间的相互关系,并且与一定社会的自由、平等、权利、秩序等密切相关。[①] 习近平法治思想中的行政法治论坚持以人民为中心,深刻把握社会公平正义的价值属性,高度重视以中国式行政法治现代化满足人民法治新需求。《法治政府建设实施纲要(2021—2025 年)》据此将坚持以人民为中心和公开公正、人民满意等纳入总体要求之中,这就高度彰显和创新发展了马克思主义法治理论的人民性本质属性。在发展论层面,马克思主义法治理论科学把握了社会基本矛盾运动对法治发展进程的支配性作用,认为政府推动与社会演进交互作用、自上而下与自下而上内在结合、双向互动的法治发展样式构成了中国法治化进程的显著特色。[②]《法治政府建设实施纲要(2021—2025 年)》"根据党的十八大以来各地区各部门推进法治政府建设实践"等因素确定总体目标,将"一切行政机关必须为人民服务、对人民负责、受人民监督"写入主要原则,还专章部署"加强党的领导,完善法治政府建设推进机制",[③]这就生动践行了自上而下与自下而上内在结合、双向互动的行政法治发展样式。在国情论层面,马克思主义法治理论主张,研究不同国家法治发展的历史进程,必须联系各自国家特定的经济的、政治的、社会的、文化的、历史的乃至地理的诸方面条件,由此探寻不同国家的法治发展的独特性质与特殊道路。[④] 党的十九届四中全会提出"坚持和完善中国特色社会主义行政体制,构建职责明

---

① 参见公丕祥:《习近平法治思想:马克思主义法治思想中国化的第三次历史性飞跃》,载《法治现代化研究》2021 年第 1 期。

② 参见公丕祥:《习近平法治思想:马克思主义法治思想中国化的第三次历史性飞跃》,载《法治现代化研究》2021 年第 1 期。

③ 参见《法治政府建设实施纲要(2021—2025 年)》,载《人民日报》2021 年 8 月 12 日版。

④ 参见公丕祥:《习近平法治思想:马克思主义法治思想中国化的第三次历史性飞跃》,载《法治现代化研究》2021 年第 1 期。

确、依法行政的政府治理体系”。[①]《法治政府建设实施纲要（2021—2025年）》要求“坚持改革创新，积极探索具有中国特色的法治政府建设模式和路径”，“加强中国特色社会主义法治政府理论研究”，[②]这就鲜明地提出了从国情出发探索行政法治道路的重大命题。

最后，中国式行政法治现代化的总体方案是中国特色行政法治理论的集大成者。在科学运用马克思主义哲学原理和创新发展马克思主义法治理论的基础上，习近平总书记充分汲取了传统中国政府治理法制中的文化精髓、近代中国政府治理法制中的合理因素、党领导的革命与建设时期的政府治理法制中的“红色基因”，批判吸收了域外行政法治理论，创造性地发展了马克思主义行政法治理论中国化重大成果，提出了一系列关于中国式行政法治现代化的新概念新命题新论断，形成了关于中国式行政法治现代化的新理念新思想新战略，从而推动习近平法治思想特别是习近平法治思想中的行政法治论科学指引下的中国式行政法治现代化总体方案成为具有高度原创性的中国特色社会主义行政法治理论及规划形态与实践图景。前文已就此从不同方面展开论述，在此仍有必要作三点总结或补充。

其一，中国式行政法治现代化的总体方案是对行政法治现代化中外历程的系统性扬弃。习近平总书记从传统中国政府治理法制中汲取了民为邦本、为政以德、严以治吏等文化精髓，创造性地提出“用权讲官德，交往有原则”“江山就是人民，人民就是江山”“为官四要”等重大命题；从近代中国政府治理法制及其背后的域外行政法治潮流中吸收了合理因素，创造性地提出“坚持从我国实际出发，不等于关起门来搞法治”、“我们推进全面依法治国，绝不照搬别国模式和做法”、“把权力关进制度的笼子里”以及重视包括营商环境在内的“软环境”建设等重大命题；从党领导的革命与建设时期的政府治理法制中传承了“为人民服务”等“红色基

---

① 《中共中央关于坚持和完善中国特色社会主义制度　推进国家治理体系和治理能力现代化若干重大问题的决定》，人民出版社2019年版，第15页。

② 《法治政府建设实施纲要（2021—2025年）》，载《人民日报》2021年8月12日版。

因”,创造性地提出了“建设人民满意的服务型政府”等重大命题。

其二,中国式行政法治现代化的总体方案是对马克思主义行政法治理论中国化成果的创造性发展。在党领导的革命和建设时期,党和政府主要是从国体与政体、计划与政策、动员与管控等宏观维度思考和推进国家政权建设。在改革开放新时期,党和政府主要是从服务经济建设等中观维度思考和推进依法办事依法管理。在市场经济体制确立后,党和政府主要围绕落实依法治国基本方略思考和推进依法行政,进而围绕建设社会主义和谐社会部署和推进法治政府建设。习近平总书记在地方工作期间即对法治政府建设有诸多前瞻性思考和创造性举措,党的十八大以来更是着眼于新时代治国理政全局,站在中华民族伟大复兴的新起点上科学擘画了以《法治政府建设实施纲要(2021—2025 年)》为最新规划形态的中国式行政法治现代化总体方案,实现了马克思主义行政法治理论的新飞跃。

其三,中国式行政法治现代化的总体方案是中国特色社会主义行政法治理论的集大成者。党的二十大报告指出:“实践没有止境,理论创新也没有止境。不断谱写马克思主义中国化时代化新篇章,是当代中国共产党人的庄严历史责任。”[①]党的十八大以来,习近平总书记提出了一系列关于中国式行政法治现代化的新概念新命题新论断新理念新思想新战略。已有学者概括指出了习近平法治思想中行政法治论的核心命题:“坚持党的领导是法治政府建设的根本保证;坚持以人民为中心是法治政府建设的本质要求;法治国家、法治政府和法治社会一体建设是法治政府建设的基本路径;依法全面履行政府职能是法治政府建设的首要任务;严格执法是法治政府建设的关键环节。”[②]此外,还有诸如“法治政府建设是重点任务和主体工程,要率先突破”“要用法治给行政权力

---

① 习近平:《高举中国特色社会主义伟大旗帜 为全面建设社会主义现代化国家而团结奋斗——在中国共产党第二十次全国代表大会上的报告》,人民出版社 2022 年版,第 18 页。

② 参见马怀德:《习近平法治思想中法治政府理论的核心命题》,载《行政法学研究》2020 年第 6 期。

定规矩、划界限”“要让执法既有力度又有温度”[①]等,都具有深刻而创新的法理蕴含。《法治政府建设实施纲要(2021—2025年)》明确要求“坚持改革创新,积极探索具有中国特色的法治政府建设模式和路径”,“加强中国特色社会主义法治政府理论研究”,“加大法治政府建设成就经验宣传力度,传播中国政府法治建设的时代强音”。[②] 我们要深刻阐释习近平法治思想中行政法治论的重大原创性贡献,立足于中国式行政法治现代化的总体方案,创新和发展中国特色社会主义行政法治理论。

(二)总体方案的法理创造

习近平法治思想科学擘画的中国式行政法治现代化总体方案核心要义系统深刻、思想脉络清晰鲜明、实践基础扎实牢固、历史底蕴深邃厚重、哲理逻辑科学严密,是马克思主义行政法治理论中国化的最新成果,是中国特色社会主义行政法治理论的集大成者。不宁唯是,从法治一般原理来看,这一总体方案同样具有高度的法理原创性,蕴含着一系列创造性的法理命题,其中以习近平总书记在中央全面依法治国工作会议上提出的“推进全面依法治国,法治政府建设是重点任务和主体工程,对法治国家、法治社会建设具有示范带动作用,要率先突破”(以下简称法治政府建设率先突破)重要论述最具代表性。这一重要论述不仅深刻阐明了法治政府建设在全面依法治国系统工程中的重要地位和突出作用,而且鲜明提出了“法治政府建设率先突破”的重要论断。根据这一重要论述,《法治政府建设实施纲要(2021—2025年)》着眼法治国家、法治政府、法治社会一体建设,力争以重点突破带动整体提升,不仅开宗明义地提出“法治政府建设是全面依法治国的重点任务和主体工程,是推进国家治理体系和治理能力现代化的重要支撑”,而且旗帜鲜明地要求“深入学习贯彻习近平法治思想,努力实现法治政府建设全面突破”,特别是审时度势将“各地区各层级法治政府建设协调并进,更多地区实

---

① 习近平:《坚定不移走中国特色社会主义法治道路 为全面建设社会主义现代化国家提供有力法治保障》,载《求是》2021年第5期。

② 《法治政府建设实施纲要(2021—2025年)》,载《人民日报》2021年8月12日版。

现率先突破”确立为到 2025 年法治政府建设总体目标的重要内容。[①]党的二十大报告郑重重申“法治政府建设是全面依法治国的重点任务和主体工程”，并从“转变政府职能，优化政府职责体系和组织结构，推进机构、职能、权限、程序、责任法定化，提高行政效率和公信力”和“深化行政执法体制改革，全面推进严格规范公正文明执法，加大关系群众切身利益的重点领域执法力度，完善行政执法程序，健全行政裁量基准”等方面谋划部署了扎实推进依法行政重点任务。[②] 这些重要论述具有深刻哲理依据、深厚现实基础和创新法理意涵，内在地蕴含着以法治政府建设率先突破引领区域法治发展、带动法治一体建设、支撑国家治理现代化等原创性命题，为新征程上推进和拓展中国式行政法治现代化指明了前进方向。因此，法治政府建设率先突破堪称是理解和把握中国式行政法治现代化总体方案的“一把钥匙”。关于其深刻法理蕴含，可从以下方面把握。

一是以法治政府建设率先突破示范带动法治一体建设。即在横向层面，法治政府建设要发挥对法治一体建设的示范带动作用，实现率先突破。回顾行政法治现代化的中国历程，传统中国政府治理法制在近代遭遇巨大冲击，虽然历经自我调适和法律移植，法治理想终究未能照进现实。直到 1921 年中国共产党诞生，行政法治现代化的中国历程才在中华民族伟大复兴的时代征程中获得坚强领导核心，找到正确前进道路。经过社会主义革命和建设时期的曲折探索，经过改革开放初期的人治与法治争鸣，在社会主义市场经济体制确立后，1997 年党的十五大报告和 1999 年宪法修正案将“实行依法治国，建设社会主义法治国家”确立为党领导人民治国理政的基本方略和宪制共识。值得重视的是，当“依法治国”尚处于酝酿阶段，“行政法治”“法治政府”“依法行政”等就已经率先流行于学者论著、跻身于政府文件、落实于治理实践中。进入

---

① 参见《法治政府建设实施纲要(2021—2025 年)》，载《人民日报》2021 年 8 月 12 日版。

② 习近平：《高举中国特色社会主义伟大旗帜　为全面建设社会主义现代化国家而团结奋斗——在中国共产党第二十次全国代表大会上的报告》，人民出版社 2022 年版，第 18 页。

新世纪，随着 2004 年国务院《全面推进依法行政实施纲要》等顶层设计方案的印发实施，法治政府建设在全国范围内推进展开，被视为是依法治国的基本要求、关键所在、核心任务，而彼时的“法治社会”主要还是一个内容相对宽泛的学理概念。党的十八大以来，随着依法治国转型升级为全面依法治国，法治政府建设也进入加快推进阶段。以习近平同志为核心的党中央把坚持全面依法治国摆在治国理政全局重要位置，全面系统深入推进法治一体建设工作布局。党的十八届四中全会提出“全面推进依法治国，加快建设法治中国”的宏伟愿景，专章部署法治政府和法治社会建设，法治国家、法治政府、法治社会一体建设格局正式明确并深化发展。《法治政府建设实施纲要(2015—2020 年)》印发实施以来，各地区各部门多措并举、改革创新，法治政府建设取得重大进展。中央全面依法治国工作会议将“坚持依法治国、依法执政、依法行政共同推进，法治国家、法治政府、法治社会一体建设”明确为习近平法治思想核心要义的重要内容。习近平总书记强调指出：“依法治国、依法执政、依法行政是一个有机整体，关键在于党要坚持依法执政、各级政府要坚持依法行政。法治国家、法治政府、法治社会相辅相成，法治国家是法治建设的目标，法治政府是建设法治国家的重点，法治社会是构筑法治国家的基础”，进而鲜明提出法治政府建设“对法治国家、法治社会建设具有示范带动作用，要率先突破”的重大原创性命题。[①] 这就启示我们，在新时代法治一体建设格局中，法治政府建设提出最早、基础最深、影响最大，在新发展阶段要舍我其谁地担当起示范带动法治一体建设的时代重任，以刀刃向内的自我革命精神全面推进政府治理法治化。从法治发展类型原理来看，有关法治发展类型的域外学说，大多数服膺于演化型发展模式，即将法治发展视为自生自发的产物。即便是建构型法治模式论者，也倾向于关注整体推进的宏大叙事或者局部先行的特殊案例，缺乏

① 习近平：《坚定不移走中国特色社会主义法治道路　为全面建设社会主义现代化国家提供有力法治保障》，载《求是》2021 年第 5 期。

从整体与局部的辩证关系中认识重点推进动力和率先突破意识的自觉自主论述。[①] 习近平总书记从中国法治国情出发，论断法治政府建设要在法治一体建设中率先突破，无疑具有深化认识法治发展类型原理的原创性法理贡献。也正因如此，《法治政府建设实施纲要（2021—2025年）》明确提出“深入学习贯彻习近平法治思想，努力实现法治政府建设全面突破”的总体要求。

二是以法治政府建设率先突破引领推进区域法治发展。即在纵向层面，法治政府建设要发挥对区域法治发展的示范带动作用，实现率先突破。党领导人民成功开创的中国式法治现代化新道路，既有各国法治现代化的共同特征，更有基于国情实际的中国特色。马克思主义法治国情论强调，“要从不同的社会历史环境条件出发，比较研究一定的社会国家和法治发展现象及其各具特性的结果，把握与西方社会法律发展道路迥然相异的东方社会法律发展道路的内在机理，东方社会生活内部条件或因素的不断变化，才是真正构成东方社会法律发展进程的奥秘所在”。[②] 当代中国以中国共产党领导为最本质特征的法治国情内涵丰富，其中的重要方面就是区域法治发展不平衡，由此生发出以区域法治发展推动国家法治发展的生动实践。诚如论者所指出的，“从区域法治进程的启动方式来看，在中国的法治国情条件下，适当类型的政府架构的推动是区域法治的兴起与发展的基本动力条件。地方政府竞争理论为解释 1978 年改革开放以来中国经济增长的‘奇迹’之谜提供了有力的分析工具，也为理解当代中国区域发展的制度创新现象设置了较为便利的思维架构。区域政府努力推动区域发展的制度创新，旨在有效提供法治意义上的区域制度公共产品，促进生产要素正向性流动，形成区域竞争优势，提升区域发展核心竞争力。然而，在区域法治发展动力系统

---

① 参见江雪松：《国家治理体系中的区域法治发展类型学分析》，载《宁夏社会科学》2017 年第 4 期。

② 参见公丕祥：《习近平法治思想：马克思主义法治思想中国化的第三次历史性飞跃》，载《法治现代化研究》2021 年第 1 期。

中,更为重要的是区域社会内部自然生长起来的或渐次演进的内生性制度变革的因素或条件。在当代中国改革开放的历史进程中,区域社会主体的能动性与创造热忱,确乎成为引领和推动区域法治成长与发展的坚韧持久的内生性动力源泉。这是一个源自区域社会创造性活力迸发所产生的强劲的变革进程”。[①] 随着新时代我国社会主要矛盾的深刻变化,区域发展愈益成为国家发展的重要内生动因,先行区域法治政府建设率先探索也愈益成为区域法治政府建设全面突破的重要示范标杆。正是由于法治政府建设率先突破既是区域法治先行的内在动因,也是国家法治改革的重要抓手,习近平总书记提出的“法治政府建设率先突破”重要论断,内在地蕴含着区域法治政府建设先行探索和率先突破的重要内涵。从习近平法治思想形成发展过程来看,习近平总书记早在1988 年就提出了“弱鸟先飞论”,亦即观念更新、软硬兼顾、因地制宜、从严治党的“超常发展”方法论,明确将“软环境”建设摆在突出位置,提出了“简化手续、降低费用、改善服务质量”等颇具前瞻性的服务型政府理念。[②] 在此后更多更重要的工作岗位上,习近平总书记也高度重视先行先试推进机关效能、政务诚信和生态文明建设等,为他提出法治政府建设率先突破的重要论断积累了宝贵经验。当前我国东中西部地区法治发展不平衡不充分,区域法治发展在国家法治发展总体框架中大放异彩,法治政府建设可以而且应当成为区域法治先行的重要突破口。从央地关系原理来看,强调法治政府建设纵向层面的率先突破,超越了传统单一制央地关系和“金字塔式”行政科层等法理言说,是中国特色社会主义央地关系法治实践和“两个积极性”宪制原则的生动体现。[③] 习近平总书记从中国法治国情出发,论断区域行政法治要在国家行政法

---

① 公丕祥:《当代中国区域法治发展的动力机理》,载《江苏社会科学》2018 年第 4 期。

② 参见习近平:《弱鸟如何先飞——闽东九县调查随感》,载习近平:《摆脱贫困》,福建人民出版社 2014 年版,第 1 ~ 9 页。该文从“先飞”意识、漂洋过海的艺术、怎样丰满羽翼和鸿鹄之志四方面展开论述。

③ 参见吴欢:《新时代法治政府建设的区域探索及其意义——基于江苏省近年来实践的评析》,载《黑龙江社会科学》2018 年第 6 期。

治中率先突破,无疑具有深化认识央地关系法治原理的原创性法理贡献。也正因如此,《法治政府建设实施纲要(2021—2025 年)》在总体目标中明确要求“各地区各层级法治政府建设协调并进,更多地区实现率先突破”。①

三是以法治政府建设率先突破有力支撑国家治理现代化。即法治政府建设要发挥对国家治理现代化的重要支撑作用,实现率先突破。如果说前两点是空间意义上的纵横支柱(脚踏实地),这一点则是时间意义上的目标导向(仰望星空)。国家治理现代化体系宏大、内涵丰富,政府治理现代化是重点任务和主要内容。在前现代社会,国家治理与政府治理具有同构性乃至同一性。进入现代社会,国家治理开始分化成不同领域。国家治理的中外实践历史悠久,国家治理现代化的中国命题特色鲜明。党的十八届三中全会将“完善和发展中国特色社会主义制度,推进国家治理体系和治理能力现代化”确立为全面深化改革总目标,党的十九届四中全会明确提出“坚持和完善中国特色社会主义行政体制,构建职责明确、依法行政的政府治理体系”的重大战略任务。尤为重要的是,站在两个百年奋斗目标的历史交汇点上,党的十九届五中全会将“基本实现国家治理体系和治理能力现代化,人民平等参与、平等发展权利得到充分保障,基本建成法治国家、法治政府、法治社会”确立为到 2035 年远景目标的重要内容,党的十九届六中全会深刻总结了党领导人民在法治轨道上推进国家治理现代化的百年奋斗重大成就和历史经验。党的二十大报告立足新时代、面向新征程,将“国家治理体系和治理能力现代化深入推进”和“中国特色社会主义法治体系更加完善”纳入未来五年主要目标任务,并将“基本实现国家治理体系和治理能力现代化,全过程人民民主制度更加健全,基本建成法治国家、法治政府、法

① 需要顺带指出的是,《法治政府建设实施纲要(2021—2025 年)》第一部分标题中的“全面突破”和内文中的“率先突破”看似相互矛盾,实则辩证统一:法治政府建设要在法治一体建设格局中率先突破,自身必须全面突破;法治政府建设要实现自身全面突破,又有赖于区域法治政府建设率先突破。

治社会”纳入2035年我国发展总体目标，还郑重重申“法治政府建设是全面依法治国的重点任务和主体工程”。[①] 诚如论者所指出的，“习近平法治思想的重要内容，就是强调要坚持在法治轨道上推进国家治理体系和治理能力现代化，适应新的伟大社会革命的时代要求，把国家治理现代化构筑在坚实的法治基础之上。习近平坚持运用马克思主义国家与法的学说，从中国的国情条件出发，科学阐释法治是治国理政的基本方式，深入论述厉行法治是我们党总结治国理政经验的重大抉择，深刻把握法治对于有效保障国家治理体系的系统性、规范性、协调性的功能作用，明确提出要提升法治促进国家治理体系和治理能力现代化的效能，精辟分析国家治理现代化与法治现代化之间的内在关联，对马克思主义国家与法的学说在当代中国的发展作出了原创性的贡献”。[②] 具体到行政法治现代化领域，党的十八大以来，通过法治政府建设的中国式行政法治现代化，以习近平法治思想为指导，以国家治理现代化为总范式，以美好公共生活需要为原动力，根据宪法党章理顺重大政治关系，坚持为“民控权”打造制度笼子，坚持为“民用权”实现良法善治，取得了极不平凡的重大进展。习近平总书记从中国法治国情出发，论断法治政府建设对国家治理现代化的重要支撑作用，这就突出强调了政府治理现代化在国家治理现代化中的重要地位，以及政府治理法治化在国家治理法治化中的关键作用，是对国家治理现代化总目标的深化拓展，无疑具有深化认识国家治理法治目标的原创性法理贡献。也正因如此，《法治政府建设实施纲要（2021—2025年）》开篇即提出“法治政府建设是全面依法治国的重点任务和主体工程，是推进国家治理体系和治理能力现代化的重要支撑”，进而强调“我国已经开启全面建设社会主义现代化国家、向第二个百年奋斗目标进军的新征程，统筹中华民族伟大复兴战略全局和世界百年未有之大变局，推进国家治理体系和治理能力现代化，适应人

---

① 习近平：《高举中国特色社会主义伟大旗帜　为全面建设社会主义现代化国家而团结奋斗——在中国共产党第二十次全国代表大会上的报告》，人民出版社2022年版，第24～25、41页。

② 参见公丕祥：《习近平的法治与国家治理现代化思想》，载《法商研究》2021年第2期。

民日益增长的美好生活需要，都对法治政府建设提出了新的更高要求，必须立足全局、着眼长远、补齐短板、开拓进取，推动新时代法治政府建设再上新台阶”，明确要求“十四五”时期法治政府建设目标要立足长远，“为到 2035 年基本建成法治国家、法治政府、法治社会奠定坚实基础”。[①] 承此之绪，《法治政府建设实施纲要（2021—2025 年）》的首要创新亮点就是紧紧围绕推进国家治理体系和治理能力现代化，明确提出深入推进依法行政，全面建设法治政府，加快构建职责明确、依法行政的政府治理体系，并将其作为贯穿全篇的一条主线。[②]

四、中国式行政法治现代化重点任务

习近平总书记强调指出：“用中长期规划指导经济社会发展，是我们党治国理政的一种重要方式。从 1953 年开始，我国已经编制实施了 13 个五年规划（计划），其中改革开放以来编制实施 8 个，有力推动了经济社会发展、综合国力提升、人民生活改善，创造了世所罕见的经济快速发展奇迹和社会长期稳定奇迹。”[③]实践证明，中长期发展规划既能充分发挥市场在资源配置中的决定性作用，又能更好发挥政府作用。在治国理政全局中，“五年规划”是实现党的主张转化为国家意志的重要桥梁，是推进党的宗旨使命践行为实际行动的重要载体，是彰显社会主义集中力量办大事优势的有力工具，是贯彻落实党科学执政民主执政依法执政的重要方式。[④] 在法治建设领域，以中长期规划为代表的顶层设计方案也长期指引和推进从新时期依法治国到新时代全面依法治国的时代进程。2020 年中央全面依法治国工作会议闭幕后，以《法治中国建设规划

---

① 参见《法治政府建设实施纲要（2021—2025 年）》，载《人民日报》2021 年 8 月 12 日版。

② 参见《中央依法治国办负责同志就〈法治政府建设实施纲要（二〇二一—二〇二五年）〉答记者问——把法治政府建设向纵深推进》，载《人民日报》2021 年 8 月 12 日版。

③ 习近平：《正确认识和把握中长期经济社会发展重大问题》，载《求是》2021 年第 2 期。

④ 参见王文：《编制和实施五年规划是我们党治国理政的重要方式》，载《红旗文稿》2020 年第 23 期。

(2020—2025年)》《法治政府建设实施纲要(2021—2025年)》《法治社会建设实施纲要(2020—2025年)》为代表的法治建设领域中长期规划先后印发,新发展阶段全面依法治国顶层设计体系正式形成。特别是《法治政府建设实施纲要(2021—2025年)》作为新时代法治政府建设领域第二个五年规划,集中呈现了习近平法治思想科学擘画的中国式行政法治现代化总体方案。诚如中央依法治国办负责同志所指出的:"《纲要》是继2015年《纲要》后,中共中央、国务院出台的新的法治政府建设纲领性文件,是全面贯彻习近平法治思想的重大举措,是深入总结'十三五'时期法治政府建设成就经验的重要成果,是'十四五'时期全面推进法治政府建设的路线图和施工图,对在新发展阶段不断推进法治政府建设,更好发挥法治政府建设在保障高质量发展、推动全面深化改革、维护社会大局稳定等方面的重要作用,更好发挥法治政府建设在法治国家、法治社会建设中的示范带动作用,具有重大意义。"[①]对标党的二十大报告第七章第二节关于法治政府建设的重要论述,《法治政府建设实施纲要(2021—2025年)》明确的法治政府建设重点任务均被纳入其中,充分表明了这些重点任务的重要战略意义。[②] 在前文针对中国式行政法治现代化总体方案的历史逻辑、实践逻辑和法理逻辑的系统研究基础上,以下将以习近平法治思想为指导,特别是对标党的二十大精神和习近平总书记在中央全面依法治国工作会议上的重要讲话,根据《法治政府建设实施纲要(2021—2025年)》的文本内容,结合中央依法治国办负责同志的答记者问,梳理、概括和解读新发展阶段特别是"十四五"时期中国式行政法治现代化重点任务。

概括而言,《法治政府建设实施纲要(2021—2025年)》遵循贯彻新精神、立足新起点、明确新方位、树立新目标、提出新举措的总体思路,主

① 《中央依法治国办负责同志就〈法治政府建设实施纲要(二〇二一—二〇二五年)〉答记者问——把法治政府建设向纵深推进》,载《人民日报》2021年8月12日版。

② 习近平:《高举中国特色社会主义伟大旗帜　为全面建设社会主义现代化国家而团结奋斗——在中国共产党第二十次全国代表大会上的报告》,人民出版社2022年版,第40~42页。

体内容分为十个部分。[①] 第一部分“深入学习贯彻习近平法治思想，努力实现法治政府建设全面突破”是总体要求，依次全面梳理了“十三五”时期法治政府建设取得的重大进展，深入分析了“十四五”时期法治政府建设面临的崭新形势，鲜明提出了新发展阶段法治政府建设必须坚持的指导思想和主要原则，科学确立了“十四五”时期法治政府建设的总体目标，即“到2025年，政府行为全面纳入法治轨道，职责明确、依法行政的政府治理体系日益健全，行政执法体制机制基本完善，行政执法质量和效能大幅提升，突发事件应对能力显著增强，各地区各层级法治政府建设协调并进，更多地区实现率先突破，为到2035年基本建成法治国家、法治政府、法治社会奠定坚实基础”。[②] 为此要做好如下方面重点工作：

一是要推进中国式政府机构职能体系现代化，推动更好发挥政府作用和市场作用。党的十九届四中全会提出了“坚持和完善中国特色社会主义行政体制，构建职责明确、依法行政的政府治理体系”的重大战略任务，并从完善国家行政体制、优化政府职责体系、优化政府组织结构、健全充分发挥中央和地方两个积极性体制机制等四个方面部署改革任务。在中央全面依法治国工作会议上，习近平总书记指出：“要根据新发展阶段的特点，围绕推动高质量发展、构建新发展格局，加快转变政府职能，加快打造市场化、法治化、国际化营商环境，打破行业垄断和地方保护，打通经济循环堵点，推动形成全国统一、公平竞争、规范有序的市场体系。”[③]党的二十大报告强调：“转变政府职能，优化政府职责体系和组织结构，推进机构、职能、权限、程序、责任法定化，提高行政效率和

① 参见《中央依法治国办负责同志就〈法治政府建设实施纲要（二〇二一—二〇二五年）〉答记者问——把法治政府建设向纵深推进》，载《人民日报》2021年8月12日版。

② 《法治政府建设实施纲要（2021—2025年）》，载中国政府网，http://www.gov.cn/gongbao/content/2021/content_5633446.htm，最后访问日期：2022年5月15日。

③ 习近平：《坚定不移走中国特色社会主义法治道路　为全面建设社会主义现代化国家提供有力法治保障》，载《求是》2021年第5期。

公信力。”[①]新发展阶段推进政府机构职能体系现代化，要进一步“坚持法定职责必须为、法无授权不可为，着力实现政府职能深刻转变，把该管的事务管好、管到位，基本形成边界清晰、分工合理、权责一致、运行高效、法治保障的政府机构职能体系”，具体要从推进政府机构职能优化协同高效、深入推进“放管服”改革、持续优化法治化营商环境等方面进行落实，特别是要做好“坚持优化政府组织结构与促进政府职能转变、理顺部门职责关系统筹结合”“厘清政府和市场、政府和社会关系，推动有效市场和有为政府更好结合”“全面实行政府权责清单制度，推动各级政府高效履职尽责”“把更多行政资源从事前审批转到事中事后监管上来”“加快建设服务型政府，提高政务服务效能”等方面工作。[②]

二是要推进中国式依法行政制度体系现代化，实现政府治理规范化程序化法治化。在中央全面依法治国工作会议上，习近平总书记指出：“要用法治给行政权力定规矩、划界限。”[③]《法治中国建设规划(2020—2025年)》明确提出“注重发挥政府在立法工作中的重要作用。做好有关法律、地方性法规草案的起草工作，加强政府部门间立法协调。严格按照法定权限和程序制定行政法规、规章，保证行政法规、规章质量”。党的二十大报告强调：“加强重点领域、新兴领域、涉外领域立法，统筹推进国内法治和涉外法治，以良法促进发展、保障善治。推进科学立法、民主立法、依法立法，统筹立改废释纂，增强立法系统性、整体性、协同性、时效性。”[④]新发展阶段推进依法行政制度体系现代化，要进一步“坚持科学立法、民主立法、依法立法，着力实现政府立法质量和效率并重并进，增强针对性、及时性、系统性、可操作性，努力使政府治理各方面制度

---

① 习近平：《高举中国特色社会主义伟大旗帜　为全面建设社会主义现代化国家而团结奋斗——在中国共产党第二十次全国代表大会上的报告》，人民出版社2022年版，第41页。

② 参见《法治政府建设实施纲要(2021—2025年)》，载《人民日报》2021年8月12日版。

③ 习近平：《坚定不移走中国特色社会主义法治道路　为全面建设社会主义现代化国家提供有力法治保障》，载《求是》2021年第5期。

④ 习近平：《高举中国特色社会主义伟大旗帜　为全面建设社会主义现代化国家而团结奋斗——在中国共产党第二十次全国代表大会上的报告》，人民出版社2022年版，第41页。

更加健全、更加完善”，具体要从加强重要领域立法、完善立法工作机制、加强行政规范性文件制定监督管理等方面进行落实，特别是要做好“积极推进国家安全、科技创新、公共卫生、文化教育、民族宗教、生物安全、生态文明、防范风险、反垄断、涉外法治等重要领域立法，健全国家治理急需的法律制度、满足人民日益增长的美好生活需要必备的法律制度”“以良法善治保障新业态新模式健康发展”“加强规范共同行政行为立法，推进机构、职能、权限、程序、责任法定化”“研究制定行政备案条例、行政执法监督条例”“增强政府立法与人大立法的协同性，统筹安排相关联相配套的法律法规规章的立改废释工作”“完善立法论证评估制度，加大立法前评估力度”“全面落实行政规范性文件合法性审核机制”“严格落实行政规范性文件备案审查制度”等方面工作。[①]

三是要推进中国式行政决策制度体系现代化，不断提升行政决策公信力和执行力。习近平总书记生动形象地将“行政决策合法性审查走形式等问题”比作法治政府建设领域“难啃的硬骨头”，着重要求规范行政决策程序。[②]《法治中国建设规划（2020—2025 年）》提出“严格落实重大行政决策程序制度，切实防止违法决策、不当决策、拖延决策。充分发挥法律顾问、公职律师在重大行政决策中的作用。建立健全重大行政决策跟踪反馈和评估制度。全面推行行政规范性文件合法性审核机制，凡涉及公民、法人或其他组织权利和义务的行政规范性文件均应经过合法性审核”。党的二十大报告强调：“坚持科学决策、民主决策、依法决策，全面落实重大决策程序制度。”[③]新发展阶段推进行政决策制度体系现代化，要进一步“坚持科学决策、民主决策、依法决策，着力实现行政决策程序规定严格落实、决策质量和效率显著提高，切实避免因决策失

---

① 参见《法治政府建设实施纲要（2021—2025 年）》，载《人民日报》2021 年 8 月 12 日版。

② 习近平：《坚定不移走中国特色社会主义法治道路 为全面建设社会主义现代化国家提供有力法治保障》，载《求是》2021 年第 5 期。

③ 习近平：《高举中国特色社会主义伟大旗帜 为全面建设社会主义现代化国家而团结奋斗——在中国共产党第二十次全国代表大会上的报告》，人民出版社 2022 年版，第 41 页。

误产生矛盾纠纷、引发社会风险、造成重大损失”，具体要从强化依法决策意识、严格落实重大行政决策程序、加强行政决策执行和评估等方面进行落实，特别是要做好“增强公众参与实效，提高专家论证质量，充分发挥风险评估功能，确保所有重大行政决策都严格履行合法性审查和集体讨论决定程序”“建立健全决策过程记录和材料归档制度”“完善行政决策执行机制，决策机关应当在决策中明确执行主体、执行时限、执行反馈等内容”“建立健全重大行政决策跟踪反馈制度”“严格落实重大行政决策终身责任追究制度和责任倒查机制”等方面工作。①

四是要推进中国式行政执法工作体系现代化，全面落实严格规范公正文明执法。习近平总书记指出：“行政执法工作面广量大，一头连着政府，一头连着群众，直接关系群众对党和政府的信任、对法治的信心。要推进严格规范公正文明执法”，“强调严格执法，让违法者敬法畏法，但绝不是暴力执法、过激执法，要让执法既有力度又有温度”。② 党的二十大报告强调：“深化行政执法体制改革，全面推进严格规范公正文明执法，加大关系群众切身利益的重点领域执法力度，完善行政执法程序，健全行政裁量基准。”③新发展阶段推进行政执法工作体系现代化，要进一步“着眼提高人民群众满意度，着力实现行政执法水平普遍提升，努力让人民群众在每一个执法行为中都能看到风清气正、从每一项执法决定中都能感受到公平正义”，具体要从深化行政执法体制改革、加大重点领域执法力度、完善行政执法程序、创新行政执法方式等方面进行落实，特别是要做好“完善权责清晰、运转顺畅、保障有力、廉洁高效的行政执法体制机制，大力提高执法执行力和公信力”“加强综合执法、联合执法、协作执法的组织指挥和统筹协调”“分领域梳理群众反映强烈的

① 参见《法治政府建设实施纲要（2021—2025 年）》，载《人民日报》2021 年 8 月 12 日版。

② 习近平：《坚定不移走中国特色社会主义法治道路　为全面建设社会主义现代化国家提供有力法治保障》，载《求是》2021 年第 5 期。

③ 习近平：《高举中国特色社会主义伟大旗帜　为全面建设社会主义现代化国家而团结奋斗——在中国共产党第二十次全国代表大会上的报告》，人民出版社 2022 年版，第 41 页。

突出问题,开展集中专项整治”“加大食品药品、公共卫生、自然资源、生态环境、安全生产、劳动保障、城市管理、交通运输、金融服务、教育培训等关系群众切身利益的重点领域执法力度”“全面严格落实行政执法公示、执法全过程记录、重大执法决定法制审核制度”“广泛运用说服教育、劝导示范、警示告诫、指导约谈等方式,努力做到宽严相济、法理相融,让执法既有力度又有温度”等方面工作。[①]

五是要推进中国式突发事件应对体系现代化,依法预防处置重大突发事件。新冠疫情对世界各国突发事件应对提出了严峻挑战,我国凭借制度优势依法科学抗疫取得了战略性成果,但是健全突发事件应对体系的任务仍然很艰巨。习近平总书记在新冠疫情暴发伊始即强调:“全面提高依法防控依法治理能力,健全国家公共卫生应急管理体系”,“坚持运用法治思维和法治方式开展疫情防控工作,在处置重大突发事件中推进法治政府建设,提高依法执政、依法行政水平”。[②] 党的二十大报告将提高防灾减灾救灾和重大突发公共事件处置保障能力提升到维护国家安全和社会稳定的高度加以谋划部署。[③] 新发展阶段推进突发事件应对体系现代化,要进一步“坚持运用法治思维和法治方式应对突发事件,着力实现越是工作重要、事情紧急越要坚持依法行政,严格依法实施应急举措,在处置重大突发事件中推进法治政府建设”,具体要从完善突发事件应对制度、提高突发事件依法处置能力、引导规范基层组织和社会力量参与突发事件应对等方面进行落实,特别是要做好“修改突发事件应对法,系统梳理和修改应急管理相关法律法规,提高突发事件应对法治化规范化水平”“加快推进突发事件行政手段应用的制度化规范化,规范行政权力边界”“增强风险防范意识,强化各地区各部门防范化

① 参见《法治政府建设实施纲要(2021—2025年)》,载《人民日报》2021年8月12日版。

② 参见习近平:《全面提高依法防控依法治理能力　健全国家公共卫生应急管理体系》,载《求是》2020年第5期。

③ 习近平:《高举中国特色社会主义伟大旗帜　为全面建设社会主义现代化国家而团结奋斗——在中国共产党第二十次全国代表大会上的报告》,人民出版社2022年版,第54页。

解本地区本领域重大风险责任”“完善乡镇(街道)、村(社区)应急处置组织体系,推动村(社区)依法参与预防、应对突发事件”等方面工作。[①]

六是要推进中国式矛盾纠纷化解体系现代化,健全行政纠纷预防调处化解综合机制。在中央全面依法治国工作会议上,习近平总书记指出:“要强化依法治理,培育全社会办事依法、遇事找法、解决问题用法、化解矛盾靠法的法治环境”,“要推动更多法治力量向引导和疏导端用力,完善预防性法律制度,坚持和发展新时代‘枫桥经验’,完善社会矛盾纠纷多元预防调处化解综合机制”。[②]《法治中国建设规划(2020—2025年)》明确提出“积极引导人民群众依法维权和化解矛盾纠纷,坚持和发展新时代‘枫桥经验’”。党的二十大报告强调:“在社会基层坚持和发展新时代‘枫桥经验’,完善正确处理新形势下人民内部矛盾机制。”[③]新发展阶段要进一步“坚持将矛盾纠纷化解在萌芽状态、化解在基层,着力实现人民群众权益受到公平对待、尊严获得应有尊重,推动完善信访、调解、仲裁、行政裁决、行政复议、诉讼等社会矛盾纠纷多元预防调处化解综合机制”,具体要从加强行政调解工作、有序推进行政裁决工作、发挥行政复议化解行政争议主渠道作用、加强和规范行政应诉工作等方面进行落实,特别是要做好“依法加强消费者权益保护、交通损害赔偿、治安管理、环境污染、社会保障、房屋土地征收、知识产权等方面的行政调解”“推进行政调解与人民调解、司法调解有效衔接”“建立体系健全、渠道畅通、公正便捷、裁诉衔接的裁决机制”“全面深化行政复议体制改革”“健全行政争议实质性化解机制”等方面工作。[④]

七是要推进中国式权力制约监督体系现代化,促进行政权力规范透明运行。在中央全面依法治国工作会议上,习近平总书记指出:“要加

---

① 参见《法治政府建设实施纲要(2021—2025年)》,载《人民日报》2021年8月12日版。

② 习近平:《坚定不移走中国特色社会主义法治道路　为全面建设社会主义现代化国家提供有力法治保障》,载《求是》2021年第5期。

③ 习近平:《高举中国特色社会主义伟大旗帜　为全面建设社会主义现代化国家而团结奋斗——在中国共产党第二十次全国代表大会上的报告》,人民出版社2022年版,第54页。

④ 参见《法治政府建设实施纲要(2021—2025年)》,载《人民日报》2021年8月12日版。

强省市县乡四级全覆盖的行政执法协调监督工作体系建设，强化全方位、全流程监督，提高执法质量”，“要加快构建规范高效的制约监督体系，坚决破除‘关系网’、斩断‘利益链’，让‘猫腻’‘暗门’无处遁形”。[①]《法治中国建设规划（2020—2025 年）》要求“建设法治中国，必须抓紧完善权力运行制约和监督机制，规范立法、执法、司法机关权力行使，构建党统一领导、全面覆盖、权威高效的法治监督体系”。党的二十大报告强调：“强化行政执法监督机制和能力建设，严格落实行政执法责任制和责任追究制度。”[②]新发展阶段要进一步“坚持有权必有责、有责要担当、失责必追究，着力实现行政决策、执行、组织、监督既相互制约又相互协调，确保对行政权力制约和监督全覆盖、无缝隙，使党和人民赋予的权力始终用来为人民谋幸福”，具体要从形成监督合力、加强和规范政府督查工作、加强对行政执法制约和监督、全面主动落实政务公开、加快推进政务诚信建设等方面进行落实，特别是要做好“坚持将行政权力制约和监督体系纳入党和国家监督体系全局统筹谋划，突出党内监督主导地位”“2024 年年底前基本建成省市县乡全覆盖的比较完善的行政执法协调监督工作体系”“全面落实行政执法责任，严格按照权责事项清单分解执法职权、确定执法责任”“加快构建具有中国特色的公共企事业单位信息公开制度”“健全政府守信践诺机制”等方面工作。[③]

八是要推进中国式数字政府保障体系现代化，全面建设新时代数字法治政府。党的十九届四中全会提出：“建立健全运用互联网、大数据、人工智能等技术手段进行行政管理的制度规则。推进数字政府建设，加强数据有序共享，依法保护个人信息。”[④]这是“数字政府建设”首次出现

---

① 习近平：《坚定不移走中国特色社会主义法治道路　为全面建设社会主义现代化国家提供有力法治保障》，载《求是》2021 年第 5 期。

② 习近平：《高举中国特色社会主义伟大旗帜　为全面建设社会主义现代化国家而团结奋斗——在中国共产党第二十次全国代表大会上的报告》，人民出版社 2022 年版，第 41 页。

③ 参见《法治政府建设实施纲要（2021—2025 年）》，载《人民日报》2021 年 8 月 12 日版。

④ 参见《中共中央关于坚持和完善中国特色社会主义制度　推进国家治理体系和治理能力现代化若干重大问题的决定》，人民出版社 2019 年版，第 17 页。

在党的中央全会文件中。国家“十四五”规划纲要和2035年远景目标专题部署“提高数字政府建设水平”，为新发展阶段数字政府建设描绘了宏伟蓝图。习近平主持召开中央全面深化改革委员会第二十五次会议强调：“要全面贯彻网络强国战略，把数字技术广泛应用于政府管理服务，推动政府数字化、智能化运行，为推进国家治理体系和治理能力现代化提供有力支撑。”[①]新发展阶段推进突发事件应对体系现代化，要进一步“坚持运用互联网、大数据、人工智能等技术手段促进依法行政，着力实现政府治理信息化与法治化深度融合，优化革新政府治理流程和方式，大力提升法治政府建设数字化水平”，具体要从加快推进信息化平台建设、加快推进政务数据有序共享、深入推进“互联网＋”监管执法等方面进行落实，特别是要做好“实现从省（自治区、直辖市）到村（社区）网上政务全覆盖”“分级分类推进新型智慧城市建设，促进城市治理转型升级”“建设法规规章行政规范性文件统一公开查询平台”“优先推动民生保障、公共服务、市场监管等领域政府数据向社会有序开放”“2022年年底前实现各方面监管平台数据的联通汇聚”等方面工作。[②]

九是要加强党对中国式行政法治现代化的领导，完善法治政府建设推进机制。习近平总书记在中央全面依法治国工作会议上指出：“全面依法治国决不是要削弱党的领导，而是要加强和改善党的领导。要健全党领导全面依法治国的制度和工作机制，推进党的领导制度化、法治化，通过法治保障党的路线方针政策有效实施。要坚持依法治国和依规治党有机统一，确保党既依据宪法法律治国理政，又依据党内法规管党治党、从严治党。”[③]新发展阶段推进中国式行政法治现代化，必须坚持党的全面领导，确保法治政府建设正确方向，“必须坚持党总揽全局、协调

---

① 《习近平主持召开中央全面深化改革委员会第二十五次会议》，载《中国建设信息化》2022年第9期。

② 参见《法治政府建设实施纲要（2021—2025年）》，载《人民日报》2021年8月12日版。

③ 习近平：《坚定不移走中国特色社会主义法治道路　为全面建设社会主义现代化国家提供有力法治保障》，载《求是》2021年第5期。

各方,发挥各级党委的领导作用,把法治政府建设摆到工作全局更加突出的位置”,具体要从加强党对法治政府建设的领导、完善法治政府建设推进机制、全面加强依法行政能力建设、加强理论研究和舆论宣传等方面进行落实,特别是要做好“深入学习领会习近平法治思想,把习近平法治思想贯彻落实到法治政府建设全过程和各方面”“深入推进法治政府建设督察工作,2025 年前实现对地方各级政府督察全覆盖”“坚持把民法典作为行政决策、行政管理、行政监督的重要标尺”“加强中国特色社会主义法治政府理论研究”“加大法治政府建设成就经验宣传力度,传播中国政府法治建设的时代强音”等方面工作。[①]

五、本章小结

实践没有止境,理论创新也没有止境。党的二十大报告指出:“从现在起,中国共产党的中心任务就是团结带领全国各族人民全面建成社会主义现代化强国、实现第二个百年奋斗目标,以中国式现代化全面推进中华民族伟大复兴。在新中国成立特别是改革开放以来长期探索和实践基础上,经过十八大以来在理论和实践上的创新突破,我们党成功推进和拓展了中国式现代化。”[②]中国式行政法治现代化的总体方案是中国式现代化在行政法治现代化领域的生动展开和集中体现。在中央全面依法治国工作会议上,习近平总书记强调指出:“这次中央全面依法治国工作会议的主要任务是,总结经验,分析形势,明确任务,对当前和今后一个时期全面依法治国工作作出部署,动员全党全国全社会齐心协力,为深入推进全面依法治国、加快建设中国特色社会主义法治体系、建设社会主义法治国家而奋斗。”[③]在全面建设社会主义现代化国家、全

① 参见《法治政府建设实施纲要(2021—2025 年)》,载《人民日报》2021 年 8 月 12 日版。

② 习近平:《高举中国特色社会主义伟大旗帜　为全面建设社会主义现代化国家而团结奋斗——在中国共产党第二十次全国代表大会上的报告》,人民出版社 2022 年版,第 22 页。

③ 习近平:《坚定不移走中国特色社会主义法治道路　为全面建设社会主义现代化国家提供有力法治保障》,载《求是》2021 年第 5 期。

面推进中华民族伟大复兴新征程上，中央全面依法治国工作会议确立的习近平法治思想为全面依法治国、建设法治中国提供了根本指导思想。习近平法治思想科学擘画的中国式行政法治现代化总体方案，则以其系统深刻的核心要义、清晰鲜明的思想脉络、扎实牢固的实践基础、深邃厚重的历史底蕴、科学严密的哲理逻辑、高度原创的法理命题和重点突出的任务举措，为新征程上的中国式行政法治现代化注入了率先突破的强劲思想动力和实践伟力。展望未来，在习近平法治思想特别是习近平法治思想中的行政法治论的科学指引下，全面贯彻落实党的二十大精神，中国式行政法治现代化的总体方案必将以示范带动的显著成效，在中华民族伟大复兴的时代征程中高度彰显中国特色社会主义行政体制的制度优势和治理效能。

第三章　中国式政府机构职能体系现代化

《周礼》云:"设官分职,以为民极。"政府机构职能向来是古今中外政府治理的核心议题,也是"治民、治官、治王"三维动态耦合结构的关键钮结。[①] 在新时代中国,建立健全边界清晰、分工合理、权责一致、运行高效、法治保障的现代化政府机构职能体系,是法治政府建设的首要任务和基础工程,也是推进中国式行政法治现代化的重要动力。党和国家历来重视政府机构职能体系建设。改革开放以来,服务于建立中国特色社会主义市场经济体制的历次政府机构职能改革,为建立健全现代化的政府机构职能体系奠定了坚实基础。党的十八大以来,随着我国社会主要矛盾的深刻转变,中国特色社会主义进入新时代,加快转变政府职能,建设职责明确、依法行政的政府治理体系,推进政府机构职能体系现代化,已成为全面深化改革开放、构建高水平社会主义市场经济体制的

---

① 参见彭国甫:《当代中国政府机构改革与职能转变》,载《湖南社会科学》2000 年第 2 期。

核心制度保障。党的十九届四中全会明确提出:“坚持和完善中国特色社会主义行政体制,构建职责明确、依法行政的政府治理体系”,“国家行政管理承担着按照党和国家决策部署推动经济社会发展、管理社会事务、服务人民群众的重大职责。必须坚持一切行政机关为人民服务、对人民负责、受人民监督,创新行政方式,提高行政效能,建设人民满意的服务型政府”。[①] 在中央全面依法治国工作会议上,习近平总书记强调指出:“要根据新发展阶段的特点,围绕推动高质量发展、构建新发展格局,加快转变政府职能,加快打造市场化、法治化、国际化营商环境,打破行业垄断和地方保护,打通经济循环堵点,推动形成全国统一、公平竞争、规范有序的市场体系。”[②]这就为中国式政府机构职能体系现代化提供了根本遵循,也为新时代法治政府建设提出了重大理论命题和实践要求。在习近平法治思想的科学指引下,中国式行政法治现代化突出强调推进政府机构职能体系现代化,法定职责必须为、法无授权不可为等法治原理高度彰显,政府机构、行政审批和权力清单等改革举措有序推进,现代化的政府机构职能体系行稳致远。

一、政府机构职能体系现代化的法治原理

政府机构职能体系现代化是当代中国政府治理革命的主战场。[③] 改革开放以来特别是党的十八大以来,围绕坚持和完善中国特色社会主义制度,坚持和完善中国特色社会主义市场经济体制,党和国家持续推进政府机构、行政审批和权力清单等改革举措,深入探索政府机构职能体系现代化的基本规律,从中国实际出发创新发展了政府机构职能体系现代化的法治原理。2004 年印发的《全面推进依法行政实施纲要》将

---

① 《中共中央关于坚持和完善中国特色社会主义制度　推进国家治理体系和治理能力现代化若干重大问题的决定》,人民出版社 2019 年版,第 15 ~ 16 页。

② 习近平:《坚定不移走中国特色社会主义法治道路　为全面建设社会主义现代化国家提供有力法治保障》,载《求是》2021 年第 5 期。

③ 参见郁建兴:《政府自我革命正当其时》,载《浙江经济》2017 年第 5 期。

"转变政府职能,深化行政管理体制改革"确立为全面推进依法行政的重点任务,明确了转变政府职能的一般要求和实施方式。[①] 2015 年印发的《法治政府建设实施纲要(2015—2020 年)》将"政府职能依法全面履行"明确为法治政府建设的首要衡量标准,并为之设定具体目标和建设举措,[②]有力指引了"十三五"时期政府机构职能体系现代化建设实践。在新形势下,2021 年印发的《法治政府建设实施纲要(2021—2025 年)》对中国式政府机构职能体系现代化的实践要求进行高度凝练,明确提出"坚持法定职责必须为、法无授权不可为,着力实现政府职能深刻转变,把该管的事务管好、管到位,基本形成边界清晰、分工合理、权责一致、运行高效、法治保障的政府机构职能体系",[③]从而为新时代政府机构职能体系现代化阐明了中国特色的法治原理。

(一)坚持法定职责必须为、法无授权不可为

坚持法定职责必须为、法无授权不可为,是传统公法理论中职权法定原则的两个重要面向。职权法定原则强调行政机关的职权应源自法律的授予;行政机关及其工作人员行使权力作出决定时,应明确按照法律设定的权力范围和要求行使;任何行政权力的来源与作用都必须具有明确的法律依据,否则会导致越权无效的法律后果。[④] 一方面,职权法定原则要求"法定职责必须为"。行政机关的职权必须依法产生,职权种类来源与职权手段来源均须依法确定,行政机关还必须依照法律规定的职权内容、范围、程序行使。[⑤] 但法律赋予行政机关的职权,既是权力,更是义务,还是责任。依法应当由行政机关行使的职权,行政机关既不能放弃,也不能任意授权或者委托其他组织行使。另一方面,职权法

① 参见《全面推进依法行政实施纲要》,载《人民日报》2004 年 4 月 21 日版。

② 参见《法治政府建设实施纲要(2015—2020 年)》,载《人民日报》2015 年 12 月 28 日版。

③ 参见《法治政府建设实施纲要(2021—2025 年)》,载《人民日报》2021 年 8 月 12 日版。

④ 参见周佑勇:《行政法基本原则的反思与重构》,载《中国法学》2003 年第 4 期。

⑤ 参见马怀德:《法无授权不可为 法定职责必须为》,载法治政府网,http://fzzfyjy.cupl.edu.cn/info/1021/8169.htm,最后访问日期:2022 年 5 月 15 日。

定原则要求“法无授权不可为”。行政机关必须在法律规定的职责权限范围内活动，任何行政职权的行使都必须有明确的法律依据。不同于公民权利“法无禁止即可为”的运行规则，行政机关行使职权要始终坚持“法无授权不可为”的基本要求。行政权力的特性决定了行政职权必须在法律限定的范围内行使，这不仅包括实体法层面的权限范围限定，还包括程序法层面的时空方式限定。①

坚持法定职责必须为、法无授权不可为，是对传统公法理论中职权法定原则的中国化发展。在庆祝全国人民代表大会成立六十周年大会上，习近平总书记强调指出：“各级行政机关必须依法履行职责，坚持法定职责必须为、法无授权不可为，决不允许任何组织或者个人有超越法律的特权。”②习近平总书记还多次强调指出，“我们说要把权力关进制度的笼子里，就是要依法设定权力、规范权力、制约权力、监督权力”，③“坚持以法治的理念、法治的体制、法治的程序开展工作”，④“用法治给行政权力定规矩、划界限”，⑤“加快推进机构、职能、权限、程序、责任法定化”，⑥“加快建立权责统一、权威高效的依法行政体制”，⑦要做到有权必有责、用权受监督、侵权要赔偿、失职要问责、违法必追究。⑧ 在习近平总书记系列重要论述基础上，党的十八届四中全会明确要求：“行政机关要坚持法定职责必须为、法无授权不可为，勇于负责、敢于担当，坚决纠正不作为、乱作为，坚决克服懒政、怠政，坚决惩处失职、渎职。”⑨这就在高度彰显依法全面履行政府职能重要性的同时，强调行政

① 参见周佑勇：《行政法原论》，北京大学出版社 2018 年版，第 59 页。

② 习近平：《在庆祝全国人民代表大会成立六十周年大会上的讲话》，载《求是》2019 年第 18 期。

③ 《习近平关于全面依法治国论述摘编》，中央文献出版社 2015 年版，第 127～128 页。

④ 习近平：《论坚持全面依法治国》，中央文献出版社 2020 年版，第 113 页。

⑤ 习近平：《论坚持全面依法治国》，中央文献出版社 2020 年版，第 4 页。

⑥ 习近平：《论坚持全面依法治国》，中央文献出版社 2020 年版，第 220 页。

⑦ 习近平：《论坚持全面依法治国》，中央文献出版社 2020 年版，第 220 页。

⑧ 习近平：《论坚持全面依法治国》，中央文献出版社 2020 年版，第 15、16、75 页。

⑨ 《中共中央关于全面推进依法治国若干重大问题的决定》，载《人民日报》2014 年 10 月 29 日版。

机关要勇于负责、敢于担当，并对不作为、乱作为等突出问题有针对性地提出了纠正惩处要求。党的十八届四中全会还明确提出“完善行政组织和行政程序法律制度，推进机构、职能、权限、程序、责任法定化”，“行政机关不得法外设定权力，没有法律法规依据不得作出减损公民、法人和其他组织合法权益或者增加其义务的决定”，[①]这就进一步赋予传统职权法定原则以新的时代内涵，并将坚持法定职责必须为、法无授权不可为提升到深入推进依法行政、加快建设法治政府核心要求的战略高度。随着全面依法治国方略的深入落实，坚持法定职责必须为、法无授权不可为日益成为行政机关及其工作人员推进中国式行政法治现代化的重要共识和积极行动。《法治政府建设实施纲要（2021—2025 年）》首次将坚持法定职责必须为、法无授权不可为纳入新时代法治政府建设目标体系，是对政府机构职能体系现代化法治原理的时代化、本土化、中国化表达，具有重要的理论与现实意义。

（二）以推进机构职能优化协同高效为着力点

政府职能是指政府在社会活动中所具有的功能与职责，能够反映出政府的组织形态与行为方式。[②] 自 20 世纪 80 年代我国政府机构改革大幕开启，转变政府职能就是建设中国特色社会主义行政管理体制的重要议题，由此生发出具有深刻内涵的中国特色政府机构改革法治原理。在新时代全面推进依法治国和全面从严治党的总体部署中，政府职能转变成为推进政府治理现代化的逻辑前提和实践起点。[③]《法治政府建设实施纲要（2015—2020 年）》在依法全面履行政府职能部分全面部署政府职能转变，明确要求依法全面履行宏观调控、市场监管、社会管理、公共服务、环境保护等政府职能。《法治政府建设实施纲要（2021—2025

① 《中共中央关于全面推进依法治国若干重大问题的决定》，载《人民日报》2014 年 10 月 29 日版。

② 燕继荣：《服务型政府的研究路向——近十年来国内服务型政府研究综述》，载《学海》2009 年第 1 期。

③ 参见王浦劬：《论转变政府职能的若干理论问题》，载《国家行政学院学报》2015 年第 1 期。

年）》更加突出政府职能转变，明确提出“着力实现政府职能深刻转变，把该管的事务管好、管到位”，[①]这就进一步明确了新时代中国式政府机构职能体系现代化的着力点，强调以政府职能转变作为推动经济社会各领域治理结构变迁的实践切入点，从而深刻厘清了市场、政府和社会的关系，为建构“强政府主导下的政府、市场和社会三元并存与互补的国家治理格局”提供了方向指引。[②]

改革开放以来特别是新时代以来的政府机构改革实践推动了政府职能基本理论的创新发展。政府职能基本理论旨在通过对政府职能实践运行中的规律与规则进行提炼，科学设置政府职能，确保政府能够管好、管到位。在政府职能基本理论研究方面，有学者以政府起源为标准，将政府职能基本理论分为西方政府职能基本理论和马克思主义政府职能基本理论。[③] 也有学者从价值取向与现实路径出发，对治理现代化视域中的政府职能理论进行基于中国实践的重构。[④] 正如新时代的中国式行政法治现代化以国家治理现代化为总范式，当前我国政府职能理论也在国家治理现代化总范式引领下有了新的法理面向。一方面，政府职能转变理论及其法治实践要认清中国独特的国情和历史发展进程，在保证制度环境基本稳定、经济社会均衡发展的基础上，通过完善市场作用机制、推进行政体制改革、培育社会共治体系，确立新时代政府、市场、社会的合理边界，以构建系统性、整体性、协同性的现代国家治理体系及其法治模式。另一方面，在向现代化国家治理体制机制转变的背景下，我国的政府职能转变理论及其法治实践可以借鉴西方工业化国家在其治

---

① 参见《法治政府建设实施纲要（2021—2025 年）》，载《人民日报》2021 年 8 月 12 日版。

② 参见王浦劬：《论转变政府职能的若干理论问题》，载《国家行政学院学报》2015 年第 1 期。

③ 参见童颖华、刘武根：《国内外政府职能基本理论研究综述》，载《江西师范大学学报（哲学社会科学版）》2007 年第 3 期。

④ 参见唐兴军、齐卫平：《治理现代化中的政府职能转变：价值取向与现实路径》，载《社会学研究》2014 年第 3 期。

理体系演变中所形成的经验教训和理念方法。①

新时代加快转变政府职能必须坚持正确发展方向，以推进机构职能优化协同高效为着力点。在党的十八届二中全会第二次全体会议上，习近平总书记强调指出："转变政府职能，关键是要明确往哪里转、怎么转。在总结经验的基础上，我们提出了现在转变政府职能的总方向，这就是党的十八大确定的创造良好发展环境、提供优质公共服务、维护社会公平正义。要按照这个总方向，科学界定政府职能范围，优化各级政府组织结构，理顺部门职责分工，突出强化责任，确保权责一致。"遵循习近平总书记指引的前进方向，在今后的政府职能转变实践中，要坚持正确改革方向，坚持以人民为中心，坚持全面依法治国，以加强党的全面领导为统领，以国家治理体系和治理能力现代化为导向，以推进党和国家机构职能优化协同高效为着力点，改革机构设置，优化职能配置，深化转职能、转方式、转作风，提高效率效能，为决胜全面建成小康社会、开启全面建设社会主义现代化国家新征程、实现中华民族伟大复兴的中国梦提供有力制度保障。②

（三）基本形成现代化的政府机构职能体系

基本形成边界清晰、分工合理、权责一致、运行高效、法治保障的政府机构职能体系，是《法治政府建设实施纲要（2021—2025 年）》明确提出的政府机构职能体系现代化基本目标，也是新发展阶段推动更好发挥政府作用的法理依据。《法治政府建设实施纲要（2015—2020 年）》实施以来，政府职能依法全面履行，行政审批制度改革持续深化，权责清单深化动态管理，政府组织结构持续优化，营商环境得到不断提升，政府机构职能转变适应全面建成小康社会需要的法治政府建设阶段性目标基

① 参见薛澜、李宇环：《走向国家治理现代化的政府职能转变：系统思维与改革取向》，载《政治学研究》2014 年第 5 期。

② 参见《建设人民满意的服务型政府》，载《光明日报》2019 年 11 月 22 日版。

本完成,为新时代法治政府建设高质量发展奠定了坚实基础。[①] 与此同时,尽管法治政府机构职能现代化在多方面取得显著进展,但相较于优化、协同、高效的衡量标准还有一定差距,行政系统内部的闭环责任体系和协同发展格局尚未充分形成。诚如学者所指出的,“我国法治政府建设是整体、全面的,碎片化和差异化都可能会产生‘牵一发动全身’的连锁反应,进而影响法治政府发展的大局”。[②] 政府机构职能现代化作为法治政府建设的重要一环,同样需要进行体系化的整体设计与落实推进。为此,《法治政府建设实施纲要(2021—2025年)》更加突出法治政府建设的整体性、协同性和系统性,更加强调“推进政府机构职能优化协同高效”。这种整体性、协同性和系统性首先就表现为法治政府建设一以贯之的主线,即加快构建职责明确、依法行政的政府治理体系。《法治政府建设实施纲要(2021—2025年)》明确提出形成边界清晰、分工合理、权责一致、运行高效、法治保障的政府机构职能体系是中国式政府机构职能体系现代化的重要体现与建设目标,这也意味着边界清晰、权责一致的合法性因素与分工合理、运行高效的合理性因素以及法治保障的制度性因素应统合在一起,成为整体性、协同性、系统性的政府机构职能体系的推进路径。

新时代政府机构职能体系理论及其法治实践需要不断深化发展。政府机构是国家治理组织结构和治理体制的重要构成部分,完善政府机构职能体系理论,能够为建构科学化、效率化的政府机构职能体系提供理论支撑。我国的政府机构职能体系理论研究与国家治理现代化改革实践同频共振,形成了三次跃迁:一是改革思路从精简行政机构层面向转变政府职能层面扩展;二是改革思路从转变政府职能层面向行政管理体制改革层面拓展;三是改革思路从行政管理体制改革层面向国家治理体系现代化层面拓展。党的十九届三中全会部署的深化党和国家机构

---

① 参见章志远:《新发展阶段法治政府建设的时代特色——〈法治政府建设实施纲要(2021—2025年)〉法理解读》,载《法治研究》2021年第5期。

② 曹鎏:《论我国法治政府建设的目标演进与发展转型》,载《行政法学研究》2020年第4期。

改革,实现了对党和国家组织结构与管理体制的系统性、整体性重构,取得了一系列重要理论成果、制度成果、实践成果,建立了适应新时代要求的党和国家机构职能体系主体框架,为完善和发展中国特色社会主义制度、推进国家治理体系和治理能力现代化提供了有力组织保障。①在深化党和国家机构改革总结会议上,习近平总书记强调指出:“深化党和国家机构改革,是贯彻落实党的十九大决策部署的一个重要举措,是全面深化改革的一个重大动作,是推进国家治理体系和治理能力现代化的一次集中行动。”②截至目前,我国的政府机构改革已经从职能带动阶段转入体系驱动阶段,明确提出从边界清晰、分工合理、权责一致、运转高效、依法保障五个维度系统推进政府机构职能体系现代化建设。③着眼于未来发展,习近平总书记强调指出:“要结合深化党和国家机构改革,健全党领导改革工作的体制机制,完善改革领导决策、推动落实机制,加强中央和地方、牵头部门和参与部门、主体改革和配套方案、改革举措和法治保障、试点探索和总结推广、改革任务推进和机构职能调整的配套联动,打好改革组合拳。”④这就为新发展阶段中国式政府机构职能体系现代化指明了深化改革的前进方向。

二、政府机构职能体系现代化的法治进程

以 2018 年党和国家机构改革为标志性成果,中国式政府机构职能体系现代化取得突破性进展。同时,政府机构职能体系现代化的发展成就并非朝夕之功,而是一个长期探索、不断积累的深化改革过程。包括政府机构职能改革在内的行政体制改革是经济体制改革和政治体制改

① 参见张克:《深化党和国家机构改革的成效与经验》,载《学习时报》2020 年 2 月 10 日版。

② 《习近平出席深化党和国家机构改革总结会议并发表重要讲话》,载中国政府网,http://www.gov.cn/xinwen/2019-07/05/content_5406606.htm。

③ 参见吕志奎:《从职能带动到体系驱动:中国政府机构改革的“三次跃迁”》,载《学术研究》2019 年第 11 期。

④ 《习近平出席深化党和国家机构改革总结会议并发表重要讲话》,载中国政府网,http://www.gov.cn/xinwen/2019-07/05/content_5406606.htm。

革的重要内容，必须随着改革开放和社会主义现代化建设发展不断推进。新中国成立以来特别是改革开放以来，我国经济社会制度发生了巨大变迁，行政管理体制经历了全面变革，政府机构职能改革也走出了一条中国特色的依法推进道路。[①] 40 年来特别是近 10 年来，经过若干次规模较大的改革和各种局部调整，具有中国特色、与社会主义市场经济相匹配的行政管理体制逐步形成，以政府机构改革、行政审批制度改革、权力清单制度改革为核心内容的政府机构职能体系现代化法治进程不断深化。[②]

（一）政府机构改革总体进程

政府机构改革是中国式政府机构职能体系现代化的重要内容。[③]政府职能是指，以政府机构为主的行政主体在依法对国家政治、经济、文化、社会、生态文明建设领域的公共事务管理时应承担的职责和承载的功能。政府机构是政府职能的载体，政府机构设置是否合理，较大程度上决定着政府职能履行状况。机构职能的调整反映出国家治理需求的变化，政府机构改革必须根据政府职能的转变和优化作出调整。[④] 新中国成立以来，为适应社会发展与经济发展需要，为满足人民群众在政治、经济、文化、社会、生态文明方面不断变化的公共需求，我国政府机构改革在方向、目标和内容上作出深刻调整，取得辉煌成就。根据政府机构改革的定位与目标，这一总体进程可以分为 4 个阶段。

第一个阶段是政府机构改革初步探索期。新中国成立到改革开放

---

① 参见《建设人民满意的服务型政府》，载《光明日报》2019 年 11 月 22 日版。

② 《法治政府建设实施纲要（2015—2020 年）》在依法全面履行政府职能部分安排部署了深化行政审批制度改革，大力推行权力清单、责任清单、负面清单制度并实行动态管理，优化政府组织结构以及完善宏观调控、加强市场监管、创新社会治理、优化公共服务和强化生态环境保护等 8 个方面的建设举措，其中前 3 个方面具有较强的面上意义，后 5 个方面是政府职能的分域展开，考虑到突出主线和重点，本部分着重对政府机构改革、行政审批制度改革和权力清单制度改革的法治进程进行总结和梳理。

③ 参见谢志强：《从我国政府机构改革历程看国家治理体系现代化》，载《国家治理》2021 年第 7 期。

④ 参见宋世明、王君凯：《我国政府机构改革历程与取向观察》，载《改革》2018 年第 4 期。

之前,党和国家对于政府机构设置进行了较为曲折的初步探索。1949年9月27日,中国人民政治协商会议第一届全体会议通过《中央人民政府组织法》,明确中央人民政府下设政务院,政务院下设35个委、部、署、院,国家的政府机构框架初步建立。随着1954年第一届全国人大召开和1954年宪法通过,国务院作为中央人民政府正式成立,我国政府机构设置步入正轨。[①] 这一时期党和国家围绕"发挥中央和地方两个积极性"的原则要求与经济管理的实践需要,先后在1951年、1954年、1956年、1960年、1976年对政府机构设置进行五次调整,并逐渐形成了相对稳定和完整的政府治理体系。多次政府机构调整对于社会经济秩序维护起到了重大作用。同时,由于当时尚处于社会主义革命和建设时期,社会主义政府治理体制建设尚处于摸索阶段,并未形成统一连贯的政府机构改革思路,高度管制的行政模式和以"权力收放"为表征的机构改革并没有触及传统体制的内在弊端,[②]导致这一时期的政府机构改革进入"精简—扩张"的往复过程,出现了政府机构数量在精简与增多之间的反复变化。

第二个阶段是政府机构改革方向转型期。我国的政府机构改革方向在党的十一届三中全会后发生重大转变。党的十一届三中全会指出,推进从计划经济向社会主义市场经济转型,机构需要按照发展市场经济的要求进行调整,转变政府职能,调整机构设置。这一时期的政府机构改革不再像往常一样以精简政府机构数量和干部数量为目标,而是要逐步建立以适应社会主义市场经济体制为目标的政府机构,实现从计划经济、有计划的商品经济向社会主义市场经济体制的转变,改革重点则是改变部门职能配置,推动政府机构职能转型。这一方向转型期又可以细分为两个小的阶段。一是快速精简机构阶段。1982年政府机构改革是改革开放后进行的首次政府机构改革。此次改革主要解决改革前国务

① 参见赖先进:《新中国70年政府机构改革历程回顾与成效》,载《学习时报》2019年11月11日版。

② 参见黄小勇:《机构改革的历程及其内在逻辑》,载《行政管理改革》2018年第5期。

院机构过多,效率低下的问题,改革的重点是精简机构和编制,加强集中统一领导,为深化经济体制改革创造条件,是承上启下的一次机构改革。二是转变政府职能阶段。随着改革开放的深入进行,党和国家逐渐确立了政府机构改革的关键在于转变政府职能,而不是对机构、人员进行简单的机械性缩减的改革理念。在这一理念指导下,为了适应社会主义市场经济发展,我国在1988年、1993年、1998年分别进行了三次规模较大的机构改革。1988年政府机构改革第一次明确提出了要转变政府职能,认为转变政府职能是机构改革的着力点,同时指出应当明确政府和企业的关系,减少政府对企业的干预。此轮政府机构改革侧重对与经济体制改革关联密切的经济管理部门进行调整优化,撤销了煤炭、石油、核工业等几个直接管理经济的部门。[①] 1993年政府机构改革是在确立社会主义市场经济体制的背景下进行的,它的核心任务是在推进经济体制改革、建立市场经济的同时,建立起有中国特色的、适应社会主义市场经济体制需要的行政管理体制。[②] 由于具体的政府机构改革目标并不明确,此次改革初期仍属阶段性机构改革,之后在1994年、1995年持续推进,力求尽早完成中央政府机构改革,积极推进地方政府机构改革,并提出做好三个方面的工作:一是把属于企业经营自主权范围的职能切实还给企业;二是把配置资源的基础性职能转移给市场;三是把经济活动中社会服务性和相当一部分监督性职能转交给市场中介组织。[③] 1998年政府机构改革强调按照社会主义市场经济的要求,转变政府职能,实现政企分开;按照精简、统一、效能的原则,调整政府组织结构,实行精兵简政;按照权责一致的原则,调整政府部门的职责权限,明确划分部门之间职责分工,完善行政运行机制;按照依法治国、依法行政的要求,加强行

---

① 陈鹏:《新中国成立70年来的政府机构改革:历程、启示与展望》,载《岭南学刊》2019年第4期。

② 参见罗干:《关于国务院机构改革方案的说明》,载《中华人民共和国国务院公报》1993年第10期。

③ 参见黄恒学、孔雪琳:《深化事业管理体制改革的若干重大问题》,载《中共浙江省委党校学报》2014年第4期。

政体系的法制建设。此次机构改革的重要意义在于,消除了政企不分的组织基础,为后续推进政企分开奠定了基础。[①]

第三个阶段是政府机构改革组织调整期。进入新世纪以来,随着我国加入世界贸易组织,进一步融入了经济全球化格局和行政法治现代化的世界潮流,政府治理体系现代化进入了加速推进阶段,政府机构改革进入了组织调整期。完善政府的经济调节、市场监管、社会管理和公共服务的职能是政府职能调整的方向。[②] 2003 年政府机构改革就是在这样的大背景下进行的。此次机构改革要求进一步转变政府职能,改进管理方式,推进电子政务,提高行政效率,降低行政成本,逐步形成行为规范、运转协调、公正透明、廉洁高效的行政管理体制。深化国有资产管理体制改革、完善宏观调控体系、健全金融监管体制、继续推进流通体制改革、加强食品安全和安全生产监管体制建设是此次机构改革的重点。2003 年政府机构改革还特别强调提高政府效能,重点对国有资产管理、宏观调控、金融监管、流通管理和市场监管等重点领域的相关职能和机构进行优化整合,采取综合设置,组建了国务院国有资产监督管理委员会、国家发展和改革委员会、商务部、银监会等政府部门,从机构设置看是对大部制的一种探索,形成了与宏观调控、市场监管、社会管理和公共服务职能相适应的政府组织机构架构。[③] 2008 年政府机构改革进一步优化调整政府机构职能。党的十七大报告首次提出服务型政府建设的明确要求,提出"加快行政管理体制改革,建设服务型政府"。以服务型政府建设理念为指引的 2008 年政府机构改革方案,具有三个较为显著的特征。一是加强和改善宏观调控,促进科学发展。二是着眼于保障和改善民生,加强社会管理和公共服务。三是按照探索职能有机统一的大

---

① 参见刘熙瑞:《经济全球化背景下中国政府改革的目标选择》,载《中国行政管理》2002 年第 7 期。

② 唐铁汉:《强化政府公共服务职能努力建设公共服务型政府》,载《中国行政管理》2004 年第 7 期。

③ 参见沈荣华:《我国政府机构改革 40 年的启示和新趋向》,载《行政管理改革》2018 年第 10 期。

部门体制要求，对一些职能相近的部门进行整合，实行综合设置，理顺部门职责关系。加强与整合社会管理和公共服务部门的职能调整。围绕转变政府职能和理顺部门职责关系，探索实行职能有机统一的大部门体制，合理配置宏观调控部门职能，加强能源环境管理机构，整合完善工业和信息化、交通运输行业管理体制。[①] 但2008年政府机构改革顺利推进和政府职能转变加快步伐的同时，政府职能整体性、协同性与系统性不足的问题也逐渐显现。为此，党的十八大和十八届二中全会强调继续深化机构改革和职能转变。据此进行的2013年政府机构改革的重点任务，就是在2008年政府机构改革的基础上，继续实施大部制，深入推进政府职能转变。概括而言，2013年政府机构改革，以职能转变为核心，继续简政放权，重点围绕转变职能和理顺职责关系，稳步推进大部制改革，实行铁路政企分开，整合加强卫生和计划生育、食品药品、新闻出版和广播电影电视、海洋、能源管理机构。2003年、2008年、2013年三次政府机构改革的顺利展开，标志着与社会主义市场经济体制相适应的政府机构职能体系框架基本形成。

第四个阶段是政府机构改革系统推进期。党的十八大以来，我国政府机构改革进入新的历史时期。党的十八届三中全会首次提出了“完善和发展中国特色社会主义制度，推进国家治理体系和治理能力现代化”的全面深化改革总目标。国家治理体系和治理能力是一个国家制度和制度执行能力的集中体现，全面深化改革总目标的提出和确立预示着党和国家将以推进治理体系和治理能力现代化为总目标开展新一轮政府机构改革。2015年印发的《法治政府建设实施纲要（2015—2020年）》虽然并未提出政府机构改革具体方案，但明确强调应牢固树立创新、协调、绿色、开放、共享的发展理念，坚持政企分开、政资分开、政事分开、政社分开，简政放权、放管结合、优化服务，理顺政府与市场、政府与社会的关系，切实转变政府职能，依法全面履行宏观调控、市场监管、

---

① 参见罗重谱：《我国大部制改革的政策演进、实践探索与走向判断》，载《改革》2013年第3期。

社会管理、公共服务、环境保护等职责，从而为新一轮政府机构改革指明了基本要义。随着新时代“四个全面”战略布局的深入形成和协调推进，以推进治理体系和治理能力现代化为总目标开展新一轮政府机构改革时机更加成熟。党的十九大报告对深化机构和行政体制改革做出重要部署，明确提出“统筹考虑各类机构设置，科学配置党政部门及内设机构权力、明确职责。统筹使用各类编制资源，形成科学合理的管理体制，完善国家机构组织法。转变政府职能，深化简政放权，创新监管方式，增强政府公信力和执行力，建设人民满意的服务型政府。赋予省级及以下政府更多自主权。在省市县对职能相近的党政机关探索合并设立或合署办公。深化事业单位改革，强化公益属性，推进政事分开、事企分开、管办分离”。[①] 党的十九届三中全会在党的历史上首次专题研究深化党和国家机构改革问题，郑重作出《中共中央关于深化党和国家机构改革的决定》并审议通过《深化党和国家机构改革方案》。2018 年 3 月，第十三届全国人民代表大会第一次会议审议通过《关于国务院机构改革方案的决定》，中共中央随后正式印发《深化党和国家机构改革方案》，这标志着新时代新一轮政府机构改革的全面展开。诚如论者所指出的，深化党和国家机构改革是推进国家治理体系和治理能力现代化的一场深刻变革，是关系党和国家事业全局的重大政治任务。[②] 不同于以往历次政府机构改革，2018 年政府机构改革重心在于着力推进党和国家机构职能优化协同高效发展。《深化党和国家机构改革方案》除了对传统政府机构改革作出调整外，更多是从宏观上对“党和国家机构职能优化协同高效”进行了细化规定。相较以往的政府机构改革方案，《深化党和国家机构改革方案》有三个显著特征：一是进一步明确党对政府机构改革的统一领导地位。加强党的统一领导是此次机构改革的基本

---

① 习近平：《决胜全面建成小康社会 夺取新时代中国特色社会主义伟大胜利——在中国共产党第十九次全国代表大会上的报告》，载《人民日报》2017 年 10 月 28 日版。

② 汪玉凯：《党和国家机构改革与国家治理现代化》，载《中共天津市委党校学报》2018 年第 3 期。

要求,中国共产党对政府的全面领导是深化政府机构改革的根本前提与根本保障。这在方案中主要体现为两个方面:一方面是深化党全面领导政府工作的制度建设;另一方面是加强党对政府工作的领导与指引作用。二是进一步推动党政机构职能协同优化。此次政府机构职能调整与优化并不局限于政府机构职能的重新划分,而是在整体维度上对党与政府机构职能进行宏观判断,依照职能相近或相关的一般标准对政府机构职能加以协同优化。三是深化政府机构"合署办公"制度。在党的十九大报告强调"合署办公"的制度优越性之后,2018 年政府机构改革落实"合署办公"制度。在领导体制机制层面,强调对职责相近的党政机关采取合并设立或合署办公的机构设置,优化部门职责、提高党的统一领导效果;在地方机构管理层面,强调对职能相近的党政机关进行合并设立或合署办公,提高行政管理与执行效能。[①] 在具体的政府机构改革方案中,政府机构设立与调整同样变化明显。2018 年政府机构改革的具体方案呈现出明显有别于以往政府机构改革的新特征:一是国务院机构调整数量变动明显。此次机构改革涉及大量国务院部委调整,除了以"党政分开、政企分开"为改革指导思想的 1998 年国务院机构改革外,此次国务院组成部门变动调整幅度达到近年最高值。二是国务院机构改革仍秉承原有的精简与整合的机构改革思路,对职能涉及领域具有相同性或对具有相似职能的机构进行系统化考量,改变原有机构职能设置。三是强调改革的层次性,明确重点领域与关键环节机构职能的优先级。四是在推进国家治理现代化的总目标指引下强调机构改革的统一性。2018 年政府机构改革在党的统一领导下自上而下全面展开,呈现出明显的体系化与系统化。为确保政府机构改革的有序推进,《深化党和国家机构改革方案》中对地方政府机构改革的推进作出了细化要求,明确地方政府改革整体部署与时间规划。总而言之,2018 年深化党和国家机构改革,对于进一步推进政府机构改革、加快职能转变具有深远

① 参见张力:《党政机关合署办公的标准:功能、问题与重构》,载《政治与法律》2018 年第 8 期。

意义。一方面,强化了党的领导,促使政府机构与其他机构之间在治理体系中的职能配置和职责关系更加清晰,更加协同。另一方面,通过合理配置部门职能,促使政府履行更加科学高效,标志着机构改革全面进入系统化建设阶段。

(二)行政审批制度改革进程

行政审批制度改革是中国式政府机构职能体系现代化的重要面向。行政审批是行政机关依法对社会、经济事务实行事前监督管理的重要手段,行政审批制度是国家行政机关实施行政管理活动的重要方式。[①] 随着政府职能转变与政府机构改革的持续推进,行政审批制度改革也拉开帷幕并深入进行。根据改革目标与内容的逐步深化,改革开放以来的行政审批制度改革进程大体可分为三个阶段。

第一个阶段是行政审批制度改革探索期。当代中国的行政审批制度改革始于党的十一届三中全会后的拨乱反正。改革开放初期,行政审批制度改革的主要做法是下放行政审批权,并通过开展政府机构改革,调整政府机构数量与职能配置。党的十二届三中全会作出《中共中央关于经济体制改革的决定》,有力推动了我国行政审批制度改革的早期进程,使部分领域行政审批流程大幅减少,行政审批周期也大幅缩短。不过由于长期形成的计划经济体制模式已根深蒂固,政府机构烦冗、部门分割的局面难以快速扭转,一定程度上阻碍了行政审批制度改革进程。[②] 这也说明,行政审批制度改革与政府机构改革具有密切的相关性,应予以统筹协调、同步推进。党的十四大提出建立社会主义市场经济体制,随后的行政审批制度改革侧重于经济领域,主要是把属于企业的权利交给企业自我管理,减少对企业的审批事项。由于市场经济体制尚不完善,这一阶段的行政审批制度改革具有局部性,但是在审批事项、审批流程等机制上的探索,推动了行政审批制度改革的进程,为之后行

① 寇炳灿、孔祥敬:《关于行政审批制度改革的动因和目标》,载《中国行政管理》2002 年第 8 期。

② 袁银传:《论平均主义的社会思潮长期存在的社会根源》,载《社会主义研究》2002 年第 2 期。

政审批制度改革正式开启奠定了基础。

第二个阶段是行政审批制度改革开启期。20 世纪 90 年代，在深圳特区行政审批制度改革的示范下，各地区各部门也逐步展开相关改革探索。深圳、海口等市通过制定并落实地方政府审批改革方案，为全国全面开展行政审批制度改革奠定了基础。2001 年，中央成立国务院行政审批制度改革工作领导小组，这标志着我国行政审批制度改革正式开启。以《行政许可法》的颁布为“分水岭”，行政审批制度改革开启期可以细分为两个小阶段。一是行政审批制度改革初启阶段。2001 年 10 月《国务院批转关于行政审批制度改革工作实施意见的通知》对行政审批制度改革明确提出三方面要求：第一，不符合政企分开和政事分开原则、妨碍市场开放和公平竞争以及实际上难以发挥有效作用的行政审批，坚决予以取消。第二，突出强调市场机制作用，可以用市场机制代替的行政审批，应当予以取消。第三，提高行政审批的适用标准。对于确需保留的行政审批，要建立健全监督制约机制。《关于行政审批制度改革工作的实施意见》明确提出以合法原则、合理原则、效能原则、责任原则、监督原则作为行政审批制度改革的基本原则。[①] 这一阶段突出强调对经济事务的行政审批进行改革。二是《行政许可法》实施阶段。2003 年颁布实施的《行政许可法》，是我国行政审批改革的重大法治成果。《行政许可法》系统规定了行政许可的设定与规定、实施机关、实施程序、许可费用、监督检查、法律责任等内容，标志着行政审批活动全面纳入法治化轨道。诚如论者所指出的，“行政审批制度改革应坚持‘以不审批为原则，以审批为例外’的原则，将行政审批尽可能地纳入《行政许可法》的调整范围之内，最大限度地适用《行政许可法》来规范与控制行政审批权”。[②] 此后，党和国家先后进行了数次行政审批制度改革，强调严格依法设定和实施审批事项，创新行政审批服务方式，强化对权力运

① 参见沈岿：《解困行政审批改革的新路径》，载《法学研究》2014 年第 2 期。

② 参见魏琼：《简政放权背景下的行政审批改革》，载《政治与法律》2013 年第 9 期。

行的监督制约，并逐渐形成了审批事项清理、行政审批法治化转变、地方行政审批制度改革三个核心议题。

第三个阶段是行政审批制度改革深化期。党的十八大以来，行政审批制度改革进入深化阶段。党的十八大报告提出的“深化行政审批制度改革，继续简政放权，推动政府职能向创造良好发展环境、提供优质公共服务、维护社会公平正义转变”为新时代行政审批制度改革明确了前进方向，逐渐形成了以“放管服”改革为核心内容的行政审批制度改革路线。① 新时代行政审批制度改革的全面深化可以细分为三个小时期。一是“放管服”形成期。2013 年 5 月，国务院召开全国电视电话会议动员部署国务院机构职能转变工作，时任国务院总理李克强同志发表讲话指出：“要贯彻落实党的十八届二中全会和国务院第一次全体会议精神，处理好政府与市场、政府与社会的关系，把该放的权力放掉，把该管的事务管好，激发市场主体创造活力，增强经济发展内生动力，把政府工作重点转到创造良好发展环境、提供优质公共服务、维护社会公平正义上来”，“行政审批制度改革是转变政府职能的突破口，是释放改革红利、打造中国经济升级版的重要一招”，“改革不仅要取消和下放权力，还要创新和改善政府管理，管住管好该管的事。放和管两者齐头并进”。② 这一重要讲话主要强调“放”和“管”的重要性，虽然没有单独提及“服”，但其核心内涵已经融入对“管”的要求之中，如加强社会管理和公共服务是政府的重要职责。在经济领域简政放权的同时，我们为人民群众提供优质公共服务的职责必须加强。这一阶段形成了“放管服”改革的雏形，基本确定了“放”“管”“服”主要内涵与指向范围。二是“放管服”确定期。2015 年 5 月，时任总理李克强在全国推进简政放权放管结合职能转变工作电视电话会议上首次明确系统提出“放管服”概念，强调指出“当前和今后一个时期，深化行政体制改革、转变政府职能总

---

① 参见李坤轩：《新时代深化“放管服”改革的问题与对策》，载《行政管理改革》2019 年第 6 期。

② 《国务院召开会议部署机构职能转变工作　李克强讲话》，载中国政府网，http://www.gov.cn/ldhd/2013-05/13/content_2401664.htm。

的要求是:简政放权、放管结合、优化服务协同推进,即'放、管、服'三管齐下"。[1] 自此,"放管服"成为行政审批制度改革的核心要求。这一阶段,党和国家在推动清理行政审批事项的同时,强调加大事中事后监管力度,强化政府公共服务的供给。国务院出台了《2015 年推进简政放权放管结合转变政府职能工作方案》《关于"先照后证"改革后加强事中事后监管的意见》《关于实行市场准入负面清单制度的意见》《行政许可标准化指引(2016 版)》等政策文件,进一步夯实了简政放权、放管结合、优化服务的行政审批制度改革路线。[2] 三是"放管服"深化期。以国务院推进政府职能转变和"放管服"改革协调小组成立为标志,"放管服"改革全面纵深推进。2018 年 7 月,为贯彻落实党的十九大和十九届二中、三中全会精神,深入推进简政放权、放管结合、优化服务改革,加快政府职能深刻转变,国务院办公厅印发《关于成立国务院推进政府职能转变和"放管服"改革协调小组的通知》,明确将国务院推进职能转变协调小组的名称改为国务院推进政府职能转变和"放管服"改革协调小组,明确提出以精简行政、优化营商环境、激励创业、深化商事制度、改善社会服务作为下阶段"放管服"改革的具体方向,明确细化了"放权""监管""服务"三大改革方向的落实措施,从而形成了包括"证照分离""多证合一""市场准入负面清单制度"等在内的简政放权改革举措,包括"双随机、一公开""互联网 + 监管""跨部门联合监管"等在内的放管结合举措,包括"全国一体化政务服务平台""推进审批服务便民化""推动健全知识产权保护体系"等在内的优化服务举措,此外还明确要求审批方式按照直接取消审批、审批改为备案、实行告知承诺、优化审批服务 4 种方式分别"进四扇门"。[3] 这一阶段还出台了《优化营商环境条例》

---

① 李克强:《简政放权　放管结合　优化服务　深化行政体制改革　切实转变政府职能——在全国推进简政放权放管结合职能转变工作电视电话会议上的讲话》,载《人民日报》2015 年 5 月 15 日版。

② 参见潘小娟:《政府的自我革命:中国行政审批制度改革的逻辑起点与发展深化》,载《行政管理改革》2021 年第 3 期。

③ 参见马建堂、马骏:《民营企业在构建新发展格局中肩负重大历史使命》,载《经济日报》2020 年 11 月 27 日版。

《国务院办公厅关于印发全国深化"放管服"改革转变政府职能电视电话会议重点任务分工方案的通知》《国务院办公厅关于简化优化公共服务流程方便基层群众办事创业的通知》《国务院关于开展营商环境创新试点工作的意见》《国务院关于在线政务服务的若干规定》《国务院办公厅关于全面实行行政许可事项清单管理的通知》《国务院关于加强和规范事中事后监管的指导意见》《国务院办公厅关于服务"六稳""六保"进一步做好"放管服"改革有关工作的意见》等行政立法与政策文件,有力保障了行政审批制度改革的纵深推进。

(三)权力清单制度改革进程

以转变政府职能为内容、以职能科学为目标的政府机构职能改革一直是我国行政体制改革的主题,权力清单制度则是全面深化政府机构职能改革的重要内容与有力抓手。[①] 以权力清单为载体全面梳理政府职责权限,推动政府与部门职责整合,推动行政审批制度改革,推进中国式政府机构职能体系现代化,是权力清单制度改革的基本逻辑。权力清单制度推进大致分为四个阶段。

第一个阶段是权力清单制度改革萌芽期。权力清单本质上是对行政法律法规中有关行政职权的细化、整合和集中,即通过明确和公开行政权范围的方式,实现控制和规范行政权行使的目的。[②] 权力清单制度改革随着20世纪80年代政府机构改革的方向转型而萌芽,但受制于诸多因素,长期处于较为粗疏的状态。与此同时,以转变政府职能为内容、以职能科学为目标的政府机构职能改革,推动了以行政权的授予和行政机关机构编制为主要内容的行政组织法研究,加速了我国行政组织法体系的发展,也为权力清单制度改革奠定了基本的实定法框架。1979年与1982年分别通过的《地方各级人民代表大会和地方各级人民政府组织法》和《国务院组织法》,是我国行政组织法体系中最重要的两部法

---

① 参见王太高:《我国整体政府思想的形成及其展开——以〈法治政府建设实施纲要(2021—2025年)〉切入》,载《探索与争鸣》2022年第1期。

② 参见王春业:《论地方行政权力清单制度及其法制化》,载《政法论丛》2014年第6期。

律,分别规定了地方各级人民政府和中央人民政府的组织规则。在机构编制方面,国务院分别于 1997 年和 2007 年制定了《国务院行政机构设置和编制管理条例》和《地方各级人民政府机构设置和编制管理条例》。[①] 此外,公共安全领域的《人民警察法》《治安管理处罚法》,卫生健康领域的《基本医疗卫生与健康促进法》《传染病防治法》,市场监管领域的《食品安全法》《药品管理法》,文化建设领域的《公共文化服务保障法》《文物保护法》等部门行政法,包含着大量的涉及政府部门法定职权的法律规范,基本实现了相应政府部门的职权法定。这一阶段虽然没有明确提出"权力清单"的概念,但以法律和行政立法的形式明确了职权法定、权力事项、权力制约等行政组织法基本内容,基本覆盖了权力清单制度的核心要素。这一阶段行政组织法的建立发展,为新时代权力清单制度改革奠定了坚实基础。

第二个阶段是权力清单制度改革确立期。以党的十八届三中全会胜利召开为标志,权力清单制度改革正式确立。党的十八届三中全会明确要求"推行地方各级政府及其工作部门权力清单制度,依法公开权力运行流程",[②]从而在党的中央全会文件中第一次明确了权力清单制度。根据党的十八届三中全会精神,各地区各部门要逐步建立权力清单制度,以清单的形式明确自身的行政权力,有效规范行政机关履行职能、确保在法定范围内行使权力。[③] 诚如论者所指出的,权力清单制度改革的推进,有效地规制了政府的"有形之手",指引并推动了行政审批制度改革。[④] 与此同时,围绕权力清单的行政组织规则属性、行政行为规则属性、行政实体规则属性、行政程序规则属性、行政监督规则属性等议题,我国学界

---

① 参见马怀德:《我国的行政法律制度——十三届全国人大常委会专题讲座第十七讲》,载中国人大网,http://www.npc.gov.cn/npc/c30834/202006/.shtml,最后访问日期:2022 年 5 月 15 日。

② 参见陈坤、仲帅:《权力清单制度对简政放权的价值》,载《行政论坛》2014 年第 6 期。

③ 参见陈坤、仲帅:《权力清单制度对简政放权的价值》,载《行政论坛》2014 年第 6 期。

④ 参见胡税根、徐靖芮:《我国政府权力清单制度的建设与完善》,载《中共天津市委党校学报》2015 年第 1 期。

展开了一系列富有中国特色的理论研讨。①

第三个阶段是权力清单制度改革深化期。权力清单制度改革的实践探索与理论研讨,助推了国家层面的顶层设计。结合实践与理论形成的共识,2015 年 3 月中共中央办公厅、国务院办公厅印发《关于推行地方各级政府工作部门权力清单制度的指导意见》(以下简称《指导意见》)。《指导意见》明确了权力清单制度改革的推进方向,强调各级政府工作部门权力清单制度是党中央、国务院部署的重要改革任务,是国家治理体系和治理能力现代化建设的重要举措;明确了权力清单制度改革的基本要求,要求各项行政职权及其依据、行使主体、运行流程、对应的责任等均应作为清单形式明确列示出来,要通过建立权力清单和相应责任清单制度进一步明确地方各级政府工作部门职责权限,大力推动简政放权,加快形成边界清晰、分工合理、权责一致、运转高效、依法保障的政府职能体系和科学有效的权力监督、制约、协调机制,全面推进依法行政;要求自上而下地推进权力清单制度落实,各地区各部门要逐项列明设定依据,汇总形成部门行政职权目录;各省(自治区、直辖市)政府可参照行政许可、行政处罚、行政强制、行政征收、行政给付、行政检查、行政确认、行政奖励、行政裁决和其他类别的分类方式,结合本地实际,制定统一规范的分类标准,明确梳理的政策要求。《指导意见》还要求建立权力清单动态调整机制,各地区各部门要在全面梳理基础上,按照职权法定原则,对现有行政职权进行清理、调整。《法治政府建设实施纲要(2015—2020 年)》明确提出了大力推行权力清单、责任清单、负面清单制度并实行动态管理的重点任务,要求"在全面梳理、清理调整、审核确认、优化流程的基础上,将政府职能、法律依据、实施主体、职责权限、管理流程、监督方式等事项以权力清单的形式向社会公开,逐一厘清与行政权力相对应的责任事项、责任主体、责任方式",还要求"省级政府 2015 年年底前、市县两级政府 2016 年年底前基本完成政府工作部门、

① 参见关保英:《权力清单的行政法价值研究》,载《江汉论坛》2015 年第 1 期。

依法承担行政职能的事业单位权力清单的公布工作。开展编制国务院部门权力和责任清单试点。实行统一的市场准入制度，在制定负面清单基础上，各类市场主体可依法平等进入清单之外领域。建立行政事业性收费和政府性基金清单制度，清理取消不合法、不合规、不合理的收费基金项目，公布全国性、中央部门和单位及省级收费目录清单，减轻企业和公民负担”。[①] 这些规定无疑有助于推动权力清单制度改革在各地区各部门的落地落实落细。

第四个阶段是权力清单制度改革升级期。在党和国家机构改革的大背景下，2018 年年初，中央编办和国务院原法制办联合印发《关于深入推进和完善地方各级政府工作部门权责清单制度的指导意见》，标志着权力清单制度改革进入转型升级期。该意见对推行权力清单制度改革面临的各地清单标准规范不统一、内容差异较大、权责事项不对等、监督问责不具体、清单实用性不强等现实问题进行了系统回应和全面部署。一是积极推进权责清单标准化规范化建设。在省（区、市）范围内推进权责清单标准化规范化建设，将权责事项分解为颗粒化的最小运行单元，探索条块结合的清单编制方式。二是全面实现权责清单两单融合。构建权责匹配、简明实用的清单模式，逐项明确责任主体、问责依据、追责情形及免责情形等，实现“一表两单”。三是不断完善权责清单动态管理机制，健全权责清单动态管理工作机制。明确调整权限、时限和程序，确保权责清单的权威性、时效性和准确性。四是充分发挥权责清单制度的基础性制度效用，积极拓展权责清单应用形式和应用范围。五是注重强化权责清单制度的便民性。以服务为导向，对权责清单进行梳理，提炼出与企业群众关系最密切的行政职权事项。六是推动权责清单与“三定”规定有机结合。将推行权责清单制度与修订完善“三定”规定有机结合，推进“三定”规定的升级改造。七是强调切实落实权责清单执行情况监督问责。强化对权责清单执行情况的监督问责，明确监督

---

① 《法治政府建设实施纲要（2015—2020 年）》，载《人民日报》2015 年 12 月 28 日版。

问责的主体、流程、措施，确保清单制度的严肃性和权威性。该意见的出台有力推动了地方政府权责清单制度的转型升级，各级地方政府随后通过地方政府规章、地方政府规范性文件等方式，持续优化权责清单制度和事项。[①] 在这一阶段，权力清单制度整体性地转型升级为权责清单制度，以提高公共服务效率效能为目标，通过简化清单内容和形式、流程再造以及数字化治理手段持续深入推进。[②]

综上所述，要实现推进国家治理现代化的总目标，必然要求推进政府机构职能体系现代化，政府机构改革、行政审批制度改革以及权力清单制度改革则构成了推进政府机构职能体系现代化的三股核心力量。在改革开放以来尤其是党的十八大以来的政府机构改革、行政审批制度改革以及权力清单制度改革进程中，我国政府机构职能体系不断优化协同高效，优化营商环境等具体落实机制也不断创新发展，适应新时代要求的政府机构职能体系现代化框架已经基本建立。

三、政府机构职能体系现代化的重点任务

中国式政府机构职能体系现代化是中国特色社会主义行政体制现代化的重要组成部分，也是法治政府建设的首要任务和基础工程。[③] 政府机构职能体系现代化要始终回应党和国家工作中心转移、社会主义市场经济发展和各方面工作不断深入的需要。面对新时代新形势新任务提出的新要求，现阶段我国的政府机构职能体系和职能配置还不完全适应，也无法充分适应于国家治理体系和治理能力现代化的改革进程。具

---

① 如《广东省人民政府关于调整实施一批省级权责清单事项的决定》（广东省人民政府令第270号）、《汕头市人民政府关于将一批市级权责清单事项调整由区（县）实施的决定》（汕头市人民政府令第197号）、《银川市人民政府关于公布市本级权责清单动态调整结果的决定》（银政发〔2021〕88号）、《广西壮族自治区人民政府关于公布自治区部门权责清单的通知》（桂政发〔2020〕6号）等。

② 参见王太高：《我国整体政府思想的形成及其展开——以〈法治政府建设实施纲要（2021—2025年）〉切入》，载《探索与争鸣》2022年第1期。

③ 文宏、林仁镇：《中国特色现代化治理体系构建的实践探索》，载《社会科学战线》2020年第4期。

体而言,政府机构职能体系现代化框架虽已基本建立,但政府机构职能重叠、职责交叉、权责脱节仍然存在;政府机构设置和职责划分不够科学,职责缺位和效能不高问题仍待提高;中央和地方机构职能权责划分不合理,基层机构设置权力配置有待完善等问题仍然制约影响着我国的政府机构职能体系现代化。持续深入推进政府机构职能体系现代化,是新发展阶段中国式行政法治现代化的必然要求。党的十九届四中全会明确以完善国家行政体制、优化政府职责体系、优化政府组织结构、健全充分发挥中央和地方两个积极性体制机制作为完善中国特色社会主义行政体制,构建职责明确、依法行政的政府治理体系的重点任务。①《法治政府建设实施纲要(2021—2025 年)》针对政府机构职能体系现代化提出了“坚持法定职责必须为、法无授权不可为,着力实现政府职能深刻转变,把该管的事务管好、管到位,基本形成边界清晰、分工合理、权责一致、运行高效、法治保障的政府机构职能体系”的总体要求,②并从推进政府机构职能优化协同高效、全面实行政府权责清单制度、深入推进“放管服”改革等方面系统部署了建设举措,从而为“十四五”时期推进中国式政府机构职能体系现代化,推动更好发挥政府作用指明了前进方向,明确了重点任务。③

(一)推动政府机构优化协同高效

党的十九大把“着力增强改革系统性、整体性、协同性”作为全面深化改革取得重大突破的一项重要经验,把“更加注重改革的系统性、

---

① 《中共中央关于坚持和完善中国特色社会主义制度 推进国家治理体系和治理能力现代化若干重大问题的决定》,人民出版社 2019 年版,第 15 ~ 18 页。

② 参见《法治政府建设实施纲要(2021—2025 年)》,载《人民日报》2021 年 8 月 12 日版。

③ 《法治政府建设实施纲要(2021—2025 年)》在“健全政府机构职能体系,推动更好发挥政府作用”部分安排部署了推进政府机构职能优化协同高效、深入推进“放管服”改革、持续优化法治化营商环境 3 个方面的建设举措。参见《法治政府建设实施纲要(2021—2025 年)》,载《人民日报》2021 年 8 月 12 日版。但从法治政府建设工作实际来看,全面实行政府权责清单制度、加强事中事后监管和加快建设服务型政府也具有相对独立性。考虑到突出主线和重点,本部分着重从推动政府机构优化协同高效、全面实行政府权责清单制度、深入推进“放管服”改革和持续优化法治化营商环境 4 个方面解读和建言新发展阶段政府机构职能体系现代化的重点任务。

整体性、协同性”写入党章，具有重要指导意义。[①] 党的十九届四中全会《决定》明确提出：“以推进国家机构职能优化协同高效为着力点，优化行政决策、行政执行、行政组织、行政监督体制。”[②]《深化党和国家机构改革方案》明确要求：“以推进党和国家机构职能优化协同高效为着力点，改革机构设置，优化职能配置，深化转职能、转方式、转作风，提高效率效能，积极构建系统完备、科学规范、运行高效的党和国家机构职能体系。”[③]根据《法治政府建设实施纲要（2021—2025年）》的具体安排，新发展阶段推动政府机构优化协同高效要着力做好如下工作。

第一，推动机构设置更加科学、职能更加优化、权责更加协同。政府机构是政府职能的直接载体，是行政权力行使的重要基础，也是政府组织结构的最小单位。优化政府组织结构的首要任务就是优化政府机构职能。《法治政府建设实施纲要（2021—2025 年）》明确要求：“坚持优化政府组织结构与促进政府职能转变、理顺部门职责关系统筹结合，使机构设置更加科学、职能更加优化、权责更加协同。”[④]这就指明了优化政府组织结构的着力点，即优化政府组织结构要与促进政府职能转变、理顺部门职责相统筹。优化就是机构职能要科学合理、权责一致；统筹就是要有统有分、有主有次，要把完善政府组织结构同促进政府职能转变、理顺部门职责关系统筹结合，进一步促进内部机构、职责和业务的有机融合。[⑤] 在具体落实中，一是要加强部门间领导和管理机制建设，减少行政管理层次，精干设置机构，实行扁平化管理，构建起上下贯通、运行顺畅、充满活力、令行禁止的组织体系，从制度机制上深入规范和理顺部门间领导和管理关系。二是要以“三定”

① 参见郑新立：《增强改革的系统性整体性协同性》，载《红旗文稿》2018 年第 4 期。

② 《中共中央关于坚持和完善中国特色社会主义制度　推进国家治理体系和治理能力现代化若干重大问题的决定》，人民出版社 2019 年版，第 16 页。

③ 《中共中央印发〈深化党和国家机构改革方案〉》，载《人民日报》2018 年 3 月 22 日版。

④ 《法治政府建设实施纲要（2021—2025 年）》，载《人民日报》2021 年 8 月 12 日版。

⑤ 参见牛占华：《优化政府组织结构》，载《经济日报》2019 年 12 月 9 日版。

规定落实促进部门履职尽责，组织开展机构改革检查评估，加强职责界定、机构调整、编制划转、人员转隶、事业单位同步划转，使机构设置更加科学、职能更加优化、权责更加协同。三是要强化维护宪法和法律权威的自觉意识，推进机构、职能、权限、程序、责任法定化，依法全面履行政府职能，不断增强政府机关及其工作人员用法治思维和法治方式履职的能力。

第二，推动有效市场和有为政府更好结合。推进政府机构优化协同高效需要进一步厘清政府和市场、政府和社会的关系。习近平总书记强调指出："坚持社会主义市场经济改革方向，核心问题是处理好政府和市场的关系，使市场在资源配置中起决定性作用和更好发挥政府作用。"[①]党的十九届四中全会明确要求："优化政府职责体系。完善政府经济调节、市场监管、社会管理、公共服务、生态环境保护等职能，实行政府权责清单制度，厘清政府和市场、政府和社会关系。深入推进简政放权、放管结合、优化服务，深化行政审批制度改革，改善营商环境，激发各类市场主体活力"，"严格市场监管、质量监管、安全监管，加强违法惩戒。完善公共服务体系，推进基本公共服务均等化、可及性。建立健全运用互联网、大数据、人工智能等技术手段进行行政管理的制度规则"。[②]《法治政府建设实施纲要（2021—2025 年）》就此提出了两个方面的具体要求。一方面，要完善经济调节、市场监管、社会管理、公共服务、生态环境保护等职能，厘清政府和市场、政府和社会关系，推动有效市场和有为政府更好结合。这也是对《国务院机构改革方案》提出的围绕推动高质量发展，建设现代化经济体系，加强和完善政府经济调节、市场监管、社会管理、公共服务、生态环境保护职能重要要求的重申与细化。另一方面，要强化制定实施发展战略、规划、政策、标准等职能，更加

---

① 习近平：《切实把思想统一到党的十八届三中全会精神上来》，载《人民日报》2014 年 1 月 1 日版。

② 《中共中央关于坚持和完善中国特色社会主义制度　推进国家治理体系和治理能力现代化若干重大问题的决定》，人民出版社 2019 年版，第 17 页。

注重运用法律和制度遏制不当干预微观经济活动的行为。

第三，推动构建简约高效的基层管理体制。推动政府机构优化协同高效应着眼于服务方便人民群众、符合基层事务特点，按照构建简约高效的基层管理体制改革方向进行调整。① 习近平总书记强调指出："深化党和国家机构改革，是要统筹推进脖子以上机构改革和脖子以下机构改革，充分发挥中央和地方两个积极性，构建从中央到地方各级机构政令统一、运行顺畅、充满活力的工作体系。不同层级各有其职能重点，对那些由下级管理更为直接高效的事务，应该赋予地方更多自主权。"②《法治政府建设实施纲要（2021—2025 年）》据此明确要求构建简约高效的基层管理体制，实行扁平化和网格化管理。③

第四，推进编制资源向基层倾斜。加强基层治理队伍建设是加强基层治理现代化的重要组织保障，也是政府机构职能体系现代化的重要基础工作。《法治政府建设实施纲要（2021—2025 年）》明确要求："推进编制资源向基层倾斜，鼓励、支持从上往下跨层级调剂使用行政和事业编制。"④《关于加强基层治理体系和治理能力现代化建设的意见》进一步要求"深化基层机构改革，统筹党政机构设置、职能配置和编制资源，设置综合性内设机构。除党中央明确要求实行派驻体制的机构外，县直部门设在乡镇（街道）的机构原则上实行属地管理。继续实行派驻体制的，要纳入乡镇（街道）统一指挥协调"。⑤

（二）全面实行政府权责清单制度

政府权责清单制度是贯彻落实党的十九届三中、四中全会精神的重要举措，是党中央、国务院部署的重要改革任务，也是推进国家治理体系

---

① 参见牛占华：《优化政府组织结构》，载《经济日报》2019 年 12 月 9 日版。

② 习近平：《关于深化党和国家机构改革决定稿和方案稿的说明》，载共产党员网，http://www.tjnhdj.gov.cn/ftz/djzc/201804/t20180417_3008549.html。

③ 《法治政府建设实施纲要（2021—2025 年）》，载《人民日报》2021 年 8 月 12 日版。

④ 《法治政府建设实施纲要（2021—2025 年）》，载《人民日报》2021 年 8 月 12 日版。

⑤ 《关于加强基层治理体系和治理能力现代化建设的意见》，载《人民日报》2021 年 4 月 28 日版。

和治理能力现代化的重要基础性制度。与此同时，政府权责清单制度是政府权力清单制度的转型升级，是推动政府机构优化协同高效的重要举措。全面实行政府权责清单制度，应"正确处理权责法定与法治政府建设、权责调整与行政生态发展、权责透明与腐败风险防控的关系，推进政府权责清单制度落地生根、全面提升政府权责制度的治理效能"。[①]《法治政府建设实施纲要（2021—2025 年）》明确要求："全面实行政府权责清单制度，推动各级政府高效履职尽责。"[②]

第一，按时编制完成国务院部门权责清单。"权责清单制度是简政放权、依法行政和政府信息公开的延续与深化，是中国试图给出的建构现代政府的重要方案，其制度精神表现为划定政府权力边界、消除设租寻租空间和塑造有为敢为政府相统一、深化政府信息公开与保障社会知情权相统一、权责清单制度建设与全面推进依法行政相统一。"[③]《法治政府建设实施纲要（2021—2025 年）》明确要求："2022 年上半年编制完成国务院部门权责清单。"[④]这是一项时间紧迫、要求明确的重点任务。在国务院部门权责清单编制实践中，要按照权力责任相对应的原则，在权力清单基础上进一步梳理、明晰、界定与行政职权事项相对应的责任事项，逐项明确责任主体、问责依据、追责情形及免责情形。

第二，建立健全权责清单配套机制和办法。《法治政府建设实施纲要（2021—2025 年）》明确要求："建立公开、动态调整、考核评估、衔接规范等配套机制和办法。"[⑤]一是完善权责清单公开机制。应在门户网站、本地区法制监督网站和办事大厅、服务窗口等场所向社会公布权责清单。二是健全权责清单动态管理工作机制。权责清单并不是静态目

---

① 参见王婷、黄科：《推进政府权责清单制度改革》，载《新华日报》2021 年 7 月 21 日版。
② 《法治政府建设实施纲要（2021—2025 年）》，载《人民日报》2021 年 8 月 12 日版。
③ 参见唐亚林、刘伟：《权责清单制度：建构现代政府的中国方案》，载《学术界》2016 年第 12 期。
④ 《法治政府建设实施纲要（2021—2025 年）》，载《人民日报》2021 年 8 月 12 日版。
⑤ 《法治政府建设实施纲要（2021—2025 年）》，载《人民日报》2021 年 8 月 12 日版。

录,它会随着简政放权、机构改革等因素而调整变化。[①] 要对权责清单实行动态管理,根据行政职权的新增、取消、下放等情况及时对权责清单进行完善,明确调整权限、时限和程序,确保权责清单的权威性、时效性和准确性。三是完善权责清单考核评估机制。要探索实行实时调整和定期集中调整相结合,适时开展对行政职权运行情况的评估,继续清理削减不合时宜的行政职权。四是完善权责清单衔接配套机制。对于下放的事项要做好承接能力评估,加强工作指导和衔接,完善财政资金、人员力量、硬件设施等方面的配套措施,创造必要条件确保下放的事项能够接得住管得好。

第三,调整完善地方各级政府部门权责清单。过去数年来,政府部门权责清单制定工作取得了重要进展,积累了重要经验,同时也存在标准不一、规范不够、缺项增项等问题亟待解决。《法治政府建设实施纲要(2021—2025 年)》明确要求:"调整完善地方各级政府部门权责清单,加强标准化建设,实现同一事项的规范统一。"[②]在具体落实中,要严格按照现行法律、法规和规章规定梳理地方各级政府部门权责清单,做到行政职权的行使主体、事项、依据、流程、岗位、责任明确。各省(区、市)要组织研究制定权责清单标准化编制规范,编制权责事项通用参考目录,形成统一的地方政府部门权责清单内容格式。

第四,严格执行市场准入负面清单。负面清单管理模式是我国深化市场准入制度改革的一个重要突破口,是我国全面深化改革的重要内容之一,也是我国建立现代化治理体系的重要内容。[③]《法治政府建设实施纲要(2021—2025 年)》明确要求:"严格执行市场准入负面清单,普遍落实'非禁即入'。"[④]在具体落实中,一是要坚决维护市场准入负面清单制度的统一性、严肃性和权威性,做好市场准入负面清单与行政审批

① 参见徐军:《权责清单动态管理机制研究》,载《管理观察》2018 年第 27 期。

② 《法治政府建设实施纲要(2021—2025 年)》,载《人民日报》2021 年 8 月 12 日版。

③ 参见王利明:《负面清单管理模式与私法自治》,载《中国法学》2014 年第 5 期。

④ 《法治政府建设实施纲要(2021—2025 年)》,载《人民日报》2021 年 8 月 12 日版。

事项清单、《产业结构调整指导目录》、《政府核准的投资项目目录》以及与依据法律、行政法规、国务院决定设定的市场准入管理事项的衔接。二是要建立健全与市场准入负面清单制度相适应的准入机制，完善与市场准入负面清单制度相适应的审批体制。尤其要注意的是，各地区各部门不得自行发布市场准入性质的负面清单。三是要建立健全与市场准入负面清单制度相适应的监管机制，如社会信用体系和激励惩戒机制、信息公示制度和信息共享制度等。四是要完善与市场准入负面清单制度相应的法律法规体系。

（三）深入推进“放管服”改革

深化“放管服”改革是一场牵一发而动全身的深刻变革，是构建现代政府治理体系的重要抓手，也是推进中国式政府机构职能体系现代化的重要举措。[①] 国际竞争的加剧与国内竞争的深化，都要求通过“放管服”改革推进政府机构职能体系建设步伐。《法治政府建设实施纲要（2021—2025年）》明确了新发展阶段深化“放管服”改革的具体行动路线。结合国务院办公厅《关于服务“六稳”“六保”进一步做好“放管服”改革有关工作的意见》等政策文件，深入推进“放管服”改革应继续围绕推进简政放权、放管结合、优化政务服务加以展开。

第一，深化简政放权，改革行政审批制度。简政放权是政府的自身革命，应始终“以群众需求为导向、从反映强烈的突出问题入手，确定深化改革的重点、措施和路径，更为精准、精细地清除阻碍创新发展的‘堵点’、影响干事创业的‘痛点’和监管服务的‘盲点’”。[②] 根据《法治政府建设实施纲要（2021—2025年）》等部署安排，在具体落实中，一是要分级分类推进行政审批制度改革。编制公布中央层面设定的行政许可事项清单，大幅精简各类重复审批，清理不必要的审批。二是要依托全国一体化政务服务平台等渠道，全面推行审批服务“马上办、网上办、就近

① 参见李军鹏：《十九大后深化放管服改革的目标、任务与对策》，载《行政论坛》2018年第2期。
② 李克强：《简政放权 放管结合 优化服务》，载《中国行政管理》2015年第6期。

办、一次办、自助办”。三是要坚决防止以备案、登记、行政确认、征求意见等方式变相设置行政许可事项。推行行政审批告知承诺制。大力归并减少各类资质资格许可事项,降低准入门槛。四是要有序推进“证照分离”改革全覆盖,将更多涉企经营许可事项纳入改革。五是要积极推进“一业一证”改革,探索实现“一证准营”、跨地互认通用。六是要深化投资审批制度改革,推进投资领域行政执法监督,全面改善投资环境。七是要全面落实证明事项告知承诺制,新设证明事项必须有法律法规或者国务院决定依据。

第二,坚持放管结合,创新政府监管方式。深化行政体制改革、转变政府职能,不仅要取消和下放权力,还要改善和加强政府管理。要转变监管理念,强化法治、公平、责任意识,“政府监管要‘居敬行简’,不扰民、不烦民但法度不缺”,该放给市场和社会的权一定要放足、放到位,该政府管的事一定要管好、管到位。[①]《法治政府建设实施纲要(2021—2025 年)》明确了新发展阶段转变监管理念、创新监管方式的重点任务,强调推动政府管理依法进行,把更多行政资源从事前审批转到事中事后监管上来,落实监管责任,健全监管规则,创新监管方式,加快构建权责明确、公平公正、公开透明、简约高效的事中事后监管体系,形成市场自律、政府监管、社会监督互为支撑的协同监管格局。在具体落实中,一是健全以“双随机、一公开”监管和“互联网 + 监管”为基本手段、以重点监管为补充、以信用监管为基础的新型监管机制。持续完善“双随机、一公开”监管相关配套制度和工作机制,健全跨部门随机抽查事项清单;持续深化“互联网 + 监管”,依托国家“互联网 + 监管”系统,加强监管信息归集共享;持续加大对重点领域的监管力度;对直接涉及公共安全和人民群众生命健康等特殊重点领域,依法依规实行全覆盖的重点监管;持续提升信用监管效能,推进信用分级分类监管,依据企业信用情况,在

① 李克强:《简政放权　放管结合　优化服务》,载《中国行政管理》2015 年第 6 期。

监管方式、抽查比例和频次等方面采取差异化措施。二是推进线上线下一体化监管，完善与创新创造相适应的包容审慎监管方式。对新技术、新产业、新业态、新模式，要按照鼓励创新原则，留足发展空间，同时坚守质量和安全底线，严禁简单封杀或放任不管。要推进线上线下一体化监管，统一执法标准和尺度。三是提高监管精准化水平。一方面，要明确监管对象和范围，严格按照法律法规和"三定"规定明确的监管职责和监管事项，依法对市场主体进行监管，做到监管全覆盖，杜绝监管盲区和真空。另一方面，要厘清监管事权，各部门要充分发挥在规则和标准制定、风险研判、统筹协调等方面的作用，指导本系统开展事中事后监管。四是健全监管规则和标准。分领域制定全国统一、简明易行的监管规则和标准。一方面，全面梳理各级政府和部门职责范围内的监管事项，明确监管主体、监管对象、监管措施、设定依据、处理方式等内容，提升监管规范化、标准化水平。另一方面，加快建立完善各领域国家标准和行业标准，明确市场主体应当执行的管理标准、技术标准、安全标准、产品标准，严格依照标准开展监管，做到标准公开、规则公平、预期合理、各负其责。

第三，优化政务服务，提升政府服务水平。持续优化政务服务是便利企业和群众生产经营与办事创业、畅通国民经济循环、加快构建新发展格局的重要支撑，是推动政府机构职能体系现代化、推进国家治理现代化的内在要求。[①] 政府要创新服务方式、提高服务效能，为企业发展和群众办事增便利。党的十八大以来，各地区各部门认真贯彻党中央、国务院决策部署，深入推进政务服务改革，积极探索创新审批服务便民化措施，企业和群众获得感不断增强。同时，实践中仍存在政务服务标准不统一、线上线下服务不协同、数据共享不充分、区域和城乡政务服务发展不平衡等问题。根据《法治政府建设实施纲要（2021—2025 年）》

---

① 参见李克强：《简政放权　放管结合　优化服务》，载《中国行政管理》2015 年第 6 期。

的规定，在具体落实中，一是要全面提升政务服务水平，规范审批服务行为。推进政务服务事项依法依规办理，严格按照政务服务事项实施清单提供办事服务，不得额外增加或变相增加办理环节和申请材料。严格执行首问负责、一次性告知和限时办结等制度。二是要实现政务服务中心综合窗口全覆盖，全国一体化政务服务平台全面建成。“一网通办”服务能力要显著增强，企业和群众经常办理的政务服务事项要实现“跨省通办”。三是要大力推行“一件事一次办”，推进政务服务事项集成化办理。推动关联性强、办事需求量大、企业和群众获得感强的多个跨部门、跨层级政务服务事项集成化办理，提供主题式、套餐式服务。四是要推进线上线下深度融合，增强全国一体化政务服务平台服务能力，优化整合提升各级政务大厅“一站式”功能，全面实现政务服务事项全城通办、就近能办、异地可办。五是要坚持传统服务与智能创新相结合。推进各级政府网站、政务服务平台适老化、无障碍改造，充分保障老年人基本服务需要。

（四）持续优化法治化营商环境

打造法治化营商环境是市场经济的内在要求，也是中国式政府机构职能体系现代化的重要指向。优化营商环境应当坚持市场化、法治化、国际化原则，以市场主体需求为导向，以深刻转变政府职能为核心，创新体制机制、强化协同联动、完善法治保障，对标国际先进水平，为各类市场主体投资兴业营造稳定、公平、透明、可预期的良好环境。[①]《法治政府建设实施纲要（2021—2025年）》明确要求：“紧紧围绕贯彻新发展理念、构建新发展格局，打造稳定公平透明、可预期的法治化营商环境。”[②]新发展阶段持续深化法治化营商环境建设意义重大。2022年《政府工作报告》进一步强调了优化法治化营商环境的重要性。

---

① 袁莉：《新时代营商环境法治化建设研究：现状评估与优化路径》，载《学习与探索》2018年第11期。

② 《法治政府建设实施纲要（2021—2025年）》，载《人民日报》2021年8月12日版。

在具体落实中，一是要深入实施《优化营商环境条例》。《优化营商环境条例》是法治营商环境建设的核心指导纲领与行动准则，要严格依照《优化营商环境条例》推进法治营商环境。二是要及时总结各地优化营商环境可复制可推广的经验做法，适时上升为法律法规制度。一方面，要形成中央与地方的良性互动，需要形成改革探索与规则制定的良性互动，更深度契合创业创新的需求，更好释放市场和社会的活力。另一方面，要加强政企沟通，在制定修改行政法规、规章、行政规范性文件过程中充分听取企业和行业协会商会意见。对于各地的经验，应及时提炼总结推广，应予以法治化和制度化，打造稳定公平透明、可预期的法治化营商环境。三是要依法平等保护各种所有制企业产权和自主经营权。构建亲清政商关系，健全政府守信践诺机制，建立政府承诺合法性审查制度和政府失信补偿、赔偿与追究制度。完善产权保护制度，强化知识产权保护。规范罚款行为，全面清理取消违反法定权限和程序设定的罚款事项，从源头上杜绝乱罚款。严格落实重大行政决策程序，增强公众参与实效。全面建立重大政策事前评估和事后评价制度，推进评估评价标准化、制度化、规范化，切实防止滥用行政权力排除、限制竞争行为。四是要健全外商投资准入前国民待遇加负面清单管理制度，在创新发展服务贸易、数字贸易等领域推进实施跨境服务贸易负面清单，深化通关便利化改革，释放效能，以及深入实施外资准入负面清单，落实好外资企业国民待遇。完善负面清单机制与模式，推动规则、规制、管理、标准等制度型开放，持续提供正向效能。五是要加强和改进反垄断与反不正当竞争执法。坚持对各类市场主体一视同仁、同等对待，稳定市场主体预期。清理规范涉企收费，健全遏制乱收费、乱摊派的长效机制，着力纠正各类中介垄断经营、强制服务等行为。六是要强化公平竞争审查制度刚性约束。建立举报处理和回应机制。着力清理取消企业在资质资格获取、招投标、政府采购、权益保护等方面存在的差别化待遇，防止滥用行政权力通过划分企业等级、增设证明事项、设立项目库、注册、认证、认定等形式排除和限制竞争的行为。建立招标计划提前发布制度，推进招投标全流程电子化改革。及时清理废除妨碍统一市场和公平竞争的各种规定和做法，推动形成统一开放、竞争有序、制度完备、治理完善的高标准市场体系。

四、本章小结

党的二十大报告总结回顾了“新一轮党和国家机构改革全面完成，中国特色社会主义制度更加成熟更加定型，国家治理体系和治理能力现代化水平明显提高”等新时代政府治理领域全面深化改革伟大成就，进而面向全面建设社会主义现代化国家新征程，明确提出了“转变政府职能，优化政府职责体系和组织结构，推进机构、职能、权限、程序、责任法定化，提高行政效率和公信力”的战略任务。① 在深化党和国家机构改革总结会议上，习近平总书记指出：“深化党和国家机构改革是放在全面深化改革大盘子里谋划推进的，是我们打的一次全面深化改革的战略性战役。要用好机构改革创造的有利条件，推动全面深化改革向纵深发展，以深化党和国家机构改革新成效，推动开创全面深化改革新局面。”②政府机构职能体系现代化是中国式行政法治现代化的首要任务和基础工程。新发展阶段推进政府机构职能体系现代化的主要目标是坚持法定职责必须为、法无授权不可为，着力实现政府职能深刻转变，把该管的事务管好、管到位，基本形成边界清晰、分工合理、权责一致、运行高效、法治保障的政府机构职能体系，其中蕴含着深刻的政府机构职能体系现代化法治原理。改革开放以来，特别是党的十八大以来，以政府机构改革、行政审批制度改革、权力清单制度改革为核心内容的政府机构职能体系现代化法治进程不断深化，党和国家机构改革取得一系列重

① 习近平：《高举中国特色社会主义伟大旗帜　为全面建设社会主义现代化国家而团结奋斗——在中国共产党第二十次全国代表大会上的报告》，人民出版社2022年版，第9、41页。

② 《习近平出席深化党和国家机构改革总结会议并发表重要讲话》，载《党史文苑》2019年第8期。

要成果,适应新时代要求的政府机构职能体系框架已经基本建立。新发展阶段深入推进中国式政府机构职能体系现代化,要根据《法治政府建设实施纲要(2021—2025年)》的部署安排,从推动政府机构优化协同高效、全面实行政府权责清单制度、深入推进“放管服”改革和持续优化法治化营商环境等方面深入落实重点任务,为开启全面建设社会主义现代化国家新征程提供坚强的政府机构职能保障。

第四章　中国式依法行政制度体系现代化

古人云:“经国序民,正其制度。”依法行政制度体系作为中国特色社会主义法律体系的重要组成部分,是推进政府治理现代化的重要抓手和可靠保障。党和国家高度重视依法行政制度体系建设。改革开放以来,党中央国务院逐步确立依法治国基本方略,特别是制定出台《全面推进依法行政实施纲要》,对提高制度建设质量提出明确要求,为新时代深入推进依法行政制度体系现代化奠定了重要基础。党的十八大报告明确提出:“要推进科学立法、严格执法、公正司法、全民守法,坚持法律面前人人平等,保证有法必依、执法必严、违法必究。完善中国特色社会主义法律体系,加强重点领域立法,拓展人民有序参与立法途径。”[①]党的十八届四中全会明确要求:“建设中国特色社会主义法治体系,必须坚持立法先行,发挥

---

① 胡锦涛:《坚定不移沿着中国特色社会主义道路前进　为全面建成小康社会而奋斗——在中国共产党第十八次全国代表大会上的报告》,载《人民日报》2012年11月8日版。

立法的引领和推动作用，抓住提高立法质量这个关键。要恪守以民为本、立法为民理念，贯彻社会主义核心价值观，使每一项立法都符合宪法精神、反映人民意志、得到人民拥护。要把公正、公平、公开原则贯穿立法全过程，完善立法体制机制，坚持立改废释并举，增强法律法规的及时性、系统性、针对性、有效性。”[①]在中央全面依法治国工作会议上，习近平总书记强调指出：“要加快形成完备的法律规范体系、高效的法治实施体系、严密的法治监督体系、有力的法治保障体系，形成完善的党内法规体系”，“要积极推进国家安全、科技创新、公共卫生、生物安全、生态文明、防范风险、涉外法治等重要领域立法”，“要坚持全面推进科学立法、严格执法、公正司法、全民守法”，“要用法治给行政权力定规矩、划界限”。[②] 这一系列重要论述为中国式依法行政制度体系现代化提供了根本遵循，也为新时代法治政府建设提出了重大理论命题和实践要求。在习近平法治思想的科学指引下，中国式行政法治现代化突出强调推进依法行政制度体系现代化，科学立法、民主立法、依法立法的法治要义高度彰显，政府立法质量和效率并重并进，现代化的依法行政制度体系建设深入推进。

一、依法行政制度体系现代化的法治要义

依法行政制度体系现代化是政府治理体系现代化的重要保障。[③] 2004 年印发的《全面推进依法行政实施纲要》专章部署安排提高制度建设质量，勾勒出依法行政制度体系的基本框架。党的十八大以来，党和国家全面加强依法行政制度体系建设顶层设计，并提出明确要求、作出

---

① 《中共中央关于全面推进依法治国若干重大问题的决定》，载《人民日报》2014 年 10 月 29 日版。

② 习近平：《坚定不移走中国特色社会主义法治道路 为全面建设社会主义现代化国家提供有力法治保障》，载《求是》2021 年第 5 期。

③ 胡宁生：《国家治理现代化：政府、市场和社会新型协同互动》，载《南京社会科学》2014 年第 1 期。

系列部署。2015 年印发的《法治政府建设实施纲要(2015—2020 年)》将完善依法行政制度体系确立为法治政府建设的重要衡量标准,并为之明确具体目标任务和建设举措。伴随《立法法》《行政法规制定程序条例》《规章制定程序条例》等法律法规的修改实施,特别是党和国家机构改革的深入推进,中国式依法行政制度体系现代化的宗旨目标、基本原则、体制机制、重点任务和工作要求更加清晰明确。在习近平法治思想的科学指引下,2021 年印发的《法治政府建设实施纲要(2021—2025 年)》明确提出:"坚持科学立法、民主立法、依法立法,着力实现政府立法质量和效率并重并进,增强针对性、及时性、系统性、可操作性,努力使政府治理各方面制度更加健全、更加完善。"①这不仅为新发展阶段的中国式依法行政制度体系现代化提供了操作指南,而且为之明确了坚持科学立法、民主立法、依法立法的核心要义。

(一)坚持科学立法

坚持科学立法是中国式依法行政制度体系现代化的首要要求。2000 年制定的《立法法》第 6 条规定:"立法应当从实际出发,科学合理地规定公民、法人和其他组织的权利与义务、国家机关的权力与责任。"党的十七大报告明确提出"坚持科学立法"。党的十八大以来,坚持科学立法更加受到高度重视。习近平总书记在系列重要讲话中,将科学立法明确为新时代法治建设"新十六字方针"的首要内容。遵循习近平总书记系列重要论述精神,2015 年修正的《立法法》明确规定:"立法应当从实际出发,适应经济社会发展和全面深化改革的要求,科学合理地规定公民、法人和其他组织的权利与义务、国家机关的权力与责任。法律规范应当明确、具体,具有针对性和可执行性。"《法治政府建设实施纲要(2015—2020 年)》也明确要求:"提高政府立法质量,构建系统完备、科学规范、运行有效的依法行政制度体系。"②循此原则要求,新时代依

① 《法治政府建设实施纲要(2021—2025 年)》,载《人民日报》2021 年 8 月 12 日版。

② 《法治政府建设实施纲要(2015—2020 年)》,载《人民日报》2015 年 12 月 28 日版。

法行政制度体系现代化建设取得突出成就，生动地诠释了坚持科学立法的深刻法治内涵。

坚持科学立法，要求立法制规准确反映政府治理现代化的客观规律。习近平总书记强调指出："科学立法的核心在于尊重和体现客观规律。"[①]这一重要论述为我们正确认识科学立法提供了方法论指引。立法是社会关系的反映，立法活动是调整社会关系的规范性活动。坚持科学立法制规就是要善于准确认识、把握和反映现代政府治理的客观规律。一方面，立法制规应科学认识和准确把握现代政府治理规律，既应包括对立法制规拟调整的法律关系的科学认识和准确把握，也应包括对立法制规的预期效果的科学认识和准确把握。另一方面，科学立法原则强调通过立法制规充分客观地反映出政府治理领域的社会关系。这就要求既要对全国立法的全局性规律进行客观反映，也要对地方立法的局部性规律进行客观呈现。[②] 尤为重要的是，科学立法是对主观立法的重大否定，在立法制规实践中，不应将不符合法治客观规律的立法者单方面主观认识作为立法的依据。[③]

坚持科学立法，要求正确把握政府治理领域改革与立法制规的关系。习近平总书记强调指出，要把"改革发展决策同立法决策更好结合起来"。[④] 包括政府治理领域立法制规在内的我国立法发展进程，始终重视协调立法工作与改革发展的关系。能否正确处理好改革发展与立法制规的关系，是衡量政府治理领域立法制规是否科学的重要标准。党的十八届四中全会明确提出："建设中国特色社会主义法治体系，必须坚持立法先行，发挥立法的引领和推动作用，抓住提高立法质量这个关键。"[⑤]这一重要论述充分说明了高质量立法对重大改革举措的保障作

---

① 习近平：《关于〈中共中央关于全面推进依法治国若干重大问题的决定〉的说明》，载《人民日报》2014 年 10 月 29 日版。

② 参见刘松山：《科学立法的八个标准》，载《中共杭州市委党校学报》2015 年第 5 期。

③ 参见关保英：《科学立法科学性之解读》，载《社会科学》2007 年第 3 期。

④ 参见《习近平在中央人大工作会议上发表重要讲话》，载《中国人大》2021 年第 20 期。

⑤ 《中共中央关于全面推进依法治国若干重大问题的决定》，载《人民日报》2014 年 10 月 29 日版。

用。从政府治理领域立法制规实践来看,通过授权决定、改革决定保障改革先行先试依法有序进行,不断积累试点经验,逐步形成制度成果,在此基础上制定完善相关法律法规,已成为新时代政府立法工作的显著特点。

坚持科学立法,要求合理配置多元治理主体权利义务责任关系。立法是权利义务以及权力责任的规范系统,权利与义务以及权力与责任的关系是法律规范的核心内容。《立法法》明确了科学立法原则,要求科学合理地规定公民、法人和其他组织的权利与义务、国家机关的权力与责任。其一,政府治理领域立法制规应始终体现人民主体地位,以保障人民合法权益为出发点和落脚点,保证人民依法享有广泛的权利和自由,承担应尽的义务,维护社会公平正义,促进共同富裕。其二,政府治理领域立法制规应始终确保法律面前人人平等的原则得以实现。平等是社会主义法律的基本属性。政府治理领域立法制规应确保任何组织和个人都在宪法法律范围内活动,依照宪法法律行使权力或权利、履行职责或义务。其三,在政府治理领域立法制规中合理配置行政机关的权力与责任尤为重要。要明确行政机关行为和活动的范围、界限与后果,确保权力与责任的平衡统一。

坚持科学立法,要求在立法制规过程中严格遵循立法技术规范标准。科学的立法必然是公平公开公正的立法。这不仅要体现在立法精神原则层面,也需要通过立法技术规范加以保障。这就要求立法活动遵循立法自身的科学规律。就此而言,搞立法就是搞科学,科学立法尤其要求立法者遵守立法技术规范。立法技术的高低,立法规范的优劣,会直接影响立法的科学性。立法技术规范包括结构规范、语言规范、修改规范、废止规范、解释规范、授权立法规范、法典编纂规范等。提升立法的科学性,应力求准确严谨,实现法律用语的标准统一;应力求简洁平易,避免内容烦冗;应力求法言法语,避免政策文件照搬。①

---

① 任才峰:《科学立法、民主立法、依法立法的理论与实践》,载《人大研究》2019年第1期。

(二)坚持民主立法

坚持民主立法是中国式依法行政制度体系现代化的本质属性。我国是人民民主专政的社会主义国家,包括政府治理领域立法制规在内的所有立法,在本质上都是人民意志的体现。这就要求立法过程与结果应充分反映民意、集中民智和表达民愿,在政府治理领域立法制规的全过程和各方面充分发扬民主。2000 年制定的《立法法》第 5 条规定:"立法应当体现人民的意志,发扬社会主义民主,保障人民通过多种途径参与立法活动。"党的十七大报告和国家"十一五"规划纲要在强调科学立法的同时,高度重视民主立法。党的十八大以来,习近平总书记深入论述民主立法的核心要义,多次强调指出"民主立法的核心在于为了人民、依靠人民"。[①]《法治政府建设实施纲要(2015—2020 年)》进一步明确要求"拓展社会各方有序参与政府立法的途径和方式","加强与社会公众的沟通,健全公众意见采纳情况反馈机制,广泛凝聚社会共识"。[②] 遵循习近平总书记系列重要论述精神,新时代政府治理领域立法制规应始终坚持和加强民主立法。

坚持民主立法,应在政府治理领域立法制规中充分体现人民意志。党的十八大以来,以习近平同志为核心的党中央深化对民主政治发展规律的科学认识,创造性地提出全过程人民民主重要理念。习近平总书记强调指出:"人民民主是一种全过程的民主","全过程人民民主是社会主义民主政治的本质属性,是最广泛、最真实、最管用的民主"。[③] 这就要求我们在政府治理领域不断推进全过程人民民主,将人民的意志和要求贯彻到依法行政制度体系建设全过程。在社会主义行政制度下,政府治理领域立法制规必须充分反映广大人民群众的共同意志和公共利益。要在立法制规的全过程体现人民民主,采取各种有效措施确保人民群众

---

① 习近平:《关于〈中共中央关于全面推进依法治国若干重大问题的决定〉的说明》,载《人民日报》2014 年 10 月 29 日版。

② 《法治政府建设实施纲要(2015—2020 年)》,载《人民日报》2015 年 12 月 28 日版。

③ 《紧紧依靠人民推动国家发展》,载《人民日报》2019 年 11 月 11 日版。

充分参与政府治理领域立法制规活动。

坚持民主立法，应在政府治理领域立法制规中始终秉持公开理念。中国特色社会主义法治体系保障人民享有广泛知情权。诚如论者所指出的，“民主立法理念要求立法从封闭向公开转变。民众享有知情权，公开主要指立法机关的决策过程应向社会和民众开放。立法的公开化是关于立法机关公布议程、发表记录、准许旁听、发表意见、接受监督以及公民参与立法等的各种制度和程序。立法的公开化应当体现在立法规划的拟定、立法提案、法案起草、法案审议、法案表决、法律公布等立法活动的各个方面和环节”。[①] 人民对立法的监督需要以立法公开为落脚点。立法权源于人民，对人民负责，受人民监督。没有立法公开，立法监督就难以实现。[②] 党的十八大以来，立法公开、开门立法等创新探索不断涌现，特别是通过一系列制度安排和改革举措，全过程人民民主重要理念在起草、审议、通过与公布等立法制规环节得到高度彰显和充分实践，政府立法的公开程度和公开效果得到极大提升，这就有力地促进了民主立法原则的深入落实。

坚持民主立法，应在政府治理领域立法制规中突出强调公众参与。习近平总书记强调指出：“一个国家民主不民主，关键在于是不是真正做到了人民当家作主，要看人民有没有投票权，更要看人民有没有广泛参与权”，“要完善人大的民主民意表达平台和载体，健全吸纳民意、汇集民智的工作机制，推进人大协商、立法协商，把各方面社情民意统一于最广大人民根本利益之中”。[③] 公众参与立法是公民政治参与的重要组成部分，政府治理领域立法制规的公众参与尤为重要。其一，立法过程是政治决策的体现。提升公众立法参与水平有助于增强公众对国家的

---

① 高其才：《现代立法理念论》，载《南京社会科学》2006 年第 1 期。

② 参见任才峰：《科学立法、民主立法、依法立法的理论与实践》，载《人大研究》2019 年第 1 期。

③ 《坚持和完善人民代表大会制度　不断发展全过程人民民主》，载《人民法院报》2021 年 10 月 15 日版。

政治认同。其二,公众参与可以增进立法决策的合法性和公正性。面向一般公众的立法征求意见,能够有效克服因立法制规过程不民主等带来的合法性与公正性缺失。其三,公开透明、规范有序的立法参与,还有助于引导和教育社会公众以法治思维和法治方式思考问题、行使权利、表达诉求,有助于提升社会公众守法的积极性,降低法律实施成本,增强法律实施效果。①

（三）坚持依法立法

坚持依法立法是中国式依法行政制度体系现代化的法治内核。党的十五大确立依法治国基本方略以来,依法立法与依法行政同步推进,并且在政府治理领域立法制规这个交汇点上取得重要成效。我国2015年《立法法》第4条明确规定:“立法应当依照法定的权限和程序,从国家整体利益出发,维护社会主义法制的统一和尊严。”党的十八大以来,在全面依法治国实践中,依法立法原则受到前所未有的高度重视。习近平总书记在系列重要讲话中深刻论述了依法立法的重大意义、原则要求和重点任务,党的十九大报告在关于“深化依法治国实践”的重要论述中突出强调依法治国是国家治理的一场深刻革命,并在科学立法与民主立法的基础上进一步明确提出坚持依法立法的原则要求。这就充分彰显了依法立法的重大法治价值。2023年修正的《立法法》进一步明确了依法立法的制度设计。

坚持依法立法,应当在政府治理领域立法制规中首先坚持依宪立法。坚持依法治国首先要坚持依宪治国,坚持依法执政首先要坚持依宪执政。习近平总书记强调指出:“全面贯彻实施宪法,是建设社会主义法治国家的首要任务和基础性工作。宪法是国家的根本法,是治国安邦的总章程,具有最高的法律地位、法律权威、法律效力,具有根本性、全局性、稳定性、长期性。全国各族人民、一切国家机关和武装力量、各政党

① 参见任才峰:《科学立法、民主立法、依法立法的理论与实践》,载《人大研究》2019年第1期。

和各社会团体、各企业事业组织,都必须以宪法为根本活动准则,并且负有维护宪法尊严、保证宪法实施的职责。任何组织或者个人,都不得有超越宪法和法律的特权。一切违反宪法和法律的行为,都必须予以追究。"[①]政府治理领域立法制规应保持高度的宪法权威意识和法制统一意识,始终做到依据宪法原则精神立法制规,主动配合相应的合宪性审查工作。

坚持依法立法,应当在政府治理领域立法制规中遵循法定权限与程序。习近平总书记强调指出:"法律体系必须与时俱进加以完善","要抓住提高立法质量这个关键,发挥好人大及其常委会在立法工作中的主导作用,坚持尊重和体现客观规律,坚持为了人民、依靠人民,坚持严格依照法定权限和法定程序"。[②] 依照法定权限与依照法定程序,是依法立法的两项重要内涵。依照法定权限立法,是职权法定原则在立法活动中的重要体现,也是法无授权不可为和法律保留原则等行政法治理论在政府立法制规中的核心要求。政府治理领域立法制规活动应始终确保立法不越界。这诚如论者所指出的:"各立法主体应准确把握各层次立法的权限安排和功能定位,处理好宪法、法律、行政法规、地方性法规与规章的关系,处理好创制性立法与实施性立法的关系,在维护国家法制统一的前提下,充分发挥各个层次的作用,依法行使好立法权。"[③]依照法定程序立法,要求政府治理领域立法制规的起草、审议、公布等环节,都遵循已确定的立法程序。程序是法律制度的生命形式。现代立法程序强调民主、交涉、理性、效率、平衡和中立等价值。[④] 法律制度的公平正义价值,需要以公正的程序和看得见的方式加以落实。依照法定程序立法,能够最大限度让公民感受到法律的正义,并自觉遵守已经制定的

① 习近平:《论坚持全面依法治国》,中央文献出版社 2020 年版,第 10~11 页。
② 习近平:《在中央人大工作会议上的讲话》,载《求是》2022 年第 5 期。
③ 参见任才峰:《科学立法、民主立法、依法立法的理论与实践》,载《人大研究》2019 年第 1 期。
④ 参见孙潮、徐向华:《论我国立法程序的完善》,载《中国法学》2003 年第 5 期。

法律法规。依照法定程序立法,还能够最大限度体现出立法的科学性、民主性、效率性,不断增强国家与政府公信力。因此,依法立法应当依照法定的权限和程序,从国家整体利益出发,维护社会主义法制的统一和尊严。

二、依法行政制度体系现代化的建设成就

我国的依法行政制度体系现代化起步较早、基础较好。《全面推进依法行政实施纲要》以提高制度建设质量为统领,确立了依法行政制度建设的基本要求,即"按照条件成熟、突出重点、统筹兼顾的原则,科学合理制定政府立法工作计划""改进政府立法工作方法,扩大政府立法工作的公众参与程度""积极探索对政府立法项目尤其是经济立法项目的成本效益分析制度""建立和完善行政法规、规章修改、废止的工作制度和规章、规范性文件的定期清理制度"。这四个方面,是新世纪以来依法行政制度体系建设的重点任务与核心内涵。[①] 这些纲领性要求,为后续依法行政制度体系的发展完善奠定了重要基础。党的十八大以来,随着法治政府建设有力推进与不断深化,《法治政府建设实施纲要(2015—2020年)》正式提出"完善依法行政制度体系"的重大任务。具体而言,"十三五"时期的依法行政制度体系建设顶层设计,充分吸收了《全面推进依法行政实施纲要》的纲领性要求,并结合政府治理领域立法制规实践经验,确立了完善依法行政制度体系的新的纲领性要求,即"提高政府立法质量,构建系统完备、科学规范、运行有效的依法行政制度体系,使政府管理各方面制度更加成熟更加定型,为建设社会主义市场经济、民主政治、先进文化、和谐社会、生态文明,促进人的全面发展,提供有力制度保障"。[②] 经过近年来的持续努力,中国式依法行政制度体系现代化取得重大进展,政府立法体制机制不断完善,重点领域政府

---

① 参见《全面推进依法行政实施纲要》,载《人民日报》2004年4月21日版。

② 《法治政府建设实施纲要(2015—2020年)》,载《人民日报》2015年12月28日版。

立法深入推进，政府立法公众参与全面加强，政府依法制规水平显著提升。

（一）政府立法体制机制不断完善

习近平总书记强调指出："良法是善治的前提。'法非从天下，非从地出，发于人间，合乎人心而已。'要抓住提高立法质量这个关键。"①政府立法作为我国立法工作体系的重要组成部分，其立法体制机制的优化直接关系到政府立法质量与效果的提升。中国式依法行政制度体系现代化，首先要求优化政府立法体制机制。《立法法》《行政法规制定程序条例》《规章制定程序条例》的集中颁布实施，标志着我国政府立法制度体系的基本形成。党的十八大以来，随着全面依法治国的深入推进和法治政府建设的深化发展，《法治政府建设实施纲要（2015—2020 年）》进一步聚焦完善政府立法体制机制，明确提出："严格落实立法法规定，坚持立改废释并举，完善行政法规、规章制定程序，健全政府立法立项、起草、论证、协调、审议机制，推进政府立法精细化，增强政府立法的及时性、系统性、针对性、有效性。"②为贯彻科学民主依法立法原则，完善新时代政府立法体制机制，在 2015 年《立法法》修正实施后，国务院于 2017 年对《行政法规制定程序条例》《规章制定程序条例》进行了全面修订，新时代政府立法体制机制由此实现了与时俱进和创新发展。新修订的《行政法规制定程序条例》和《规章制定程序条例》，围绕完善依法行政制度体系的主题主线，从立项、起草、论证、协调、审议、公开征集意见等环节对政府立法体制机制进行全面优化，取得重大法治成果。考虑到《行政法规制定程序条例》与《规章制定程序条例》结构相同、内容相似，以下仅以修订实施后的《行政法规制定程序条例》为例，概括说明新时代政府立法体制机制建设取得的主要制度成果。

其一，明确政府立法立项流程。一是确立行政法规立项机制。行政

① 习近平：《在中央人大工作会议上的讲话》，载《求是》2022 年第 5 期。

② 《法治政府建设实施纲要（2015—2020 年）》，载《人民日报》2015 年 12 月 28 日版。

法规制定程序以国务院编制的年度立法工作计划为开端。国务院有关部门认为需要制定行政法规的,应向国务院报请立项,并说明立法项目所要解决的主要问题、依据的党的路线方针政策和决策部署,以及拟确立的主要制度。二是确立立法项目来源机制。通过对行政法规立项申请和公开征集的行政法规制定项目建议进行评估论证,拟订国务院年度立法工作计划,报党中央、国务院批准后向社会公布。三是确立立法项目选择机制。明确规定以"贯彻落实党的路线方针政策和决策部署,适应改革、发展、稳定的需要""有关的改革实践经验基本成熟""所要解决的问题属于国务院职权范围并需要国务院制定行政法规的事项"作为是否进行行政立法的关键考量因素。四是确立立项沟通协调机制。对列入国务院年度立法工作计划的行政法规项目,承担起草任务的部门应与国务院法制机构[①]进行沟通。五是建立组织协调与督促指导机制。国务院法制机构应当及时跟踪了解国务院各部门落实国务院年度立法工作计划的情况,加强组织协调和督促指导。

其二,细化政府立法起草流程。一是明确起草责任主体。由国务院负责组织起草行政法规。二是确立起草指导原则。即弘扬社会主义核心价值观,促进政府职能转变,符合精简、统一、效能原则,切实保障公民、法人和其他组织合法权益以及职权与责任相统一。三是确立公众参与机制。涉及社会公众普遍关注的热点难点问题和经济社会发展遇到的突出矛盾,减损公民、法人和其他组织权利或者增加其义务,对社会公众有重要影响等重大利益调整事项的,应当进行论证咨询。四是确立草案公开机制。起草部门应当将行政法规草案及其说明等向社会公布,征求意见。五是探索第三方起草工作机制。起草专业性较强的行政法规,可以吸收相关领域的专家等第三方参与起草工作。六是建立多部门起草协商机制。起草部门应当就涉及其他部门的职责或者与其他部门关

① 党和国家机构改革启动后,国务院原法制机构(国务院原法制办)并入新设立的司法部,政府立法和司法行政工作进入新阶段。考虑到尊重立法原文和叙述便利,此处及以下正文仍表述为国务院法制机构。

系紧密的规定,与有关部门充分协商。七是确立起草部门责任制。起草部门向国务院报送的行政法规草案送审稿,应当由起草部门主要负责人签署。八是建立草案送审说明机制。行政法规送审稿的说明应当对立法的必要性,主要思路,拟确立的主要制度,征求有关机关、组织和公民意见情况,各方面对送审稿主要问题的不同意见及其协调处理情况,以及拟设定、取消或者调整行政许可、行政强制等情况作出说明。

其三,完善政府立法审查流程。一是确立审查责任主体。国务院法制机构负责审查行政法规。二是建立审查标准。围绕法的统一性、衔接性、程序合法性等建立审查标准,同时明确行政法规缓办或者退回事由。三是建立送审稿征求意见机制。国务院法制机构应当将行政法规送审稿或者行政法规送审稿涉及的主要问题发送至国务院有关部门、地方人民政府、有关组织和专家等各方面征求意见,还可以将行政法规送审稿或者修改稿及其说明等向社会公布并征求意见。四是建立审查研判机制。国务院法制机构应当就行政法规送审稿涉及的主要问题,深入基层进行实地调查研究,听取基层有关机关、组织和公民的意见。在审查机制建设运行中应突出重大事项的公众参与审查。涉及重大利益调整,存在重大意见分歧,对公民、法人或者其他组织的权利义务有较大影响,人民群众普遍关注等重大事项的审查,可通过听证会等方式听取有关机关、组织和公民的意见。五是建立重要立法事项评估机制。六是建立草案说明流程。送审稿的说明应围绕立法的必要性,主要思路,拟确立的主要制度等展开。七是确立草案提请审批流程。

其四,优化政府立法决定与公布流程。在决定阶段,由国务院常务会议审议,或者由国务院审批。国务院常务会议审议行政法规草案时,由国务院法制机构或者起草部门作说明。国务院法制机构应根据审议意见对草案进行修改,形成草案修改稿,报请总理签署国务院令公布施行。在公布阶段,行政法规签署公布后,应通过国务院公报和中国政府法制信息网以及全国范围内发行的报纸刊载。国务院法制机构应当及时汇编出版行政法规的国家正式版本。行政法规应当自公布之日起30

日后施行。但是,对涉及国家安全、外汇汇率、货币政策的确定,以及公布后不立即施行将有碍行政法规施行的,可以自公布之日起施行。行政法规在公布后的 30 日内由国务院办公厅报全国人民代表大会常务委员会备案。

其五,建立政府立法解释机制。一方面,明确解释条件。当行政法规规定需要进一步明确具体含义,或者行政法规制定后出现新的情况,需要明确适用行政法规依据时,可以进行政府立法解释。另一方面,明确解释机关。由国务院法制机构研究拟订行政法规解释草案,报国务院同意后,由国务院公布或者由国务院授权国务院有关部门公布,行政法规的解释与行政法规具有同等效力。

在新世纪以来,特别是党的十八大以来的政府立法实践中,中央和地方有关部门遵循《立法法》《行政法规制定程序条例》《规章制定程序条例》确立的基本制度框架,深化政府立法体制机制改革,取得重要制度和实践创新成果。

其一,建立健全向社会公开征集立法项目制度。2017 年修订后的《行政法规制定程序条例》和《规章制定程序条例》,回应了《法治政府建设实施纲要(2015—2020 年)》关于完善立法项目向社会公开征集制度的要求,在立项阶段增加了"向社会公开征集行政法规制定项目建议"的规定。《行政法规制定程序条例》在国务院有关部门报请制定行政法规的基础上,增加了国务院法制机构应当向社会公开征求意见的规定。这就有助于进一步了解公众立法需求,使制定行政法规的立项过程更加开放、更加民主。[①]《规章制定程序条例》中的相关表述则是"可以向社会公开征集行政法规制定项目建议"。实践中通常采取发布公开征集立法项目建议公告的方式,明确征集内容、征集要求、征集时间与报送方式。公众在提出立法项目建议时,应当明确立法项目名称、立法的必要

① 牟效波:《我国新行政立法程序的进步与保守:比较的视角》,载《北京行政学院学报》2019 年第 1 期。

性和可行性、希望解决的主要问题和拟确立的主要制度等内容。向社会公开征集立法项目制度的建立,有效提升了政府立法项目的科学性、民主性和针对性。

其二,探索立法前评估机制,健全立法项目论证制度。2015 年修正的《立法法》第 39 条规定,可以对法律草案进行立法前评估。《法治政府建设实施纲要(2015—2020 年)》强调通过开展立法前评估等方式,健全立法项目论证制度。这就充分肯定了立法前评估机制的地方探索,推动形成了多样化的立法前评估模式。[①] 一是内部主体评估模式。是指享有立法权、执法权等权力的国家机关及其组织机构在法规或规章通过前对其进行评估的活动。如浙江省《政府立法项目前评估规则》(2014)第 2 条规定,有关部门、单位(起草单位)向省政府申报和报送立法计划一类项目的,要开展立法前评估,并提交立法前评估报告,其中的评估机构是拟申请制定政府规章的部门。此类立法前评估主体大多是立法机关或者行政机关,是典型的内部评估。二是利益相关者评估模式。立法前评估机制的利益相关者,是指能够影响立法,或未来受到立法实施所影响的主体。从各地实践来看,立法前评估主体中的利益相关者包括立法机关、执法机关、司法机关和社会公众等。三是第三方主体评估模式。这里所说的第三方主体,是指除公权力机关和利益相关者外,在政府立法通过前,对立法的合法性、可操作性等相关要素进行评估、预测的其他机构或个人。第三方主体评估模式可以有效消除内部主体和利益相关者的主观影响,使评估结果更具客观公正性。

其三,改革完善法规规章立法后评估制度。《法治政府建设实施纲要(2015—2020 年)》关于"定期开展法规规章立法后评估"的原则要求,在修订后的《行政法规制定程序条例》和《规章制定程序条例》中得到落实。《行政法规制定程序条例》确立了行政法规立法评估机制,即

---

① 参见王方玉:《地方立法前评估的内涵与主体模式解析——基于对立法后评估的借鉴》,载《西部法学评论》2018 年第 6 期。

"国务院法制机构或者国务院有关部门可以组织对有关行政法规或者行政法规中的有关规定进行立法后评估,并把评估结果作为修改、废止有关行政法规的重要参考"。党和国家机构改革启动后修订的《国务院工作规则》明确要求"行政法规和部门规章实施后要进行评估,发现问题,及时完善",这就进一步推动了各地区各部门立法后评估制度的建立完善。例如,《税务部门规章制定实施办法》(2019)新增了立法后评估条款,规定"国家税务总局可以根据需要,开展税务规章立法后评估,并把评估结果作为修改、废止税务规章的重要参考,具体工作由主管司局实施"。《交通运输法规制定程序规定》(2018)新增规定"法制工作部门或者承办单位可以组织对有关交通运输法规或者交通运输法规中的有关规定进行立法后评估,并把评估结果作为修改、废止或者建议修改、废止有关法规的重要参考"。

其四,完善政府立法修改与废止机制。政府立法应当随着经济社会发展而不断优化。滞后的政府立法不仅影响具体工作,还会阻碍依法行政制度体系现代化的推进步伐。《法治政府建设实施纲要(2015—2020年)》为此明确提出"对不适应改革和经济社会发展要求的法律法规规章,要及时修改和废止"的原则要求。在近年实践中,国务院和有关部门积极通过决定的方式,对行政法规与部门规章进行修改和废止。例如,国务院2018年印发的《关于修改和废止部分行政法规的决定》,对《计量法实施细则》等18部行政法规和《私营企业暂行条例》等5部行政法规进行了集中修改或废止。[①] 自然资源部在2019~2020年先后作出3件"废止和修改的部门规章的决定"。[②] 法规规章修改和废止的原因,也随着法治建设进程的加快而有了新发展。除了《法治政府建设实施纲要(2015—2020年)》明确的"不适应改革和经济社会发展要求"以

① 参见国务院《关于修改和废止部分行政法规的决定》(国务院令第698号,2018年印发)。

② 参见自然资源部《关于第一批废止和修改的部门规章的决定》(自然资源部令第5号)、自然资源部《关于第二批废止和修改的部门规章的决定》(自然资源部令第6号)、自然资源部《关于第三批废止和修改的部门规章的决定》(自然资源部令第7号)。

外，引用的有关法律、行政法规、规章已经被修改、废止或失效，或者已经被新规代替，构成了近年来政府立法修改与废止的主要原因。

（二）重点领域政府立法深入推进

《法治政府建设实施纲要（2015—2020 年）》明确要求："围绕党和国家中心工作，加快推进完善社会主义市场经济体制，发展社会主义民主政治，建设社会主义先进文化，创新社会治理，保障公民权利和改善民生，维护国家安全，保护生态环境和加强政府自身建设等领域的政府立法。坚持在法治下推进改革、在改革中完善法治，实现立法和改革决策相统一、相衔接，做到重大改革于法有据、立法主动适应改革和经济社会发展需要。对实践证明已经比较成熟的改革经验和行之有效的改革举措，要及时上升为法律法规规章。"①这就明确提出了"十三五"时期政府立法的重点工作与中心任务，具有重要指导意义。

《法治政府建设实施纲要（2015—2020 年）》贯彻实施以来，中央和地方有关部门深入推进政府立法工作，有效提高了立法决策与改革决策衔接的速度、准度和力度，着力加强了涉及全面深化改革、维护国家安全、推动经济发展、保障和改善民生、完善社会治理、规范政府行为等重点领域立法。在维护国家安全方面，国务院提请全国人大常委会制定或者修改了《国家安全法》《国家情报法》《反恐怖主义法》《反间谍法》《境外非政府组织境内活动管理法》《核安全法》《生物安全法》《反外国制裁法》《网络安全法》《数据安全法》等重要法律。在推动经济发展方面，国务院提请全国人大常委会制定或者修改了《促进科技成果转化法》《乡村振兴促进法》《商业银行法》《中小企业促进法》等重要法律；国务院制定或修改了《征信业管理条例》《国家科学技术奖励条例》《存款保险条例》《预算法实施条例》《企业投资项目核准和备案管理条例》《企业信息公示暂行条例》《快递暂行条例》《报废机动车回收管理办法》等行政法规。在保障和改善民生方面，国务院提请全国人大常委会制定或

① 《法治政府建设实施纲要（2015—2020 年）》，载《人民日报》2015 年 12 月 28 日版。

者修改了《食品安全法》《环境保护税法》《安全生产法》《广告法》《大气污染防治法》《水污染防治法》等法律；国务院制定或者修改了《南水北调工程供用水管理条例》《保障中小企业款项支付条例》《不动产登记暂行条例》《社会救助暂行办法》《全国社会保障基金条例》《疫苗流通和预防接种管理条例》《残疾人教育条例》《个人所得税法实施条例》等法律法规。在完善社会治理方面，国务院提请全国人大常委会制定或者修改了《反家庭暴力法》《中医药法》《药品管理法》等法律；国务院制定或者修改了《农田水利条例》《农药管理条例》《医疗纠纷预防和处理条例》等行政法规。在规范政府行为方面，国务院制定了《政府采购法实施条例》《政府督查工作条例》《机关团体建设楼堂馆所管理条例》《重大行政决策程序暂行条例》，修改了《政府信息公开条例》《行政法规制定程序条例》《规章制定程序条例》等法律，并将配套行政法规和规章作为政府立法工作重点。[①] 各地区各部门同步扎实推进重点领域政府立法工作，特别是借助《立法法》赋予设区的市政府规章制定权的契机，在城乡建设与管理、环境保护、历史文化保护等方面制定了大量设区的市地方政府规章。例如，陕西省西安市为加强对丝绸之路历史文化遗产的保护和管理，制定了《西安市丝绸之路历史文化遗产保护管理办法》。这一系列中央和地方政府立法成果，有力地推进了重点领域政府治理体系的发展完善。

值得注意的是，针对"坚持在法治下推进改革、在改革中完善法治，实现立法和改革决策相统一、相衔接，做到重大改革于法有据、立法主动适应改革和经济社会发展需要"的政府立法原则要求，[②]中央和地方政府立法也采取了积极举措，取得了重要成果。例如，为持续优化营商环境，不断解放和发展社会生产力，加快建设现代化经济体系，推动高质量发展，国务院对简政放权、放管结合、优化服务改革的经验做法与行之有

---

① 参见《行政法规的发展历程和地位作用》，载中国人大网，http://www.npc.gov.cn/npc/dzlfxzgcl70nlflc/202108/a23f7f93e.shtml，最后访问日期：2022 年 5 月 15 日。

② 《法治政府建设实施纲要（2015—2020 年）》，载《人民日报》2015 年 12 月 28 日版。

效的改革举措进行立法转化，制定了《优化营商环境条例》，为“放管服”政策落地落实落细提供了坚实法治保障。各地也在营商环境、社会信用、生态文明等领域积极开展先行先试立法，及时以政府立法的形式巩固提升实践证明已经比较成熟的改革经验和行之有效的改革举措。例如，湖北省、南京市、沈阳市等先后制定《湖北省优化营商环境办法》《南京市优化营商环境办法》《沈阳市优化营商环境办法》等政府规章，湖南省、内蒙古自治区、福州市等先后制定《湖南省社会信用信息管理办法》《内蒙古自治区组织机构统一社会信用代码管理办法》《福州市社会信用管理办法》等政府规章。

（三）政府立法公众参与全面加强

公众参与是现代行政程序制度的核心要素。公众参与可以有效增进立法决策的合法性与公正性。《法治政府建设实施纲要（2015—2020年）》明确要求：“拓展社会各方有序参与政府立法的途径和方式。健全法律法规规章起草征求人大代表意见制度，充分发挥政协委员、民主党派、工商联、无党派人士、人民团体、社会组织在立法协商中的作用。建立有关国家机关、社会团体、专家学者等对政府立法中涉及的重大利益调整论证咨询机制。拟设定的制度涉及群众切身利益或各方面存在较大意见分歧的，要采取座谈会、论证会、听证会、问卷调查等形式广泛听取意见。除依法需要保密的外，法律法规规章草案要通过网络、报纸等媒体向社会公开征求意见，期限一般不少于30日。加强与社会公众的沟通，健全公众意见采纳情况反馈机制，广泛凝聚社会共识。”①这就全方位明确提出了加强政府立法公共参与的推进举措。循此要求，2017年修订实施的《行政法规制定程序条例》和《规章制定程序条例》确立了重大利益调整论证咨询等制度，明确规定起草或者审查行政法规、规章，涉及社会公众普遍关注的热点难点问题和经济社会发展遇到的突出矛盾，减损公民、法人和其他组织权利或者增加其义务，对社会公众有重要

① 《法治政府建设实施纲要（2015—2020年）》，载《人民日报》2015年12月28日版。

影响等重大利益调整事项的,应当进行论证咨询。

在《法治政府建设实施纲要(2015—2020 年)》的指引下,随着《行政法规制定程序条例》和《规章制定程序条例》的修订实施,政府治理领域立法制规的公众参与得到全面加强。国务院和各级地方政府及其职能部门深入健全相关制度规则,着重提升政府立法公众参与实效。《国务院 2019 年立法工作计划》重申了坚持人民主体地位,扩大立法公众参与的原则要求,还明确提出"深入推进民主立法,切实提高公众参与行政立法的广泛性、有效性、针对性,确保立法倾听民声、体现民情、汇聚民意、集中民智、深得民心。起草、审查与企业生产经营活动密切相关的立法项目,要充分听取企业和行业协会商会的意见"的具体机制。部分省市制定出台了规范政府立法公众参与机制的政府规章。例如,为促进和规范规章制定过程中的公众参与工作,保障规章制定工作的科学性、民主性和合法性,山东省和广州市先后制定了《山东省公众参与政府立法办法》和《广州市规章制定公众参与办法》。这些地方政府立法进一步细化了提高政府立法公众参与度的原则要求,加强了主管部门与社会公众的沟通机制,健全了公众意见采纳情况反馈机制,无疑有助于提升政府立法的真实性与客观性。

(四)政府依法制规水平显著提升

行政规范性文件是政府依法制规水平的重要体现。加强行政规范性文件监督管理,提升政府依法制规水平,是党中央、国务院对依法行政制度体系建设提出的明确要求。行政规范性文件是行政机关依法履行职能的重要方式,是除国务院行政法规、决定、命令以及部门规章和地方政府规章外,由行政机关或者经法律、法规授权的具有管理公共事务职能的组织(以下统称行政机关),依照法定权限、程序制定并公开发布的,涉及公民、法人和其他组织权利义务的,具有普遍约束力的,在一定期限内反复适用的公文。由于行政规范性文件数量多、影响大,其制发质量直接关系群众切身利益。一段时期以来,部分行政机关依法制规水平不够高,不仅侵犯了公民、法人和其他组织的合法权益,也损害了政府公信力。《法治政府建设实施纲要(2015—2020年)》明确提出:“完善规范性文件制定程序,落实合法性审查、集体讨论决定等制度,实行制定机关对规范性文件统一登记、统一编号、统一印发制度。规范性文件不得设定行政许可、行政处罚、行政强制等事项,不得减损公民、法人和其他组织合法权益或者增加其义务。涉及公民、法人和其他组织权利义务的规范性文件,应当按照法定要求和程序予以公布,未经公布的不得作为行政管理依据。加强备案审查制度和能力建设,把所有规范性文件纳入备案审查范围,健全公民、法人和其他组织对规范性文件的建议审查制度,加大备案审查力度,做到有件必备、有错必纠。”①为了贯彻落实《法治政府建设实施纲要(2015—2020年)》提出的加强规范性文件监督管理的明确要求,国务院办公厅2018年印发《关于加强行政规范性文件制定和监督管理工作的通知》,系统明确依法制规机制、依法制规程序、监督检查机制等方面内容,旨在全方位提升行政规范性文件制定和监督管理水平。为加快解决规范性文件合法性不足等突出问题,国务院办公厅同年印发《全面推行行政规范性文件合法性审核机制的指导意见》,明确要求建立健全程序完备、权责一致、相互衔接、运行高效的合法性审核机制,明确细化规范性文件合法性审核的范围、主体、程序、职责和责任。各地区各部门也注重加强依法制规工作。例如,沈阳市为加强行政规范性文件管理,聚焦规范性文件的计划、起草、审查、审核、审议、发布、备案、清理、监督、检查,制定了《沈阳市行政规范性文件制定程序规定》。山西省出台了《全面推行行政规范性文件合法性审核机制的实施意见》,围绕审核范围、审核主体、审核程序等内容细化规范性文件合法性审查机制,明确规范性文件在提交制定机关集体讨论前应由制定机关确定的审核机构进行合法性审核的具体落实方案。地方政府对行政规范性文件制定和监督管理的深入贯彻落实,使行政规范性文件数量得到控制、质量明显提升,制度建设的质量和效率全面增强,为依法行

① 《法治政府建设实施纲要(2015—2020年)》,载《人民日报》2015年12月28日版。

政制度体系现代化提供了更加有力的制度保障。

三、依法行政制度体系现代化的完善路径

改革开放以来，在党的坚强领导下，在人大立法与政府立法的协同推进下，依法行政制度体系现代化取得了较为丰富的制度成果，基本形成结构相对合理、层次较为分明的依法行政规范体系，政府治理各方面制度更加健全完善，政府治理规范化、程序化、法治化水平不断提升。党的十八大以来，各级党委政府和人大机关坚决贯彻落实党中央重大决策部署，紧紧围绕统筹推进“五位一体”总体布局和协调推进“四个全面”战略布局，深入推进中国式依法行政制度体系现代化，取得了前所未有的建设成果。国家“十四五”规划纲要和 2035 年远景目标明确提出：“坚定不移走中国特色社会主义法治道路，坚持依法治国、依法执政、依法行政共同推进，一体建设法治国家、法治政府、法治社会，实施法治中国建设规划。健全保障宪法全面实施的体制机制，加强宪法实施和监督，落实宪法解释程序机制，推进合宪性审查。完善立法体制机制，加强重点领域、新兴领域、涉外领域立法，立改废释纂并举，完善以宪法为核心的中国特色社会主义法律体系。实施法治政府建设实施纲要，坚持和完善重大行政决策程序制度，深化行政执法体制改革，严格规范公正文明执法，规范执法自由裁量权，推进行政复议体制改革。”①这就指明了依法行政制度体系现代化的前进方向。《法治政府建设实施纲要(2021—2025 年)》细化明确了“十四五”时期依法行政制度体系的完善路径，加强重要领域立法、加强共同行政行为立法、完善立法工作机制和加强规范性文件监督管理由此构成新发展阶段依法行政制度体系现代化的重要内容。

(一)全面加强重要领域政府立法

加强重要领域政府立法，是中国式依法行政制度体系现代化的首要

---

① 《中华人民共和国国民经济和社会发展第十四个五年规划和 2035 年远景目标纲要》，载《人民日报》2021 年 3 月 13 日版。

任务。党的十八届三中全会明确提出:“在重要领域和关键环节改革上取得决定性成果,形成系统完备、科学规范、运行有效的制度体系,使各方面制度更加成熟更加定型。”[①]党的十九届四中全会明确要求:“完善以宪法为核心的中国特色社会主义法律体系,加强重要领域立法。”[②]党的十九届六中全会在全面总结包括立法工作在内的党的百年奋斗重大成就和历史经验的基础上,强调指出:“加强重点领域、新兴领域、涉外领域立法,加快完善以宪法为核心的中国特色社会主义法律体系。”[③]从法理角度而言,重要领域立法是一个动态概念,需要反映经济社会发展的时代要求,需要回应人民群众最关心、最现实的利益问题。因此,重要领域立法事项应始终围绕经济、社会、民生等做出动态调整。“十三五”时期和“十四五”时期法治政府建设顶层设计对于加强重要领域立法的论述和要求有着较为明显的不同,除了提法表述从“重点领域立法”变为“重要领域立法”,在立法事项列举上也有较大变化。《法治政府建设实施纲要(2015—2020年)》强调“围绕党和国家中心工作,加快推进完善社会主义市场经济体制,发展社会主义民主政治,建设社会主义先进文化,创新社会治理,保障公民权利和改善民生,维护国家安全,保护生态环境和加强政府自身建设等领域的政府立法。坚持在法治下推进改革、在改革中完善法治,实现立法和改革决策相统一、相衔接,做到重大改革于法有据、立法主动适应改革和经济社会发展需要。对实践证明已经比较成熟的改革经验和行之有效的改革举措,要及时上升为法律法规规章”。[④]《法治政府建设实施纲要(2021—2025年)》要求“积极推进国家安全、科技创新、公共卫生、文化教育、民族宗教、生物安全、生态文明、防范风险、反垄断、涉外法治等重要领域立法,健全国家治理急需的

---

① 《党的十八届三中全会公报》,载《中国合作经济》2013年第11期。

② 《中共中央关于坚持和完善中国特色社会主义制度　推进国家治理体系和治理能力现代化若干重大问题的决定》,人民出版社2019年版,第14页。

③ 《中共中央关于党的百年奋斗重大成就和历史经验的决议》,载《人民日报》2021年11月17日版。

④ 《法治政府建设实施纲要(2015—2020年)》,载《人民日报》2015年12月28日版。

法律制度、满足人民日益增长的美好生活需要必备的法律制度。制定修改传染病防治法、突发公共卫生事件应对法、国境卫生检疫法等法律制度。及时跟进研究数字经济、互联网金融、人工智能、大数据、云计算等相关法律制度，抓紧补齐短板，以良法善治保障新业态新模式健康发展”。[①] 前后相较而言，一方面，新纲要并不局限于政府立法的行政法律渊源，而是从重点领域政府立法扩张到重要领域立法，更加关注行政权实施全过程涉及的全部政府立法；另一方面，新纲要对重要领域立法事项进行了细化，并从完善国家治理急需的法律制度等方面，对加强重要领域政府立法提出了更为清晰的方向指引。遵循《法治政府建设实施纲要（2021—2025年）》的原则要求，“十四五”时期应着重加强以下方面的重要领域政府立法。

第一，加强国家安全领域立法。进入新世纪以来，随着国家安全风险和威胁趋于多样化，传统安全与非传统安全交织，国家安全已成为当前最重要的立法领域。习近平总书记强调指出：“国家安全是安邦定国的重要基石，维护国家安全是全国各族人民根本利益所在。要完善国家安全战略和国家安全政策，坚决维护国家政治安全，统筹推进各项安全工作。”[②]新时代新征程上，要坚持推进国家安全体系和能力现代化，坚持以改革创新为动力，加强法治思维，构建系统完备、科学规范、运行有效的国家安全制度体系，提高运用科学技术维护国家安全的能力，不断增强塑造国家安全态势的能力。具体到政府立法领域，要根据《国家安全法》及相关国家安全领域顶层设计要求，进一步加强相关政府立法。就国务院而言，应根据宪法和法律，加快制定涉及国家安全的系列行政法规。具体而言，应健全预防和化解经济安全风险的制度机制；健全粮食安全保障机制，保护和提高粮食综合生产能力，完善粮食储备制度、流通体系和市场调控机制，健全粮食安全预警制度；建立国家安全重点领

---

① 《法治政府建设实施纲要（2021—2025年）》，载《人民日报》2021年8月12日版。

② 习近平：《决胜全面建成小康社会　夺取新时代中国特色社会主义伟大胜利——在中国共产党第十九次全国代表大会上的报告》，载《人民日报》2017年10月28日版。

域工作协调机制，统筹协调中央有关职能部门推进相关工作；建立国家安全工作督促检查和责任追究机制，确保国家安全战略和重大部署贯彻落实；根据维护国家安全工作需要，建立跨部门会商工作机制，就维护国家安全工作的重大事项进行会商研判；建立中央与地方之间、部门之间、军地之间以及地区之间关于国家安全的协同联动机制；建立国家安全决策咨询机制，组织专家和有关方面开展对国家安全形势的分析研判，推进国家安全的科学决策；健全统一归口、反应灵敏、准确高效、运转顺畅的情报信息收集、研判和使用制度，建立情报信息工作协调机制，实现情报信息的及时收集、准确研判、有效使用和共享；建立国家安全风险评估机制，定期开展各领域国家安全风险调查评估；建立国家安全审查和监管的制度和机制，对影响或者可能影响国家安全的外商投资、特定物项和关键技术、网络信息技术产品和服务、涉及国家安全事项的建设项目，以及其他重大事项和活动，进行国家安全审查，有效预防和化解国家安全风险；建立统一领导、协同联动、有序高效的国家安全危机管控制度。各地区各部门也要根据立法权限，进行相应的国家安全领域立法修法活动。

第二，加强科技创新领域立法。党的十八大以来，以习近平同志为核心的党中央全面分析国际科技创新竞争态势，深入研判国内外发展形势，针对我国科技事业面临的突出问题和挑战，坚持把科技创新摆在国家发展全局的核心位置，全面谋划科技创新工作。习近平总书记强调指出："我们全面部署科技创新体制改革，出台一系列重大改革举措，提升国家创新体系整体效能。"①新征程上应在事关国家安全和发展全局的基础核心领域，制定实施战略性科学计划和科学工程，加快推进科技创新领域立法工作，围绕数字经济、互联网金融、人工智能、大数据、云计算、量子信息、集成电路、生命健康、脑科学、生物育种、空天科技、深地

---

① 中共教育部党组：《中共教育部党组关于教育系统深入学习贯彻习近平总书记在两院院士大会、中国科协第十次全国代表大会上重要讲话精神的通知》，载《中华人民共和国教育部公报》2021 年第 9 期。

深海等相关科技领域加快政府立法进度，为经济社会高质量发展提供更加精准、及时、有效的制度保障。根据国家“十四五”规划纲要和 2035 年远景目标等确立的原则要求，应从以下方面进一步加强科技创新领域立法。一是加强科技研发激励机制与制度建设相关立法。探索更大力度的研发费用加计扣除、高新技术企业税收优惠等普惠性政策与机制。拓展优化首台（套）重大技术装备保险补偿和激励相关的政府立法。完善标准、质量和竞争规制，增强企业创新动力。健全鼓励国有企业研发的考核制度，设立独立核算、免于增值保值考核、容错纠错的研发准备金制度，完善激励科技型中小企业创新的税收优惠政策与政府立法。二是加强高水平人才队伍制度建设相关立法。实行更加开放的人才政策与政府立法，聚焦构筑集聚国内外优秀人才的科研创新高地，完善外籍高端人才和专业人才来华工作、科研、交流的停居留政策与政府立法，完善外国人在华永久居留制度，探索建立技术移民制度。健全薪酬福利、子女教育、社会保障、税收优惠等制度，为海外科学家在华工作提供具有国际竞争力和吸引力的环境。三是加强科技管理体制改革相关立法。整合财政科研投入体制，重点投向战略性关键性领域，改变部门分割、小而散的状态。改革重大科技项目立项和组织管理方式，给予科研单位和科研人员更多自主权，推行技术总师负责制，实行“揭榜挂帅”“赛马”等制度，健全奖补结合的资金支持机制。健全科技评价机制，完善自由探索型和任务导向型科技项目分类评价制度，建立非共识科技项目的评价机制。建立健全科研机构现代院所制度，支持科研事业单位试行更灵活的编制、岗位、薪酬等管理制度。建立健全高等院校、科研机构、企业间创新资源自由有序流动机制。深入推进全面创新改革试验。四是加强知识产权保护运用体制相关立法。完善知识产权相关政府立法，加快新领域新业态知识产权立法。加强知识产权司法保护和行政执法，健全仲裁、调解、公证和维权援助体系，健全知识产权侵权惩罚性赔偿制度，加大损害赔偿力度。优化专利资助奖励政策和考核评价机制，更好保护和激励高价值专利，培育专利密集型产业。改革国有知识产权归属和权益分配机制，扩大科研机构和高等院校知识产权处置自主权。完善无形资产评估制度，形成激励与监管相协调的管理机制。构建知识产权保护运用公共服务平台。

第三，加强公共卫生领域立法。积极回应新时代人民群众对美好生活的新期待，必然要求强化提高人民健康水平的制度保障。党的十九届四中全会为此提出了“强化提高人民健康水平的制度保障”的重大改革要求。[①] 新冠疫情应对实践进一步表明，加强公共卫生领域立法是公共卫生治理现代化亟待解决的突出问题。遵循习近平总书记关于公共卫生治理的重要论述精神，当前和今后一段时期应以加强公共卫生服务体系建设，及时稳妥处置重大新发突发传染病作为公共卫生治理现代化的重要目标和重点任务。特别是要将保障人民健康放在优先发展的战略位置，坚持预防为主的方针，深入实施健康中国行动，完善国民健康促进政策，织牢国家公共卫生防护网，为人民提供全方位全生命期健康服务。根据国家“十四五”规划纲要和2035年远景目标等确立的原则要求，应从以下方面进一步加强公共卫生领域立法。一是构建强大的公共卫生领域立法体系。优化行政组织法，强化监测预警、风险评估、流行病学调查、检验检测、应急处置等职能设置；建立稳定的公共卫生事业投入机制，以政府立法的方式，强化基层公共卫生体系；落实医疗机构公共卫生责任，创新医防协同机制；完善突发公共卫生事件监测预警处置机制；健全医疗救治、科技支撑、物资保障的法治保障体系；建立分级分层分流的传染病救治机制，建立健全统一的国家公共卫生应急物资储备法治保障体系；以立法的方式完善心理健康和精神卫生服务体系等。二是深化医药卫生体制改革。以政府立法的方式推动建立现代医院管理制度，深入推进治理结构、人事薪酬、编制管理和绩效考核改革；加快优质医疗资源扩容和区域均衡布局；通过政府立法加强预防、治疗、护理、康复有机衔

---

① 《中共中央关于坚持和完善中国特色社会主义制度　推进国家治理体系和治理能力现代化若干重大问题的决定》，人民出版社2019年版，第27页。

接机制；推进国家组织药品和耗材集中带量采购制度；完善创新药物、疫苗、医疗器械等快速审评审批机制；加快推动临床急需和罕见病治疗药品、医疗器械审评审批机制；以政府立法的方式提升医护人员培养质量与规模，实施医师区域注册机制，推动医师多机构执业，稳步扩大城乡家庭医生签约服务覆盖范围，提高签约服务质量等。三是加快修改传染病防治和突发公共事件应对的框架性和专门性法律法规，进一步优化体制机制。以立法的形式，进一步对“统一领导、分类管理、分级负责、属地管理为主”的应急体制加以完善和明确，中央政府与地方政府、地方政府内部各个层级、政府与社会力量等关系还需要进一步厘清；进一步提升法律的一致性。对于相关法律之间规定有冲突、存在隐性法律漏洞的地方要有效填补，梳理《传染病防治法》与《突发事件应对法》的逻辑关系，防止在各自规范领域出现重叠、交叉的时候发生冲突；进一步修改完善《传染病防治法》《突发公共卫生事件应急条例》《国境卫生检疫法》等法律制度及配套的行政法规与规章。①

第四，加强文化教育领域立法。文化是一个国家、一个民族的灵魂。文化教育始终是国家发展的重要支撑与显著标志。习近平总书记强调指出：“文明是现代化国家的显著标志。要把提高社会文明程度作为建设社会主义文化强国的重大任务，坚持重在建设、以立为本，坚持久久为功、持之以恒，努力推动形成适应新时代要求的思想观念、精神面貌、文明风尚、行为规范。要深化党的创新理论学习教育，推动理想信念教育常态化制度化，加强党史、新中国史、改革开放史、社会主义发展史教育，加强爱国主义、集体主义、社会主义教育，引导人们坚定道路自信、理论自信、制度自信、文化自信，促进全体人民在思想上精神上紧紧团结在一起。”②加强文化教育领域立法，对于丰富人民群众精神文化生活，提高公民享有文化权利水平，弘扬社会主义核心价值观和中华传统优秀文

① 参见王利明、王旭：《加快公共卫生重点领域立法》，载《中国社会科学报》2020 年 4 月 8 日版。

② 习近平：《在教育文化卫生体育领域专家代表座谈会上的讲话》，载《人民日报》2020 年 9 月 22 日版。

化,推动完善中国特色社会主义法律体系具有重要意义。根据国家“十四五”规划纲要和2035年远景目标等确立的原则要求,应从以下六方面进一步加强文化教育领域立法。一是着力健全社会主义核心价值观方面的法律政策体系,把鲜明体现社会主义核心价值观要求、在实践中广泛认同、臻于成熟、操作性强的道德规范转化为行政立法,全面发挥社会主义核心价值观的引领规范作用。二是坚持依法治国与以德治国相结合,强化道德规范建设,实现德法共治、德法融合,重视推进见义勇为、尊崇英烈、志愿服务、孝老爱亲等方面政府立法,以良法保障社会善治、促进社会建设、形成法治文化、树立法治信仰。三是积极探索诚信立法模式。深入推进诚信建设制度化,要以法治方式持续深化社会公德、职业道德、家庭美德、个人品德教育,扎实推进新时代文明实践,进一步强化社会诚信建设,提高全社会诚信意识和信用水平。四是坚持依法引领科学健康文明的生活方式,增强法治文化的道德底蕴,充分发挥法治的规范、教育、保障、监督功能,依法持续巩固风清气正的良好社会风尚,把社会主义核心价值观要求融入法治建设和社会治理,体现到国民教育、精神文明创建、文化产品创作生产全过程。五是以传承弘扬中华优秀传统文化为中心,以政府立法的方式强化重要文化和自然遗产、非物质文化遗产系统性保护,推动中华优秀传统文化创造性转化、创新性发展。完善流失文物追索返还制度。六是全面深化改革文化管理体制和生产经营机制,以政府立法的方式推动国有文化资产管理体制机制,完善文化市场综合执法体制,制定未成年人网络保护、信息网络传播视听等领域的政府立法等。①

第五,加强民族宗教领域立法。习近平总书记强调指出:“我们坚持准确把握我国统一的多民族国家的基本国情,把维护国家统一和民族团结作为各民族最高利益;坚持马克思主义民族理论中国化,坚定走中国

① 参见杨志今:《建立健全文化法律制度为建成社会主义文化强国提供有力法治保障》,载中国人大网,http://www.npc.gov.cn/npc/c30834/202111/b29c3fc9c9254dbc91159d4537861e35.shtml,最后访问日期:2022年5月15日。

特色解决民族问题的正确道路；坚持和完善民族区域自治制度，做到统一和自治相结合、民族因素和区域因素相结合；坚持促进各民族交往交流交融，不断铸牢中华民族共同体意识；坚持加快少数民族和民族地区发展，不断满足各族群众对美好生活的向往；坚持文化认同是最深层的认同，构筑中华民族共有精神家园；坚持各民族在法律面前一律平等，用法律保障民族团结；坚持在继承中发展、在发展中创新，使党的民族政策既一脉相承又与时俱进；坚持加强党对民族工作的领导，不断健全推动民族团结进步事业发展的体制机制。”①巩固民族团结、促进宗教和谐，事关社会主义现代化建设全局。新时代新征程上应坚定不移全面贯彻党的民族政策和宗教政策，坚持各民族一律平等，尊重群众宗教信仰，保障各族群众合法权益。当前和今后一段时期，民族宗教领域政府立法应全面贯彻党的宗教工作基本方针，坚持我国宗教中国化方向，积极引导宗教与社会主义社会相适应，不断健全基层群众自治制度，增强群众自我管理、自我服务、自我教育、自我监督实效。

第六，加强生物安全领域立法。党的十八大以来，以习近平同志为核心的党中央把加强生物安全建设摆在更加突出的位置，纳入国家安全战略，颁布施行生物安全法，出台国家生物安全政策和国家生物安全战略，健全国家生物安全工作组织领导体制机制，积极应对生物安全重大风险，加强生物资源保护利用，举全党全国全社会之力打好新冠疫情防控人民战争，使我国生物安全防范意识和防护能力不断增强，维护生物安全基础不断巩固，生物安全建设取得历史性成就。习近平总书记强调指出：“要完善国家生物安全治理体系，加强战略性、前瞻性研究谋划，完善国家生物安全战略。要健全党委领导、政府负责、社会协同、公众参与、法治保障的生物安全治理机制，强化各级生物安全工作协调机制。要从立法、执法、司法、普法、守法各环节全面发力，健全国家生物安全法律法规体系和制度保障体系，加强生物安全法律法规和生物安全知识宣

① 习近平：《在全国民族团结进步表彰大会上的讲话》，载《人民日报》2019年9月27日版。

传教育，提高全社会生物安全风险防范意识。要夯实联防联控、群防群控的基层基础，打好生物安全风险防控人民战争。”[①]根据《生物安全法》及生物安全领域相关顶层设计，应从以下方面进一步加强生物安全领域立法。国务院应根据宪法和法律，推动生物安全风险防控体制完善，推动生物安全风险监测预警制度建设，建立国家生物安全风险监测预警体系，提高生物安全风险识别和分析能力；推动生物安全风险调查评估制度建设。根据风险监测的数据、资料等信息，定期组织开展生物安全风险调查评估；推动生物安全信息共享制度建设，将生物安全数据、资料等信息汇交国家生物安全信息平台，实现信息共享；推动生物安全信息发布制度建设，应对生物安全总体情况、重大生物安全风险警示信息、重大生物安全事件及其调查处理信息等重大生物安全信息以及其他生物安全信息确立发布机制；推动建立生物安全名录和清单制度建设，对涉及生物安全的材料、设备、技术、活动、重要生物资源数据、传染病、动植物疫病、外来入侵物种等制定、公布名录或者清单，并动态调整；推动生物安全标准制度建设。国务院标准化主管部门和国务院其他有关部门应根据职责分工，制定和完善生物安全领域相关标准；推动生物安全审查制度建设，加强生物安全审查，有效防范和化解生物安全风险；推动建立统一领导、协同联动、有序高效的生物安全应急制度。国务院有关部门应组织制定相关领域、行业生物安全事件应急预案；推动生物安全事件调查溯源制度建设；推动首次进境或者暂停后恢复进境的动植物、动植物产品、高风险生物因子国家准入制度建设；推动国家建立境外重大生物安全事件应对制度建设等。

第七，加强生态文明领域立法。生态文明建设是新时代“五位一体”总体布局的重要组成部分。当前我国生态文明建设进入实现生态环境改善由量变到质变的关键时期。国务院《深入打好污染防治攻坚

---

① 习近平：《加强国家生物安全风险防控和治理体系建设　提高国家生物安全治理能力》，载《人民日报》2021年9月30日版。

战的意见》明确提出加强生态文明领域立法，在法治轨道上推进生态环境治理；推进重点区域协同立法，探索深化区域执法协作；完善生态环境标准体系，鼓励有条件的地方制定出台更加严格的标准；健全生态环境损害赔偿制度；深化环境信息依法披露制度改革；加强生态环境保护法律宣传普及；强化生态环境行政执法与刑事司法衔接；此外还部署了联合开展专项行动等全面强化生态环境法治保障的具体举措。[①] 根据国家“十四五”规划纲要和2035年远景目标等确立的原则要求，应从以下方面进一步加强生态文明领域立法。一是推动黄河保护、噪声污染防治、气候变化应对、生态环境监测等重点领域法规的制定或修订。完善河湖管理保护机制，强化河长制、湖长制。加快构建与美丽中国目标相适应的生态文明法律法规体系。二是推动生态文明体制改革相关立法，建立地上地下、陆海统筹的生态环境治理制度。全面实行排污许可制，实现所有固定污染源排污许可证核发，推动工业污染源限期达标排放，推进排污权、用能权、用水权、碳排放权市场化交易。完善环境保护、节能减排约束性指标管理。科学整合生态环境领域的立法，构建源头严防、过程严管、责任追究的生态环境保护制度体系，推动环境治理体系和治理能力现代化。三是完善严惩重罚制度。积极推动行政责任、刑事责任和民事责任协同适用，构建以行政责任为主、刑事责任和民事责任配合适用的法律责任体系，不断完善企业事业单位生态环境保护主体责任。进一步创新法律责任承担方式，有序扩大“双罚制”、按日计罚、信用惩戒等惩处机制的适用范围，积极探索生态修复、连带赔偿等新型法律责任承担机制。[②] 四是完善生态环境监管责任制度。完善中央生态环境保护督察制度，加强领导干部自然资源资产离任审计。完善省以下生态环境机构监测监察执法垂直管理制度，推进生态环境保护综合执法

---

① 参见《中共中央国务院关于深入打好污染防治攻坚战的意见》，载《人民日报》2021年11月2日版。

② 参见《“十四五”期间，生态环境领域立法将有这些“大动作”》，载中国政府网，http://www.gov.cn/xinwen/2021-11/26/content_5653493.htm。

改革,完善生态环境公益诉讼制度。加大环保信息公开力度,加强企业环境治理责任制度建设,完善公众监督和举报反馈机制,引导社会组织和公众共同参与环境治理。

第八,加强防范风险领域立法。明者防祸于未萌,智者图患于将来。习近平总书记强调指出:"要打赢防范化解重大风险攻坚战,必须坚持和完善中国特色社会主义制度、推进国家治理体系和治理能力现代化,运用制度威力应对风险挑战的冲击。"①面对前进道路上的各种风险挑战,我们必须始终保持高度警惕,既要高度警惕"黑天鹅"事件,也要防范"灰犀牛"事件;既要有防范风险的先手,也要有应对和化解风险挑战的高招;既要打好防范和抵御风险的有准备之战,也要打好化险为夷、转危为机的战略主动战。防范风险领域应作为依法行政体系建设的重要立法领域。根据国家"十四五"规划纲要和2035年远景目标等确立的原则要求,新发展阶段加强风险防范领域政府立法,应围绕强化经济安全、重要产业、基础设施、战略资源、重大科技等关键领域扎实进行。一是加强粮食安全风险防范领域立法。改革完善中央储备粮管理体制,强化粮食安全省长责任制和"菜篮子"市长负责制,实行党政同责;健全农产品进口管理机制;制定粮食安全保障法等。二是加强能源资源安全风险防范领域立法。完善能源风险应急管控体系,以政府立法加强重点城市和用户电力供应保障,强化重要能源设施、能源网络安全防护,培育以我为主的交易中心和定价机制等。三是加强金融安全风险防范领域立法。健全金融风险预防、预警、处置、问责制度体系;落实监管责任和属地责任;加强系统重要性金融机构和金融控股公司监管;强化不良资产认定和处置机制建设;防范化解影子银行风险;健全互联网金融监管长效机制;完善债务风险识别、评估预警和有效防控机制,健全债券市场违约处置机制,推动债券市场统一执法,稳妥化解地方政府隐性债务,严惩

① 习近平:《关于〈中共中央关于坚持和完善中国特色社会主义制度　推进国家治理体系和治理能力现代化若干重大问题的决定〉的说明》,载《人民日报》2019年11月6日版。

逃废债行为等。

第九,加强反垄断领域立法。党的十八大以来,党中央国务院先后出台一系列改革举措,从多个维度推动我国营商环境持续完善。其中,加强和改进反垄断与反不正当竞争执法,坚决惩治垄断和不正当竞争行为,是推进营商环境优化的重要手段。习近平总书记强调指出:“要根据新发展阶段的特点,围绕推动高质量发展、构建新发展格局,加快转变政府职能,加快打造市场化、法治化、国际化营商环境,打破行业垄断和地方保护,打通经济循环堵点,推动形成全国统一、公平竞争、规范有序的市场体系。”①加强反垄断领域立法,是持续推进“放管服”以及加强金融领域风险防范和创新创业的重要法治保障。新发展阶段加强反垄断领域立法,应坚持鼓励竞争、反对垄断,完善竞争政策框架,构建覆盖事前、事中、事后全环节的竞争政策实施机制;统筹做好增量审查与存量清理,强化公平竞争审查制度的刚性约束,完善公平竞争审查细则,持续清理废除妨碍全国统一市场和公平竞争的规定及做法;完善市场竞争状况评估制度,建立投诉举报和处理回应机制;加大反垄断和反不正当竞争执法司法力度,防止资本无序扩张。推进能源、铁路、电信、公用事业等行业竞争性环节市场化改革,放开竞争性业务准入,进一步引入市场竞争机制,加强对自然垄断业务的监管。

第十,加强涉外法治领域立法。随着我国走向世界舞台中央,以负责任大国的重要角色参与国际事务,我们必须敢于和善于运用法治武器。但当前的涉外法治工作与我国国际经济政治地位还不相匹配,亟待进一步加强。因此需要将涉外法治作为政府立法的重要领域,加强涉外领域立法,推动我国法律域外适用的法律体系建设。“十四五”时期应统筹加快涉外立法工作战略布局,加快推进涉外领域立法,推动形成系统完备的涉外法律体系。优先制定急需的涉外单行法规,加强反制理论

① 习近平:《坚定不移走中国特色社会主义法治道路　为全面建设社会主义现代化国家提供有力法治保障》,载《求是》2021 年第 5 期。

和实践研究，建立阻断机制，及时构建阻断、反制不当限制、不当禁止的规则体系。① 完善国内法、外国法、国际法协调衔接机制，更好地发挥我国法律法规在解决涉外法律纠纷中的重要作用，提高运用法律手段维护我国主权、安全、发展利益的能力，为我国涉外执法、司法活动提供规范依据。②

（二）加快推进共同行政行为立法

《法治政府建设实施纲要（2021—2025 年）》明确提出："加强规范共同行政行为立法，推进机构、职能、权限、程序、责任法定化。修改国务院组织法、地方各级人民代表大会和地方各级人民政府组织法。修改行政复议法、行政许可法，完善行政程序法律制度。研究制定行政备案条例、行政执法监督条例。"③这实际上提出了加快推进以行政组织法、行政行为法、行政程序法、行政救济法、行政监督法为核心的共同行政行为立法的重大任务。共同行政行为立法调整行政主体与私主体、其他行政主体以及其他公权力主体之间的法律关系，深刻影响着行政机关与私人、其他行政机关以及权力机关、司法机关、监察机关之间的权利义务。共同行政行为立法具有重要意义，直接影响着政府、社会与市场的关系格局，对于健全依法行政制度体系和推进国家治理现代化具有重要意义。根据《法治政府建设实施纲要（2021—2025 年）》的原则要求，结合相关基本理论和实践经验，"十四五"时期应聚焦以下五个方面加快推进共同行政行为立法。

一是聚焦行政主体立法。行政机关是实施法律法规的重要主体，应结合"放管服"改革以及权责清单制度改革要求，不断优化行政组织法体系，及时完善以《国务院组织法》为统率的行政组织法体系。特别是有权的地方政府应根据新修正的《地方各级人民代表大会和地方各级

---

① 参见董昊霭：《完善体系加强实施　推进涉外法治建设》，载《检察日报》2021 年 4 月 19 日版。

② 参见熊选国：《坚持中国特色社会主义法治体系建设正确方向》，载《民主与法制》2022 年第 10 期。

③ 《法治政府建设实施纲要（2021—2025 年）》，载《人民日报》2021 年 8 月 12 日版。

人民政府组织法》,贯彻落实坚持党的领导、坚持以人民为中心、坚持依法治国和坚持民主集中制等基本原则,深入落实建设法治政府、服务型政府、廉洁政府、诚信政府等具体要求,以政府立法的方式进一步细化规范省、设区的市两级人大专门委员会的设置和名称,充实完善专门委员会的职责。特别是要落实地方政府职权和工作有关规定,明确地方政府应遵循优化协同高效以及精干等工作原则,明确地方政府在编制和执行国民经济和社会发展规划纲要、计划和预算,国有资产管理,加强区域合作,应对重大突发事件,指导、支持和帮助基层群众性自治组织等方面的职责,细化落实县级以上地方各级人民政府制定规范性文件的程序要求,根据区域协调发展的需要探索落实协同立法机制与制度等,以有效推进行政组织法体系建设。①

二是聚焦行政行为立法。行政行为是行政权的行使和运作的具体体现。当前虽然我国通过《行政处罚法》《行政许可法》《行政强制法》将主要行政行为进行了类型化的规范,但这些单行法律仅仅涉及某一个具体领域、某一项行政行为,无法把所有的行政执法活动都纳入法治轨道,特别是行政给付、行政奖励、行政命令、行政指导、行政征收、行政契约等行政行为仍缺乏相应的法律规范。有关行政行为程序条款的模糊或缺失,更是直接影响着行政权行使的规范化水平。为此,应结合负担行政行为与授益行政行为的一般学理分类,加快推进行政行为立法修法进程。根据《法治政府建设实施纲要(2021—2025 年)》的原则要求,行政许可行为应优先进行制度完善。应结合政府机构改革与行政审批制度改革的实践经验修改《行政许可法》,以立法的方式坚决防止以备案、登记、行政确认、征求意见等方式变相设置行政许可事项。明确推行行政审批告知承诺制。全面落实证明事项告知承诺制,新设证明事项必须有法律法规或者国务院决定依据。大力归并减少各类资质资格许可事项,降低准入门槛,全面改善投资环境。

① 参见朱宁宁:《地方组织法修改亮点解读》,载《浙江人大》2022 年第 4 期。

三是聚焦行政程序立法。我国目前虽然通过类型化立法和地方先行先试立法等方式,明确了部分行政行为的行政程序,但还是不能很好地覆盖全部行政行为,无法实现行政程序立法的体系化。根据《法治政府建设实施纲要(2021—2025 年)》的原则要求,应制定统一的行政程序法来规范行政行为。要总结《行政处罚法》《行政许可法》《行政强制法》《政府信息公开条例》等法律、法规和地方行政程序立法经验,深入结合司法实践经验,将行政程序听证、行政程序回避、政府信息公开、行政程序时效、行政程序救济等方面的行政程序进行体系化规范化梳理,进而对行政程序作出全面统一的规定,确保法律体系的严密性。

四是聚焦行政救济立法。行政救济制度是维护行政相对人合法权益的重要保障。我国行政领域制度建设成效显著,但在行政救济制度方面仍存在一定的滞后性,这主要表现在行政复议制度修法较为滞后。当前我国的行政复议制度并未完全发挥预设的制度功能,并未充分成为行政纠纷解决的"主渠道",其中的重要原因在于现行《行政复议法》的科学性、中立性、体系性还存在不足,行政复议制度特色尚未充分彰显。与此同时,我国目前还没有对国家补偿进行统一立法,国家赔偿法中也没有涉及国家补偿的规则,这就形成了行政相对人合法权益保护的制度性缺漏。根据《法治政府建设实施纲要(2021—2025 年)》的原则要求,一方面,要厘清行政复议的行政救济与行政争议的制度价值,围绕复议体制、办案机制、程序设计等方面进行制度优化,优化行政复议与行政裁决的衔接机制等,加快《行政复议法》的修改。另一方面,要加快推进国家补偿制度建设,重点围绕补偿主体、补偿程序、补偿标准等建立规范统一的行政补偿制度。

五是聚焦行政监督立法。行政监督制度的完善,能够有效保障行政权的授予、行使、运作过程的正当性。相关国家立法和政府立法应通过优化行政责任制度与行政绩效制度等方式,提升行政监督效能。一方面,应进一步推进行政责任法定化,围绕责任事由、责任主体、责任形式、责任豁免事由等程序和实体内容,研究制定行政备案条例、行政执法监督条例等，加快行政责任制度建设。另一方面，应当建立有效的正反向激励机制，科学合理进行政府绩效认定，明确政府履职情况评价标准，对政府绩效评估的范围、内容、程序、评价结果、相应责任等内容加以明确规定，从而构建起一套完善的权力监督与制约机制。[①]

（三）完善立法工作机制与制度

政府立法工作机制与制度是提升政府立法质量和效率的关键。党的十八大以来，以习近平同志为核心的党中央始终高度重视立法工作机制建设，不断推进立法工作制度的完善。《法治政府建设实施纲要（2021—2025 年）》明确提出："增强政府立法与人大立法的协同性，统筹安排相关联相配套的法律法规规章的立改废释工作。聚焦实践问题和立法需求，提高立法精细化精准化水平。完善立法论证评估制度，加大立法前评估力度，认真论证评估立法项目必要性、可行性。建立健全立法风险防范机制，将风险评估贯穿立法全过程。丰富立法形式，注重解决实际问题。积极运用新媒体新技术拓宽立法公众参与渠道，完善立法听证、民意调查机制。修改法规规章备案条例，推进政府规章层级监督，强化省级政府备案审查职责。推进区域协同立法，强化计划安排衔接、信息资源共享、联合调研论证、同步制定修改。"[②]这就对新发展阶段依法行政制度体系建设提出了新的更高要求。概括而言，要从以下三方面重点完善政府立法工作机制。

一是增强政府立法与人大立法的协同性。行政立法与国家法律的协调统一，是行政立法高效推进的重要前提。国家法律的有效实施，也需要行政立法予以配合配套。这就需要政府与人大加强联系沟通，深入优化人大与政府在立法工作中的协同机制，加强立法规划与计划编制的沟通协调，厘清人大与政府职责，形成政府立法与人大立法协调统一的立法工作机制。一方面，要以法治方式探索建立框架性协同立法机制。

① 参见马怀德：《我国的行政法律制度》，载中国人大网，http://www.npc.gov.cn/npc/c30834/2020060.shtml?from=singlemessage，最后访问日期：2022 年 5 月 15 日。

② 《法治政府建设实施纲要（2021—2025 年）》，载《人民日报》2021 年 8 月 12 日版。

对需要协同制定人大立法与政府立法的，应结合人大与政府立法的各自特点，探索建立协同制定程序。另一方面，要进一步优化人大立法与政府立法的关系，全面提升人大立法与政府立法的统一性。

二是完善立法制规的立法前评估机制。立法前评估，是指在立法程序启动前对立法项目的必要性、可行性、科学性、可操作性，以及立法的预期效果、社会影响等进行全面的分析评价。通过前移评估时点，对立法的合法性、衔接性，以及影响和效益等进行前置性判断，有助于作出更为科学合理合法的立法决策，力求从源头上排除影响立法质量的不利因素，同时有助于节约立法资源，提高立法质量。建立立法前评估机制在《法治政府建设实施纲要（2015—2020 年）》中就已经被明确提出，但由于立法前评估模式较为复杂多样，评估主体配置不尽合理等因素，立法前评估机制仍有待进一步完善。在新发展阶段，应以《法治政府建设实施纲要（2021—2025 年）》新要求为新起点，重点从立法前评估主体与评估标准两个方面深入推进立法前评估机制的完善。一方面，要加强立法前评估主体制度建设。应充分考虑科学性与规范性，围绕政府相关部门、利益相关群体、第三方机构、专家学者等建立明确评估主体制度，保证立法前评估的客观性、专业性。另一方面，要加强立法前评估指标体系建设。应围绕对经济、社会和环境所产生的影响，围绕立法时机、实施效果、实施中可能出现的问题，以及围绕执行成本、守法成本、纠纷解决成本、立法效益等方面开展立法前评估指标体系建设。

三是积极拓宽政府立法公众参与渠道。《法治政府建设实施纲要（2021—2025 年）》突出强调新媒体新技术等智能化手段在政府立法中的有效运用。这就要求结合技术化手段进行公众参与机制与制度的创新完善。今后应根据《法治政府建设实施纲要（2021—2025 年）》的原则要求，进一步完善立法听证、民意调查机制，多样化推进立法公开征求意见，综合运用官网、纸质、电子文档、报纸、广播、邮箱、微博、微信、手机 App 等载体，通过组织调研座谈会、听证会、论证会等方式开展民意调查，充分了解民意，广泛收集公众建议。

（四）加强规范性文件监督管理

行政规范性文件制发和实施，直接关系群众切身利益。加强行政规范性文件监督管理，是深入推进依法行政、加快建设法治政府的重要部署，也是切实保障群众合法权益、维护政府公信力的重要内容。国务院办公厅《关于加强行政规范性文件制定和监督管理工作的通知》以及《关于全面推行行政规范性文件合法性审核机制的指导意见》印发实施后，各地区各部门依法制规水平得到了显著提升。但是，行政规范性文件制定监督管理是一项长期系统性工作，其法治化水平仍然有进一步提升的空间。《法治政府建设实施纲要（2021—2025 年）》为此明确提出了继续深化行政规范性文件制定监督管理的原则要求。

一是进一步坚持严禁越权发文、严控发文数量、严格制发程序。坚持法定职责必须为、法无授权不可为，严格按照法定权限履行职责，严禁以部门内设机构名义制发行政规范性文件。关于严禁越权发文，要严格落实权责清单制度，不得违法设定行政许可、行政处罚、行政强制等事项，增加办理行政许可事项的条件，规定出具循环证明、重复证明、无谓证明的内容；不得违法减损公民、法人和其他组织的合法权益或者增加其义务，侵犯公民人身权、财产权、人格权、劳动权、休息权等基本权利；不得超越职权规定应由市场调节、企业和社会自律、公民自我管理的事项；不得违法制定含有排除或者限制公平竞争内容的措施，违法干预或者影响市场主体正常生产经营活动，违法设置市场准入和退出条件等。关于严控发文数量，凡法律、法规、规章和上级文件已经作出明确规定的，现行文件已有部署且仍然适用的，不得重复发文；对内容相近、能归并的尽量归并，可发可不发、没有实质性内容的一律不发，特别要严禁照抄照搬照转上级文件、以文件“落实”文件。确需制定行政规范性文件的，要讲求实效，注重针对性和可操作性，并严格文字把关，确保政策措施表述严谨、文字精练、准确无误。关于严格制发程序，必须严格依照法定程序制发行政规范性文件，重要的行政规范性文件要严格执行评估论证、公开征求意见、合法性审核、集体审议决定、向社会公开发布等程序。

特别要加强制发程序管理,健全工作机制,完善工作流程。

二是进一步健全行政规范性文件制定协调机制。部门间协调配合是否密切,直接影响行政体制的高效顺畅运转。党的十九届四中全会指出,要“健全部门协调配合机制,防止政出多门、政策效应相互抵消”。[①]在依法制规工作中,应进一步健全行政规范性文件制定协调机制。《法治政府建设实施纲要(2021—2025 年)》明确要求:“建立健全行政规范性文件制定协调机制,防止政出多门、政策效应相互抵消。”[②]要在落实部门职责分工基础上,牢固树立“一盘棋”思想,进一步加强部门间协调配合,形成工作合力。要严防规范性文件政出多门、政策效应相互抵消。要加强规范性文件制定协调,坚持在服务大局中谋划和推动工作,坚决克服部门利益和本位主义,涉及两个及以上部门职权范围的事项,要充分听取相关部门意见,协调一致、达成共识,避免政策冲突、效应抵消。

三是进一步强化行政规范性文件动态清理工作机制。行政规范性文件虽然不是法律、法规和规章,但在行政管理实践中会对公民权利和义务产生重大影响,是行政机关履行职责的重要依据、工具和载体。各级政府应根据全面深化改革、全面依法治国要求和经济社会发展需要,以及上位法和上级文件制定、修改、废止情况,及时对本地区本部门行政规范性文件进行清理。一方面,要回应社会发展实践,落实“放管服”改革部署,废止主要内容不符合改革需要和管理实践的规范性文件。另一方面,要针对内容与实践脱节等突出问题,完善规范性文件全面清理机制。认真对照中央要求、管理需求和群众诉求,严格以法律、行政法规和部门规章为依据,以是否符合党中央、国务院要求,是否与实践相脱节,是否存在同上位法的规定不一致,是否存在与深化“放管服”改革要求不一致等作为标准,坚持规范性文件“立改废释”并举,将规范性文件清理贯穿到行政规范性文件管理全过程,健全完善“实时清理、自动更新、

---

① 《中共中央关于坚持和完善中国特色社会主义制度　推进国家治理体系和治理能力现代化若干重大问题的决定》,人民出版社 2019 年版,第 16 页。

② 《法治政府建设实施纲要(2021—2025 年)》,载《人民日报》2021 年 8 月 12 日版。

动态调整”清理工作机制。此外,还要进一步优化规范性文件全面清理机制。

四是进一步落实行政规范性文件合法性审核机制。建立程序完备、权责一致、相互衔接、运行高效的行政规范性文件合法性审核机制,是做好合法性审核工作的重要保证和关键环节。起草部门要及时将送审稿及有关材料报送制定机关的办公机构和负责合法性审核的部门,并保证材料的完备性和规范性。制定机关的办公机构要对起草部门是否严格依照规定的程序起草、是否进行评估论证、是否广泛征求意见等进行审核。制定机关负责合法性审核的部门要对文件的制定主体、程序、有关内容等是否符合法律、法规和规章的规定及时进行合法性审核。未经合法性审核或者经审核不合法的,不得提交集体审议。

五是进一步落实行政规范性文件备案审查制度。制定机关要及时按照规定程序和时限报送备案。充分利用社会监督力量,健全公民、法人和其他组织对行政规范性文件建议审查制度。加强党委、人大、政府等系统备案工作机构的协作配合,建立备案审查衔接联动机制。探索与人民法院、人民检察院建立工作衔接机制,推动行政监督与司法监督形成合力,及时发现并纠正违法文件。[①]

四、本章小结

站在全面推进国家各方面工作法治化的战略高度上,党的二十大报告强调指出:“加强重点领域、新兴领域、涉外领域立法,统筹推进国内法治和涉外法治,以良法促进发展、保障善治。推进科学立法、民主立法、依法立法,统筹立改废释纂,增强立法系统性、整体性、协同性、时效性。完善和加强备案审查制度。”[②]国家“十四五”规划纲要和 2035 年远

---

① 参见国务院办公厅《关于加强行政规范性文件制定和监督管理工作的通知》(国办发〔2018〕37 号)。

② 习近平:《高举中国特色社会主义伟大旗帜　为全面建设社会主义现代化国家而团结奋斗——在中国共产党第二十次全国代表大会上的报告》,人民出版社 2022 年版,第 41 页。

景目标明确提出,“加快转变政府职能,建设职责明确、依法行政的政府治理体系”。[①] 依法行政制度体系现代化是加快转变政府职能,建设职责明确、依法行政的政府治理体系的重要保障,是中国式行政法治现代化的重点环节。党的十八大以来,在习近平法治思想特别是习近平法治思想中的行政法治论的科学指引下,遵循科学立法、民主立法、依法立法的法治要义,我国政府立法体制机制不断完善,重点领域政府立法深入推进,政府立法公众参与全面加强,政府依法制规水平显著提升。在新发展阶段,要持续深入贯彻落实科学民主依法立法的法治要义,全面加强重要领域政府立法,加快推进共同行政行为立法,完善立法工作机制与制度,加强规范性文件监督管理,为新时代中国的政府治理现代化提供更加系统完备的制度保障。

---

① 《中华人民共和国国民经济和社会发展第十四个五年规划和2035年远景目标纲要》,载《人民日报》2021年3月13日版。

第五章 中国式行政决策制度体系现代化

古人云:“运筹帷幄之中,决胜千里之外。”现代著名管理学家希尔伯特·西蒙认为:“管理就是决策。”决策即决定策略或办法,是一个包含搜集信息、作出判断、得出结论在内的复杂的思维操作过程。[①]行政决策是指行政机关在职权范围内对国家或地方行政事务和社会公共事务所要解决的问题进行识别、对未来目标进行定位、对解决问题和实现目标的方案经过分析作出选择、对实施方案的行动进行设计而作出的政策性决定或法律性决定的行政行为。[②] 在全面依法治国的新时代,行政决策特别是重大行政决策的影响和意义高度凸显,不仅更加考验决策者的能力和智慧,而且更加呼唤现代化的决策制度体系。能否做到科学民主依法决策,直接关系法治政府建设的成

① 参见周光辉:《当代中国决策体制的形成与变革》,载《中国社会科学》2011 年第 3 期。

② 茅铭晨:《“行政决策”概念的证立及行为的刻画》,载《政治与法律》2017 年第 6 期。

色与成效,直接关系社会稳定和人民福祉。党和国家历来重视科学民主依法决策。党的十八大报告要求:“坚持科学决策、民主决策、依法决策,健全决策机制和程序,发挥思想库作用,建立健全决策问责和纠错制度。凡是涉及群众切身利益的决策都要充分听取群众意见,凡是损害群众利益的做法都要坚决防止和纠正。”[①]党的十八届四中全会提出,“健全依法决策机制。把公众参与、专家论证、风险评估、合法性审查、集体讨论决定确定为重大行政决策法定程序……建立行政机关内部重大决策合法性审查机制……建立重大决策终身责任追究制度及责任倒查机制”。[②] 在中央全面依法治国工作会议上,习近平总书记强调指出:“要用法治给行政权力定规矩、划界限,规范行政决策程序,健全政府守信践诺机制,提高依法行政水平。”[③]这就为中国式行政决策制度体系现代化提供了根本遵循,也为新时代法治政府建设提出了重大理论命题和实践要求。在习近平法治思想的科学指引下,中国式行政法治现代化突出强调推进行政决策制度体系现代化,科学民主依法决策高度彰显,行政决策程序制度深入落实,现代化的行政决策制度体系深入形成。

一、行政决策制度体系现代化的法治原则

新时代以来,为深入推进行政决策制度体系现代化,党和国家作出一系列决策部署。2015 年印发的《法治政府建设实施纲要(2015—2020 年)》将“行政决策科学民主合法”确立为法治政府建设的重要衡量标准,并为之明确一系列目标任务和建设举措。[④] 2019 年出台的《重大行政决策程序暂行条例》(以下简称《暂行条例》)为中国式行政决策制度

---

① 胡锦涛:《坚定不移沿着中国特色社会主义道路前进　为全面建成小康社会而奋斗——在中国共产党第十八次全国代表大会上的报告》,载《人民日报》2012 年 11 月 8 日版。

② 《中共中央关于全面推进依法治国若干重大问题的决定》,载《人民日报》2014 年 10 月 29 日版。

③ 习近平:《坚定不移走中国特色社会主义法治道路　为全面建设社会主义现代化国家提供有力法治保障》,载《求是》2021 年第 5 期。

④ 参见《法治政府建设实施纲要(2015—2020 年)》,载《人民日报》2015 年 12 月 28 日版。

体系现代化提供了重要制度保障。2021 年印发的《法治政府建设实施纲要(2021—2025 年)》专章部署"健全行政决策制度体系,不断提升行政决策公信力和执行力",为新发展阶段的行政决策制度体系现代化提供了操作指南。[①] 综观中国式行政法治现代化的顶层设计和实践推进,行政决策制度体系现代化必须遵循坚持科学决策、坚持民主决策和坚持依法决策的基本原则。

(一)坚持科学决策

坚持科学决策是现代行政决策制度的理性基石。政治多极化、经济全球化和科技信息化的世界潮流,对各国政府治理和行政决策提出了更高要求。随着经济社会发展和改革开放深化,我国经济关系、社会结构、利益格局和治理体系日趋多元化和复杂化,法治政府建设进入深水区。作为重要应对举措,坚持科学决策就是"坚持从实际出发,运用科学方法,尊重客观规律,保证决策符合经济社会发展的客观实际和需要"。[②] 科学决策是最大的节约,决策失误是最大的浪费。在新时代背景下,行政决策的科学性受到前所未有的高度重视。[③]

坚持科学决策就是坚持实事求是。能否坚持实事求是、按照客观规律办事,是科学决策的关键所在。实事求是是马克思主义的根本观点,是中国共产党人认识世界、改造世界的根本要求,是我们党的基本思想方法、工作方法、领导方法。习近平总书记指出:"坚持实事求是,就要深入实际了解事物的本来面貌。要透过现象看本质,从零乱的现象中发现事物内部存在的必然联系,从客观事物存在和发展的规律出发,在实践中按照客观规律办事。坚持实事求是不是一劳永逸的,在一个时间一个地点做到了实事求是,并不等于在另外的时间另外的地点也能做到实事求是,在一个时间一个地点坚持实事求是得出的结论、取得的经验,并

① 参见《法治政府建设实施纲要(2021—2025 年)》,载《人民日报》2021 年 8 月 12 日版。

② 参见袁曙宏:《健全依法决策机制》,载《行政管理改革》2014 年第 11 期。

③ 参见韩璐帆、李娣:《行政决策科学化和民主化的研究——基于信息时代公众参与的角度》,载《中国管理信息化》2016 年第 2 期。

不等于在变化了的另外的时间另外的地点也能够适用。我们要自觉坚定实事求是的信念、增强实事求是的本领,时时处处把实事求是牢记于心、付诸于行。”[①]习近平总书记关于坚持实事求是的深刻哲理论述,为坚持科学决策基本原则提供了重要的方法论指引。一方面,我们要在搞清“实事”上下功夫。关键是要做好调查研究,深入基层一线,点面结合、解剖麻雀,了解掌握真实情况,倾听群众所想所急所盼,为科学决策提供客观全面的基础依据。另一方面,我们要在做好“求是”上下功夫。要准确领会把握新时代经济社会发展规律和工作要求,多从基层和群众关心的实际问题入手,善于抓住主要矛盾和矛盾的主要方面,有的放矢,对症下药,确保各项决策务实管用、切实可行。[②] 近年来肆虐各国的新冠疫情,深度衰退的全球经济行情,波谲云诡的国际和地区形势,都给我国经济社会发展带来巨大挑战。艰巨繁重的改革发展稳定任务,无处不在的风险隐患挑战,都需要实事求是地谨慎应对,从治国理政到依法行政全方位加强科学决策。为此必须加强各级机关行政决策能力,要坚持“防范在先、发现在早、处置在小,主动深入现场,找到风险之源、危机之点;深入群众,了解不同群体的诉求,为精准施策找到依据,决不能在情况不明、底子不清的情况下盲目决断”。[③]

(二)坚持民主决策

坚持民主决策是现代行政决策制度的价值皈依。民主决策,就是要坚持民主集中制,贯彻群众路线,保障人民群众通过多种途径参与决策,保证决策符合最大多数人的利益。民主是全人类的共同价值,是中国共产党和中国人民始终不渝坚持的重要理念。2019 年 11 月 2 日,习近平总书记在考察上海市长宁区虹桥街道基层立法联系点时,首次提出“人

---

① 习近平:《在纪念毛泽东同志诞辰 120 周年座谈会上的讲话》,载《人民日报》2013 年 12 月 26 日版。

② 参见袁达:《科学决策是解决实际问题的关键一环》,载《旗帜》2020 年第 11 期。

③ 参见《科学研判运筹,提高决策水平——打好应对变局、开拓新局主动战②》,载《人民日报》2020 年 9 月 25 日版。

民民主是一种全过程的民主”重要论断。2021 年 7 月 1 日，在庆祝中国共产党成立 100 周年大会上的重要讲话中，习近平总书记强调指出：“践行以人民为中心的发展思想，发展全过程人民民主。”[①]2021 年 10 月 13 日，在党的历史上首次召开的中央人大工作会议上，习近平总书记系统论述指出：“党的十八大以来，我们深化对民主政治发展规律的认识，提出全过程人民民主的重大理念。我国全过程人民民主不仅有完整的制度程序，而且有完整的参与实践。……我国全过程人民民主实现了过程民主和成果民主、程序民主和实质民主、直接民主和间接民主、人民民主和国家意志相统一，是全链条、全方位、全覆盖的民主，是最广泛、最真实、最管用的社会主义民主。我们要继续推进全过程人民民主建设，把人民当家作主具体地、现实地体现到党治国理政的政策措施上来，具体地、现实地体现到党和国家机关各个方面各个层级工作上来，具体地、现实地体现到实现人民对美好生活向往的工作上来。”[②]

坚持民主决策就是坚持人民民主。新时代中国的全过程人民民主，高度强调全过程合作治理，是根本利益一致前提下的充分共治共建共享。[③] 过程性是人民民主的内在要求，全过程人民民主是“全链条、全方位、全覆盖的民主。全过程人民民主坚持选举民主和协商民主相统一，形成了政党协商、人大协商、政府协商、政协协商、人民团体协商、基层协商、社会组织协商等多层次的协商机制，具体体现在通过提案、会议、座谈、论证、听证、评估、咨询、网络、民意调查等多种途径和方式凝聚共识”。[④] 坚持民主决策，既要看人民有没有投票权，更要看人民有没有广泛参与权。习近平总书记强调指出：“在中国社会主义制度下，有事好商量，众人的事情由众人商量，找到全社会意愿和要求的最大公约数，是

---

① 习近平：《在庆祝中国共产党成立 100 周年大会上的讲话》，载《人民日报》2021 年 7 月 2 日版。

② 习近平：《在中央人大工作会议上的讲话》，载《求是》2022 年第 5 期。

③ 参见谈火生：《“全过程人民民主”的深刻内涵》，载《人民政协报》2021 年 9 月 29 日版。

④ 参见刘瑞兰、陈联俊：《全过程人民民主具有丰富内涵与突出优势》，载《中国社会科学报》2022 年 3 月 24 日版。

人民民主的真谛。”[①]民法典立法之路是立法领域坚持民主决策的生动例证。从提请最高立法机关审议到向社会公开征求意见,在一次次修改完善中,草案充分凝聚了宝贵的民主智慧。在行政法治现代化领域,坚持民主决策不仅是依法行政的力量之源、效力之基,更是建设人民满意的法治政府的使命初心。

(三)坚持依法决策

坚持依法决策是现代行政决策制度的可靠保障。法治是治国理政的重要方式,是政府治理现代化的必然要求。行政决策是行政机关依法治理、依法行政活动的重要形式,对相关事项进行依法决策是行政机关的应尽职责。行政决策直接指向行政机关职权范围内的国家或地方行政事务和社会公共事务,决策合法与否直接影响社会公共利益与群众合法权益能否得到有效保障。行政决策是行政行为的起点,规范决策行为是规范行政权力的重点,也是法治政府建设的前端。[②]行政机关能否做到依法决策,直接体现着其依法行政水平高低,直接决定着政府职能全面正确履行,直接关系到国家治理体系和治理能力现代化目标的实现。

坚持依法决策就是坚持依法控权。为落实依法决策原则要求,《法治政府建设实施纲要(2015—2020年)》除了将“行政决策科学民主合法”确立为法治政府建设的重要衡量标准,还系统部署了“健全依法决策机制。完善重大行政决策程序制度,明确决策主体、事项范围、法定程序、法律责任,规范决策流程,强化决策法定程序的刚性约束”等建设举措。[③] 2019年召开的中央全面依法治国委员会第二次会议强调指出:“规范重大行政决策程序,是依法治国的迫切需要。要把党的领导贯穿于重大行政决策全过程和各方面,履行决策法定程序,增强公

① 参见习近平:《在庆祝中国人民政治协商会议成立65周年大会上的讲话》,载《人民日报》2014年9月21日版。

② 参见李迎春:《行政法视角下的行政决策》,载《行政法学研究》2007年第4期。

③ 参见《法治政府建设实施纲要(2015—2020年)》,载《人民日报》2015年12月28日版。

众参与实效,提高专家论证质量,坚持合法性审查,防控决策风险。要坚持以人民为中心,坚持从实际出发,坚持尽力而为、量力而行,以规范的程序、科学的决策维护重大公共利益、维护人民合法权益,促进社会公平正义,不断增强人民群众获得感、幸福感、安全感。"[①]随后出台的《暂行条例》第 7 条规定:"作出重大行政决策应当遵循依法决策原则,严格遵守法定权限,依法履行法定程序,保证决策内容符合法律、法规和规章等规定。"这是对坚持依法决策原则的重要立法表达。坚持依法决策是一项系统工程,尤其需要从健全行政决策制度、机制和程序上下功夫,持续推进依法决策原则要求的法定化。当前,我国行政法典编纂工作已经提上议事日程,以《暂行条例》为基础进一步推进行政决策程序法定化十分必要。在统一的行政决策程序立法过程中,要进一步明确行政决策事项、主体、权限、程序和责任,着力推动重大改革、重要规划、重大民生、政府重大投资和建设项目等重点领域行政决策的法治化,以科学、刚性的决策制度约束规范决策行为,切实提高决策质量,努力控制决策风险,及时纠正违法不当决策,不断增强政府公信力和执行力。[②]

二、行政决策制度体系现代化的发展现状

我国行政决策制度体系现代化起步较早,起点较高。2004 年国务院印发的《全面推进依法行政实施纲要》专题部署建立健全科学民主决策机制,2008 年国务院发布的《关于加强市县政府依法行政的决定》从听取意见制度、听证制度、合法性审查制度、集体决定制度、实施后评价制度、责任追究制度六个方面部署完善市县政府行政决策机制。在总结实践经验的基础上,2015 年中共中央、国务院印发的《法治政府建设实

① 参见《习近平主持召开中央全面依法治国委员会第二次会议并发表重要讲话》,载《改革与开放》2019 年第 5 期。

② 参见马怀德:《坚持依法治国依法执政依法行政　共同推进法治国家法治政府法治社会一体建设》,载《法治日报》2019 年 5 月 24 日版。

施纲要(2015—2020年)》为“十三五”期间的行政决策体系现代化建设确立了基本目标,即行政决策制度科学、程序正当、过程公开、责任明确,决策法定程序严格落实,决策质量显著提高,决策效率切实保证,违法决策、不当决策、拖延决策明显减少并得到及时纠正,行政决策公信力和执行力大幅提升。[①] 经过近年来的持续努力,中国式行政决策制度体系现代化取得重大进展,依法决策制度初步建立,公众参与实效不断增强,合法性审查机制得到强化,责任追究制度严格落实,科学民主依法决策机制基本形成。[②]

(一)依法决策制度初步建立

习近平总书记强调指出:“必须坚持全面依法治国。坚持走中国特色社会主义法治道路,建设中国特色社会主义法治体系,建设社会主义法治国家,弘扬社会主义法治精神,依照宪法法律推进国家各项事业和各项工作,维护社会公平正义,尊重和保障人权,实现国家各项工作法治化。”[③]作为政府治理体系中的重要一环,行政决策必须受到法律法规约束。为此首先要制定相应法律法规,对决策主体、事项内容、决策与执行过程等“一揽子”事项作出规范。以2019年《暂行条例》制定实施为标志,我国依法决策制度初步建立。

首先,重大行政决策程序立法成效显著。《法治政府建设实施纲要(2015—2020年)》明确提出:“完善重大行政决策程序制度,明确决策主体、事项范围、法定程序、法律责任,规范决策流程,强化决策法定程序的刚性约束。”[④]为此,中央和地方层面近年来持续加强重大行政决策程序立法工作。在中央层面,国务院2019年制定《暂行条例》。《暂行条例》分6章,共44条,以决策流程为主线,完整规定了重大行政决策的作

① 参见《法治政府建设实施纲要(2015—2020年)》,载《人民日报》2015年12月28日版。

② 参见《我国基本建立科学民主依法决策机制》,载人民网,http://society.people.com.cn/n1/2021/0505/c1008-32094788.html。

③ 习近平:《在中央人大工作会议上的讲话》,载《求是》2022年第5期。

④ 《法治政府建设实施纲要(2015—2020年)》,载《人民日报》2015年12月28日版。

出、执行、调整应当遵循的基本程序制度。《暂行条例》的出台标志着，自国务院2004年《全面推进依法行政实施纲要》首次提出“建立健全重大行政决策机制”后，经由五百余部地方立法先行先试，中央层面以行政法规的立法形式完成了统一重大行政决策程序立法。《暂行条例》首次将县级以上地方人民政府的重大行政决策活动全面纳入法治化轨道，充分保障了人民群众对重大行政决策的知情权、参与权、监督权，极大推动了法治政府建设，是我国法治政府建设进程中具有标志性意义的立法。[①]《暂行条例》亮点十分突出。第一，以健全科学、民主、依法决策机制为首要立法目的，为提高地方政府重大行政决策的质量和效率、提升地方治理能力进而实现有效公共治理提供了基本制度保障。第二，明确了重大行政决策事项范围与特征，解决了长期困扰地方的重大决策程序立法适用难问题。第三，明确了坚持和加强党的领导与政府作出重大行政决策之间的关系。第四，系统规定了作出重大行政决策应遵循的五项法定程序，实现五大程序机制法定化。第五，充分保障了公众对重大行政决策的知情权、参与权、监督权。第六，注重机制创新，很好地将信息技术与重大行政决策各项程序机制相结合，既提高了决策效率，也增强了决策透明度，增进了人民群众对决策的认同。第七，规定了重大行政决策作出后的执行与调整程序，实现对重大行政决策的事前、事中、事后全流程规范。第八，规定了重大行政决策的多元监督机制和严格追责机制。在地方层面，重大行政决策程序立法起步更早，积累更深，探索更新。据不完全统计，截至2022年3月，全国共有60件重大行政决策程序地方政府规章，809件地方规范性文件，以及以确定重大决策事项为主要内容的582份地方工作文件。《暂行条例》制定后，各地及时开展了相关规章和文件修订清理工作，一些地方还结合实际情况依法赋予基层政府更大的决策权。例如，《贵州省重大行政决策程序实施办法》

① 王万华：《健全科学、民主、依法决策机制　大力推进法治政府建设》，载《中国司法》2019年第7期。

(2020)规定,市县级政府可以根据自身实际情况对重大行政决策事项范围作出具体规定,可以通过编制年度重大决策事项目录确定当年重大行政决策事项;可能对生态文明、财政金融等造成不利影响的重大行政决策事项,应由决策承办单位依法组织专项风险评估。

其次,重大行政决策程序流程更加规范。依法规范重大行政决策程序流程,是完善中国特色社会主义法治体系、推进国家治理现代化的重要举措。《暂行条例》以两章的篇幅详细规定了重大行政决策从决策启动到决策公布的全流程。《暂行条例》明确规定公众参与、专家论证、风险评估、合法性审查和集体讨论决定是政府作出重大行政决策应当遵循的五项法定程序。其中,合法性审查、集体讨论决定是所有重大行政决策都须遵循的法定程序。《暂行条例》采用专节的形式对五项法定程序流程逐一作出具体规定,如强调采用定性分析与定量分析相结合的方式进行风险评估,详细规定专家论证的主要内容与工作要求、论证方式与专家选择等问题,明确要求专家提供书面论证意见应当署名、盖章。为保障五项法定程序流程得到有效实施,《暂行条例》还规定了一系列保障机制,如要求省级人民政府建立决策咨询专家论证库,规定决策机关应当建立重大行政决策过程记录和材料归档制度,实现决策全程留痕等。[①] 在《暂行条例》框架下,地方重大行政决策程序立法也有可圈可点之处,这主要表现为结合本地实际情况对《暂行条例》中的程序流程进行细化规定。例如,《长沙市人民政府重大行政决策程序实施办法》(2021)针对公众参与程序,细化了听证和公开征求意见的相关规定;针对专家论证程序,明确了市政府既可以根据实际建立专家库也可以使用上级专家库的规定;针对风险评估程序,要求将风险评估结果作为重大行政决策的重要依据,并对风险评估的范围、程序、报告等内容进行了补充和细化;针对合法性审查程序,明确由市司法

---

① 王万华:《健全科学、民主、依法决策机制 大力推进法治政府建设》,载《中国司法》2019 年第 7 期。

行政机关对决策草案进行合法性审查,同时将公平竞争审查作为合法性审查的前置程序;针对集体讨论程序,明确了决策草案由市长决定提交市政府常务会议或者全体会议讨论,市长在集体讨论基础上作出决定的相关规定。

最后,行政决策程序刚性约束有效增强。由于国家层面立法规范缺失或规范过于原则抽象,可操作性不强以及规范之间互有差异、规范效力不足,且覆盖范围有限等原因,有关行政决策的问责制度在我国一度处于缺位状态。这种行政决策程序缺乏刚性约束的局面,导致相关程序规范即便存在,也难以在各地行政决策过程中贯彻落实。[①]《暂行条例》的制定实施改变了这一状况。多元的监督机制和严格的责任机制,是《暂行条例》所规定的重大行政决策程序制度得以有效实施的重要保障。《暂行条例》规定了由三类监督机制构成的多元监督体系。第一类是本级人民代表大会及其常务委员会的监督,第二类是上级行政机关对下级行政机关的监督,第三类是审计机关开展的审计监督。《暂行条例》还明确将重大行政决策情况作为考核评价决策机关及其领导人员的重要内容,针对决策机关、决策承办单位、决策执行单位、参与决策的各类主体分别规定了责任机制,特别是明确规定决策机关违反《暂行条例》规定造成决策严重失误,或者依法应当及时作出决策而久拖不决,造成重大损失、恶劣影响的,应当倒查责任,实行终身责任追究。[②] 相关地方立法同样对决策问责制度作出明确细化规定。在系统完善的制度保障下,行政决策程序的刚性约束有效增强。

(二)公众参与实效不断增强

全过程人民民主深刻反映了我国人民当家作主的本质属性,是中国

① 王万华:《健全科学、民主、依法决策机制 大力推进法治政府建设》,载《中国司法》2019 年第 7 期。

② 王万华:《健全科学、民主、依法决策机制 大力推进法治政府建设》,载《中国司法》2019 年第 7 期。

特色社会主义民主政治的基本特征和优势所在。[①] 在中央全面依法治国委员会第二次会议上,习近平总书记强调指出:“要健全重大决策充分听取民意工作机制,审议涉及群众切身利益、群众反映强烈的重大议题要依法依程序进行,该公示的公示,该听证的听证,决不允许搞‘暗箱操作’、‘拍脑门决策’。”[②]在行政决策过程中畅通公众参与渠道,强化公众参与实效,是践行全过程人民民主,推进中国式行政决策制度体系现代化的应有之义。《法治政府建设实施纲要(2015—2020 年)》提出:“事关经济社会发展全局和涉及群众切身利益的重大行政决策事项,应当广泛听取意见,与利害关系人进行充分沟通,并注重听取有关人大代表、政协委员、人民团体、基层组织、社会组织的意见。各级行政机关特别是市县两级政府要加强公众参与平台建设,对社会关注度高的决策事项,应当公开信息、解释说明,及时反馈意见采纳情况和理由。推行文化教育、医疗卫生、资源开发、环境保护、公用事业等重大民生决策事项民意调查制度。”[③]

第一,公众参与平台充分建立。公众参与是现代行政程序制度的核心原则。遵循全过程人民民主重要理念,重大行政决策程序中的公众参与应当是全链条、全方位、全覆盖的。但是,在过去的行政决策实践中,客观上存在公众参与率较低、参与形式陈旧、参与渠道不畅等困境。为突破公众参与困境,建立依法有序有效的公众参与制度,近年来中央和地方持续加强制度建设,同时在实践中积极探索多元化公众参与渠道,不断增强行政决策公众参与的实效性。[④]《暂行条例》较为系统地构建了我国重大行政决策公众参与制度的多元化发展路径,其中特别强调充分建立各种类型的公众参与平台。在方式和对象上,《暂行条例》规定

① 参见胡军、岳奎:《大力发展全过程人民民主》,载《中国社会科学报》2022 年 3 月 15 日版。

② 参见《习近平主持召开中央全面依法治国委员会第二次会议并发表重要讲话》,载《改革与开放》2019 年第 5 期。

③ 《法治政府建设实施纲要(2015—2020 年)》,载《人民日报》2015 年 12 月 28 日版。

④ 参见桂萍:《将公众参与贯穿重大行政决策全过程》,载《群众》2020 年第 14 期。

可以采取座谈会、听证会、实地走访、书面征求意见、向社会公开征求意见、问卷调查、民意调查等多种方式，并且要求应当采取便于公众参与的方式听取意见；对涉及特定群体利益的决策事项，要求决策承办单位与相关人民团体、社会组织以及群众代表进行沟通协商，充分听取相关群体的意见建议。在具体程序要求上，《暂行条例》对向社会公开征求意见和召开听证会这两种方式的程序要求作出了具体规定。在意见研究处理上，《暂行条例》规定决策承办单位应当对社会各方面提出的意见进行归纳整理、研究论证，充分采纳合理意见，完善决策草案。[①] 除了社会公示、群众座谈会、调查问卷、听证会等传统形式，《暂行条例》还要求将信息技术广泛应用于重大行政决策各项程序机制中，形成电子化决策机制，全方位打造公众参与信息化平台。如规定向社会公开征求意见的，决策承办单位应通过政府网站、政务新媒体以及报刊、广播、电视等便于社会公众知晓的途径公布决策草案及其说明等材料；决策机关应通过本级人民政府公报和政府网站以及在本行政区域内发行的报纸等途径及时公布重大行政决策。[②] 公众参与平台提升公众参与实效的作用日益显著。近年来，各地积极打造信息化管理平台，以实现对年度重大行政决策目录管理事项的网上实时监督，进而实现对决策过程的全链条管控、全过程监督、全闭环管理。[③] 例如，有群众向吉林省长春市市长留言称“再次反对长春动植物园搬迁项目，建议立刻叫停”，理由是长春动植物园传承悠久，是文物保护单位，交通便利而且门票便宜，因此不必另起炉灶、推倒重来，更何况国内不乏动物园搬迁失败的典型案例。该群众还建议召开听证会广泛听取专家和社会意见，为长春人民保留这座老动植物园。长春市市长公开电话办公室作出解释称“动植物园搬迁选

---

① 参见魏哲哲：《规范程序　依法决策——司法部负责人就〈重大行政决策程序暂行条例〉答记者问》，载《人民日报》2019 年 5 月 17 日版。

② 参见王万华：《健全科学民主依法决策机制　大力推进法治政府建设》，载《中国司法》2019 年第 7 期。

③ 参见杨柳：《无锡市重大行政决策程序实施细则出台》，载《无锡日报》2022 年 1 月 7 日版。

址已通过市规委会论证，原址将保留下来作为公园免费开放，目前，项目并未继续推进，接下来还会听取专家论证，广泛征求公众意见，并且召开听证会”。[①] 这显然有助于回应群众关切，增进决策民主。又如，在贵州玉屏低温供热堆商业示范项目公众参与座谈会，政府代表、专家及业主代表对公众代表提出的噪声、辐射、水污染等方面的疑虑问题逐一作答，增强了决策的可接受性。[②]

第二，民意调查制度广泛推行。推行包括文化教育、医疗卫生、资源开发、环境保护、公用事业等在内的重大民生决策事项民意调查制度，是《法治政府建设实施纲要（2015—2020 年）》明确提出的任务要求。[③]《暂行条例》第 14 条第 2 款进而规定：“听取意见可以采取座谈会、听证会、实地走访、书面征求意见、向社会公开征求意见、问卷调查、民意调查等多种方式。”各地在重大行政决策程序立法制规之际，也对该制度进行了细化规定。例如，《宁夏回族自治区重大行政决策规定》（2021）规定，涉及文化教育、医疗卫生、资源开发、生态环境保护、公用事业、公共安全等方面的决策事项，决策承办单位可以进行民意调查，并应当公开相关信息、进行解释说明，及时反馈公众意见建议采纳情况和理由。[④] 民意调查制度在实践中也得到较好的落实。例如，针对垃圾分类这一重大民生问题和决策事项，重庆市生活垃圾分类工作领导小组办公室部署启动了重庆市 2021 年生活垃圾分类民意调查工作，充分利用网站、客户端、微博、实地面访等形式，对市民垃圾分类知晓率、认知度、垃圾分类行动力、垃圾分类驱动因素、垃圾分类满意度等多个维度展开调查，并收集市民对于垃圾分类工作的满意度、垃圾分类行为习惯、垃圾分类建议等，为下阶段生活垃圾分类工作的开展提供数据支撑，进一步提高民众对垃

---

① 参见赵志疆：《呵护“公众参与决策的权利”》，载人民网，http://bbs1.people.com.cn/post/2/1/2/177686481.html，最后访问日期：2022 年 5 月 15 日。

② 参见《贵州玉屏低温供热堆商业示范项目公众参与座谈会召开》，载人民网，http://gz.people.com.cn/n2/2021/1208/c402177-35040879.html。

③ 《法治政府建设实施纲要（2015—2020 年）》，载《人民日报》2015 年 12 月 28 日版。

④ 参见周一青：《宁夏出台重大行政决策规定提高决策质效》，载《宁夏日报》2021 年 1 月 8 日版。

圾分类的认知度和参与度。[①]

第三，专家论证制度深入落实。专家评估制度是保证行政决策具备科学性、正确性、合理性的压舱石。《法治政府建设实施纲要（2015—2020 年）》明确要求："加强中国特色新型智库建设，建立行政决策咨询论证专家库。对专业性、技术性较强的决策事项，应当组织专家、专业机构进行论证。选择论证专家要注重专业性、代表性、均衡性，支持其独立开展工作，逐步实行专家信息和论证意见公开。"[②]《暂行条例》第 19 条第 1 款明确规定："对专业性、技术性较强的决策事项，决策承办单位应当组织专家、专业机构论证其必要性、可行性、科学性等，并提供必要保障。"随着专家论证制度的深入落实，近年来各地重大行政决策经过专家严格把关，质量得到显著提升。实践中，越来越多的行政机关能够做到乃至主动要求在作出行政决策前通过多种形式进行专家论证，以确保决策的科学性、正确性、合理性。例如，2022 年 1 月 15 日，山西省科技厅在山西交通科学园区组织召开专家论证会，通过了《智慧交通山西省实验室建设与运行实施方案》。在山西交通科学园区，专家组"实地参观考察了实验室基础条件和运行情况，听取了建设方案汇报，审查了相关工作资料，认为实验室目标定位准确，建设基础扎实，研究特色鲜明，经费保障有力，合作模式清晰，发展规划明确，总体方案合理，具备省实验室建设条件，符合省实验室建设要求，一致同意通过论证"。[③] 又如，2021 年 5 月 18 日，福建省生态环境厅在福州组织召开《福建省"十四五"生态环境保护专项规划》专家论证会。与会专家在审阅规划文本并听取编制组汇报后，经过质询讨论，认为规划政治站位高、创新引领强、形势把握准、项目支撑强、组织保障实，一致同意通过论证。[④]

---

① 参见刘波：《重庆 2021 年生活垃圾分类民意调查启动》，载《重庆晨报》2021 年 5 月 12 日版。

② 《法治政府建设实施纲要（2015—2020 年）》，载《人民日报》2015 年 12 月 28 日版。

③ 《〈智慧交通山西省实验室建设与运行实施方案〉通过专家论证》，载《山西日报》2022 年 1 月 16 日版。

④ 《〈福建省"十四五"生态环境保护规划〉通过专家论证》，载人民网，http://fj.people.com.cn/n2/2021/0524/c181466-34742095.html。

（三）合法性审查机制得到强化

没有规矩不成方圆。在中央全面依法治国工作会议上，习近平总书记强调指出："要用法治给行政权力定规矩、划界限，规范行政决策程序。"[①]合法性审查机制正是给行政权力定规矩、划界限的重要制度。《法治政府建设实施纲要（2015—2020年）》明确要求："建立行政机关内部重大决策合法性审查机制，未经合法性审查或经审查不合法的，不得提交讨论。建立政府法制机构人员为主体、吸收专家和律师参加的法律顾问队伍，保证法律顾问在制定重大行政决策、推进依法行政中发挥积极作用。"[②]近年来，重大行政决策合法性审查机制不断强化，与之相关的法律顾问制度与风险评估机制也在深入落实。

第一，合法性审查机制建立完善。《暂行条例》将合法性审查机制明确为重大行政决策的必由程序。《暂行条例》第25条规定："决策草案提交决策机关讨论前，应当由负责合法性审查的部门进行合法性审查。不得以征求意见等方式代替合法性审查。决策草案未经合法性审查或者经审查不合法的，不得提交决策机关讨论。对国家尚无明确规定的探索性改革决策事项，可以明示法律风险，提交决策机关讨论。"《暂行条例》第27条还从主体、程序和上位法规定3个层面明确了合法性审查的内容，即决策事项是否符合法定权限、决策草案的形成是否履行相关法定程序、决策草案内容是否符合有关法律、法规、规章和国家政策的规定。各地结合实际情况对重大行政决策合法性审查机制进行细化规定。例如，为加强重大行政决策合法性审查和行政规范性文件合法性审核工作，安徽省出台《关于进一步加强合法性审查工作的意见》（以下简称安徽《意见》），按照法治政府建设的部署要求，严格执行合法性审查工作规定，优化工作流程，着力解决审查能力与工作任务不相适应、合法性审查走形式等问题。安徽《意见》要求，结合本地本部门实际和职责

① 习近平：《坚定不移走中国特色社会主义法治道路　为全面建设社会主义现代化国家提供有力法治保障》，载《求是》2021年第5期。

② 《法治政府建设实施纲要（2015—2020年）》，载《人民日报》2015年12月28日版。

权限,确定决策事项目录、标准,按规定程序向社会公布,并根据实际情况动态调整。特别是涉及公民、法人和其他组织权利义务的重大决策事项,均要纳入审查范围,确保实现全覆盖;可以采取负面清单方式,明确不纳入合法性审查范围的事项类型,完善审查机制,保证审查时限;各级政府及其部门办公机构、送审稿起草部门要加强与本级政府或者本部门负责合法性审查工作的机构(审查机构)协调配合,进一步理顺审查事项的送审、审查、审签、意见反馈等办理环节,完善工作运行机制,优化审查流程;对属于重大事项合法性审查提前介入范围的,及时启动提前介入程序,明确审查标准,梳理审查要点。安徽《意见》还要求审查机构认真履行职责,从权限、程序、内容3个方面严格进行审查:决策或者制定主体是否合法、是否超越法定职权;内容是否符合法律、法规、规章和国家政策规定;是否违法设立行政许可、行政处罚、行政强制、行政征收、行政收费等事项;是否存在没有法律、法规依据作出减损公民、法人和其他组织合法权益或者增加其义务的情形;是否存在没有法律、法规依据作出增加本部门权力或者减少本部门法定职责的情形;是否违反决策或者文件制定程序等。[①] 又如,沧州市制定了《沧州市重大行政决策程序暂行规定》,出台了《沧州市人民政府重大行政决策事项目录管理办法(试行)》等12项配套制度,确定凡涉及社会公众利益的重大决策事项,均需经合法性审查,确保行政决策符合宪法法律规范,符合高质量发展要求,符合人民群众新期待。[②] 一些地方政府还探索设立了专门的法律顾问决策审查机构。例如,青岛市在重新组建的市司法局专门设置决策法律审查处。统计显示,仅2018年,青岛市司法局决策法律审查处就审查了决策类事项707件,其中市政府常务会议和市委常委会、市深化改革领导小组会议议题225件,市政府重大行政决策11件,市政府常务会议及市政府其他会议纪要34件,市委、市政府发文127件,其他决策类事

① 参见邵伏胜、彭继友:《安徽出台意见规范重大行政决策“合法性审查”》,载《市场星报》2021年8月9日版。

② 参见王雅楠:《涉公众利益重大决策事项均须合法性审查》,载《河北日报》2021年8月4日版。

项321件。通过系统强化合法性审查机制,青岛市各级政府和市政府各部门法治意识明显增强,依法行政和依法决策成为常态。①

第二,法律顾问制度全面推行。在中央全面依法治国委员会第一次会议上,习近平总书记强调指出:“要加大决策合法性审查力度,法律顾问和公职律师参与决策过程、提出法律意见应当成为依法决策的重要程序。”②《暂行条例》第28条规定:“负责合法性审查的部门应当及时提出合法性审查意见,并对合法性审查意见负责。在合法性审查过程中,应当组织法律顾问、公职律师提出法律意见。决策承办单位根据合法性审查意见进行必要的调整或者补充。”在习近平总书记重要论述精神和《暂行条例》制度要求的指引下,各地近年来全面推行法律顾问制度,实践探索取得可喜成绩。例如,黔西南州委办、州政府办2017年印发《关于推行法律顾问制度和公职律师公司律师制度的意见》,明确提出建立以政府法制机构人员为主体,吸收法学专家和律师参加的法律顾问队伍。黔西南州政府办同年印发《州人民政府办公室关于规范州政府法律顾问服务工作程序的通知》,为法律顾问充分参与州人民政府法律事务提供了制度保障。2019年机构改革后,明确由司法局承担州人民政府法律顾问工作。2020年7月,为加强对外聘法律顾问的管理,黔西南州司法局出台《黔西南州人民政府外聘政府法律顾问管理办法》,从工作职责、聘用、使用、责任追究等方面对外聘法律顾问提供法律服务进行规范,确保外聘法律顾问工作开展规范有序。③ 又如,为充分发挥北海市党政机关法律顾问在行政决策中的专业优势和作用,有效防范因决策不当而引发社会矛盾的问题,北海市司法局2021年出台《北海市党政机关法律顾问管理办法(试行)》,④明确要求在洽谈重大合作项目、处置重

---

① 姜东良、曹天健:《青岛实现对市级行政决策合法性审查全覆盖》,载《法制日报》2019年8月16日版。

② 习近平:《加强党对全面依法治国的领导》,载《求是》2019年第4期。

③ 参见贵州省司法厅:《法律顾问助力政府提升依法决策水平》,载人民网,http://gz.people.com.cn/n2/2020/0829/c396835-34258822.html。

④ 参见陈秋霞:《法律顾问有效防控行政决策风险》,载《广西日报》2022年3月15日版。

大突发事件、化解重大群体性矛盾纠纷、办理重大诉讼仲裁案件时，党政机关应安排法律顾问参与决策过程，并听取法律顾问意见。

第三，风险评估机制有序落实。现代社会是一个风险社会，传统风险和非传统风险层出不穷、交织并行，对行政决策带来了重大挑战。《法治政府建设实施纲要（2015—2020年）》明确要求："落实重大决策社会稳定风险评估机制。"[①]这一要求虽然原则性比较强，但经过近年实践的探索和积累，风险评估机制已经日趋成熟。《暂行条例》第22条第1款规定："重大行政决策的实施可能对社会稳定、公共安全等方面造成不利影响的，决策承办单位或者负责风险评估工作的其他单位应当组织评估决策草案的风险可控性。"《暂行条例》第23条明确了风险评估的机制方法，规定开展风险评估可以通过舆情跟踪、重点走访、会商分析等方式，运用定性分析与定量分析等方法，对决策实施的风险进行科学预测、综合研判并应形成风险评估报告，明确风险点，提出风险防范措施和处置预案。为确保风险评估真正发挥实效，《暂行条例》第24条规定："风险评估结果应当作为重大行政决策的重要依据。决策机关认为风险可控的，可以作出决策；认为风险不可控的，在采取调整决策草案等措施确保风险可控后，可以作出决策。"在《暂行条例》的制度框架下，各地风险评估机制稳步推进、有序落实。例如，辽宁省从2018年至2020年连续部署"社会稳定风险评估攻坚年"专项工作，围绕"防风险、保稳定"任务要求，进一步强化政治责任意识、民本导向意识、风险治理意识和公众参与意识，切实把风险评估纳入党委政府决策，嵌入发展过程始终，并积极引导公众参与，积极回应群众关切，努力为重大政策、重大决策顺利实施夯实基础、铺平道路，真正实现重大决策从规划、讨论、立项、实施到实施后的风险防控全过程管理。辽宁省各部门按照"属地管理、分级负责"和"谁主管，谁负责"的原则，进一步细化落实领导责任、相关部门的

① 《法治政府建设实施纲要（2015—2020年）》，载《人民日报》2015年12月28日版。

工作责任，切实做到先评估后决策、评估过再施策、不评估不决策。[①] 又如，河北省为加强土地征收社会稳定风险防控，规范土地征收社会稳定风险评估工作，切实从源头上预防和减少土地征收矛盾隐患，于2022年2月印发《河北省土地征收社会稳定风险评估办法（试行）》，明确提出土地征收社会稳定风险评估内容包括土地征收的合法性、合理性、可行性、可控性4个方面。其中可行性与可控性是指权属是否有争议，相关费用能否足额及时落实，是否得到大多数群众的支持和认可以及是否制定了社会风险防范化解措施以及处置预案等。对于评估结论为低风险的，可以开展土地征收，但应采取有效措施应对潜在风险；结论为中风险的，应当采取措施降为低风险后再开展土地征收；结论为高风险的，不得开展土地征收，或者降低风险等级后再行决策。[②]

（四）责任追究制度严格落实

坚持抓住领导干部这个"关键少数"，是习近平法治思想核心要义的重要内容。领导干部掌握着推进全面依法治国的重要法治资源，党对全面依法治国的领导要通过领导干部这个媒介和载体来实现。领导干部担当着推进全面依法治国的关键示范角色，领导干部对法治的态度直接决定着社会对法治的态度，领导干部怎样对待法治影响着社会怎样对待法治。因此，各级领导干部要做尊法学法守法用法的模范。[③]《法治政府建设实施纲要（2015—2020年）》明确要求："决策机关应当跟踪决策执行情况和实施效果，根据实际需要进行重大行政决策后评估。健全并严格实施重大决策终身责任追究制度及责任倒查机制，对决策严重失误或者依法应该及时作出决策但久拖不决造成重大损失、恶劣影响的，严格追究行政首长、负有责任的其他领导人员和相关责任人员的党纪政

① 参见刘乐：《辽宁继续开展"社会稳定风险评估攻坚年"活动》，载《辽宁日报》2020年3月27日版。

② 朱鹏涛、姜慧婕：《按照社会稳定风险等级相应开展土地征收》，载《河北日报》2022年2月28日版。

③ 参见徐显明：《坚持抓住领导干部这个"关键少数"》，载《人民日报》2021年3月25日版。

纪和法律责任。”[①]近年来,各地通过落实集体讨论制度、推行决策后评估制度以及健全终身追究制度与责任倒查制度,有效提升了“关键少数”行政决策的法治思维。

第一,集体讨论制度全面建立。集体讨论决定是民主集中制的基本要求,是坚持民主决策原则的重要内容。《地方各级人民代表大会和地方各级人民政府组织法》规定,政府工作中的重大问题,须经政府常务会议或者全体会议讨论决定。由此可见,集体讨论决定是落实行政首长负责制的必要制度形式,对重大决策事项未经集体讨论不得作出决策。集体讨论的目的是帮助行政首长更好地了解情况、集思广益、作出决策。《暂行条例》将集体讨论制度明确为重大行政决策的必经程序环节,在其第30条第1款规定:“决策草案应当经决策机关常务会议或者全体会议讨论。决策机关行政首长在集体讨论的基础上作出决定。”近年来,重大行政决策作出前进行集体讨论,已成为大多数行政机关的普遍做法,集体讨论决定制度在全国范围内得到较好落实。坚持集体讨论决定,要求行政机关做到:一是审议形式符合法律规定。重大行政决策应当由政府常务会议、全体会议或者部门领导班子会议讨论决定。二是审议过程充分发扬民主。审议过程不能成为会议组成人员的“点头会”和行政首长的“一言堂”。承办单位要介绍决策方案及其法律法规政策依据、履行决策法定程序的有关情况、各方面提出的不同意见及研究处理情况等,会议组成人员要充分发表意见。行政首长和其他会议组成人员的意见、会议讨论情况和决定应当如实记录。

第二,决策后评估制度逐步推行。《暂行条例》第36条第1款规定了可以进行决策后评估的情形,即“重大行政决策实施后明显未达到预期效果”的,“公民、法人或者其他组织提出较多意见”的,以及“决策机关认为有必要”的。该条第2~4款进一步规定:“开展决策后评估,可以委托专业机构、社会组织等第三方进行,决策作出前承担主要论证评

① 《法治政府建设实施纲要(2015—2020年)》,载《人民日报》2015年12月28日版。

估工作的单位除外。开展决策后评估,应当注重听取社会公众的意见,吸收人大代表、政协委员、人民团体、基层组织、社会组织参与评估。决策后评估结果应当作为调整重大行政决策的重要依据。”各地近年来结合实际情况,开展了一系列决策后评估工作,有力提升了重大行政决策的质量。例如,太仓市政府针对太仓市公共自行车系统工程与太仓市爱心学校迁建工程,从决策的实施结果与决策目的是否符合、实施决策的成本—效益分析、实施决策带来的负面因素、实施决策在特定对象中的接受程度、实施决策与经济发展方向的符合程度、实施决策带来的近期效益和长远影响以及主要经验、教训、措施和建议等方面,对两项重大决策进行了决策后评估,并根据社会相关因素的变化及时对决策内容进行了调整变更,较好地保障了决策项目的效果、效益与效率。又如,为进一步提升政府决策的公信力,肇庆市 2022 年制定出台规定,从适用范围、工作原则和职责分工、决策后评估的范围和期限、决策后评估的内容、决策后评估的程序以及评估报告的运用等 5 个方面对决策后评估制度做了详尽规定。根据该规定,决策后评估主要包括 7 项内容:决策实施的基本情况,决策实施效果与制定目标的一致性,决策实施的成本与效益分析,实施决策在特定对象中的接受程度,实施决策与社会、经济发展方向的符合程度,实施决策带来的近期效果和长远影响,实施决策过程中存在的问题和主要原因。以该规定为依据,肇庆市对涵盖经济、社会、文化、科技等各方面,包括鼓励招商引资、促进金融服务业发展、扶持工业企业增资扩产、城市执法体制改革、行政审批事权下放、商事改革后续监管、城市房屋安全管理、高污染燃料和固体废物禁燃等的政策措施进行了妥善评估,取得了良好效果。①

第三,终身追责制度深入落实。2016 年 12 月,中共中央办公厅、国务院办公厅根据《法治政府建设实施纲要(2015—2020 年)》有关要求,

① 参见袁绫:《〈肇庆市人民政府重大行政决策后评估办法〉出台 进一步提高决策执行力和政府公信力》,载《西江日报》2018 年 10 月 24 日版。

联合印发《党政主要负责人履行推进法治建设第一责任人职责规定》，明确规定党政主要负责人是推进法治建设第一责任人，对于不履行或者不正确履行推进法治建设第一责任人职责的，应当依照《中国共产党问责条例》等有关党内法规和国家法律法规予以问责。[①]《暂行条例》第五章规定了重大行政决策违法的一系列法律责任，特别是第38条第1～2款明确规定："决策机关违反本条例规定的，由上一级行政机关责令改正，对决策机关行政首长、负有责任的其他领导人员和直接责任人员依法追究责任。决策机关违反本条例规定造成决策严重失误，或者依法应当及时作出决策而久拖不决，造成重大损失、恶劣影响的，应当倒查责任，实行终身责任追究，对决策机关行政首长、负有责任的其他领导人员和直接责任人员依法追究责任。"这就为重大行政决策终身追责制度的深入落实提供了基本法律依据。近年来，各地深入落实重大行政决策终身追责制度并出台相应细化规定。例如，合肥市2015年印发《合肥市人民政府重大行政决策责任追究暂行办法》，明确实行重大行政决策终身责任追究制度，建立责任到人、记录在案、问题倒查的相关机制，确保做到即使追责对象辞职或退休也"跑不掉"，此外还规定了告诫、责令作出书面检查、取消当年评优评先资格、通报批评、调离工作岗位或者停职、给予党纪政纪处分等6种重大行政决策责任追究方式。[②]《暂行条例》制定实施后，各地进一步完善重大行政决策终身追责相关制度。例如，西安市政府常务会议审议通过的《西安市重大行政决策程序规定》(2022)明确对重大行政决策的全过程进行规范指导，并规定决策机关违反规定造成决策严重失误，引起重大损失、恶劣影响的，应当倒查责任，实行终身责任追究。[③] 安徽省2020年制定《安徽省重大行政决策程序规定》，规定决策机关违反本规定的，由上一级行政机关责令改正，对

① 参见《中办国办印发〈党政主要负责人履行推进法治建设第一责任人职责规定〉》，载《人民日报》2016年12月15日版。

② 参见祝亮：《合肥出台重大行政决策责任追究办法》，载《市场星报》2015年10月28日版。

③ 参见齐卉：《重大行政决策严重失误将被终身追责》，载《陕西日报》2022年2月17日版。

决策机关行政首长、负有责任的其他领导人员和直接责任人员依法追究责任。决策机关违反本规定造成决策严重失误,或者依法应当及时作出决策而久拖不决,造成重大损失、恶劣影响的,应当倒查责任,实行终身责任追究,对决策机关行政首长、负有责任的其他领导人员和直接责任人员依法追究责任。[①] 广东省 2021 年制定《广东省重大行政决策程序规定》,明确规定决策机关违反本规定的,由上一级行政机关责令改正,对决策机关行政首长、负有责任的其他领导人员和直接责任人员依法追究责任。[②] 决策机关违反本规定造成决策严重失误,或者依法应当及时作出决策而久拖不决,造成重大损失、恶劣影响的,应当倒查责任,实行终身责任追究,对决策机关行政首长、负有责任的其他领导人员和直接责任人员依法追究责任。

三、行政决策制度体系现代化的前进方向

行政决策制度体系现代化是中国式行政法治现代化的重要内容,是推进国家治理现代化的重要抓手。决策是行政权力运行的起点,规范决策行为特别是重大行政决策行为是规范行政权力的重点。党员干部能否做到科学民主依法决策,决定了权力机关能否规范用权、正确履职,关系着法治政府建设目标能否顺利实现。[③] 在中央全面依法治国工作会议上,习近平总书记语重心长地指出:“现在,法治政府建设还有一些难啃的硬骨头,依法行政观念不牢固、行政决策合法性审查走形式等问题还没有根本解决。”[④]贯彻落实习近平总书记重要论述精神,以严格落实行政决策程序规定为着力点,推动行政机关适应现代化决策新理念新约

---

① 参见李光明:《安徽重大行政决策失误终身追责》,载《法治日报》2021 年 2 月 18 日版。

② 参见王佳欣:《〈广东省重大行政决策程序规定〉将施行 严重失误将终身追责》,载《南方日报》2021 年 10 月 9 日版。

③ 参见李毅:《有效规范行政决策程序》,载《中国纪检监察报》2020 年 12 月 8 日版。

④ 习近平:《坚定不移走中国特色社会主义法治道路 为全面建设社会主义现代化国家提供有力法治保障》,载《求是》2021 年第 5 期。

束新要求，促进行政机关科学民主依法决策，是新发展阶段中国式行政法治现代化的必然要求。《法治政府建设实施纲要（2021—2025 年）》针对行政决策制度体系现代化提出了“坚持科学决策、民主决策、依法决策，着力实现行政决策程序规定严格落实、决策质量和效率显著提高，切实避免因决策失误产生矛盾纠纷、引发社会风险、造成重大损失”的总体要求，[①]并从强化领导干部依法决策意识、严格落实重大行政决策程序以及加强行政决策执行和评估等方面系统部署了“十四五”时期行政决策制度体系现代化的建设举措，具有重要指导意义。

（一）强化领导干部依法决策意识

态度决定高度，思路决定出路，格局决定结局。当前，百年未有之大变局加速演进，民族伟大复兴宏伟蓝图深入展开。构建新发展格局对于每个地方都是一次机遇性、竞争性、重塑性的变革，不进则退、慢进亦退、不创新必退。要做到科学决策，首先要有战略眼光，看得远、想得深。[②]“十四五”时期要把新时代中国式行政法治现代化“规划图”变成“施工图”，要把新发展阶段法治政府建设“时间表”变成“计程表”，强化领导干部依法决策意识至关重要。

第一，严格遵循法定权限和程序。《法治政府建设实施纲要（2021—2025 年）》明确提出：“各级行政机关负责人要牢固树立依法决策意识，严格遵循法定权限和程序作出决策，确保决策内容符合法律法规规定。”[③]《暂行条例》第 7 条明确规定：“作出重大行政决策应当遵循依法决策原则，严格遵守法定权限，依法履行法定程序，保证决策内容符合法律、法规和规章规定。”然而，受制于诸多因素，我国领导干部群体的依法决策意识仍存在较大的区域性差异。一些地方虽然在重大行政决策程序制度建设上取得了较大进步，但实践中仍然存在走样情形，如重大行政决策事项没有全部听取公众意见，个别重大行政决策案卷缺少

① 《法治政府建设实施纲要（2021—2025 年）》，载《人民日报》2021 年 8 月 12 日版。
② 参见李许坚：《看得远　想得深》，载《中国纪检监察报》2020 年 10 月 24 日版。
③ 《法治政府建设实施纲要（2021—2025 年）》，载《人民日报》2021 年 8 月 12 日版。

专家意见,个别应当组织风险评估的重大行政决策事项未进行风险评估,少数地方政府法律顾问在重大行政决策制定过程中发挥的作用不充分,一定程度上存在形式化参与、参与度不高等情况。[①] 造成这些现象的原因主要在于某些领导干部的依法决策意识不够牢固,没有严格遵循依法决策原则作出重大行政决策。严格遵循法定权限和程序作出决策,一要坚持宪法法律至上,强化规则思维。法治就是规则之治,法治思维首先是规则思维。规则作为凝聚众人意志并为众人认可的行为规矩,具有确定性、可预期、可执行等特点,有利于建立连续的、稳定的秩序。各级领导干部必须弄明白法律规定怎么用权,什么事能干、什么事不能干,而不能当“法盲”。各级领导干部必须带头维护制度权威,做制度执行的表率,越是领导干部,越是主要领导干部,越要自觉增强法规制度意识,以身作则。二要严格遵守法定程序,强化程序思维。守法律、重程序,这是法治的第一位要求。程序意识就是严格按规矩办事,严格按照法定程序行使权力,不任意妄为。领导干部要提高运用法治思维和法治方式科学民主决策的能力,必须牢固树立重程序的基本法治理念,强化程序思维。领导干部特别是主要负责同志要掌握法治思维和法治方式,完善决策制度,规范决策程序。要严格落实重大行政决策程序制度,把公众参与、专家论证、风险评估、合法性审查、集体讨论决定作为重大行政决策的法定程序,把法律顾问和公职律师参与决策过程、提出法律意见作为依法决策的重要程序,提高专家论证质量,坚持合法性审查,防控决策风险,确保决策制度科学、程序正当、过程公开、责任明确,以规范的程序、科学的决策维护重大公共利益、维护人民合法权益,促进社会公平正义,不断增强人民群众获得感、幸福感、安全感。三要严格压实决策责任,继续完善重大行政决策责任追究与平时考核制度,把是否遵守决策程序制度、做到依法决策作为对政府部门党组(党委)开展巡视巡察和对行政机关主要负责人开展考核督察、经济责任审计的重要内容,防止

① 参见王青斌、高晨辉:《法治政府建设的地区化差异》,载《中国司法》2020 年第 12 期。

个人专断、搞“一言堂”。

第二,严格落实听取意见制度。习近平总书记强调指出:“形式主义、官僚主义是目前党内存在的突出矛盾和问题,是阻碍党的路线方针政策和党中央重大决策部署贯彻落实的大敌。有的拍脑袋定决策,搞家长制、‘一言堂’,把个人凌驾于组织之上,容不下他人,听不得不同意见。”①为了贯彻落实习近平总书记重要论述精神,从制度上切实整治形式主义、官僚主义顽瘴痼疾,《暂行条例》第 6 条明确规定:“作出重大行政决策应当遵循民主决策原则,充分听取各方面意见,保障人民群众通过多种途径和形式参与决策。”《法治政府建设实施纲要(2021—2025年)》进一步提出:“行政机关主要负责人作出重大决策前,应当听取合法性审查机构的意见,注重听取法律顾问、公职律师或者有关专家的意见。”②这就要求各级领导干部在重大行政决策实践中严格落实听取意见制度。从政治观念层面看,一方面,各级领导干部要毫不动摇坚持民主集中制。习近平总书记强调指出:“重大决策部署,必须在听取了各方面意见和建议后才能最后作出决定。在酝酿和讨论过程中,大家可以充分发表意见,畅所欲言,可以提修改意见,可以批评,甚至可以反对,言者无罪。古代尚有尧舜谏鼓谤木、大禹揭器求言、唐太宗兼听兼信等故事,我们共产党人更要有这样的理念和原则、气度和气魄。在酝酿和讨论阶段,要多听意见,让人家多说话,天塌不下来!闭目塞听、闭门造车,不会有好的决策。”③另一方面,各级领导干部要深入贯彻落实群众路线。坚持群众路线是我们党和政府克敌制胜的重要法宝。贯彻落实群众路线的过程就是充分发扬民主、集中群众经验和智慧的过程,内含着民主基础上的集中;集中的过程也是发扬民主的过程,如果集中的过程没有民主,就不能形成正确、科学的决策,并树立党和政府的权威,进而

① 转引自毛翔、段相宇:《坚决破除形式主义官僚主义》,载《中国纪检监察报》2019 年 2 月 28 日版。

② 《法治政府建设实施纲要(2021—2025 年)》,载《人民日报》2021 年 8 月 12 日版。

③ 《习近平在省部级主要领导干部学习贯彻十八届六中全会精神专题研讨班开班式上发表重要讲话》,载新华网,http://www.xinhuanet.com//politics/201702/13/c_.htm。

为治国理政和政府治理提供良好的政治条件。[①] 在政府治理领域贯彻落实群众路线，上级行政机关要经常听取下级行政机关和干部群众的意见，及时解决他们提出的问题；各级行政机关要按规定实行政务公开，使广大干部群众对政府事务有更多了解和参与。从实践操作层面来看，一是应当听取合法性审查机构的意见。决策草案提交决策机关讨论前，应当由负责合法性审查的部门进行合法性审查；决策草案未经合法性审查或者经审查不合法的，不得提交决策机关讨论；对国家尚无明确规定的探索性改革决策事项，可以明示法律风险，提交决策机关讨论；负责合法性审查的部门应当及时提出合法性审查意见，并对合法性审查意见负责；决策承办单位根据合法性审查意见进行必要的调整或者补充。二是注重听取法律顾问、公职律师的意见。各级行政机关在讨论、决定重大事项之前，应当听取法律顾问、公职律师的法律意见；依照有关规定应当听取法律顾问、公职律师的法律意见而未听取的事项，或者法律顾问、公职律师认为不合法不合规的事项，不得提交讨论、作出决定。对应当听取法律顾问、公职律师的法律意见而未听取，应当请法律顾问、公职律师参加而未落实，应当采纳法律顾问、公职律师的法律意见而未采纳，造成重大损失或者严重不良影响的，依法依规追究行政机关主要负责人、负有责任的其他领导人员和相关责任人员的责任。三是注重听取有关专家的意见。对专业性、技术性较强的决策事项，决策承办单位应当组织专家、专业机构论证其必要性、可行性、科学性等，并提供必要保障；决策承办单位组织专家论证，可以采取论证会、书面咨询、委托咨询论证等方式；选择专家、专业机构参与论证，应当坚持专业性、代表性和中立性，注重选择持不同意见的专家、专业机构，不得选择与决策事项有直接利害关系的专家、专业机构。

（二）严格落实重大行政决策程序

习近平总书记强调指出："要把抓落实作为开展工作的主要方式。

① 参见梅丽红：《发扬民主集中制的比较优势》，载《解放日报》2019年6月18日版。

讲政治不是抽象的,而是具体的。一分部署,九分落实。"[①]目前,我国针对重大行政决策已经初步建立了较为完善的法律制度体系,"十四五"时期推进行政决策制度体系现代化的主要任务是在进一步完善制度的基础上狠抓落实、坚决执行。

第一,严格执行《暂行条例》。《法治政府建设实施纲要(2021—2025年)》明确要求:"严格执行《重大行政决策程序暂行条例》。"[②]新发展阶段严格执行《暂行条例》,一要提高认识,加强学习。规范重大行政决策程序,是建设法治国家、法治政府的必然要求,是完善中国特色社会主义法治体系、推进国家治理体系和治理能力现代化的重要举措。各级各部门要把学习、宣传《暂行条例》提上重要议事日程,深刻领会精神实质,熟练掌握《暂行条例》的具体规定。要充分发挥主流媒体等的宣传阵地作用,通过多种形式宣传报道学习贯彻《暂行条例》的举措和成效。二要细化措施,狠抓落实。对照《暂行条例》规定,由各级司法行政部门牵头,抓紧制定相关配套制度和工作流程,编制明确重大行政决策事项范围目录清单、重大行政决策责任追究等制度,全面规范重大行政决策行为。各级各部门也要完善决策事项内部运行机制,进一步畅通公众、专家参与决策的渠道,做好前期准备,做到在集体讨论决策前7个工作日,将决策草案及相关依据材料提交合法性审查,充分保证必要的审查时间。三要严格程序,依法行政。各级各部门要以《暂行条例》实施为契机,自觉恪守合法行政、程序正当、高效便民、诚实守信、权责统一的依法行政基本要求,严格按照决策启动、公众参与、专家论证、风险评估、合法性审查、集体讨论决定、决策公布等程序规范执行,不断提升法治政府建设水平。四要强化执行,不忘初心。要切实提高履行决策程序的规范化水平,坚决杜绝做选择、搞变通的现象,防止"硬约束"变成"橡皮筋"、"长效"变成"无效"。只有强化制度意识、严格执行制度、坚决维护制

---

① 《习近平在省部级主要领导干部学习贯彻十八届六中全会精神专题研讨班开班式上发表重要讲话》,载新华网,http://www.xinhuanet.com//politics/2017-02/13/.htm。

② 《法治政府建设实施纲要(2021—2025年)》,载《人民日报》2021年8月12日版。

度,加强对制度执行的监督,才能切实推动不忘初心、牢记使命的制度落到实处,把法治政府的建设不断引向深入。[①]

第二,持续增强公众参与实效。社会公众依法有序有效参与是行政决策制度体系现代化的内在要求。坚持科学民主依法决策,必须充分发挥公众在重大行政决策中的主体作用。持续增强公众参与重大行政决策的实效性,一要健全完善公众参与的制度渠道。公众参与重大行政决策可以采取座谈会、听证会、实地走访、书面征求意见、向社会公开征求意见、问卷调查、民意调查等多种方式。决策事项涉及特定群体利益的,决策承办单位应当与相关人民团体、社会组织以及群众代表进行沟通协商,充分听取相关群体的意见建议。二要健全完善公众参与的激励机制。对积极参与重大行政决策并作出突出贡献的主体给予物质或者精神奖励,并通过媒体广泛宣传先进典型,让公众切实感受到政府对公众参与法治社会建设的肯定和鼓励,产生激励与示范效应。三要健全完善公众参与的意见反馈机制。如果公众对政府重大行政决策无法产生任何影响,公众参与就会流于形式,参与热情就会逐渐消散。为了真正发挥公众参与的制度功能,健全完善公众参与的意见反馈机制尤为重要。决策主体对于征集的公众意见和建议要有科学、客观的评估和处理标准,对采纳的公众意见和建议须作出必要的反馈,特别是决策与群众利益密切相关时,要广泛听取意见,及时反馈意见建议采纳情况。[②]

第三,深入发挥风险评估功能。《法治政府建设实施纲要(2021—2025年)》明确要求:“涉及社会公众切身利益的重要规划、重大公共政策和措施、重大公共建设项目等,应当通过举办听证会等形式加大公众参与力度,深入开展风险评估,认真听取和反映利益相关群体的意见建议。”[③]深入发挥风险评估功能应注重做好以下几点。一是树立风险意识,完成治理理念革命。要深刻认识现代社会属于风险社会的属性,把

① 《不忘初心、牢记使命要形成长效机制》,载《光明日报》2020年1月14日版。

② 参见曹刚果:《提升公众参与法治社会建设的实效性》,载《安徽日报》2021年11月2日版。

③ 《法治政府建设实施纲要(2021—2025年)》,载《人民日报》2021年8月12日版。

握风险社会的普遍规律，加强对中国现代化进程中社会风险特点趋势的研究，系统掌握风险管理的科学理论方法，把社会风险管理作为提高执政能力、推进国家治理体系和治理能力现代化的重要任务，从理念上行动上完成决策者向风险管理者、治理者的角色转变。二是坚持问题导向，明确风险评估类型。要通过辨别社会稳定风险评估的类型，甄别风险因素及其特征。要确定风险的类型，可以罗列相关风险，然后根据这些风险对社会稳定造成的影响来区分归类。要明确具体的风险因素及特征，可以从风险因素的发生时间、所处阶段和影响程度等方面来分析。要确定各类风险的发生阶段，为制定有针对性的风险防范措施提供依据。[①] 三是提高政治站位，严格风险评估责任。党政主要负责同志作为“关键少数”，要增强“四个意识”，坚定“四个自信”，做到“两个维护”，牢记“防范风险挑战要一以贯之”，把实施重大决策社会稳定风险评估作为贯彻落实党中央防范化解重大风险决策部署的政治考验，彻底纠正所谓风险评估妨碍决策的错误认识和逃避风险评估的错误行为。[②]

第四，推行决策事项公开制度。《暂行条例》第 3 条第 3 款规定：“决策机关可以根据本条第一款的规定，结合职责权限和本地实际，确定决策事项目录、标准，经同级党委同意后向社会公布，并根据实际情况调整。”《法治政府建设实施纲要（2021—2025 年）》在此基础上重申要推行重大行政决策事项年度目录公开制度。在今后的实践中，要坚持以问题为导向，推动这项工作不断取得新的成效。一要科学编制目录。科学编制重大行政决策事项目录是科学民主依法决策的基础性条件。科学编制重大行政决策事项目录，有利于在实践中逐渐凝聚共识，以点带面推进科学民主依法决策。二要严格执行目录。严格执行重大行政决策事项目录，推行重大行政决策目录化管理，有助于降低重大行政决策

① 参见陆杰华、刘芹：《转型期重大决策社会稳定风险评估体制机制探究》，载《中国特色社会主义研究》2019 年第 3 期。

② 参见孔祥涛：《推进重大决策社会稳定风险评估治理》，载《中国党政干部论坛》2018 年第 11 期。

的识别成本、提高概念外延的可视化程度、解决重大行政决策边界不清等问题。三要创新管理机制。要对重大行政决策事项目录分类管理机制、动态调整机制、编制时限规定以及决策事项标准等内容进行规范，还要探索实行委托第三方评估机制和引入专家评审机制，实现目录的动态化科学管理。①

第五，做好过程记录和材料归档。《暂行条例》第33条规定："决策机关应当建立重大行政决策过程记录和材料归档制度，由有关单位将履行决策程序形成的记录、材料及时完整归档。"《法治政府建设实施纲要（2021—2025年）》对此予以重申。在实践中做好这项工作，一是要明确职责。各责任单位必须明确职责，相互配合，协调支持。二是要完善归档机制。各机关单位要牢固树立档案意识，做到在重大行政决策过程中所形成的各类文件材料及时归档，从源头上确保重大行政决策档案的完整准确。三是要确保档案安全。凡属重大行政决策档案归档范围的文件材料，由承办单位按有关规定向本单位综合档案室移交，实行集中统一管理，并定期向档案馆移交；各机关单位对重大行政决策档案应与机关其他档案一起实行集中统一管理，落实档案安全保管制度，配备相应的档案设施设备，切实保证重大行政决策档案实体和信息的绝对安全。四是要加强档案利用。要明确利用范围、审批手续和查阅方式。在档案利用过程中，不得逾期不还、擅自转借他人、泄露或擅自对外公布重大行政决策档案信息。②

（三）加强行政决策的执行与评估

决策不与执行挂钩，不仅体现不出决策效益，也会影响政府公信力。对于政府来说，执行是职责所系，该做的事，知重负重、攻坚克难，顶着压力也要干；该负的责，挺身而出、冲锋在前，冒着风险也要担。事后评价制度也是健全决策机制、提高决策科学化民主化法治化水平的一项重要

① 参见方腾高等：《重大行政决策合法性审查进展、问题及对策——以浙江省为例》，载《中国司法》2021年第7期。

② 子青、董晔文：《规范重大行政决策档案　助力法治政府建设》，载《档案与建设》2018年第2期。

制度安排。为此,《法治政府建设实施纲要(2021—2025 年)》明确要求:“完善行政决策执行机制,决策机关应当在决策中明确执行主体、执行时限、执行反馈等内容。建立健全重大行政决策跟踪反馈制度。依法推进决策后评估工作,将决策后评估结果作为调整重大行政决策的重要依据。重大行政决策一经作出,未经法定程序不得随意变更或者停止执行。严格落实重大行政决策终身责任追究制度和责任倒查机制。”[①]在今后的实践中,要从以下几方面采取有效措施,加强行政决策的执行与评估。

第一,完善行政决策执行机制。《暂行条例》第 34 条规定,决策机关应当明确负责重大行政决策执行工作的单位,并对决策执行情况进行督促检查。负责重大行政决策执行工作的单位应当依法全面、及时、正确执行重大行政决策,并向决策机关报告决策执行情况。第 37 条进一步明确,依法作出的重大行政决策,未经法定程序不得随意变更或者停止执行。完善行政决策执行机制,决策机关应当在决策中明确决策执行主体、执行目标、执行时限等内容,并着重做好四方面工作。一是强化行政执行系统的专业化资源保障。重大行政决策往往涉及专业领域,因此需要更加专业化的要素资源供给,总体上要给予行政执行机构一定的自主性和灵活性,通过推进体制机制创新,增强专业性。二是健全行政执行的组织协调机制。应逐步建立集成、具有整体性特征的行政执行组织机制,不断加强各级政府办公室建设,发挥其推进行政执行的统筹协调作用。对于需要多个机构和部门执行的事项,要建立牵头执行机制和配合执行机制,分清主次关系和责任分工。要重点推进行政执行系统与司法系统的协调配合机制,强化行政执行的司法保障。三是推进行政执行系统数字化建设。应不断强化行政执行活动的数字化应用,利用大数据、智能化技术,识别、分析行政执行存在的盲点、薄弱点,全面提升行政执行水平。四是加强行政执行人员激励与约束制度建设。在《暂行条

---

① 《法治政府建设实施纲要(2021—2025 年)》,载《人民日报》2021 年 8 月 12 日版。

例》所规定的终身追责与责任倒追制度外，还应建立行政执行的公开监督机制，及时把社会的反馈信息有效转化到行政执行系统之中。[①]

第二，建立健全跟踪反馈制度。行政决策的跟踪反馈程序是指在决策的执行阶段，对决策实施的进度和效果进行资料收集、跟踪评价和报告反馈的全面监督过程。《暂行条例》并未就重大行政决策跟踪反馈制度作出专门规定，仅在第35条第1款间接性地规定"决策执行单位发现重大行政决策存在问题、客观情况发生重大变化，或者决策执行中发生不可抗力等严重影响决策目标实现的，应当及时向决策机关报告"。《法治政府建设实施纲要（2021—2025年）》则明确将建立健全重大行政决策跟踪反馈机制作为推进行政决策制度体系现代化的重要任务。在今后的实践中，建立健全重大行政决策跟踪反馈机制可从以下方面着手。一是健全法律法规体系。重大行政决策跟踪反馈机制目前只在部分省市得到文件落实，未形成统一法律规定，且缺乏实际的可操作执行步骤。政府应加快跟踪反馈程序的立法工作，以法律形式确定其在决策执行中的重要地位，强调跟踪反馈的功能和作用。二是明确跟踪反馈主体。考虑监督成本和实施难度等现实因素，建议将内部评价、专业机构评估以及社会意见测评相结合，采用政府部门牵头、专业人员指导和公众参与的方式进行决策实施阶段的跟踪反馈。三是建立科学标准程序。要健全现代化信息反馈机制，确立科学化跟踪评价计划。首先，确定预期目标，了解决策制定想要达到的效果，给出确定性标准。其次，进行跟踪评价，采集包括执行进度、完成质量与消耗成本的资料，与预期目标进行比较，如果偏差在容错区间内，则继续执行决策，报告评估结果和资料备案。一旦发现重大偏差和中等偏差，及时向上反馈问题。最后，分析原因和做出判断。探究产生问题的潜在原因，并根据实际情况，做出调整或终止决策的决定。同时，要建立上下互联，数据互通的信息反馈机

① 参见赖先进：《从部门化到系统化：行政执行系统建设如何更强有力——基于行政执行系统模型理论的分析》，载《中共天津市委党校学报》2021年第5期。

制，实现数据的交换和共享。[①]

第三，依法推进决策后评估工作。规范重大行政决策后评估程序，开展重大行政决策的质量及实施效果评价，是推进行政决策制度体系现代化的重要内容。政策执行完成后需进行事后评价，将政策设定的目标和实际取得的效果进行对照分析，总结经验和不足，评价结果应作为今后制定相关政策的重要依据和参考。因此，决策后评估工作对于加强决策实施情况的跟踪调查和评价，提高决策的质量和实施效果发挥着至关重要的反馈作用。《暂行条例》颁布实施后，各地相继出台相关细则，一些地方还专门针对行政决策后评估事项制定工作规则，如重庆市印发《重庆市重大行政决策后评估工作规则》(2021)，对重大行政决策后评估的范围、程序、内容和评估报告的运用等方面作出规定。黄山、邯郸、肇庆等地也制定出台了类似规定。在今后的实践中，推进决策后评估工作，一是要着重提高评估和评价的质量，把工作做深做细做实，防止评估流于形式。二是要推进评估的制度化、规范化、标准化，使评估和评价工作有章可循。三是要做到定量和定性分析相结合，尽可能量化，使其可衡量、可考核、可比较。此外，进一步推进重大行政决策后评估工作，在评估主体的选择上，应确保评估机构的专业性和中立性，这样才能对政府决策的实施和执行效果有正确的认识，及时发现决策实施过程中的问题并提出解决的方案。评估后的监督与责任问题也应当逐步纳入重大行政决策后评估体系中，以确保此项制度落到实处。[②]

第四，严格落实决策责任机制。我国目前的重大行政决策终身追责与责任倒查制度在实践运行中存在两大突出问题。一是问责主体单一。在我国长期形成的行政问责体制中，隶属同一系统的政府内部问责始终占据主导地位，其他几种问责模式总体上效果不佳。二是问责缘由混乱。因为重大行政决策涉及的事项比较复杂，且后果具有滞后性，影响

---

① 参见郭凯乐：《行政决策跟踪反馈程序研究》，载《理论观察》2017 年第 8 期。

② 参见尹媛：《重大行政决策实施后评估制度的研究》，载《湖北警官学院学报》2013 年第 3 期。

较为深远，各地对其性质认知不一，在问责缘由的立法设置上也就出现了分歧。① 在今后的实践中，相关改革应从以下几方面展开：一是实现问责主体的多元化。发挥人大问责、政府内部问责、法院问责、政党问责以及民主党派、新闻媒体、公众等社会问责五位一体功能，切实监督重大行政决策行为。二是确立宽严相济的问责缘由。重大行政决策问责应当主要采取“行为违法”的问责缘由，“行为不当”则应审慎问责，适度容错减责或免责，以充分调动决策主体的主观能动性，激发其在专业和经验上的优势，提升重大行政决策的质量。三是完善问责追责的基本程序。以问责启动程序、问责调查程序、问责处分程序为主线，实现问责法治化。四是建立责任承担的综合体系。通过道德责任、政治责任、行政责任与法律责任的综合一体，达到问责的最佳效果。②

四、本章小结

党的二十大报告提出：“坚持科学决策、民主决策、依法决策，全面落实重大决策程序制度。”③行政决策制度体系现代化是中国式行政法治现代化的重要环节和关键领域。党的十八大以来，遵循科学、民主、依法决策的法治原则，我国行政决策制度体系现代化取得了显著发展成效，依法决策制度初步建立、公众参与实效不断增强、合法性审查机制深入强化、责任追究制度严格落实。与此同时，行政决策制度体系现代化领域还有一些“难啃的硬骨头”，依法行政观念不牢固等问题还没有根本解决。习近平总书记有关规范行政决策程序的重要论述，为新发展阶段中国式行政决策制度体系现代化提供了根本遵循。根据《法治政府建设实施纲要（2021—2025 年）》的要求和《暂行条例》的规定，新发展阶段要在强化领导干部依法决策意识、严格落实重大行政决策程序、加

① 参见梅扬：《重大行政决策问责的实践难题及解决》，载《湖北社会科学》2020 年第 12 期。

② 参见周叶中：《论重大行政决策问责机制的构建》，载《广东社会科学》2015 年第 2 期。

③ 习近平：《高举中国特色社会主义伟大旗帜　为全面建设社会主义现代化国家而团结奋斗——在中国共产党第二十次全国代表大会上的报告》，人民出版社 2022 年版，第 41 页。

强行政决策的执行与评估等方面持续加大工作力度，深入推进行政决策制度体系现代化，为中国式行政法治现代化提供科学民主合法的强劲决策引领。

第六章　中国式行政执法工作体系现代化

法律的生命力在于实施，法律的权威也在于实施。良好的法律获得普遍的实施，是通往良法善治的必由之路。法治实施在法治体系中处于关键环节，行政执法工作是法治实施体系的重中之重。党和国家历来重视行政执法工作。社会主义法制建设“十六字”方针中，“有法必依，执法必严，违法必究”都是针对行政执法工作提出的原则要求。党的十八大以来，以习近平同志为核心的党中央将严格规范公正文明执法作为推进法治政府建设的“先手棋”，将高效的法治实施体系确立为中国特色社会主义法治体系的重要组成部分，并将“严格执法”摆在新时代社会主义法治建设“十六字”方针的重要位置，突出体现了行政执法工作体系现代化的全局性重要意义。在中央全面依法治国委员会第一次会议上，习近平总书记强调指出：“必须牢牢把握社会公平正义这一法治价值追求，努力让人民群众在每一项法律制度、每一个执法决定、每一宗司法案件中都感受到公平正义。”[①]党的十八届四中全会明确提出：“各级政府必须坚持在党的领导下、在法治轨道上开展工作，创新执法体制，完善执法程序，推进综合执法，严格执法责任，建立权责统一、权威高效的依法行政体制，加快建设职能科学、权责法定、执法严明、公开公正、廉洁高效、守法诚信的法治政府。”[②]党的十九届六中全会明确要求：“必须把体现人民利益、反映人民愿望、维护人民权益、增进人民福祉落实到全面依法治国各领域全过程，保障和促进社会公平正义，努力让人民群众在每一项法律制度、每一个执法决定、每一宗司法案件中都感受到公平正义。”[③]这一系列重要论述为中国式行政执法工作体系现代化提供了根本遵循，也为新时代法治政府建设提出了重大理论命题和实践要求。在习近平法治思想的科学指引下，中国式行政法治现代化突出强调推进行政执法工作体系现代化，严格规范公正文明执法的法治机理愈益鲜明，行政执法体制改革稳步推进，行政执法责任制深入落实，执法人员管理制度逐步健全，行政执法保障体系逐步加强，现代化的行政执法工作体系朝着新征程新纲领新蓝图不断创新发展。

一、行政执法工作体系现代化的法治机理

党的十八届三中全会着眼全面深化法治领域改革，明确将深化行政执法体制改革作为推进法治中国建设的重点任务。党的十八届四中全会着眼全面依法治国体系建设，将深化行政执法体制改革和坚持严格规范公正文明执法作为深入推进依法行政、加快建设法治政府的重点任务。中央全面依法治国委员会第一次会议明确要求牢牢把握社会公平正义这一法治价值追求，努力让人民群众在每一个执法决定中都感受到公平正义。[④] 为贯彻落实党中央重大战略部署，2015 年印发的《法治政

---

① 习近平：《加强党对全面依法治国的领导》，载《求是》2019 年第 4 期。

② 《中共中央关于全面推进依法治国若干重大问题的决定》，载《人民日报》2014 年 10 月 29 日版。

③ 《中共中央关于党的百年奋斗重大成就和历史经验的决议》，载《人民日报》2021 年 11 月 17 日版。

④ 参见马怀德：《论习近平法治思想中的法治政府理论》，载《政法论坛》2020 年第 6 期。

府建设实施纲要(2015—2020 年)》以坚持严格规范公正文明执法为统领,系统规划行政执法领域改革,明确提出"权责统一、权威高效的行政执法体制建立健全,法律法规规章得到严格实施,各类违法行为得到及时查处和制裁,公民、法人和其他组织的合法权益得到切实保障,经济社会秩序得到有效维护,行政违法或不当行为明显减少,对行政执法的社会满意度显著提高"的建设目标,并从改革行政执法体制、完善行政执法程序、创新行政执法方式、全面落实行政执法责任制、健全行政执法人员管理制度、加强行政执法保障六个方面设定具体任务。① 在《法治政府建设实施纲要(2015—2020 年)》贯彻落实取得重要进展的基础上,2021 年印发的《法治政府建设实施纲要(2021—2025 年)》进一步以健全行政执法工作体系、全面推进严格规范公正文明执法为统领,统筹谋划新发展阶段行政执法领域深化改革,明确提出"着眼提高人民群众满意度,着力实现行政执法水平普遍提升,努力让人民群众在每一个执法行为中都能看到风清气正、从每一项执法决定中都能感受到公平正义"的原则要求,并从深化行政执法体制改革、加大重点领域执法力度、完善行政执法程序、创新行政执法方式四个方面设定具体任务。② 从"旧纲要"到"新纲要",行政执法工作具体任务举措或许有所不同,但深刻法治机理实则一以贯之。以习近平法治思想为科学指引,综观党的十八大以来法治政府建设顶层设计和实践推进,保障和促进社会公平正义、深化行政执法体制改革和严格规范公正文明执法,合乎逻辑地构成了中国式行政法治现代化重中之重的目标任务,同时生动鲜明地彰显了中国式行政执法工作体系现代化一以贯之的法治机理,即行政执法工作体系现代化是以人民为中心的重大要求,是全面深化改革的重要环节,是全面依法治国的重点举措。

(一)以人民为中心的重大要求

为人民服务是党领导人民治国理政的使命初心。党的七大正式把

---

① 《法治政府建设实施纲要(2015—2020 年)》,载《人民日报》2015 年 12 月 28 日版。

② 《法治政府建设实施纲要(2021—2025 年)》,载《人民日报》2021 年 8 月 12 日版。

"为人民服务"写入党章,明确提出"全心全意为人民服务"是中国共产党的根本宗旨和行动准则。中国共产党成立一百年来,一代代中国共产党人始终牢记为中国人民谋幸福、为中华民族谋复兴的初心和使命,同人民想在一起、干在一起,风雨同舟、顽强奋斗,实现了中华民族从站起来、富起来到强起来的伟大飞跃。[①] 在行政法治现代化领域,为人民服务的使命初心历经长期砥砺激荡,已经全方位内化为保障和促进社会公平正义,建设人民满意的服务型政府的理念和实践。

党的十八大以来,以习近平同志为核心的党中央在统筹推进全面依法治国、建设法治中国伟大实践中,始终坚守为人民服务的使命初心。党的十八届三中全会明确提出发展更加广泛、更加充分、更加健全的人民民主,党的十八届四中全会将坚持人民主体地位确立为全面依法治国的主要原则,党的十八届五中全会明确提出以人民为中心的新发展思想。党的十九大报告把坚持以人民为中心确立为新时代坚持和发展中国特色社会主义基本方略的重要内容,强调"人民是历史的创造者,是决定党和国家前途命运的根本力量。必须坚持人民主体地位,坚持立党为公、执政为民,践行全心全意为人民服务的根本宗旨,把党的群众路线贯彻到治国理政全部活动之中,把人民对美好生活的向往作为奋斗目标,依靠人民创造历史伟业"。[②] 党的十九届四中全会进一步明确提出:"国家行政管理承担着按照党和国家决策部署推动经济社会发展、管理社会事务、服务人民群众的重大职责。必须坚持一切行政机关为人民服务、对人民负责、受人民监督,创新行政方式,提高行政效能,建设人民满意的服务型政府。"[③]这些重要论述充分彰显了我们党始终坚持以人民为中心的鲜明价值追求,同时为包括行政执法工作体系现代化在内的中

---

① 参见黄庆畅:《全心全意为人民服务》,载《人民日报》2021 年 11 月 30 日版。

② 习近平:《决胜全面建成小康社会　夺取新时代中国特色社会主义伟大胜利——在中国共产党第十九次全国代表大会上的报告》,载《人民日报》2017 年 10 月 28 日版。

③ 《中共中央关于坚持和完善中国特色社会主义制度　推进国家治理体系和治理能力现代化若干重大问题的决定》,人民出版社 2019 年版,第 15 ~ 16 页。

国式行政法治现代化提出了保障和促进社会公平正义，建设人民满意的服务型政府的重大实践要求。循此重大实践要求，前后相继的《法治政府建设实施纲要（2015—2020 年）》和《法治政府建设实施纲要（2021—2025 年）》，均旗帜鲜明地将坚持以人民为中心作为新时代法治政府建设的重大价值取向，并在中国式行政执法工作体系现代化系列任务举措中予以充分贯彻落实。

以人民为中心的法治发展准则，明确要求行政执法工作坚持行政为民、执法为民，切实保障和促进社会公平正义。行政执法工作攸关人民群众合法权益。执法与老百姓打交道最多，执法状况如何，往往是人民群众评判法治政府建设好坏的一个最直观标准。[①] 在中央全面依法治国工作会议上，习近平总书记强调指出："行政执法工作面广量大，一头连着政府，一头连着群众，直接关系群众对党和政府的信任、对法治的信心。"[②]在行政执法工作中贯彻落实以人民为中心的法治发展准则，要求行政执法工作既要做到职权分明、权责统一，又要做到结果科学、高效公正；既要做到流程规范、铁面无私，又要做到宽严相济、法理相融，让执法既有力度又有温度。2021 年修订实施的《行政处罚法》深入践行以人民为中心的法治发展准则，为中国式行政执法工作体系现代化树立了崭新标杆。[③]《行政处罚法》明文规定行政处罚的概念与性质，明确了行政处罚的惩戒性，强调以减损权益或增加义务作为行政处罚的核心要素。与此同时，《行政处罚法》新增了诸如"首违不罚""无过不罚"等人性化免罚规则，充分体现了行政处罚制度的法治温度。《行政处罚法》的修订实施以人民群众的普遍认知为基础，较好地实现了法理相融，提高了人民群众对行政处罚的接受度，保护了人民群众的合法权益，是通过行政

---

① 参见张维：《执法效果坚持人民评判人民满意》，载《法治日报》2021 年 11 月 10 日版。

② 习近平：《坚定不移走中国特色社会主义法治道路　为全面建设社会主义现代化国家提供有力法治保障》，载《求是》2021 年第 5 期。

③ 参见吴欢：《让行政执法既有力度又有温度》，载《江苏法治报》2021 年 7 月 16 日版。

执法工作保障社会公平正义的一项重大举措。①

（二）全面深化改革的重要环节

改革开放是决定当代中国前途命运的关键一招。党的十一届三中全会以来，党领导人民深入推进改革开放伟大事业，开启了改革开放和社会主义现代化建设新时期，实现了新中国成立以来党的历史上具有深远意义的伟大转折。改革开放是一项长期的、艰巨的、繁重的事业，必须一代又一代人接力干下去。在行政法治现代化领域，改革开放的伟大事业历经长期接力推进，已经全方位内化为推进刀刃向内的自我革命，深化政府治理领域法治改革的理念和实践。

党的十八大以来，以习近平同志为核心的党中央坚持改革开放不动摇，旗帜鲜明地部署推进全面深化改革。党的十八届三中全会明确指出“全面深化改革的总目标是完善和发展中国特色社会主义制度，推进国家治理体系和治理能力现代化”，围绕推进法治中国建设全面部署法治领域重大改革，并将深化行政执法体制改革作为重点任务，明确要求“整合执法主体，相对集中执法权，推进综合执法，着力解决权责交叉、多头执法问题，建立权责统一、权威高效的行政执法体制。减少行政执法层级，加强食品药品、安全生产、环境保护、劳动保障、海域海岛等重点领域基层执法力量。理顺城管执法体制，提高执法和服务水平。完善行政执法程序，规范执法自由裁量权，加强对行政执法的监督，全面落实行政执法责任制和执法经费由财政保障制度，做到严格规范公正文明执法。完善行政执法与刑事司法衔接机制”。② 诚如论者所指出的，“全面深化改革中的‘深化’正是针对改革遇到的‘硬骨头’和‘险滩’来讲的，强调的是新阶段改革呈现出新特征，推进改革就必须要敢于啃硬骨头、敢于涉险滩；是以全面深化改革总目标为标尺，要看是否有利于完善和发展中国特色社会主义制度，是否有利于推进国家治理体系和治理能力

① 参见张晓莹：《行政处罚的理论发展与实践进步——〈行政处罚法〉修改要点评析》，载《经贸法律评论》2021 年第 3 期。

② 《中共中央关于全面深化改革若干重大问题的决定》，载《人民日报》2013 年 11 月 16 日版。

现代化”。[①] 承其余绪，党的十八届四中全会和新旧法治政府建设实施纲要均一以贯之将深化行政执法体制改革作为中国式行政执法工作体系现代化的重点任务，生动诠释了全面深化改革的法治逻辑。

遵循全面深化改革的法治逻辑，必须坚持在法治轨道上推进行政执法体制改革。党的十八届四中全会明确要求：“根据不同层级政府的事权和职能，按照减少层次、整合队伍、提高效率的原则，合理配置执法力量。推进综合执法，大幅减少市县两级政府执法队伍种类，重点在食品药品安全、工商质检、公共卫生、安全生产、文化旅游、资源环境、农林水利、交通运输、城乡建设、海洋渔业等领域内推行综合执法，有条件的领域可以推行跨部门综合执法。完善市县两级政府行政执法管理，加强统一领导和协调。理顺行政强制执行体制。理顺城管执法体制，加强城市管理综合执法机构建设，提高执法和服务水平。严格实行行政执法人员持证上岗和资格管理制度，未经执法资格考试合格，不得授予执法资格，不得从事执法活动。严格执行罚缴分离和收支两条线管理制度，严禁收费罚没收入同部门利益直接或者变相挂钩。健全行政执法和刑事司法衔接机制，完善案件移送标准和程序，建立行政执法机关、公安机关、检察机关、审判机关信息共享、案情通报、案件移送制度，坚决克服有案不移、有案难移、以罚代刑现象，实现行政处罚和刑事处罚无缝对接。”[②]经过《法治政府建设实施纲要（2015—2020 年）》的细化明确和贯彻落实，“十三五”时期行政执法体制改革取得显著进展。在此基础上，党的十九届三中全会着眼于深化党和国家机构改革，党的十九届四中全会着眼于坚持和完善中国特色社会主义行政体制，党的十九届五中全会着眼于开启社会主义现代化建设新征程，党的十九届六中全会着眼于总结党的百年奋斗历史经验和重大意义，均对深化行政执法体制改革作出重大战略部署。《法治政府建设实施纲要（2021—2025 年）》围绕完善权责清

① 参见郭强：《深入准确理解全面深化改革》，载《求是》2017 年第 10 期。

② 《中共中央关于全面推进依法治国若干重大问题的决定》，载《人民日报》2014 年 10 月 29 日版。

晰、运转顺畅、保障有力、廉洁高效的行政执法体制机制，大力提高执法执行力和公信力的目标，提出具体改革举措，新发展阶段行政执法领域的全面深化改革正在加速前进。

(三)全面依法治国的重点举措

实行依法治国，是我们党总结长期历史经验得出的重要结论，是坚持和发展中国特色社会主义的必然选择。历史的经验和教训使我们党深刻认识到，法治兴则国家兴，法治衰则国家乱；法治与国家前途、人民命运息息相关，是治国理政、实现长治久安不可或缺的重要手段。[①] 党的十五大明确提出“依法治国”“建设社会主义法治国家”。1999 年宪法修正案将“中华人民共和国实行依法治国，建设社会主义法治国家”载入国家根本大法。在行政法治现代化领域，依法治国基本方略历经长期接力推进，已经全方位内化为全面推进依法行政、加快建设法治政府的理念和实践，严格规范公正文明执法则是至为关键的重点举措。

党的十八大以来，以习近平同志为核心的党中央对全面依法治国、建设法治中国作出新的顶层设计和重大部署，严格规范公正文明执法成为推进依法行政、建设法治政府的重要“先手棋”。在首都各界纪念现行宪法公布施行三十周年大会上，习近平总书记强调指出：“国务院和地方各级人民政府作为国家权力机关的执行机关，作为国家行政机关，负有严格贯彻实施宪法和法律的重要职责，要规范政府行为，切实做到严格规范公正文明执法。”[②]在主持中共十八届中央政治局第四次集体学习时，习近平总书记强调指出：“行政机关是实施法律法规的重要主体，要带头严格执法，维护公共利益、人民权益和社会秩序。执法者必须忠实于法律，既不能以权压法、以身试法，也不能法外开恩、徇情枉法。”[③]党的十八届四中全会把严格规范文明执法摆在突出位置，明确要

---

① 参见王晨：《坚持全面依法治国　法治中国建设迈出坚实步伐》，载《人民日报》2021 年 11 月 23 日版。

② 习近平：《论坚持全面依法治国》，中央文献出版社 2020 年版，第 13 页。

③ 习近平：《论坚持全面依法治国》，中央文献出版社 2020 年版，第 21 页。

求“坚持严格规范公正文明执法。依法惩处各类违法行为,加大关系群众切身利益的重点领域执法力度。完善执法程序,建立执法全过程记录制度。明确具体操作流程,重点规范行政许可、行政处罚、行政强制、行政征收、行政收费、行政检查等执法行为。严格执行重大执法决定法制审核制度。建立健全行政裁量权基准制度,细化、量化行政裁量标准,规范裁量范围、种类、幅度。加强行政执法信息化建设和信息共享,提高执法效率和规范化水平。全面落实行政执法责任制,严格确定不同部门及机构、岗位执法人员执法责任和责任追究机制,加强执法监督,坚决排除对执法活动的干预,防止和克服地方和部门保护主义,惩治执法腐败现象”。[①]《法治政府建设实施纲要(2015—2020 年)》以坚持严格规范公正文明执法为统率,安排部署“十三五”时期行政执法工作体系现代化任务举措。《法治政府建设实施纲要(2021—2025 年)》进一步明确提出健全行政执法工作体系,全面推进严格规范公正文明执法。在中央全面依法治国工作会议上,习近平总书记强调指出:“行政执法工作面广量大,一头连着政府,一头连着群众,直接关系群众对党和政府的信任、对法治的信心。要推进严格规范公正文明执法,提高司法公信力。近年来,我们整治执法不规范、乱作为等问题,取得很大成效。同时,一些地方运动式、‘一刀切’执法问题仍时有发生,执法不作为问题突出。强调严格执法,让违法者敬法畏法,但绝不是暴力执法、过激执法,要让执法既有力度又有温度。要加强省市县乡四级全覆盖的行政执法协调监督工作体系建设,强化全方位、全流程监督,提高执法质量。”[②]这就深刻阐明了行政执法工作的重大意义和严格规范公正文明执法的内在辩证逻辑以及深入推进严格规范公正文明执法的重点任务,为新发展阶段中国式行政执法工作体系现代化提供了根本遵循。诚如论者所指出的,依法行政是切实维护广大人民群众切身利益、落实依法治国基本方略的必然

① 《中共中央关于全面推进依法治国若干重大问题的决定》,载《人民日报》2014 年 10 月 29 日版。

② 习近平:《坚定不移走中国特色社会主义法治道路 为全面建设社会主义现代化国家提供有力法治保障》,载《求是》2021 年第 5 期。

要求。我国绝大多数法律、行政法规、地方性法规由各级政府负责实施。执法主体多、涉及领域广、行为数量大，行政执法人员与群众打交道多，行政执法与群众利益关系密切。只有执法机关坚持严格规范公正文明执法，才能切实维护社会公平正义、更好满足人民群众的法治需求，才能树立执法机关公信力、带动全社会尊法守法、保证法律法规有效实施。[①]与此同时，严格规范公正文明执法是对行政执法工作的系统要求，四个具体方面的要求不可偏废，要实现辩证统一，让行政执法既有力度又有温度，还要全面加强对行政执法工作的协调监督。

二、行政执法工作体系现代化的重要进展

行政执法工作体系现代化有着深厚法治机理，在中国式行政法治现代化总体方案中处于重要法治地位。针对行政执法工作，《法治政府建设实施纲要（2015—2020 年）》明确提出到 2020 年要实现“权责统一、权威高效的行政执法体制建立健全，法律法规规章得到严格实施，各类违法行为得到及时查处和制裁，公民、法人和其他组织的合法权益得到切实保障，经济社会秩序得到有效维护，行政违法或不当行为明显减少，对行政执法的社会满意度显著提高”的主要目标，还安排了改革行政执法体制机制、完善行政执法程序、创新执法方式、全面落实行政执法责任制、健全行政执法人员管理制度和加强行政执法保障六大措施。[②] 在党中央、国务院领导下，各地区各部门深入贯彻落实《法治政府建设实施纲要（2015—2020 年）》，推动行政执法工作取得重要进展，行政执法体制改革稳步推进，行政执法责任制深入落实，执法人员管理制度逐步健全，行政执法保障体系持续加强。[③] 伴随行政执法领域各项政策与制度

---

① 参见熊选国：《坚持依法治国、依法执政、依法行政共同推进，法治国家、法治政府、法治社会一体建设》，载《人民日报》2021 年 3 月 16 日版。

② 《法治政府建设实施纲要（2015—2020 年）》，载《人民日报》2015 年 12 月 28 日版。

③ 参见《中央依法治国办负责同志就〈法治政府建设实施纲要（二〇二一—二〇二五年）〉答记者问——把法治政府建设向纵深推进》，载《人民日报》2021 年 8 月 12 日版。

的出台落实，各地区各部门在实践中与中央纲要严格对标，压实责任、狠抓落实，确保了党中央、国务院关于行政执法工作的决策部署落到实处，立足全局、补齐短板，践行了严格规范公正文明执法各项要求，有力地推动了新时代法治政府建设迈上新台阶。

（一）行政执法体制改革稳步推进

行政执法体制是指由行政执法主体结构、法定执法职权和义务、执法程序和执法运行机制等构成的有机体系及相关法律制度。行政执法体制由执法主体、执法权力、执法制度3个基本要素构成，缺少其中任何一个要素，都无法形成完整的行政执法体制。[①] 深化行政执法体制改革是《法治政府建设实施纲要（2015—2020年）》在严格规范公正文明执法方面部署的首要任务举措。深化行政执法体制改革是党中央针对当前行政执法权责脱节、多头执法、选择执法，以及有法不依、执法不严、违法不究现象，立足于建立权责统一、权威高效的依法行政体制目标提出的重要改革任务，也是形成高效的法治实施体系的重要内容。[②]《法治政府建设实施纲要（2015—2020年）》贯彻实施后，我国综合行政执法改革有序推进、行政执法管理制度不断完善、“两法衔接”机制不断健全。

第一，综合行政执法改革有序推进。一段时期以来，我国行政执法体制在职能配置、权限划分以及运行方式等方面存在不少问题。执法主体不规范、执法职权混乱、执法权责不统一等现象在全国范围内不同程度地存在。由于立法主体的多元化以及部门立法授权的广泛存在，一个行政行为涉及多个法律、行政法规甚至规章的现象时有发生。可以说，由于行政执法主体的混乱所导致的“九龙治水”局面，已经在相当程度上构成了侵害人民群众合法权益、扰乱市场秩序、妨碍我国法治建设的亟待破解的顽瘴痼疾。正是着眼于此，自1996年“综合行政执法”提出以来，综合行政执法改革持续深入推进。从最初的地方政府部门执法机

---

① 参见青锋：《行政执法体制改革的图景与理论分析》，载《法治论丛》2007年第1期。

② 参见赵振华：《深化执法体制改革》，载《经济日报》2017年8月5日版。

构之间联合执法的“城市管理综合执法”，到规避多头执法、行政执法重复交叉的“相对集中行政处罚”，再到在相对集中行政处罚权基础上对执法工作进行改革的“综合行政执法”，这一系列改革举措不仅凸显了综合行政执法改革的重要性和紧迫性，而且不断探索建立适应我国国情和经济社会发展要求的行政执法体制。[①] 2004 年《全面推进依法行政实施纲要》明确提出推进综合执法试点的相关要求，并率先在市场领域展开试点。党的十八大以来，以习近平同志为核心的党中央深入推进综合行政执法改革。中央编办于 2015 年印发《关于开展综合行政执法体制改革试点工作的意见》，就全国范围内的改革试点进行安排部署。同年，中共中央、国务院印发《关于深入推进城市执法体制改革改进城市管理工作的指导意见》，对城市管理综合执法进行全面部署。《法治政府建设实施纲要（2015—2020 年）》明确要求“根据不同层级政府的事权和权能，按照减少层次，整合队伍，提高效率的原则，合理配置执法力量，推进执法重心向市县两级政府下移……大幅减少市县两级政府执法队伍种类”。[②] 党的十九大以来，以习近平同志为核心的党中央进一步综合行政执法改革。党的十九届三中全会把深化综合行政执法改革作为深化党和国家机构改革的专门任务进行部署，明确提出“一个部门设有多支执法队伍的，原则上整合为一支队伍。推动整合同一领域或相近领域执法队伍，实行综合设置”，[③]明确要求组建市场监管、生态环境保护、文化市场、交通运输、农业综合行政执法队伍。根据《深化党和国家机构改革方案》要求，对原国家工商行政管理总局、原国家质量监督检验检疫总局、原国家食品药品监督管理总局、国家发展和改革委员会的价格监督检查与反垄断执法职责，商务部的经营者集中反垄断执法职责以及国务院反垄断委员会办公室等的职责加以整合，新设成立国家市场监督管理总局。2019 年 3 月，国家市场监督管理总局印发文件，明确提

---

① 参见谷少传、袁周：《积极探索综合执法行政体制改革》，载《深圳特区报》2021 年 1 月 12 日版。
② 《法治政府建设实施纲要（2015—2020 年）》，载《人民日报》2015 年 12 月 28 日版。
③ 《中共中央印发〈深化党和国家机构改革方案〉》，载《人民日报》2018 年 3 月 22 日版。

出“决心建立健全综合执法工作机制,完善基层综合执法体制。建立统一指挥、横向协作、纵向联动的市场监管综合执法工作机制,上级市场监管部门要加强对下级市场监管部门队伍建设、综合执法工作的指导和监督,对有较大社会影响力和跨地区、跨部门的大案要案和典型案件,要加强统一部署、统筹协调,确保市场监管综合执法全面贯通‘一盘棋’。设区的市与市辖区原则上只设一个执法层级,实行由市局向市辖区派驻分局的体制,也可以实行以市辖区市场监管局执法为主的体制,强化市局对县级行政执法的监督指导和统筹协调。县(市、区)市场监管局一般实行‘局队合一’的管理体制,压实县(市、区)市场监管局对综合行政执法工作和队伍建设的责任。组建统一的市场监管所,作为县(市、区)市场监管局在乡镇(街道)的派出机构,负责基础性监管工作,聚焦执法业务依法行使行政处罚权”。[①] 市场监管领域综合行政执法改革启动以来取得显著成效,执法效率大幅提升,社会认可度、群众满意度大幅提高,同时有力震慑了违法者,保护了消费者和权利人的合法权益。《深化党和国家机构改革方案》还明确提出,“为整合分散的生态环境保护职责,统一行使生态和城乡各类污染排放监管与行政执法职责,加强环境污染治理,保障国家生态安全,建设美丽中国”,整合环境保护和国土、农业、水利、海洋等部门相关污染防治和生态保护执法职责、队伍,统一实行生态环境保护执法,由生态环境部指导。[②] 2020 年 3 月,新组建的生态环境部印发《生态环境保护综合行政执法事项指导目录(2020 年版)》,整合依据国家法律、行政法规、部门规章设定的总计 248 项行政处罚与行政强制措施,明确提出第一责任层级建议,按照有权必有责、有责要担当、失责必追究的原则,把查处违法行为的第一管辖和第一责任压实。为落实属地化监管责任要求,结合省以下环保机构监测监察执法垂直管理制度改革实际,各省、自治区、直辖市先后出台所辖区域相应目录,有

① 参见陈和华:《聚焦创新发展 保护消费者权益——市场监督管理部门 2021 年知识产权重点领域执法工作综述》,载《中国市场监管报》2022 年 3 月 11 日版。

② 参见《中共中央印发〈深化党和国家机构改革方案〉》,载《人民日报》2018 年 3 月 22 日版。

效整合了生态环境保护领域执法职责，基本建立了职责明确、边界清晰的执法体制。此外，为贯彻落实《深化党和国家机构改革方案》要求，中共中央办公厅、国务院办公厅先后印发生态环境、交通运输、农业农村、文化旅游、应急管理、市场监管 6 个领域综合行政执法改革政策文件，就队伍整合、人员编制、执法保障等做出具体部署，旨在通过整合以行政处罚权为核心的执法权，完善跨部门综合执法，以综合行政执法的方式解决多头多层重复执法问题。这一系列政策文件对综合行政执法改革的总体要求、主要任务、重点举措、保障措施等进行了全面部署，为综合行政执法改革的进一步深化提供了坚实制度保障。截至目前，社会治理主要领域的综合行政执法改革部署已经基本完成。

第二，行政执法管理制度不断完善。条块关系是我国行政组织体系中基本的结构性关系。条块体制一方面使我国政治体制具备极强的适应性与韧性特点，另一方面又容易带来权力碎片化、运行层级多、治理效率低等问题。① 权力碎片化问题可通过推进综合行政执法改革，实行机构合并、撤销精简等方式加以克服，但运行层级多、治理效率低等问题在基层治理中仍比较普遍。② 作为国家治理的重要环节，基层行政执法用"上面千条线、下面一根针"来形容并不过分。曾经一段时期，行政资源和权力重心偏高，基层行政执法任务重、职责多，手中的权力反而最小，在实践中客观上存在"看得见的管不着，管得着的看不见"等问题。要解决这一问题，必须从纵向上推进行政执法权下放。在这一过程中，需要妥善处理原职能部门和下放后的部门之间的权力交接、职能划转等关键问题。《法治政府建设实施纲要（2015—2020 年）》明确要求："按照减少层次、整合队伍、提高效率的原则，合理配置执法力量，推进执法重心向市县两级政府下移，把机构改革、政府职能转变调整出来的人员编制重点用于充实基层执法力量。"③中共中央办公厅、国务院办公厅印发

---

① 参见田先红：《中国基层治理：体制与机制》，载《公共管理与政策评论》2022 年第 1 期。

② 参见马太建：《论相对集中行政处罚权与综合执法的关系》，载《法治现代化研究》2018 年第 6 期。

③ 《法治政府建设实施纲要（2015—2020 年）》，载《人民日报》2015 年 12 月 28 日版。

《关于推进基层整合审批服务执法力量的实施意见》,要求整合现有站所、分局执法力量和资源,组建统一的综合行政执法机构,按照有关法律规定相对集中行使行政处罚权,以乡镇和街道名义开展执法工作,并接受有关县级主管部门的业务指导和监督,逐步实现基层一支队伍管执法。据此,各地先后赋予基层组织以行政执法权,或是通过行政委托的方式将权力下放给基层政府。例如:北京市实施"街乡吹哨、部门报到"工作机制,赋予基层单位执法召集权;广东东莞市环保局公开权责清单目录,将235项职权下放到各街镇环保分局行使;山东省将更适宜由乡镇人民政府承担的县级服务管理事项依法下放。[①] 为了确保行政执法权放得下、接得住、管得好、有监督,2021年修订的《行政处罚法》第24条第1款规定:"省、自治区、直辖市根据当地实际情况,可以决定将基层管理迫切需要的县级人民政府部门的行政处罚权交由能够有效承接的乡镇人民政府、街道办事处行使,并定期组织评估。决定应当公布。"这就以法律的形式巩固了综合行政执法改革成果,为行政处罚权下放基层提供了明确法律依据,有利于乡镇街道有效破解基层治理难题,有利于将矛盾化解在基层、把问题解决在一线,有利于实现社会稳定和长治久安。[②]

第三,"两法衔接"机制逐步健全。行政执法与刑事司法衔接很有必要,原因在于"刑事不法中的行政犯是一种禁止恶,其恶性系源自法律的禁止规定因而不同于自体恶的自然犯。因此,行政犯实际上是由行政不法转化为刑事不法,它具有行政不法与刑事不法的双重属性"。[③] 行政执法与刑事司法工作的有效衔接,有利于充分发挥行政执法与刑事司法的互补优势和资源共享,有利于整合执法资源,强化法律监督,形成打击合力,实现依法行政、公正司法,保障社会主义建设事业顺利进行。国务院于2001年发布《行政执法机关移送涉嫌犯罪案件的规定》(已被修改),有力地推进了新世纪以来的"两法衔接"工作。党的十八大以

---

① 参见王春业、强珺婕:《浅析行政处罚权的适度下放》,载《民主与法制时报》2021年6月24日版。

② 参见尹培培:《处罚权下放应确保接得住管得好有监督》,载《法治江苏》2021年第5期。

③ 参见陈兴良:《论行政处罚与刑罚处罚的关系》,载《中国法学》1992年第4期。

来,“两法衔接”工作受到高度重视,相关机制逐步健全。党的十八届四中全会明确提出:“坚决克服有案不移、有案难移、以罚代刑现象,实现行政处罚和刑事处罚无缝对接。”[①]《法治政府建设实施纲要(2015—2020年)》明确要求:“健全行政执法和刑事司法链接机制,完善案件移送标准和程序,建立健全行政执法机关、公安机关、检察机关、审判机关信息共享、案情通报、案件移送制度。”[②]经过“十三五”时期的持续努力,“两法衔接”制度建设日益完善。2020年,国务院修订《行政执法机关移送涉嫌犯罪案件的规定》,明确提出行政执法机关移送涉嫌犯罪案件,应当接受人民检察院和监察机关依法实施的监督。2021年6月,中共中央印发《关于加强新时代检察机关法律监督工作的意见》,要求健全行政执法和刑事司法衔接机制,包括完善检察机关与行政执法机关、公安机关、审判机关、司法行政机关执法司法信息共享、案情通报、案件移送制度,实现行政处罚与刑事处罚依法对接,同时要求,健全检察机关对决定不起诉的犯罪嫌疑人依法移送有关主管机关给予行政处罚、政务处分或者其他处分的制度。在实践层面,各地区先后开展“不起诉案件非刑罚处罚规范化”试点工作,改变了以往不起诉案件纯粹以“办结”作为流程终点的现象,确保了纠纷的实质性化解。2021年9月,最高人民检察院研究出台《关于推进行政执法与刑事司法衔接工作的规定》,主要的制度创新包括:(1)明确检察机关开展行刑衔接工作的基本原则,即严格依法、准确及时,加强与监察机关、公安机关、司法行政机关和行政执法机关的协调配合。(2)在内容上突出双向衔接并规定启动情形。(3)人民检察院对于行政执法机关不移送涉嫌犯罪案件开展监督和对需予以行政处罚的不起诉案件移送有关主管机关处理的,都应当提出检察意见;人民检察院提出检察意见,应当向本级行政执法机关或者同级有关主管机关提出。(4)对有关单位不答复、不处理的,检察机关可以

---

① 《中共中央关于全面推进依法治国若干重大问题的决定》,载《人民日报》2014年10月29日版。

② 《法治政府建设实施纲要(2015—2020年)》,载《人民日报》2015年12月28日版。

将有关情况通报同级司法行政机关或者其上级机关;必要时可以报告同级党委、人大常委会,同时明确对不起诉案件的检察意见应当要求有关单位在两个月以内回复办理情况或者处理结果。(5)人民检察院发现行政执法人员涉嫌职务违法、犯罪的,应当将案件线索移送监察机关处理。(6)细化明确案件咨询机制,通报机制、信息平台共享机制。

(二)行政执法责任制深入落实

推行行政执法责任制,是中国式行政执法工作体系现代化的基础性工作,是各级执法部门接受监督的重要机制,也是推进依法行政的重要举措,对于维护法律公正,提高执法水平具有重要意义。《法治政府建设实施纲要(2015—2020年)》明确要求:"严格确定不同部门及机构、岗位执法人员的执法责任,建立健全常态化的责任追究机制。加强执法监督,加快建立统一的行政执法监督网络平台,建立健全投诉举报、情况通报等制度,坚决排除对执法活动的干预,防止和克服部门利益和地方保护主义,防止和克服执法工作中的利益驱动,惩治执法腐败现象。"[①]行政执法责任制在"十三五"时期深入落实,取得良好监督效果。

第一,责任追究机制建立完善。国务院办公厅2005年即印发《关于推行行政执法责任制的若干意见》,要求通过梳理执法依据、分解执法职权、确定执法责任依法界定执法职责;通过明确评议考核的主体、内容、方法建立健全行政执法评议考核机制;通过认真落实行政执法责任、推行行政执法责任制的组织领导方式推进行政执法责任制改革。[②] 党的十八大以来,党的十八届三中、四中全会进一步对全面落实行政执法责任制度作出了部署安排,《法治政府建设实施纲要(2015—2020年)》也就此提出具体要求。以这些重要文件精神为指引,在中央层面,例如人力资源和社会保障部2017年印发《全面落实行政执法责任制的指导意见》,要求各级人力资源社会保障部门要建立健全对违法或者不当行

① 《法治政府建设实施纲要(2015—2020年)》,载《人民日报》2015年12月28日版。

② 《国务院办公厅关于推行行政执法责任制的若干意见》,载《人民日报》2005年8月28日版。

政执法行为的内部责任追究机制;对内设行政执法机构,可以根据造成后果的严重程度或者影响的恶劣程度等情况,给予通报批评、取消评比先进的资格等处理;对所属的法律法规授予行政执法权的组织,可以给予限期整改、通报批评、取消评比先进的资格等处理;对于受本部门委托行使行政执法权的组织要加强监管,确保其在权限范围内依法行使职权;对有违法或者不当行政执法行为的有关行政执法人员,可以根据过错形式、危害大小、情节轻重等具体情况,给予批评教育、离岗培训、调离执法岗位、取消执法资格等处理。又如,市场监督管理总局2021年印发《市场监督管理行政执法责任制规定》,对行政执法过错行为的构成要件、具体追责情形、追责方式等作出规定,为市场监管部门开展责任追究提供制度遵循。在追责情形上,根据行政许可法、行政处罚法、行政强制法等法律,梳理了18项追责情形;在责任追究方式上,主要包括诫勉、组织处理和处分,其中对于行政执法过错行为情节轻微,且具有法定从轻或者减轻情形的,可以进行谈话提醒、批评教育、责令检查或者予以诫勉,并可作出调离行政执法岗位、取消行政执法资格等处理,免予或不予处分。[①] 在地方层面,行政执法责任追究机制也在不断完善。据不完全统计,截至2022年3月,全国关于行政执法责任制度已有地方性法规5部,地方政府规章27部,其他规范性文件共计821部。各级政府部门及其工作人员的执法行为得到有效规范,责任追究机制深入落实。例如,浙江省制定《浙江省县级以上人民政府行政执法监督条例》,建立健全以执法评议考核、案卷评查和执法过错责任追究制度为核心的行政执法责任制。

第二,执法监督机制不断强化。严密的执法监督机制是行政机关推进执法规范化建设的重要保障。党的十八届四中全会明确要求:"全面落实行政执法责任制,严格确定不同部门及机构、岗位执法人员执法责任和责任追究机制,加强执法监督,坚决排除对执法活动的干预,防止和

① 《〈市场监督管理行政执法责任制规定〉解读》,载《中国市场监管报》2021年6月2日版。

克服地方和部门保护主义，惩治执法腐败现象。”[①]党的十九届四中全会明确提出：“加强对法律实施的监督，保证行政权、监察权、审判权、检察权得到依法正确行使。”[②]在中央全面依法治国工作会议上，习近平总书记强调指出：“要加强省市县乡四级全覆盖的行政执法协调监督工作体系建设，强化全方位、全流程监督，提高执法质量。”[③]各地通过强化制度建设，推动执法监督机制不断完善。例如，河南省发布《关于全面落实行政执法责任制的意见》，要求县级以上政府要完善层级监督机制，重点监督执法权力相对集中、群众关注度高的执法领域，建立健全重大执法行为备案审查、执法投诉举报、执法案卷评查、执法履职情况统计、执法监督结果公开等监督制度，加大对本级执法部门及下级政府的监督力度；完善专门监督机制，充分发挥监察、审计等部门的监督作用，依法及时查处执法违法行为；强化部门内部监督，各行政执法部门要加强内部自我约束，实行分岗设权、分级授权、定期轮岗，防止权力滥用；要严格执行重大执法决定法制审核及集体讨论制度，未经法制审核或审核未通过的，不得作出执法决定；对执法过程中发现的违法或不当执法行为，要主动予以纠正，并依法作出调查处理；要认真开展内部行政执法评议，探索运用现代信息技术手段开展网上评议，通过评议规范执法行为，提高执法水平；主动接受外部监督，各级政府、各行政执法部门要自觉接受人大监督、社会监督及舆论监督等外部监督，通过回访行政管理相对人、聘请社会监督员、委托第三方开展外部评议等方式，创新接受外部监督形式，让社会全过程、全方位监督行政执法行为。一些地区还出台了专门的行政执法监督规范，如《宁夏回族自治区行政执法监督条例》。值得注意的是，行政执法量大面广事多，单纯依靠传统方式，很难实现有效监督，

① 《中共中央关于全面推进依法治国若干重大问题的决定》，载《人民日报》2014 年 10 月 29 日版。

② 《中共中央关于坚持和完善中国特色社会主义制度　推进国家治理体系和治理能力现代化若干重大问题的决定》，人民出版社 2019 年版，第 15 页。

③ 习近平：《坚定不移走中国特色社会主义法治道路　为全面建设社会主义现代化国家提供有力法治保障》，载《求是》2021 年第 5 期。

信息科技平台已经并将继续在行政执法监督工作中发挥重要作用。司法部通过创新监督方式方法,以科技化、信息化手段规范行政执法程序,实现对行政执法行为的全程监督。同时,通过进一步强化执法信息数据汇聚治理,提高执法信息分析应用能力,及时发现行政执法薄弱环节,为加强和改进行政执法、行政立法、行政决策和风险防范提供有力支撑。

(三)执法人员管理制度逐步健全

曾经一段时期,我国行政执法人员法律专业知识有限,往往是上岗前进行突击培训,这就很难保证其对法治体系、法治原理、法治精神有全面认识。《法治政府建设实施纲要(2015—2020年)》明确要求:"2016年年底前,各地区各部门对行政执法人员进行一次严格清理,全面实行行政执法人员持证上岗和资格管理制度,未经执法资格考试合格,不得授予执法资格,不得从事执法活动。健全纪律约束机制,加强职业道德教育,全面提高执法人员素质。逐步推行行政执法人员平时考核制度,科学合理设计考核指标体系,考核结果作为执法人员职务级别调整、交流轮岗、教育培训、奖励惩戒的重要依据。规范执法辅助人员管理,明确其适用岗位、身份性质、职责权限、权利义务、聘用条件和程序等。"①经过"十三五"时期的持续推进,持证上岗和资格管理制度全面推行、执法人员纪律约束机制普遍建立、执法人员平时考核制度逐步推行。

第一,持证上岗和资格管理制度全面推行。2017年《行政处罚法》局部修改时,立法机关曾在原第38条新增一款,要求行政机关中初次从事行政处罚决定审核的人员,应当通过国家统一法律职业资格考试取得法律职业资格。2021年修订的《行政处罚法》第42条规定,行政处罚应当由具有行政执法资格的执法人员实施。在实践中,持证上岗制度已经全面普及。例如,河北省在执法实践中加强对行政执法人员的监管,规范行政执法人员持证上岗和资格管理,对行政执法人员定期开展勤政廉政教育,建立日常管理监督制度,加强对行政执法人员的培训,提高行政

---

① 《法治政府建设实施纲要(2015—2020年)》,载《人民日报》2015年12月28日版。

执法人员素质。河北省司法厅明确,申请领取乡镇综合行政执法证件人员,必须在编、在行政执法岗位工作并经公共法律知识、专业法律知识培训考试合格;不得为工勤人员、临时聘用人员等不符合规定的人员申领、发放行政执法证件;行政执法辅助人员,应当在行政执法人员指导下开展执法辅助工作。又如,根据广东省司法厅的规定,自 2020 年 11 月 1 日起,《民法典》中涉及行政领域的有关内容被新列为广东省行政执法人员综合法律知识网上考试内容,只有考试合格后,行政执法人员才能领取执法证。[①] 再如,在 2019 年人力资源和社会保障部将政务服务综合窗口办事员列为新职业后,北京市首批通过职业资格认定并持证上岗的综合窗口行政办事员达到 559 人。[②] 按照国务院相关文件要求,各级机关要加强行政执法人员资格管理,统一行政执法证件样式,建立全国行政执法人员和法制审核人员数据库。健全行政执法人员和法制审核人员岗前培训和岗位培训制度。[③] 在贯彻落实中,自然资源部的做法比较典型:通过建立自然资源行政执法人员和法制审核人员数据库,加强对自然资源行政执法人员执法资格与证件的管理;重视执法人员能力素质建设,健全行政执法人员和法制审核人员岗前培训和岗位培训制度;保障执法人员待遇,建立执法人员人身意外伤害和工伤保险制度,落实国家抚恤金政策,提高执法人员履职积极性,增强执法队伍稳定性。此外,河北省明确要对行政执法人员定期开展勤政廉政教育,建立日常管理监督制度,加强对行政执法人员的培训,提高行政执法人员素质。

第二,执法人员纪律约束机制普遍建立。来之不易的改革成果要用严明的制度机制加以维护。为贯彻《法治政府建设实施纲要(2015—

---

① 参见欧阳胜勇等:《广东省行政执法人员"持证上岗",要先通过民法典相关内容考试》,载《南方农村报》2020 年 10 月 24 日版。

② 《北京:首批 599 名综合窗口行政办事员持证上岗》,载《北京日报》2021 年 11 月 22 日版。

③ 《国务院办公厅关于全面推行行政执法公示制度执法全过程记录制度重大执法决定法制审核制度的指导意见》,载《中华人民共和国国务院公报》2019 年第 2 号。

2020年)》有关要求,国务院各部委和地方各级政府普遍建立执法人员纪律约束机制,为巩固执法改革成果提供了重要的纪律保障。例如,交通运输部印发《交通运输行政执法禁令》与《交通运输行政执法人员风纪规范》等规范性文件,要求执法人员严守党纪国法,坚决遏制人民群众反映强烈的各种歪风陋习,以零容忍态度坚决查处执法环节中滥用职权、以权谋私等各类腐败行为,依法依规予以党纪政纪处分,着力打造有令必行、有禁必止的交通运输行政执法队伍;全面规范执法人员着装、仪容举止、用语和内务,抵制"庸懒散"等不良工作作风,杜绝风纪不严整、语言不文明、出勤不出力、在岗不在状态等突出问题;建立完善勤务巡查、值班值守、应急响应等工作机制,加大监督检查力度,主动接受人民群众监督,树立交通运输执法队伍新风貌。各地区各部门对执法人员纪律约束机制进行了更为细化的规定。例如,福建省龙岩市交通运输综合执法支队明确了包括"在工作场所喝茶聊天、玩手机游戏,利用工作电脑玩游戏等干与工作无关的事情"和"吃拿卡要、接受管理相关人员吃喝宴请。刁难管理相关人员以及态度粗暴损害群众利益,影响执法队伍形象"等在内的11项应受纪律处分的情形。

第三,执法人员平时考核制度逐步推行。在以往的考核中,公务员考核都是以年度为考核周期,包括领导班子成员、普通干部的考核,均为"年终算账"。平时考核就是要把全年的任务分解,制定出每个考核周期的具体考核内容和考核指标,把工作实绩可视量化,既能让主管领导梳理工作任务和跟进工作进度,又能促进被考核者迅速了解和熟悉岗位要求和职责,不断增强自身业务能力和工作水平。把平时考核工作落实好,要摒弃"凭印象"的惰性心理,真正做到考核来源于工作实绩又推动工作开展,让广大公务员积极奋进,充分发挥公务员的主观能动性,让不作为变成"过去时"。解决公务员队伍中存在的不作为、不会为和乱作为问题,贯彻落实好中央关于抓好公务员队伍建设的要求,应当充分发挥平时考核在公务员管理工作中的基础性、战略性、根本性作用,抓住公务员平时考核怎么考、考什么、怎么用的“牛鼻子”。[①] 中共中央组织部2019年印发的《公务员平时考核办法(试行)》第5条明确规定:“公务员平时考核以公务员的职位职责和所承担的工作任务为依据,及时了解公务员德、能、勤、绩、廉日常表现,重点考核深入学习贯彻习近平新时代中国特色社会主义思想、遵守政治纪律和政治规矩、践行党的群众路线、完成日常工作任务和阶段工作目标的情况,以及承担急难险重任务、处理复杂问题、应对重大考验的表现等。对直接面向群众的窗口单位和服务部门的公务员,应当突出考核服务态度、服务质量和服务承诺兑现情况,注重了解为群众办实事解难事的实效,关注群众获得感满意度。”就考核方式,制定了个人小结、主管领导审核评鉴、服务对象评议等考核方式。各地区各部门遵照中央要求,积极开展平时考核制度建设工作,扩大试点范围,完善考核程序、考核手段和考核结果运用办法,进行了各有侧重、各有特色的实践探索。例如,浙江省出台《浙江省公务员平时考核办法(试行)》,规定平时考核以公务员的职位职责和所承担的工作为基本依据,考核公务员德、能、勤、绩、廉等方面的日常表现,平时考核结果作为年度考核的基础和重要依据。北京市公布了《北京市“十三五”时期人力资源和社会保障发展规划》,提出要强化公务员平时考核,逐步形成科学管用、体现实绩、简便易行、符合本市实际的平时考核机制。湖北省襄阳市出台《县级单位和工作人员业绩台账管理办法》,建立对账销号、业绩公示、差错登记、领导点评、干部互评五项制度,全面推行机关工作人员电子日志系统。陕西省渭南市潼关县制定印发《关于进一步做好公务员平时考核工作的通知》,以德、能、勤、绩、廉五个方面为考核的定向指标,以党中央及各项法规对这五个方面的要求为定性指标;各单位从职能职责和管理动机出发,按照综合管理、行政执法、窗口服务三大类细分岗位,定岗定责,模拟推演,经考核领导小组研究后,就每个

---

① 杨涛:《抓住公务员平时考核“牛鼻子”》,载人民网,http://dangjian.people.com.cn/GB/n1/2017/0113/=1024320u。

岗位形成定向、定性、定量“三位一体”的考核对照体系。

（四）行政执法保障体系持续加强

制度执行力是治理能力的重要组成部分，制度执行越有力，治理能力越有效。曾经一段时期，由于执法力量不足、执法经费短缺、执法人员素质不高等原因，一些制度要求未能全面贯彻落实。《法治政府建设实施纲要（2015—2020年）》明确要求：“加强行政执法保障。推动形成全社会支持行政执法机关依法履职的氛围。对妨碍行政机关正常工作秩序、阻碍行政执法人员依法履责的违法行为，坚决依法处理。各级党政机关和领导干部要支持行政执法机关依法公正行使职权，不得让行政执法人员做不符合法律规定的事情。行政机关履行执法职责所需经费，由各级政府纳入本级政府预算，保证执法经费足额拨付。改善执法条件，合理安排执法装备配备、科技建设方面的投入。严格执行罚缴分离和收支两条线管理制度，严禁下达或者变相下达罚没指标，严禁将行政事业性收费、罚没收入同部门利益直接或者变相挂钩。”[①]“十三五”时期，各地区各部门不断强化行政执法保障体系，执法机关依法履职氛围浓厚、行政执法经费保障全面落实。

第一，执法机关依法履职氛围浓厚。依法履行职责是领导干部与“任”俱来的天职。领导干部肩负着服务群众、推动发展的重要责任，应当带头严格遵守法律，做守法奉法的表率。领导干部缺乏依法履职能力，做不到依法办事，就无法取信于民，从而影响政府在民众心中的权威。提高依法履职能力，是对各级领导干部的硬约束、硬标准，也是加强领导干部队伍建设的内在要求。《法治政府建设实施纲要（2015—2020年）》明确要求：“推动形成全社会支持行政执法机关依法履职的氛围。对妨碍行政机关正常工作秩序、阻碍行政执法人员依法履责的违法行为，坚决依法处理。各级党政机关和领导干部要支持行政执法机关依法

① 《法治政府建设实施纲要（2015—2020年）》，载《人民日报》2015年12月28日版。

公正行使职权,不得让行政执法人员做不符合法律规定的事情。”[①]在行政执法实践中,各级党政机关和领导干部要支持行政执法机关依法公正行使职权,不得让行政执法人员做不符合法律规定的事情。提高执法机关的依法履职能力,既要靠党员干部的高度自律,又要靠监督机制的制约。因此,强化领导干部法治意识,全面提升依法履职能力,需要发挥“风向标”作用,从制度层面将依法履职情况作为干部考察、激励约束机制的重要标准。为落实《法治政府建设实施纲要(2015—2020 年)》要求,各部门积极出台相关规定,从制度层面推动执法人员依法履职;各地为推动公正执法、保障依法履职,也出台了相关制度规定。例如,江苏省出台《关于健全和落实政法干警依法履行法定职责保护机制的指导意见》,鼓励激励广大政法干警忠诚奉献、担当作为,为政法干警依法履行法定职责保护机制树立“标尺”,从不同方面对支持政法干警依法履职、维护司法公正等提出规范和要求。又如,贵州省市场监督管理局要求全省市场监管系统领导干部应带头遵守宪法法律,不得违法干预行政执法、插手具体案件办理;明确对执法工作负有领导责任的人员在案件查办过程中依法履职不属于干预行政执法;强调行政执法人员应依法独立公正行使职权。截至目前,各地预防性规范得到有效实施,特别是惩处了一批违法违纪干部,有效维护了行政执法规范秩序。

第二,行政执法经费保障全面落实。曾经一段时期,我国行政执法实践中存在比较突出的“逐利性”执法问题。造成这一现象的重要原因之一,在于执法经费短缺。而执法经费短缺的很大一部分原因,在于财政拨款不足。我国的财政实行分级管理体制,而执法经费主要由地方政府负担,由于地方经济发展和财政收入的不平衡,客观上造成了一些地方政府无力全额承担执法机关的执法经费,进而要求执法机关自己解决部分执法经费。[②] 党的十八大以来,执法经费保障问题受到党中央、国

---

① 《法治政府建设实施纲要(2015—2020 年)》,载《人民日报》2015 年 12 月 28 日版。

② 参见王青斌:《论执法保障与行政执法能力的提高》,载《行政法学研究》2012 年第 1 期。

务院高度关注。在环境执法领域，国务院要求保障基层环境监察执法用车，推进环境监察标准化建设，提出了使用移动执法的要求，到2017年，要求80%的环境监察机构都要使用环境执法系统，规范执法行为，强化自动监控、卫星遥感、无人机等信息化和科技化手段的运用，健全监管执法经费保障机制，将监管执法经费纳入同级财政全额保障范围。在"三农"执法领域，农业农村部强化执法保障，建立执法经费财政保障机制，将农业综合行政执法运行经费、执法装备建设经费、罚没有毒有害及其他物品处置经费等纳入同级财政预算，确保满足执法工作需要，严格执行罚缴分离和收支两条线管理制度。地方各级政府也出台政策文件，采取有效措施，通过将执法经费纳入财政预算等方式，为行政执法提供保障支持。例如，广西北海市明确要求所辖各县(区)结合财政增长情况，加大财政投入，支持安全生产执法，强化重大安全隐患治理和监管监察能力建设，进一步提升应急救援执法能力，在监管执法经费保障、专项资金管理、安全生产责任体系与内控制度建设等方面要落实到位；每年部门预算要安排安全生产执法经费，确保安全生产执法经费纳入同级财政保障。

三、行政执法工作体系现代化的创新推进

当前，世界百年未有之大变局加速演进，国际形势波谲云诡，国内改革发展稳定任务艰巨繁重。在行政执法工作体系现代化问题上，虽然"十三五"时期取得了较为显著的进展，但是相较于统筹中华民族伟大复兴战略全局和世界百年未有之大变局，推进国家治理体系和治理能力现代化，适应人民日益增长的美好生活需要，还存在不少短板和差距。《法治政府建设实施纲要(2021—2025年)》围绕健全行政执法工作体系，全面推进严格规范公正文明执法，明确提出"着眼提高人民群众满意度，着力实现行政执法水平普遍提升，努力让人民群众在每一个执法行为中都能

看到风清气正、从每一项执法决定中都能感受到公平正义"[①]的目标要求，进而从深化行政执法体制改革、加大重点领域行政执法力度、完善行政执法程序制度和创新行政执法方式方法 4 个方面部署任务举措，各地区各部门也积极采取有效措施，创新推进新发展阶段的中国式行政执法工作体系现代化。

（一）持续深化行政执法体制改革

针对新发展阶段行政执法体制改革的深入推进，《法治政府建设实施纲要（2021—2025 年）》明确要求："完善权责清晰、运转顺畅、保障有力、廉洁高效的行政执法体制机制，大力提高执法执行力和公信力。"[②]"十三五"时期，综合行政执法改革已取得重要成果，市场监管、生态环境保护、文化市场、交通运输、农业综合、城市管理等领域的综合行政执法队伍已基本组建完毕，上述领域曾经存在的执法队伍结构分散、力量不足、多头执法、重复执法、执法扰民等问题得到初步解决。"十四五"时期是综合行政执法改革的又一关键时期——既需要推动各项改革措施迅速落实，避免出现"中梗阻"，又需要妥善处理好改革中出现的新问题，确保执法工作的稳定性和延续性。在"十三五"时期改革成效的基础上，"十四五"时期的综合行政执法改革还必须持续深化综合行政执法体制改革、稳步推进行政处罚权下放、健全完善案件移送与协调协作机制。[③]

第一，深化综合行政执法体制改革。在《法治政府建设实施纲要（2015—2020 年）》的基础上，《法治政府建设实施纲要（2021—2025 年）》明确提出"坚持省（自治区）原则上不设行政执法队伍，设区市与市辖区原则上只设一个行政执法层级，县（市、区、旗）一般实行'局队合一'体制，乡镇（街道）逐步实现'一支队伍管执法'的改革

① 《法治政府建设实施纲要（2021—2025 年）》，载《人民日报》2021 年 8 月 12 日版。

② 《法治政府建设实施纲要（2021—2025 年）》，载《人民日报》2021 年 8 月 12 日版。

③ 马怀德、孔祥稳：《"十三五"时期法治政府建设的主要成就与"十四五"时期法治政府建设展望》，载中国政法大学法治政府研究院主编：《中国法治政府发展报告（2021）》，社会科学文献出版社 2022 年版。

原则和要求”,[1]这就进一步加大了综合行政执法改革的力度,将改革范围扩展到了行政执法全领域。《法治政府建设实施纲要(2021—2025年)》还明确提出“坚持依法下放、试点先行,坚持权随事转、编随事转、钱随事转,确保放得下、接得住、管得好、有监督”,[2]这意味着不仅要确保权力放得下,还要确保基层接得住、管得好、有监督。这就意味着在综合行政执法改革中不仅仅要关注权力交接、职权划转的问题,更要关注综合执法队伍建设及相关配套制度的设计。经过5年的改革,原先分散在若干行政机关内的相关行政职权部分或全部集中起来,由统一执法主体对外进行执法,由结构性分权转向整体政府的改革模式渐次成型。当前,进一步深化改革的难点在于,一方面,在“条块化”的行政体制下,由于以“条”为单元的共同体属性强大,不可避免地衍生出条块之间的利益矛盾冲突,部门壁垒仍然存在,信息和资源共享困难,不利于标准化执法的实现。另一方面,由于执法力量下沉不足,不利于统筹协调执法资源,致使执法资源“碎片化”。[3] 这就可能导致对于上级下放的权力,基层拿不住、不敢拿。从我国行政体制的“条块关系”出发,综合行政执法体制的深化改革必须在“条条”与“块块”的冲突关系中寻找平衡点,既要发挥“条条”在综合执法中的监督指导、统一执法标准作用,厘清不同层级政府及其部门的执法职责,减少执法层级,制约地方保护,最大限度地保证执法公正;又要发挥“块块”最靠近基层一线,执法最便捷、成本最低、效率最高的优势,按照执法重心下移的原则,强化地方属地化管理,推动执法力量向街道和乡镇下沉,最大程度上提高执法效率。[4] 具体而言,继续深化综合行政执法体制改革需要妥善好处理如下关系。[5] 一是进一步理顺综合行

---

① 《法治政府建设实施纲要(2021—2025年)》,载《人民日报》2021年8月12日版。

② 《法治政府建设实施纲要(2021—2025年)》,载《人民日报》2021年8月12日版。

③ 参见丁煌、李雪松:《整体性治理视角下综合行政执法改革的深化之道》,载《南京社会科学》2020年第12期。

④ 参见程琥:《综合行政执法体制改革的价值冲突与整合》,载《行政法学研究》2021年第2期。

⑤ 马怀德、孔祥稳:《“十三五”时期法治政府建设的主要成就与“十四五”时期法治政府建设展望》,载中国政法大学法治政府研究院主编:《中国法治政府发展报告(2021)》,社会科学文献出版社2022年版。

政执法权的纵向配置,处理好省、市、县三级执法队伍设置的问题。二是进一步完善综合行政执法改革的配套机制,例如划清业务机构与执法机构的职责边界,解决实践中存在的监管和执法"两张皮"和推诿扯皮问题;又如完善综合行政执法的保障机制,解决综合行政执法人员的身份、编制等问题,强化装备、设备配套,提升执法人员的能力和素质。

第二,稳步推进行政处罚权下放。2021 年修订的《行政处罚法》第 24 条第 1 款规定:"省、自治区、直辖市根据当地实际情况,可以决定将基层管理迫切需要的县级人民政府部门的行政处罚权交由能够有效承接的乡镇人民政府、街道办事处行使,并定期组织评估。决定应当公布。"结合《行政强制法》第 17 条,这一规定使得以处罚权为核心的执法权下放基层有了法律上的依据。然而,基层能否真正"接得住",一直以来是改革推进必须重点关注的问题。为此,在推进行政处罚权下放的过程中,必须结合当地实际情况,确定下放的处罚权种类,兼顾基层执法力量,加强配套制度建设。首先,在行政处罚权下放过程中应当着重考虑下放事项是否"必要"。一般而言,在行政执法实践中,适合乡镇街道进行行政管理的事项主要集中在城市环境、文化建设、社会治安、民生事业等领域,这些领域与群众的切身利益密切相关,可以重点考虑。此外,鉴于一些地区存在基层行政组织执法水平较低、执法力量不足等问题,为了保证行政执法办案质量,可以将那些案情重大复杂、专业性较强的案件交由专业执法部门处理,将事实清楚、争议不大、案值较小的行政处罚案件交由基层执法部门处置。省、自治区、直辖市应当对行政处罚的下放事项进行全方位分析,充分调研、反复论证其合理性,对乡镇街道有权作出行政处罚的事项及权限通过制定权力清单的方式进行规范,并通过多种载体进行公开。其次,应当综合考虑承接主体的执法水平、内部结构、财政收入等情况,做到量体裁衣。在对乡镇街道执法能力、水平进行量化分析的基础上,按照"成熟一批、下放一批"的原则,对符合执法要求的乡镇街道依法赋权,并对被赋权乡镇街道的后续执法工作定期进行评估,对不符合授权条件的组织,可以及时收回其行政处罚权,做到放权与收权的平衡,实现执法效能最大化。[①] 再次,要进一步处理好综合行政执法机构与乡镇街道的关系。2021 年修订的《行政处罚法》在第 24 条第 1 款对于下放的条件、程序作了规定,但留给各省份的裁量空间较大。各地需要因地制宜、因事制宜向乡镇街道下放执法权,防止"一旦出现上面不切实际、胡乱下放,下面承接不住、胡乱执法的情况,将激化人民群众和基层政府的矛盾,引发大量的行政争议"。最后,在下放权力的同时,还要建立健全乡镇街道与上级相关部门之间的案件移送、协调合作、指导监督等制度安排,确保实现"放得下、接得住、管得好、有监督"。行政处罚权下放不能一放了之,需要综合考虑地方实际治理需求,下放后还要根据具体情况进行适时调整。根据国务院通知精神,省、自治区、直辖市要根据当地实际情况,采取授权、委托、相对集中行政处罚权等方式向能够有效承接的乡镇人民政府、街道办事处赋权,要注重听取基层意见,关注基层需求,积极稳妥、科学合理下放行政处罚权,确保放得下、接得住、管得好、有监督;要定期组织评估,需要调整的及时调整。有关市、县级人民政府及其部门要加强对乡镇人民政府、街道办事处行政处罚工作的组织协调、业务指导、执法监督,建立健全评议考核等配套制度,持续开展业务培训,研究解决实际问题。乡镇人民政府、街道办事处要不断加强执法能力建设,依法实施行政处罚,确保行政权稳步有序向基层下放。[②]

第三,健全完善案件移送与协调协作机制。案件移送与协调协作机制是否健全,直接事关乡镇和街道与县级行政执法部门之间工作的有效衔接。《法治政府建设实施纲要(2021—2025 年)》明确要求:"建立健全乡镇(街道)与上一级相关部门行政执法案件移送及协调协作机制。"[③]中共中央办公厅、国务院办公厅 2019 年印发《关于推进基层整合

---

① 王春业、强珺婕:《浅析行政处罚权的适度下放》,载《民主与法制时报》2021 年 6 月 24 日版。

② 参见《国务院关于进一步贯彻实施〈中华人民共和国行政处罚法〉的通知》,载《中华人民共和国国务院公报》2021 年第 35 期。

③ 《法治政府建设实施纲要(2021—2025 年)》,载《人民日报》2021 年 8 月 12 日版。

审批服务执法力量的实施意见》，明确提出为积极推动基层综合行政执法改革，必须建立健全乡镇和街道与县直部门行政执法案件移送及协调协作机制。[①]《法治政府建设实施纲要（2021—2025 年）》进一步明确要求："建立健全乡镇（街道）与上一级相关部门行政执法案件移送及协调协作机制。大力推进跨领域跨部门联合执法，实现违法线索互联、执法标准互通、处理结果互认。"[②]健全案件移送与协调协作机制由此成为当前和今后一段时期行政执法体制改革的重点所在。为深入推进此项改革要求，妥善处理基层执法部门与原职能部门之间的关系，需要进一步强化行政执法案件移送和协调协作机制，建立权责清晰、信息共享、运行通畅、高效便捷的综合行政执法协调协作机制，提高乡镇和街道行政执法水平。在具体实践中，一是要明确移送范围、移送程序、异议处理等问题；二是要探索建立联合执法制度，包括联合执法协商机制，联合执法程序等内容；三是要完善执法协助制度，包括应当协助的情形和不予协助的例外情形。在改革推进过程中，还要不断完善信息共享制度，健全信息共享机制，明确信息共享内容，创新信息共享方式。全方位强化职能部门对乡镇街道综合行政执法工作的业务指导。

第四，推进跨领域跨部门联合执法。建立跨领域跨部门联合执法制度，一方面可以为跨部门协调工作提供法律依据，而这也正是行政部门依法行政的基本原则；另一方面也有利于公众对于跨部门协同机制的监督，确保跨部门协同的长期有效实施。[③]《法治政府建设实施纲要（2021—2025 年）》明确要求："大力推进跨领域跨部门联合执法，实现违法线索互联、执法标准互通、处理结果互认。"[④]《国务院关于进一步贯彻实施〈中华人民共和国行政处罚法〉的通知》明确要求："提升行政执

---

① 参见《中共中央办公厅　国务院办公厅印发关于推进基层整合审批服务执法力量的实施意见》，载《中华人民共和国国务院公报》2019 年第 5 期。

② 《法治政府建设实施纲要（2021—2025 年）》，载《人民日报》2021 年 8 月 12 日版。

③ 赖先进：《论行政执法中的跨部门协同问题及其治理路径》，载《国家治理现代化研究》2018 年第 1 期。

④ 《法治政府建设实施纲要（2021—2025 年）》，载《人民日报》2021 年 8 月 12 日版。

法合力。逐步完善联合执法机制,复制推广‘综合查一次’经验,探索推行多个行政机关同一时间、针对同一执法对象开展联合检查、调查,防止执法扰民。要健全行政处罚协助制度,明确协助的实施主体、时限要求、工作程序等内容。对其他行政机关请求协助、属于自身职权范围内的事项,要积极履行协助职责,不得无故拒绝、拖延;无正当理由拒绝、拖延的,由上级行政机关责令改正,对相关责任人员依法依规予以处理。要综合运用大数据、物联网、云计算、区块链、人工智能等技术,先行推进高频行政处罚事项协助,实现违法线索互联、监管标准互通、处理结果互认。有关地区可积极探索跨区域执法一体化合作的制度机制,建立健全行政处罚预警通报机制,完善管辖、调查、执行等方面的制度机制,为全国提供可复制推广的经验。”[①]这就对行政处罚领域联合执法机制进行了全面部署,同时细化明确了执法协助机制的具体实施细节和程序,具有重要的指导意义。在今后的跨领域跨部门联合执法实践中,各地区各部门一是要进一步强化政府职能部门间的联合执法,集中精力解决跨领域跨部门公共事务;二是要减少多头执法和多重执法,切实减轻市场主体负担,营造优质高效的营商环境,同时缓解基层执法力量不足、联动协作不畅等问题;三是要积极探索多种方式实现跨领域跨部门联合执法,进一步提升行政执法质效。

(二)加大重点领域行政执法力度

党的十九届四中全会明确指出:“加大关系群众切身利益的重点领域执法力度。”[②]《法治政府建设实施纲要(2021—2025 年)》明确要求:“加大食品药品、公共卫生、自然资源、生态环境、安全生产、劳动保障、城市管理、交通运输、金融服务、教育培训等关系群众切身利益的重点领域执法力度。分领域梳理群众反映强烈的突出问题,开展集中专项整

---

① 参见《国务院关于进一步贯彻实施〈中华人民共和国行政处罚法〉的通知》,载《中华人民共和国国务院公报》2021 年第 35 期。

② 《中共中央关于坚持和完善中国特色社会主义制度　推进国家治理体系和治理能力现代化若干重大问题的决定》,人民出版社 2019 年版,第 15 页。

治。对潜在风险大、可能造成严重不良后果的,加强日常监管和执法巡查,从源头上预防和化解违法风险。建立完善严重违法惩罚性赔偿和巨额罚款制度、终身禁入机制,让严重违法者付出应有代价。畅通违法行为投诉举报渠道,对举报严重违法违规行为和重大风险隐患的有功人员依法予以奖励和严格保护。"[①]为此需要做好开展集中专项整治、建立严重违法行为惩罚赔偿机制、畅通违法行为投诉举报渠道等方面的工作。

第一,开展集中专项整治。集中专项整治活动有利于对不法行为快、准、狠地进行治理,对于维护人民群众合法权益具有重要保障作用。《法治政府建设实施纲要(2021—2025 年)》对于重点领域的集中专项整治活动进行了专门部署。循此原则要求,各地区各部门逐步集中力量开展专项整治活动。2021 年,市场监管总局组织部署开展民生领域案件查办"铁拳"行动,将农村市场酒水饮料等节令食品作为重点,严厉查处假冒仿冒知名品牌违法行为,定期曝光典型案件,持续释放警示震慑效应。为强化奥林匹克标志保护,着力优化办奥环境,市场监管总局还联合国家知识产权局组织开展北京 2022 年冬奥会和冬残奥会奥林匹克标志知识产权保护专项行动,加大对食品饮料、文体用品、服装鞋帽、冰雪装备器材等重点商品的检查力度,依法查处侵犯奥林匹克标志专有权违法行为。[②] 为整治网络违法违规问题,力求有效遏制网络乱象滋生蔓延,国家网信办于 2021 年 5 月 8 日宣布开展"清朗"系列专项行动。据报道,2021 年国家网信办集中部署开展"饭圈"乱象整治、春节网络环境整治、用户账号运营乱象整治等 15 项"清朗"系列专项行动,累计清理违法和不良信息 2200 万余条,处置账号 13.4 亿个,封禁主播 7200 余名,下架应用程序、小程序 2160 余款,关闭网站 3200 余家。[③] 这就有利于推动落实《互联网信息服务算法推荐管理规定》,督促整改算法不合

---

① 《法治政府建设实施纲要(2021—2025 年)》,载《人民日报》2021 年 8 月 12 日版。

② 参见孙博洋:《优化营商环境　知识产权重点领域执法全面推进》,载人民网,http://finance.people.com.cn/n1/2022/0313/c1004-32373617.html。

③ 参见黄莉玲等:《7200 余名主播,被封禁!》,载《南方都市报》2022 年 3 月 17 日版。

理应用带来的“信息茧房”“算法歧视”“大数据杀熟”等影响网民生产生活的问题，切实维护好网民合法权益。[①] 值得注意的是，最高人民法院于2022年3月发布《关于适用〈中华人民共和国反不正当竞争法〉若干问题的解释》，对仿冒混淆、商业诋毁、网络不正当竞争等社会关注的不正当竞争行为，作了进一步明确和细化，力求妥善处理发展和安全、效率和公平、活力和秩序的关系，为各类市场主体投资兴业、规范健康发展营造公平、透明、可预期的良好竞争环境，这无疑有助于加强行政执法领域集中专项整治的司法协调配合。各地区各部门也在积极开展重点领域执法专项行动。例如，贵州省贵阳市市场监督管理局从2021年6月起至2021年12月止，在全市范围内开展为期半年的重点领域反不正当竞争执法专项行动，突出对医疗美容、教育培训、电子商务、直播带货、医药购销等重点领域及房地产、金融、技术等重点要素市场的仿冒混淆、虚假宣传、商业贿赂、商业诋毁、侵犯商业秘密等各种不正当竞争行为进行了查处。[②]

第二，建立惩罚赔偿机制。惩罚性赔偿，也称示范性赔偿或报复性赔偿，是指由执法机关作出的超过实际损害数额的赔偿判决，属于加重赔偿的一种，它具有严惩违法与侵权、补偿受害人遭受的损失、遏制不法行为等多重功能。[③]《法治政府建设实施纲要（2021—2025年）》明确要求：“建立完善严重违法惩罚性赔偿和巨额罚款制度、终身禁入机制，让严重违法者付出应有代价。”[④]2021年9月，国务院常务会议明确提出，在食品、药品、疫苗、安全等关系人民群众生命健康的领域，实行惩罚性赔偿制度。特别是在教育行政领域，教育部、中央编办、司法部2022年联合印发《关于加强教育行政执法　深入推进校外培训综合治理的意见》，明确将校外培训监管行政执法纳入教育督导范围，推动地方政府

---

① 参见侯建斌：《开展全过程全链条治理　防止网络乱象反弹回潮》，载《法治日报》2022年3月25日版。

② 参见罗婧：《开展重点领域　反不正当竞争执法专项行动》，载《贵阳日报》2021年6月30日版。

③ 参见《七部门规范食品安全公益诉讼惩罚性赔偿：设立赔偿金专管账户并用于公益》，载人民网，http://society.people.com.cn/n1/2021/0608/c1008-32125605.html。

④ 《法治政府建设实施纲要（2021—2025年）》，载《人民日报》2021年8月12日版。

加强校外培训监管行政执法工作。该意见要求:“对潜在风险大、可能造成严重不良后果的,要加强日常监管和执法巡查,从源头上预防和化解违法风险。建立完善严重违法惩罚性赔偿和巨额罚款制度、终身禁入机制,让严重违法者付出应有代价。”值得注意的是,司法机关也采取有效措施,积极助力行政执法领域惩罚性赔偿机制建设。在最高人民检察院部署下,各级检察机关在食品安全民事公益诉讼中积极探索提出惩罚性赔偿诉讼请求。最高人民法院也于2022年发布《关于审理生态环境侵权纠纷案件适用惩罚性赔偿的解释》,明确对造成生态环境损害的责任者严格实行赔偿制度,加大对严重违法行为处罚力度,对恶意侵权者实行惩罚性赔偿制度,强调充分发挥惩罚性赔偿的制度功能,依法提高环境违法成本,严惩突出环境违法行为,让恶意侵权人付出应有代价。最高人民法院、最高人民检察院2022年联合发布《关于办理危害药品安全刑事案件适用法律若干问题的解释》,明确对于犯生产、销售、提供假药罪和生产、销售、提供劣药罪的,应当结合被告人的犯罪数额、违法所得等,依法判处罚金,罚金一般应当在生产、销售、提供的药品金额2倍以上。近年来严重违法行为惩罚赔偿机制的逐步建立完善,为遏制重点领域严重违法行为起到了重要保障作用。

第三,畅通投诉举报渠道。随着消费水平的提高,人民群众的法律意识和维权意识越来越强。但在执法实践中,投诉举报客体众多,其诉求、意愿、表达方式千差万别,现场处置的客观条件也存在一定差异,因此,投诉举报承办人员既要从思想上高度重视主动作为;又要将和谐监管理念融入投诉举报处理过程中,拿出处理复杂问题的对策举措,真正做到依法行政,科学监管,保障公众的合法权益。[①]《法治政府建设实施纲要(2021—2025年)》明确要求:“畅通违法行为投诉举报渠道,对举报严重违法违规行为和重大风险隐患的有功人员依法予以奖励和严格

① 参见高雷:《打通投诉举报受理处置渠道》,载《中国医药报》2019年6月13日版。

保护。”[①]国家市场监督管理总局为此明确要求建立全国纵向贯通、横向互联互通、对内综合支撑、对外协同共治的公众诉求处理体系，突出“互联网＋”“大数据＋”，有针对性、前瞻性地加强重点监管和信用监管，助力公正监管，强调指出12315平台投诉举报将成为违法案件的重要线索来源，要通过对平台大数据的动态监测分析，完善“诉转案”机制，实现动态监管、精准监管和有效监管，服务市场监管部门的监管执法工作。[②]例如，北京市在“无烟北京”微信公众号上开通向未成年人售烟行为的投诉举报渠道并对投诉举报属实者给予奖励，投诉内容包括学校周边100米内有售烟店、无烟草专卖许可证售烟、烟店无“不得向未成年人售烟”警示牌展示、将烟包拆零销售、向未成年人售烟5种类型。[③] 在今后的实践中，一是要持续畅通维权渠道，简化维权处理流程，确保群众诉求及时得到回应和处置；二是要持续完善维权机制，强化各地区各部门之间的统筹协调，对投诉情况进行整体分析研判，对涉及相关职能部门职责的投诉意见做好移交和解释工作；三是要注重投诉意见处理的实效性，凡是涉及重点领域、重点事项的投诉意见应当设立及时处理通道，切实维护群众利益。

（三）深入完善行政执法程序制度

党的十八届四中全会明确指出：“深入推进依法行政，加快建设法治政府……依法全面履行政府职能。完善行政组织和行政程序法律制度，推进机构、职能、权限、程序、责任法定化。……完善执法程序，建立执法全过程记录制度。明确具体操作流程，重点规范行政许可、行政处罚、行政强制、行政征收、行政收费、行政检查等执法行为。”[④]近年来，全

① 《法治政府建设实施纲要（2021—2025年）》，载《人民日报》2021年8月12日版。

② 参见刘回春：《投诉举报处理暂行办法实施　鼓励在线消费纠纷解决机制“职业打假”被规制》，载《中国质量万里行》2020年第1期。

③ 参见《北京开通向未成年人售烟投诉举报渠道　5月至7月居民楼吸烟投诉上升》，载人民网，http://bj.people.com.cn/n2/2021/0802/c233081-34848851.html。

④ 《中共中央关于全面推进依法治国若干重大问题的决定》，载《人民日报》2014年10月29日版。

国各地积极推动综合行政执法改革，全面推行行政执法公示、执法全过程记录、重大执法决定法制审核“三项制度”，加强环境保护、安全生产、食品药品、社会治安等重点领域执法工作，取得积极成效。当前，我国正处于社会转型期，各项改革进入攻坚期和深水区，执法工作面临的形势和环境发生了复杂而深刻的变化。与此同时，执法领域仍然存在不少问题，既有执法不严格，该严不严、该重不重、查处不力等执法不作为问题，也有执法不规范，简单粗暴、选择执法、趋利执法等执法乱作为问题，亟待加以解决。“十四五”时期要进一步牢固树立“执法为民”理念，深化执法体制改革，准确把握行政执法的功能和目标，开展精准执法、柔性执法，严防机械办案、功利执法，让执法既有力度又有温度，做到执法要求与执法形式相统一、执法效果与社会效果相统一。[①] 为此需要从以下方面深入完善行政执法程序制度。

第一，全面落实行政执法三项制度。党的十八届四中全会《决定》和《法治政府建设实施纲要（2015—2020 年）》都明确要求全面推行行政执法公示、执法全过程记录与重大执法决定法制审核三项制度。国务院办公厅 2018 年印发《关于全面推行行政执法公示制度执法全过程记录制度重大执法决定法制审核制度的指导意见》，从强化事前、事中、事后公开，完善文字、音像记录，严格记录归档，发挥记录作用，明确审核机构、范围、内容、责任等方面，深入细化了全面推行“三项制度”的工作要求，具有重要的实践指导意义。《法治政府建设实施纲要（2021—2025 年）》在既有工作基础上，进一步强调指出：“全面严格落实行政执法公示、执法全过程记录、重大执法决定法制审核制度。”[②]2021 年修订的《行政处罚法》以法律的形式将“三项制度”予以确定。总结实践经验，“十四五”时期全面深入落实行政执法“三项制度”应从以下三方面寻求突破。首先，要加强信息化平台建设，实现对执法活动的即时性、过程性、系统性

---

① 熊选国：《坚持依法治国、依法执政、依法行政共同推进，法治国家、法治政府、法治社会一体建设》，载《人民日报》2021 年 3 月 16 日版。

② 《法治政府建设实施纲要（2021—2025 年）》，载《人民日报》2021 年 8 月 12 日版。

管理。要树立“大执法”观念,以建立行政执法综合管理监督信息系统为目标,要求认真落实国务院关于加快全国一体化在线政务服务平台建设的决策部署,推动政务服务“一网通办”,依托电子政务外网开展网上行政服务工作,全面推行网上受理、网上审批、网上办公,让数据多跑路、群众少跑腿。其次,要提升平台标准化、规范化程度,推进信息共享。通过制定全国统一规范的执法数据标准和充分利用全国一体化在线政务服务平台,明确执法信息共享的种类、范围、流程和使用方式。在确保信息安全的前提下,加快推进跨地区、跨部门执法信息系统互联互通;建立以行政执法主体信息、权责清单信息、办案信息、监督信息和统计分析信息等为主要内容的全国行政执法信息资源库,逐步形成集数据储存、共享功能于一体的行政执法数据中心。最后,要开发执法辅助信息系统。利用语音识别、文本分析等技术对行政执法信息数据资源进行分析挖掘,发挥人工智能在证据收集、案例分析、法律文件阅读与分析中的作用,聚焦争议焦点,向执法人员精准推送办案规范、法律法规规定、相似案例等信息,提出处理意见建议,生成行政执法决定文书,有效约束规范行政自由裁量权,确保执法尺度统一。①

第二,全面落实行政裁量权基准制度。行政裁量主要针对裁量性行政行为。当法律法规对行政行为仅通过立法目的、公正合理原则等进行笼统规定,或者对行政行为的方式、程序和结果等作出带有范围和幅度的模糊规定,在处理相关行政事务时,就需要由行政主体凭自身的专业判断进行选择裁量。行政机关依据法律法规所获得的进行裁量性行政行为的权力即为行政裁量权。在以往的实践中,行政机关行使行政裁量权主要存在如下问题。首先,人大立法存在缺憾。从我国的情况来看,人大立法存在放权过大的问题,对行政裁量权的立法规范不足。人大制定的法律、法规对行政执法领域无法涵盖周全,致使政府出台的行政法规、规章和规范性文件的依据缺乏上位法依据,在实践中就难以对行政

---

① 参见张莉:《行政执法三项制度再出发》,载《中国司法》2019 年第 2 期。

裁量权进行有效的立法规范。其次,行政执法自制不足。一方面,行政裁量基准混乱。由于缺乏整体的谋划,实践中行政裁量权基准制定主体混乱,上到国务院部委下到县政府部门均可以制作裁量权基准。这造成了裁量权基准领域的混乱局面,也导致可能出现针对同一部法律法规不同级别和不同地域行政主体制定出不同裁量基准的情形。另一方面,缺乏统一行政程序规定。行政程序是规范行政裁量权的重要方式,但由于并没有统一的行政程序法,造成不同领域和不同行政行为行政程序的不一致。行政复议效果不佳也是一大问题。同级政府的复议部门因不熟悉相关业务,大多只能从合法性角度进行复议,上级主管部门则可能因熟悉执法实践,过于考虑执法中的困难等具体因素,而忽视合法性的问题。最后,司法控制偏向消极。《行政诉讼法》并未规定对行政行为是否合理进行一般审查,对行政裁量权进行司法审查的标准没有明确规定。[①]《法治政府建设实施纲要(2021—2025 年)》针对实践中的问题明确要求:"全面落实行政裁量权基准制度,细化量化本地区各行政执法行为的裁量范围、种类、幅度等并对外公布。"[②]"十四五"时期全面落实行政裁量基准制度,需要从以下方面着手。一是完善信息公开制度。执法的规定应当公布,未经公布的,不得作为执法依据。二是确立说明制度。裁量权基准在一定意义上来讲充当了说明原来较为宽泛的自由裁量行为的理由的角色,但是在依裁量权基准作出具体行政行为时仍要说明理由,在超越裁量权基准的特殊情形下作出相关行为更有说明理由之必要。三是确立评估制度。对行政裁量的裁量阶次、量化标准、公开公示、说明理由、先例遵循等执行情况进行的评价分析,行政裁量基准评估应定期举行。四是强化司法审查监督。行政裁量权基准虽然属于软法,但与硬法之间具有复杂的关联性,可以借助说明理由制度、信赖保护原则、平等对待原则等一系列硬法的方式和机制来达到治理行政裁量权的

① 参见李小立:《我国规范行政裁量权的困境与出路——基于法治政府的视角》,载《中共四川省委党校学报》2021 年第 4 期。

② 《法治政府建设实施纲要(2021—2025 年)》,载《人民日报》2021 年 8 月 12 日版。

效果。[①] 五是落实执法责任制。通过确定合理的执法指标、畅通举报路径、完善调查处理程序等方式保证裁量权基准对内的拘束力。[②]

第三,全面梳理、规范和精简执法事项。依法行政,首先要职权法定。法定职责必须为,法无授权不可为。《法治政府建设实施纲要(2021—2025 年)》明确要求:“全面梳理、规范和精简执法事项,凡没有法律法规规章依据的一律取消。”[③]全面梳理、规范和精简执法事项的要求,就是要明确行政机关的执法行为必须有法可依,从而“把权力关进制度的笼子”。《法治政府建设实施纲要(2021—2025 年)》贯彻实施以来,各地区各部门在全面梳理、规范和精简执法事项方面,推出了一些行之有效的创新举措。例如,浙江省 2021 年 8 月印发《关于推进乡镇(街道)综合行政执法工作的通知》,明确了县级行政执法部门与乡镇(街道)执法权限的合理划分,发布了基层行政执法事项目录清单,涉及 19 个方面、684 项行政处罚事项,包括与乡镇(街道)权力清单相匹配的 70 项,与下放乡镇(街道)的县级部门审批服务权限相关的 12 项,37 个乡镇(街道)已在执行的 602 项。各地区各部门还通过全面梳理、规范和精简执法事项,不断加强对行政执法事项的源头治理。江苏省盐城市结合交通运输部《交通运输综合行政执法事项指导目录(2020 年版)》,制定出台《盐城市交通运输部门行政权力清单》,主要内容是推动执法力量下沉,结合实际明晰第一责任主体,压实查处违法行为的责任。在今后的实践中,扎实推进全面梳理、规范和精简执法事项工作,一是要落实联合检查、“双随机、一公开”等常态工作机制;二是要充分利用“互联网 + 监管”等方式整合精简行政检查事项;三是要突出执法检查重点,合理安排检查频次,探索无感检查,杜绝重复检查,增强执法检查实效。

第四,制定完善行政执法程序规范。近年来,我国行政执法程序规

① 周佑勇:《在软法与硬法之间:裁量基准效力的法理定位》,载《法学论坛》2009 年第 4 期。

② 参见黄学贤、杨红:《行政裁量权基准有效实施的保障机制研究》,载《法学论坛》2015 年第 6 期。

③ 《法治政府建设实施纲要(2021—2025 年)》,载《人民日报》2021 年 8 月 12 日版。

范建设日臻完善，但现阶段的执法实践仍然存在执法乱作为、执法不规范、执法不作为、执法不公、执法效能不足、执法腐败等问题，需要进一步通过完善执法程序立法予以规范。《法治政府建设实施纲要（2021—2025年）》明确要求："按照行政执法类型，制定完善行政执法程序规范。"[①]2018年，全国人大常委会在编制5年立法工作规划时，将行政程序法列为第三类立法规划项目，即先对之进行调查研究，待条件成熟时，再转为正式立法项目。[②] 我国现阶段的行政程序立法存在中央与地方并行的特点。自2008年《湖南省行政程序规定》正式实施以来，我国行政程序地方立法已有10余部，取得了喜人的成果。[③] 但由于行政程序地方政府规章法效力位阶低，法院不太愿意参照地方政府制定的行政程序规定。因此，在进一步完善地方行政程序立法的同时，在中央层面制定一部统一的行政执法程序规范是必不可少的。对此要坚持以问题为导向的思维，要明确中央层面的行政程序法典的基本任务是在实体规范和程序规范中抽象出一般性规范加以法律化，并以通则规范统率各个行政领域中的专门法。中央层面的行政程序法典应当涉及所有专门法调整的行政领域中的一般性问题。如无论是公安行政行为还是工商行政行为，它们的合法要件应当由中央层面的行政程序法典规定。

（四）持续创新行政执法方式方法

"治理"意味着要按照主导、协同和参与等位序与层次，保证治理多元主体及相关利益人进入。[④] 与传统的"强制—命令"关系不同，现代行政法旨在建立"平等—协商"的行政法律关系。党的十九届四中全会明确提出"创新行政管理和服务方式，加快推进全国一体化政务服务平台

---

① 《法治政府建设实施纲要（2021—2025年）》，载《人民日报》2021年8月12日版。

② 参见姜明安：《21世纪中外行政程序法发展述评》，载《比较法研究》2019年第6期。

③ 章剑生：《从地方到中央：我国行政程序立法的现实与未来》，载《行政法学研究》2017年第2期。

④ 应松年：《加快法治建设促进国家治理体系和治理能力现代化》，载《中国法学》2014年第6期。

建设，健全强有力的行政执行系统，提高政府执行力和公信力”。[①]《法治政府建设实施纲要（2021—2025 年）》明确要求："广泛运用说服教育、劝导示范、警示告诫、指导约谈等方式，努力做到宽严相济、法理相融，让执法既有力度又有温度。全面推行轻微违法行为依法免予处罚清单。建立行政执法案例指导制度，国务院有关部门和省级政府要定期发布指导案例。全面落实'谁执法谁普法'普法责任制，加强以案释法。"[②]持续创新行政执法方式方法，需要着力推进如下工作。

第一，全面推行依法免予处罚清单制度。免罚清单既是行政法治实践的创新，又与《行政处罚法》密切关联。行政处罚免罚清单的既有实践存在如下问题：一是规范位阶相对较低；二是清单制定依据跨越多，显得较为混乱；三是免罚事项选择较为随意且整体呈递增趋势；四是宗旨过于侧重经济价值。为此，必须在行政法体系中合理定位免罚清单，提升其规范层级，使之与《行政处罚法》等法律法规和法治精神高度融合。具体而言，一要注意免罚清单与《行政处罚法》的衔接。免罚清单和《行政处罚法》中的"不予处罚"不能等同，也就是说免罚清单还不能为《行政处罚法》中的"不予处罚"所涵盖，这一定程度上造成了免罚清单定位的模糊。为了更好地规范免罚清单制度，应在《行政处罚法》中设置专门条款，确立免罚清单的概念、免罚清单制定的依据和原则，也可以随着行政法治的发展考虑以免罚清单制度替代现在的不予处罚制度。二要提升免罚清单的规范层级。原因在于，免罚清单的规范文本说到底应当是行政法的一个渊源，而且应当具有行政法正式渊源的地位，这也符合我国《立法法》所确立的立法体制的要求。三要探索"包容期"制度，对市场主体给予一至两年包容期，在包容期内通过行政指导等柔性监管方式，引导和督促企业依法经营。[③]

---

① 《中共中央关于坚持和完善中国特色社会主义制度　推进国家治理体系和治理能力现代化若干重大问题的决定》，人民出版社 2019 年版，第 16 页。

② 《法治政府建设实施纲要（2021—2025 年）》，载《人民日报》2021 年 8 月 12 日版。

③ 参见张淑芳：《免罚清单的实证与法理》，载《中国法学》2022 年第 2 期。

第二，建立完善行政执法案例指导制度。司法领域的案例指导制度方兴未艾，行政领域实施的案例指导制度也逐渐进入公众视野。从深层次根源上讲，行政执法案例指导制度也是对于遵循先例原则的吸收借鉴。在今后的实践中，建立完善行政执法案例指导制度应从发布主体、效力定位、遴选标准与适用规则4个层面着手。首先，适格的案例发布主体应当符合权威性和功能性的原则。因此行政执法指导案例应由所在领域的中央领导部门发布。例如，第一批知识产权行政执法案例即由国家知识产权局于2020年12月公布。[①] 其次，行政执法指导案例的效应定位应与司法指导案例一致，即应当参照适用。再次，行政执法的指导性案例的遴选标准应符合行政性，宜定位为：法律规定不明确的案件、疑难案件、典型案件、新类型的执法案件、经过行政复议和行政诉讼的案件、争议较大的案件以及其他有价值的行政执法案件。最后，在适用上应明确，行政执法决定应当参照相同或者类似的指导性案例确立的规则，案件的说理和推理可以引用指导性案例以及指导性案例不得作为行政执法的直接依据的归责。[②]

第三，全面落实"谁执法，谁普法"责任制。全面依法治国要在完善法律制度、加强法律实施的同时，建设社会主义法治文化，使法治信仰、法治意识、法治观念、法治思维在全社会牢固树立起来。中共中央办公厅、国务院办公厅2017年印发的《关于实行国家机关"谁执法谁普法"普法责任制的意见》强调指出，为健全普法宣传教育机制，落实国家机关普法责任，进一步做好国家机关普法工作，首先要建立普法责任制，要把普法作为推进法治建设的基础性工作来抓，纳入本部门工作总体布局，做到与其他业务工作同部署、同检查、同落实。加强社会主义法治文化建设，尤其要注重加强全民普法力度，落实"谁执法，谁普法"普法责任制，广泛开展民法典普法工作，强化依法治理，大力弘扬平等自愿、诚

---

① 《第一批知识产权行政执法指导案例发布》，载人民网，http://ip.people.com.cn/n1/2020/1220/c136655-31972453.html。

② 参见胡斌：《行政执法案例指导制度的法理与构建》，载《政治与法律》2016年第9期。

实信用等法治精神，教育引导公民正确行使权利、积极履行义务，引导全社会依法行动、依法办事。[①] 创新推进“谁执法，谁普法”普法责任制应注意以下几点。一是健全普法责任清单制。行政机关各部门从本部门工作特点、工作重点和执法任务出发，将本部门本单位普法重点任务、拟重点宣传的法律法规、重点普法对象、责任单位及负责人、预期目标及完成时限等，分年度以清单的形式明确列示出来，保证普法责任分解到部门、分解到人，使之可量化、可考核。二是完善普法工作考评制度。建立一套公正、客观、科学、有效的考核评估制度是落实普法责任制的重要抓手。三是大力提升普法主体法治素养。有必要在行政机关内部广泛开展普法宣传教育，进一步增强工作人员责任感和使命感，促使其发自内心尊重法律，自觉遵纪守法、严格执行法律，在法治轨道上推行执法普法工作，发挥领导干部和执法人员在“谁执法，谁普法”普法活动中的模范带头作用。四是在行政执法过程中精准普法。行政执法人员应在依法实施行政许可、行政处罚、行政强制、行政征收、行政给付、行政确认、行政裁决、行政检查等行政执法行为的不同阶段和不同环节，围绕正在办理的案件或事项，直接面向行政相对人和利害关系人开展有针对性的释法说理活动。五是进一步丰富和完善普法方式方法。[②]

四、本章小结

党的十九届六中全会强调指出：“全面依法治国最广泛、最深厚的基础是人民，必须把体现人民利益、反映人民愿望、维护人民权益、增进人民福祉落实到全面依法治国各领域全过程，保障和促进社会公平正义，努力让人民群众在每一项法律制度、每一个执法决定、每一宗司法案件中都感受到公平正义。”[③]党的二十大报告首次专节部署“扎实推进依

---

① 《让法治成为生活方式和共同信仰》，载《法治日报》2021 年 4 月 6 日版。

② 杨树人：《论行政机关落实“谁执法谁普法”普法责任制》，载《成都行政学院学报》2020 年第 4 期。

③ 《中共中央关于党的百年奋斗重大成就和历史经验的决议》，载《人民日报》2021 年 11 月 17 日版。

法行政”，明确要求“深化行政执法体制改革，全面推进严格规范公正文明执法，加大关系群众切身利益的重点领域执法力度，完善行政执法程序，健全行政裁量基准。强化行政执法监督机制和能力建设，严格落实行政执法责任制和责任追究制度。完善基层综合执法体制机制”，[①]充分体现了中国式行政执法工作体系现代化的重要意义和重大使命。新时代推进全面依法治国、建设法治中国，建立完善中国特色社会主义法治体系，重点和关键在于坚持严格规范公正文明执法，推进法律正确实施，把“纸上的法律”变成“行动中的法律”，实现良法与善治的有机统一。党的十八大以来，在以习近平同志为核心的党中央坚强领导下，中国式行政执法工作体系现代化加快推进，行政执法领域各项制度建设取得了突出成效和显著进展。“十四五”时期，要继续坚持以习近平法治思想特别是习近平法治思想中的行政法治论为科学指引，创新推进行政执法各项工作，持续推进中国式行政执法工作体系现代化。

---

① 习近平：《高举中国特色社会主义伟大旗帜　为全面建设社会主义现代化国家而团结奋斗——在中国共产党第二十次全国代表大会上的报告》，人民出版社 2022 年版，第 41 页。

第七章　中国式突发事件应对体系现代化

古人云:“明者防祸于未萌,智者图患于将来。”现代社会风险无处不在,依法科学应对必不可少。2003年我国成功抗击“非典”疫情后,2004 年印发的《全面推进依法行政实施纲要》明确提出“政府应对突发事件和风险的能力明显增强”的建设目标。党的十八大以来,以习近平同志为核心的党中央坚持以人民为中心的发展思想,高度重视突发事件应对体系现代化。2015 年印发的《法治政府建设实施纲要(2015—2020年)》明确提出“提高公共突发事件防范处置和防灾救灾减灾能力”的具体要求。2018 年的党和国家机构改革明确设立应急管理部,推动形成“1 + 5”法律体系框架,突发事件应对体系建设取得重要进展。党的十九届四中全会明确要求“构建统一指挥、专常兼备、反应灵敏、上下联动的应急管理体制,优化国家应急管理能力体系建设,提高防灾减灾救灾能力”。[①]

---

① 《中共中央关于坚持和完善中国特色社会主义制度　推进国家治理体系和治理能力现代化若干重大问题的决定》,人民出版社 2019 年版,第 29 页。

2020 年暴发的新冠疫情再度敲响了突发事件应对体系建设的警钟。在以习近平同志为核心的党中央坚强领导下，我国取得统筹经济社会发展和疫情防控的伟大胜利，依法抗击新冠疫情取得重大成果。习近平总书记强调指出："这场抗疫斗争是对国家治理体系和治理能力的一次集中检验。要抓紧补短板、堵漏洞、强弱项，加快完善各方面体制机制，着力提高应对重大突发公共卫生事件的能力和水平。要构筑强大的公共卫生体系，完善疾病预防控制体系，建设平战结合的重大疫情防控救治体系，强化公共卫生法治保障和科技支撑，提升应急物资储备和保障能力，夯实联防联控、群防群控的基层基础。要完善城市治理体系和城乡基层治理体系，树立全周期的城市健康管理理念，增强社会治理总体效能。要重视生物安全风险，提升国家生物安全防御能力。"①这一系列重要论述为中国式突发事件应对体系现代化提供了根本遵循，也为新时代法治政府建设提出了重大理论命题和实践要求。在习近平法治思想的科学指引下，中国式行政法治现代化突出强调推进突发事件应对体系现代化，依法应对突发事件等法治命题深入人心，突发事件应对体系现代化取得显著成效并且不断健全完善。

一、突发事件应对体系现代化的法治议题

提升突发事件应对法治化水平，是突发事件应对体系现代化的重中之重。在中央全面依法治国工作会议上，习近平总书记强调指出："疫情防控越是到了最吃劲的时候，越要坚持依法防控，在法治轨道上统筹推进各项防控工作。各地区各部门从立法、执法、司法、普法、守法各环节全面发力，严格按照法定权限和程序实施区域封锁、病人隔离、交通管控、遗体处置等措施，严厉打击妨害疫情防控的违法犯罪行为，依法化解涉疫矛盾纠纷，为疫情防控取得重大战略成果提供了有力法治保障。"②

---

① 习近平：《在全国抗击新冠肺炎疫情表彰大会上的讲话》，载《人民日报》2021 年 9 月 8 日版。

② 习近平：《坚定不移走中国特色社会主义法治道路　为全面建设社会主义现代化国家提供有力法治保障》，载《求是》2021 年第 5 期。

以习近平总书记的重要论述为科学指引,在 21 世纪以来突发事件应对体系建设成效基础上,2021 年印发的《法治政府建设实施纲要(2021—2025 年)》紧扣新时代新征程上突发事件应对新情况新问题,系统部署“健全突发事件应对体系,依法预防处置重大突发事件”的重点任务,明确提出“坚持运用法治思维和法治方式应对突发事件,着力实现越是工作重要、事情紧急越要坚持依法行政,严格依法实施应急举措,在处置重大突发事件中推进法治政府建设”的重大命题。[①] 相较于《法治政府建设实施纲要(2015—2020 年)》,《法治政府建设实施纲要(2021—2025 年)》不仅在框架结构上将健全突发事件应对体系摆在重要位置,还从完善突发事件应对制度,提高突发事件依法处置能力,引导、规范基层组织和社会力量参与突发事件应对 3 个方面进行了系统详尽的规定和阐述,充分彰显了中国式突发事件应对体系现代化的法治议题。[②]

(一)坚持依法应对突发事件

法治思维是一种制度性思维。党的十八大以来,以习近平同志为核心的党中央高度重视领导干部法治思维能力建设,特别强调运用法治思维和法治方式深化改革、推动发展、化解矛盾、维护稳定。党的十八届三中全会将全面深化改革的总目标确定为完善和发展中国特色社会主义制度,推进国家治理体系和治理能力现代化,表明我国必须坚定不移走中国特色社会主义制度文明发展道路。要建设中国特色社会主义法治体系,建设社会主义法治国家,必须把法治思维贯穿法治中国建设全过程和各方面。中国特色社会主义法治体系由完备的法律规范体系、高效的法治实施体系、严密的法治监督体系、有力的法治保障体系和完善的党内法规体系构成,是一个立体动态的有机整体。法治体系包括价值观念体系、制度规范体系和执行程序体系,法治思维是贯穿法治体系始终的一条红线。[③]

---

① 《法治政府建设实施纲要(2021—2025 年)》,载《人民日报》2021 年 8 月 12 日版。

② 王琳琳、李国正:《以良法善治推动应急管理现代化》,载《中国社会科学报》2022 年 1 月 5 日版。

③ 参见周尚君:《提高运用法治思维和法治方式的能力》,载《人民周刊》2019 年第 15 期。

突如其来的新冠疫情对人民生命健康安全构成重大威胁,是典型的重大突发事件。2020 年 2 月 5 日,习近平总书记在中央全面依法治国委员会第三次会议上发表重要讲话,强调指出:"要在党中央集中统一领导下,始终把人民群众生命安全和身体健康放在第一位,从立法、执法、司法、守法各环节发力,全面提高依法防控、依法治理能力,为疫情防控工作提供有力法治保障","各级党委和政府要全面依法履行职责,坚持运用法治思维和法治方式开展疫情防控工作,在处置重大突发事件中推进法治政府建设,提高依法执政、依法行政水平。各有关部门要明确责任分工,积极主动履职,抓好任务落实,提高疫情防控法治化水平,切实保障人民群众生命健康安全"。[①] 习近平总书记的这些重要论述,充分阐明了坚持运用法治思维和法治方式应对突发事件的基本立场。[②]

《法治政府建设实施纲要(2021—2025 年)》将运用法治思维和法治方式应对突发事件纳入法治政府建设重点任务,特别强调"越是工作重要、事情紧急越要坚持依法行政",具有重要的现实指导意义和理论启示意义。一般而言,政府管理可以分为常态政府管理和非常态政府管理。预防和处置各类突发事件属于非常态政府管理,不仅事态紧急而且直接关系广大人民群众的生命和财产安全。在非常态情境下坚持依法行政,既是法治政府建设的重大要求,也是法治政府建设的衡量标准。[③]"着力实现越是工作重要、事情紧急越要坚持依法行政",尤其要求在突发事件应对中遵守行政法治基本原则。非常态情境下的政府管理,必须坚持法治原则底线要求,依法依规依程序应对突发事件。一要坚持职权法定,加快推进突发事件应对立法,依法规范行政权力运行边界;二要坚持比例原则,确保行政应急措施符合应急管理目的,遵守最小侵害原则;三要落实正当程序,完善各类突发事件应急响应处置程序,建立征收、征

---

① 参见习近平:《全面提高依法防控依法治理能力 健全国家公共卫生应急管理体系》,载《求是》2020 年第 5 期。

② 参见江必新:《用法治思维和法治方式推进疫情防控工作》,载《求是》2020 年第 5 期。

③ 王琳琳、李国正:《以良法善治推动应急管理现代化》,载《中国社会科学报》2022 年 1 月 5 日版。

用、救助、补偿制度，规范相关审批、实施程序和救济途径，健全规范应急处置收集、使用个人信息机制制度；四要强化监督救济，在尽可能实现应急行为依法行政、合理行政和程序行政原则要求的基础上，以完善的监督审查和救济补偿程序防止权力滥用。

（二）严格依法实施应急举措

应急管理中的应急举措必须严格依法实施。应急管理是国家治理体系和治理能力的重要组成部分，承担防范化解重大安全风险、及时应对处置各类灾害事故的重要职责，担负保护人民群众生命财产安全和维护社会稳定的重要使命。在中央全面依法治国委员会第三次会议上，习近平总书记强调指出："要严格执行疫情防控和应急处置法律法规，加强风险评估，依法审慎决策，严格依法实施防控措施，坚决防止疫情蔓延。要加大对危害疫情防控行为执法司法力度，严格执行传染病防治法及其实施办法、野生动物保护法、动物防疫法、突发公共卫生事件应急条例等法律法规，依法实施疫情防控及应急处理措施。要加强治安管理、市场监管等执法工作，加大对暴力伤害医务人员违法行为的打击力度，严厉查处各类哄抬防疫用品和民生商品价格的违法行为，依法严厉打击抗拒疫情防控、制假售假、造谣传谣等破坏疫情防控的违法犯罪行为，保障社会安定有序。要依法规范捐赠、受赠行为，确保受赠财物全部及时用于疫情防控。要依法做好疫情报告和发布工作，按照法定内容、程序、方式、时限及时准确报告疫情信息。"[①]在主持十九届中央政治局第十九次集体学习时，习近平总书记强调指出："要发挥我国应急管理体系的特色和优势，借鉴国外应急管理有益做法，积极推进我国应急管理体系和能力现代化"，"要坚持依法管理，运用法治思维和法治方式提高应急管理的法治化、规范化水平，系统梳理和修订应急管理相关法律法规，抓紧研究制定应急管理、自然灾害防治、应急救援组织、国家消防救援人

① 参见习近平：《全面提高依法防控依法治理能力 健全国家公共卫生应急管理体系》，载《求是》2020 年第 5 期。

员、危险化学品安全等方面的法律法规，加强安全生产监管执法工作”。[①] 这一系列重要论述，深刻阐明了在突发事件应对中严格实施应急举措的重大命题。

依法应对突发事件是推进应急管理现代化的重要环节。法治是应急管理事业的基石和保障。从法治发展逻辑来看，应对突发事件在取得阶段性成效后，应急举措应当朝着精细化、规范化、人性化的方向发展，在严格规范公正文明执法中推动全面依法治国方略更进一步，更深一层。严格依法实施应急举措，要坚持宪法法律至上，坚持运用法治思维和法治方式应对突发事件，把依法行政、依法履职要求贯穿于突发事件应对工作全过程。具体而言，一是要求以问题为导向，不断完善突发事件应对各环节各方面的法律制度机制，建立起系统完备、科学规范、运行有效的突发事件应对法律体系。二是要求以法治为保障，将法治要素始终贯穿于突发事件的事前、事中和事后各阶段、各方面，突发事件的预防与应急准备、监测与预警、应急处置与救援、事后恢复与重建等各阶段、各方面活动都要运用法治思维和法治方式。三是要求严格按照法律规定执法司法，严格落实法律责任，让法律成为刚性的约束和不可触碰的“高压线”。四是要求所有公职人员在突发事件应对中依法依程序严格履职，有权必有责，违法必追究，权责要统一，着力提高各级政府及其公务人员运用法治思维和法治方式应对突发事件的能力。

（三）切实推进法治政府建设

在中央全面依法治国委员会第三次会议上，习近平总书记强调指出：“这次疫情发生以来，各级党委和政府在党中央统一领导下，积极开展防控工作，取得初步成效，但也有一些地方和部门面对突如其来的疫情进退失措，出台的一些防控措施朝令夕改，一些地方甚至出现了严重妨碍疫情防控的违法犯罪行为，群众对此不满意。实践告诉我们，疫情

---

① 习近平：《充分发挥我国应急管理体系特色和优势　积极推进我国应急管理体系和能力现代化》，载《人民日报》2019 年 12 月 1 日版。

防控越是到最吃劲的时候，越要坚持依法防控，在法治轨道上统筹推进各项防控工作，全面提高依法防控、依法治理能力，保障疫情防控工作顺利开展，维护社会大局稳定”，“各级党委和政府要全面依法履行职责，坚持运用法治思维和法治方式开展疫情防控工作，在处置重大突发事件中推进法治政府建设，提高依法执政、依法行政水平。各有关部门要明确责任分工，积极主动履职，抓好任务落实，提高疫情防控法治化水平，切实保障人民群众生命健康安全”。[①] 这就明确提出了“在处置重大突发事件中推进法治政府建设”的重大法治议题。在习近平法治思想科学擘画的中国式行政法治现代化总体方案中，突发事件应对法治体系是不断完善、动态发展的，需要在坚持法治思维和法治方式的主线下不断正向反馈，自我提升，其中包括形式上的行政制度持续完善和实质性的行政能力持续提升。《法治政府建设实施纲要（2021—2025 年）》不仅提出了突发事件应对法律体系、应急预案体系、城市风险治理、全流程应急机制、征用补偿救助、个人信息保护等方面的制度完善要求，还强调了风险防范意识、应急执法能力、信息公开和危机沟通、应急演练、应急响应等方面的能力提升要求。《法治政府建设实施纲要（2021—2025 年）》直面回应了当前各类重大风险情景下法治政府建设的现实需求，具有重要指导意义。当前新冠疫情依然影响全球，在处置重大突发事件中推进法治政府建设，是贯彻落实习近平总书记指示精神，推进突发事件应对体系现代化的重要任务。[②]

围绕在处置重大突发事件中推进法治政府建设，各地区各部门要遵循习近平总书记重要论述精神，按照《法治政府建设实施纲要（2021—2025 年）》明确的目标要求，积极采取切实有效的措施。一是结合突发事件应对工作实际制定具体实施方案，把党中央决策部署落实到位，自

---

① 参见习近平：《全面提高依法防控依法治理能力　健全国家公共卫生应急管理体系》，载《求是》2020 年第 5 期。

② 参见《在处置重大突发事件中推进法治政府建设》，载人民网，http://society.people.com.cn/n1/2021/0828/c1008-32211018.html。

觉为推进依法行政尽职尽责、率先垂范，为推进突发事件应对体系和能力现代化提供有力的法治保障，自觉在深化科学立法、严格执法、公正司法、全民守法中下功夫，坚持问题导向和目标导向，提高突发事件应对法治的权威性、约束性和可执行性。二是积极推进突发事件应对基础性关键性立法，同时做好立法制规工作，建立完善满足人民群众日益增长的美好生活需要必备的法律制度。三是强化行政执法，加强综合执法监督，充分发挥执法应有的震慑作用，提高执法的针对性、精准度，要注重系统梳理、研究解决突发事件应对法治领域企业和群众反映强烈的突出问题，营造和维护良好的突发事件应对法治环境。四是科学把握突发事件应对中的技术赋能，力争效率性和个人隐私保护的有机结合。要在通过技术赋能提升中国特色突发事件应对体系科学化、人性化、精细化能力水平的同时，在制度设计角度探讨新技术介入情景及其适用条件，提升突发事件应对效率与个人隐私信息保护之间的有机平衡，真正实现在处置重大突发事件中推进法治政府建设。

二、突发事件应对体系现代化的显著成效

21 世纪以来，特别是党的十八大以来，各地区各部门认真落实党中央、国务院决策部署，牢固树立创新、协调、绿色、开放、共享的发展理念，按照编织全方位、立体化公共安全网络的要求，坚持目标和问题导向，着力补短板、织底网、强核心、促协同，统筹推进应急管理工作法治化、规范化、精细化、信息化，最大限度地减少突发事件及其造成的损失，为全面建成小康社会提供了坚实的安全保障。《国家突发事件应急体系建设"十三五"规划》明确提出，到 2020 年，建成与有效应对公共安全风险挑战相匹配、与全面建成小康社会要求相适应、覆盖应急管理全过程、全社会共同参与的突发事件应急体系，应急管理基础能力持续提升，核心应急救援能力显著增强，综合应急保障能力全面加强，社会协同应对能力明显改善，涉外应急能力得到加强，应急管理体系进一步完善，应急管理水平再上新台阶。从实际情况来看，这一目标已经基本实现。概

括而言,新时代突发事件应对体系建设取得的显著进展,主要体现在总体格局基本形成、体制机制逐步完善、源头治理能力不断增强和应急处置能力显著提升4个方面。

(一)突发事件应对总体格局基本形成

突发事件生成、演化和应对的复杂性,以及政府"单一"治理面临的挑战和协同治理面临的困难,使如何提升突发事件协同治理能力成为当代中国国家治理的一个重要问题。党的十八大以来,社会治理取代社会管理正式成为我国社会建设的关键词与方法论。党的十八届三中全会提出了创新社会治理体制,实现政府治理和社会自我调节、居民自治良性互动的新要求。党的十九大报告高度重视社会治理问题,对"打造共建共治共享的社会治理格局"做出新的战略部署。习近平总书记强调指出:"要夯实社会治理基层基础,推动社会治理重心下移,构建党组织领导的共建共治共享的城乡基层治理格局。"①作为基本治理单位的基层社会,是包含基层政府、地方社会、区域市场等多元治理主体的有机整体。在突发事件应对中,资源下沉、协同治理是关键方法论。在推进国家治理体系和治理能力现代化的新时代背景下,尤其是在新冠疫情防控过程中,多元主体的协同参与和积极响应,是基层应急治理"中国之治"优越性的集中体现和关键内涵。中共中央、国务院2021年印发的《关于加强基层治理体系和治理能力现代化建设的意见》明确要求构建多方参与的社会动员响应体系,增强乡镇(街道)的应急管理能力。基层是各类突发事件和自然灾害的直接承受者,是应急管理的首要防线。作为应急管理的前沿阵地,积极发挥基层在应急管理中的关口作用意义重大。坚持治理重心下移、力量下沉,加强基层应急管理体系和能力建设,是一项紧迫而持久的任务。切实提升基层应急管理能力,加快推进应急管理体系和能力现代化,确保公共安全风险得到有效防范化解,是打造

① 吴非、董实忠:《新时代党建引领社区治理的实践经验与未来趋势》,载《决策与信息》2021年第6期。

共建共治共享社会治理格局的必然要求。[①] “十三五”期间，我国坚持政府主导、社会协同，在有效发挥政府作用的同时更加注重发挥市场作用，充分调动群众的积极性、主动性和创造性，强化社会参与，完善联动机制，加强区域协同、城乡协同、行业领域协同、军地协同，加强社会协同应对能力建设，强化公众自防自治、群防群治、自救互救能力，支持引导社会力量规范有序参与应急救援行动，完善突发事件社会协同防范应对体系，政府主导、社会协同的突发事件应对格局日益成熟。

第一，公众自救互救能力不断提高。一是积极推进公共安全宣传教育工作进社区、进企业、进农村、进学校、进家庭；广泛开展教育、交通运输、旅游等行业从业人员应急救援能力专业培训；充分发挥“全国中小学生安全教育日”“世界急救日”“5 · 12 防灾减灾日”“12 · 2 全国交通安全日”“11 · 9 全国消防日”等公共安全宣传活动作用，组织形式多样风险隐患识别活动，开展公共安全知识普及，提升公众突发事件防范意识和自救互救能力。[②] 例如，北京市通州区公安分局将辖区内某院校确定为防范恐怖袭击的重点目标，并通过签订《重点目标确认告知书》《反恐怖责任告知书》正式告知该校履行反恐职责。[③] 二是积极创建群众性应急救护培训标准化基地，切实加强以自救互救为核心的应急技能培训；推动社区、企业、学校、人员密集场所普遍开展疏散逃生、应急避险等方面的群众性应急演练；紧密依托科技场馆、灾害遗址公园、应急培训演练基地、人民防空宣传教育场所、游乐体验设施等现有科普及教育培训等设施，建设一批公共安全教育基地；鼓励支持企业建设面向公众的培训演练和自救互救体验馆。[④] 例如，安徽省合肥市积极推动建设皖中应

---

① 参见周盼：《推进基层社会多元主体协同治理》，载《中国社会科学报》2019 年 1 月 30 日版。

② 《为构建大安全格局贡献智慧和力量》，载《人民日报》2021 年 4 月 15 日版。

③ 《国家安全教育日反恐宣传系列之——履职尽责，重点防控》，载澎湃新闻网，https://m.thepaper.cn/baijiahao_17626823，http://society.people.com.cn.html，最后访问日期：2022 年 5 月 15 日。

④ 参见包雅钧、郭栋：《城市灾难应急医疗救援体系建设的理论与实践：对防控新冠肺炎疫情的启示》，载《治理现代化研究》2020 年第 3 期。

急航空救援合肥基地，并为之配套12项支撑工程。[①] 三是充分发挥电视、广播、报刊、杂志等传统媒体和微信、微博等新型媒体的宣传教育功能，增强应急科普宣教的知识性趣味性交互性；鼓励开发制作电视专题片、微视频、公益广告、公开课、动漫游戏等，提高公众安全应急能力；采用大数据、云计算等信息技术手段，依托国家应急广播体系和科普中国服务云等资源，建设网上科普宣教平台和应急虚拟体验馆；建设标准化应急知识科普库。例如，山东省青岛市持续展开“十个一”工程助力，连续5年举办应急安全文化科普活动，推行体验式应急安全教育培训，拍摄制作一批应急题材电视剧、动画片、应急公益广告和儿童舞台剧，通过云端共享等方式，实施“一站式”在线学习，实现了人员不聚集、不受时间地域限制开展应急科普教育的目标。

第二，社会应急救援力量不断充实。一是鼓励发展社会化应急救援。各地区各部门深入贯彻落实习近平总书记在中央政治局第十九次集体学习时讲话和国家综合性消防救援队伍授旗训词精神，积极引导孵化和培育发展社会应急救援力量，形成国家救援队伍和社会救援队伍良性互动、共同发展的格局，支持专业化社会应急救援力量发展。[②] 各地区各部门先后出台政策鼓励专业社会工作者和企业自建的应急救援队伍提供社会化救援有偿服务，还通过政府购买服务、与企业签订服务协议、搭建协作服务平台等形式，支持引导社会力量有序有效参与应急救援行动，进一步完善政府与社会救援力量的协同机制。例如，广东省广州市立足实际，出台规章制度，搭建服务平台，完善协同机制，推动社会应急力量健康发展，现有社会应急力量25支、共计2108人，广泛分布于山地搜救、水上搜救、森林灭火、应急医疗救护等领域。[③] 二是鼓励发展

---

① 参见《合肥建设皖中应急航空救援合肥基地》，载《淮南日报》2022年3月30日版。

② 《应急管理部：支持鼓励社会救援力量建设发展》，载人民网，http://gongyi.people.com.cn/n1/2018/0809/c151132-30219169.html。

③ 《广州多措并举促进社会应急力量体系建设》，载应急管理部网，https://www.mem.gov.cn/shjyfw/tzgg_3324/202204/t20220419_412079.shtml。

应急管理社会中介服务。应急管理社会中介服务体系由行业协会、技术咨询机构、安全评估机构、保险机构等共同参与。各地区各部门积极支持社会主体创办专业化的应急管理服务企业。例如，浙江省嘉兴市制定出台了一系列鼓舞和扶持服务业发展政策文件，如《嘉兴市安全评价机构执业行为专项整治计划》等，旨在鼓励推动应急管理中介服务机构归并重组，鼓励在机构规模、专家数量、服务产值等方面做大、做强、做优、做精、做尖。[①] 三是加强应急志愿服务法规制度建设。鼓励发展专业性应急志愿者队伍，明确志愿者的权利义务和应急志愿服务范围，健全参与应急工作机制，完善志愿者招募、注册、技能培训与管理，引导志愿者和志愿服务组织有序参与应急救援与服务，提升我国应急志愿服务能力和专业化水平。四是建立健全应急响应社会动员机制。各地区各部门建立健全常态化管理和应急管理动态衔接的基层治理机制，强化乡镇（街道）属地责任和相应职权，构建多方参与的社会动员响应体系，发挥社会公众在信息报告和协助救援等方面的作用，引导社会公众有序参与重特大突发事件应急救援行动。例如，四川省遂宁市制定韧性社区建设的系统规划，修订完善突发事件应急预案体系、突发事件应对、突发公共卫生事件应急等相关法规，并在其中明确韧性社区建设的职责、权限规定。

第三，应急产业体系健康发展。一是积极建立应急产业统计制度和运行监测分析指标体系，建立应急产业联系点机制，对应急产业发展情况开展动态监测。例如，河北省建立应急产业运行监测分析指标体系和统计制度，形成产业发展报告。对应急产业发展情况进行动态监测，充分发挥省应急产业发展协调工作机制作用。[②] 二是建立健全应急产品

① 《〈中国应急管理报〉四版头条点赞浙江海宁：部门企业中介机构三方良性互动》，载嘉兴市应急管理局网，http://yjglj.jiaxing.gov.cn/art/2021/6/3/6755.html。

② 《省应急产业发展协调工作小组办公室印发 2021 年工作要点》，载河北省工业和信息化厅网，http://gxt.hebei.gov.cn/hbgyhxxht/ztzl11/hbyjcyfz/gzdt4/783406/index.html，最后访问日期：2022 年 5 月 15 日。

和应急服务标准体系，完善各类应急救援基地和队伍的装备配备标准，完善高层建筑、学校、医院、矿山、危险化学品生产经营场所、应急避难场所、交通运输工具应急设施设备配备标准。[①] 例如，《河北省应急产业发展规划(2020—2025 年)》要求充分发挥标准对产业发展的规范和引领作用，加快制(修)定应急产品和应急服务标准，打造一批实用性和指导性强的应急产业地方标准，建立健全应急产业标准体系。[②] 三是积极推动应急服务、技术和产品与市场需求更好对接，加强应急科技资源和信息资源开放共享，鼓励引导有关企业、高校和科研院所等搭建大众创业、万众创新平台。例如，北京市应急管理局依托中关村论坛供需对接会，会同中关村政府采购促进中心，组织召开工作对接会，与中关村科技企业进行需求对接，探索建立长效合作机制。[③] 四是建立应急产品和服务目录、清单制度，明确应急产品和服务的发展方向，引导社会资源投向先进适用、安全可靠的应急产品和服务。例如，北京市经济和信息化局、应急管理局联合应急救援装备产业技术创新战略联盟、新兴际华科技发展有限公司编制完成了《北京市重点安全与应急企业及产品目录(2021 年版)》，共收录北京地区综合型和安全防护、监测预警、应急救援处置、安全应急服务等专业型安全应急企业 156 家，涉及 435 种产品和服务。[④]

(二)突发事件应对机制体制逐步完善

党的十八大以来，党和国家坚持从实际出发，坚持科学应对，坚持法治保障，尊重自然、尊重规律，创新科技手段和方法，持续提升应急管理科学化水平。特别是注重完善突发事件应对法律法规制度，强化标准规

---

① 《省应急产业发展协调工作小组办公室印发 2021 年工作要点》，载河北省工业和信息化厅网，http://gxt.hebei.gov.cn/shouji/xwzx12/jdxw/772358/index.html，最后访问日期：2022 年 5 月 15 日。

② 《河北省应急产业联盟成立大会在唐山成功召开》，载河北省投资促进平台，http://swt.hebei.gov.cn/investheb/info.php?id=11746，最后访问日期：2022 年 5 月 15 日。

③ 《2021 应急论坛暨智能应急装备供需对接会在北京召开》，载中华网，https://tech.china.com/article/20210425/042021_762098.html。

④ 《北京市经济和信息化局　北京市应急管理局关于发布北京市重点安全与应急企业及产品目录(2021 年版)的通知》，2022 年 3 月 24 日。

范,健全依法决策机制。国家“十三五”规划纲要明确提出,进一步完善应急管理体系;应急管理法律法规和标准体系进一步健全;突发事件预防与应急准备、监测与预警、应急处置与救援、恢复与重建等各环节应急管理工作机制更加完善;应急预案管理更加规范,预案的针对性和可操作性进一步提高;适应区域协同发展和公共安全形势需要的跨区域应急管理合作格局基本形成。面对新冠疫情,习近平总书记就完善公共卫生体系提出了“整体谋划、系统重塑、全面提升”的 12 字总体要求,并强调要着力从体制机制层面理顺关系、强化责任。从近年实践来看,以“一法三制”为核心构成的我国突发事件应对法律体系暨机制体制逐步健全完善。

第一,《突发事件应对法》修订完善和与时俱进。我国的《突发事件应对法》自 2007 年公布施行以来,为抗击地震、洪水、雨雪冰冻、新冠疫情等提供了重要法律制度保障,发挥了重要作用。近年来,突发事件应对管理工作遇到了一些新情况新问题,特别是新冠疫情对应对管理带来了新挑战,这些都需要通过修改法律予以解决。2021 年 12 月 20 日,《突发事件应对管理法》修订草案提请第十三届全国人大常委会第三十二次会议审议。此次修订草案的总体思路是坚持以习近平新时代中国特色社会主义思想为指导,贯彻落实党中央关于突发事件应对管理工作的决策部署,把坚持中国共产党对突发事件应对管理工作的领导以及深化党和国家机构改革的最新成果等通过法律条文予以明确;坚持问题导向,针对现行法施行以来反映出的问题,特别是疫情应对工作中暴露出的不足,进一步补充完善相关制度措施,同时将疫情应对中的成功经验体现在法律条文中;坚持该法突发事件应对管理领域基础性、综合性法律定位不变,着力处理好与本领域其他专门立法的关系,确保不同法律之间的衔接配合。此次修订草案对现行法的名称、体例结构及条文顺序进行了调整,新增“管理体制”一章,修订的主要内容包括:一是理顺突发事件应对管理工作领导和管理体制;二是畅通信息报送和发布渠道;三是完善应急保障制度;四是加强突发事件应对管理能力建设;五是充分发挥社会力量的作用；六是保障社会各主体合法权益。[①]

第二，应急管理法律法规和标准体系进一步健全。一是研究制定《突发事件应对法》相关配套法规制度和规范性文件，健全自然灾害、事故灾难、公共卫生事件和社会安全事件应急相关法律法规体系，完善地方性应急管理法规，加大执法力度，实现依法应急。目前各省、自治区、直辖市均已出台突发事件应对法实施办法，构建起本区域配套规范制度。二是构建应急管理标准体系。为有效防范化解重大安全风险，大力推进应急管理政策法规标准体系建设，推进《应急管理立法体系框架方案》落实，结合职能定位，应急管理部加快构建"1 + 4"（应急管理法 + 安全生产法、自然灾害防治法、消防法、应急救援组织法）法律体系骨干框架。三是推进应急管理法规标准落地落实。各地区各部门采取有效措施，进一步加强应急标志标识、风险隐患识别评估、预警信息发布、应急队伍及装备配置、公共场所应急设施设备配置、应急避难场所建设、物资储备、应急通信、应急平台、应急演练等相关标准研制，积极参与国际应急管理标准制定，推动应急管理标准实施应用，促进应急管理工作规范化和应急技术装备标准化。[②]

第三，应急管理组织体系和机构设置进一步完善。一是完善"统一领导、综合协调、分类管理、分级负责、属地管理为主"的应急管理体制，鼓励地方政府创新应急管理机构设置模式，强化综合协调职能；加强城市应急管理组织体系建设，强化城市应急管理机构辅助决策指挥职能；推动社区和企事业单位落实应急管理责任，配备专兼职工作人员。例如，广东省广州市越秀区农林街积极开展机构改革，设置了应急管理办公室，主管应急管理工作，还在社区居民委员会设置应急专干一职，从而创造性地将应急管理体制延伸拓展至社区一级，形成区、街、社区三级应

---

① 参见《突发事件应对管理法草案提请审议　为应对突发事件提供更完备更坚实法律基础》，载《法治日报》2021 年 12 月 21 日版。

② 《应急管理法律体系建设提速加力　构建"1 + 4"法律体系骨干框架　推进标准体系建设》，载中国应急信息网，https://www.emerinfo.cn/2019-05/05/c_1210125904.htm。

急管理体制(区应急局、街应急办、社区应急专干),使应急管理工作责任更加细化,分工更加具体,落实更有抓手。[①] 二是规范突发事件应急处置现场组织指挥,探索推行现场应急指挥官制度,强化应急指挥能力培训,提高应急处置的规范化、专业化水平。例如,贵州省遵义市出台《遵义市突发事件现场指挥官工作制度》等,为进一步提高突发事件应急处置水平,加强对重大安全风险隐患的研判和防范化解,有效应对各类自然灾害、事故灾难,明确突发事件应急处置工作实行现场指挥官负责制,现场指挥官全权负责指挥应急处置工作。三是强化领导干部应急管理能力培训,加强应急管理干部队伍建设。[②] 例如,山西省提出要建设一支全面过硬的应急管理队伍,在树立鲜明导向、加强学习培训、强化目标牵引等方面用功着力,全面加强新时代应急管理队伍建设。[③]

第四,应急管理工作机制和工作流程进一步完善。一是健全应急联动和信息报送机制。加强部门间应急联动机制建设,强化信息应急协作和共享会商;服务国家区域发展战略,建立健全"一带一路"、京津冀、长江经济带区域性应急协调联动机制,完善首都公共安全保障机制,深入推进环渤海、泛珠三角、西部地区、东北地区等应急协调联动机制建设,有效整合和共享区域内应急资源,实现区域优势互补。[④] 例如,中共中央、国务院印发的《成渝地区双城经济圈建设规划纲要》明确要求健全应急联动机制,结合应急宣传教育联动机制、社会力量参与应急管理服务的联动机制、预警技术联动机制、重点工程联动机制 4 个着力点,打出

---

① 《越秀区农林街创新应急管理模式,社区应急工作见成效出实效》,载广东头条新闻资讯平台,http://static.nfapp.southcn.com/content/202203/30/c6354066.html。

② 参见杨月巧等:《从应急办到应急管理部:中国应急管理体制改革成效研究》,载《中国安全生产》2021 年第 12 期。

③ 《全面加强新时代应急管理队伍建设丨全省应急管理工作会议系列解读之七》,载新华网,http://my-h5news.app.xinhuanet.com/xhh-pc/article/?id=cc62c8dd-0fab88eafa8,最后访问日期:2022 年 5 月 15 日。

④ 《国家防办、应急管理部要求落细落实应急联动机制》,载人民网,http://jx.people.com.cn/n2/2021/0814/c186330-34867228.html。

联动组合拳,推进成渝地区应急联动机制建设。[①] 二是加强应急新闻工作体制机制建设。各地积极建立健全党委政府统一领导、实际工作部门分工负责、宣传部门组织协调、新闻媒体积极参与的突发事件应急新闻工作体系;进一步完善信息发布机制,加强新媒体应用,根据事态进展动态发布信息,及时回应社会关切;加强领导干部和政府新闻发言人突发事件信息发布能力培训,强化信息发布人员的专业性和权威性。[②] 三是规范恢复重建机制。各地积极落实"中央统筹指导、地方作为主体、灾区群众广泛参与"的要求,加强灾害损失评估,完善评估标准和流程,规范开展重特大自然灾害恢复重建规划编制和资金管理等工作。例如,四川省深入总结汶川、芦山、九寨沟、康定、长宁地震及茂县叠溪特大山体滑坡、金沙江白格堰塞湖以及汶川特大山洪泥石流等灾后恢复重建经验,省发改委会同有关部门联合印发《关于做好重特大自然灾害灾后恢复重建工作的实施意见》。[③] 四是建立应急评估机制。各地积极探索建立委托第三方专业机构开展的突发事件应急处置评估制度,根据评估结果改进应急管理、健全应急体系。五是完善风险分担机制。各地加快推进巨灾保险制度,推动地震巨灾保险立法进程,逐步形成多层次的巨灾风险分散机制;加强应急救援人员人身安全保险保障,指导保险机构参与公共安全风险评估与预防;推行安全生产、环境污染和食品安全责任保险,结合灾害风险和应急需求,不断丰富保险品种。

(三)突发事件源头治理能力不断增强

在突发事件应急治理中坚持源头治理、关口前移,是习近平总书记明确提出的"两个坚持、三个转变"建设路径的重要内涵。2016 年 7 月

---

① 《成渝同声:提升双城经济圈发展能级》,载成都政府网,http://www.chengdu.gov.cn/chengdu/home/2022-03/05/content_39e90eb751ac49649900c28364b78eea.shtml。

② 《应急管理部强调:应急管理体制机制改革要实现"三大突破"》,载搜狐网,https://www.sohu.com/picture/443807397,最后访问日期:2022 年 5 月 15 日。

③ 《我省印发意见　对灾后恢复重建实施分类启动》,载四川政府网,https://www.sc.gov.cn/10462/10464/10797/2020/5/17/19a9da7142f041c0b1184e74b09bf75f.shtml。

28日，习近平总书记在唐山调研考察时提出“两个坚持、三个转变”，即坚持以防为主、防抗救相结合，坚持常态减灾和非常态救灾相统一，努力实现从注重灾后救助向注重灾前预防转变，从应对单一灾种向综合减灾转变，从减少灾害损失向减轻灾害风险转变，全面提升全社会抵御自然灾害的综合防范能力。[①] 党的十九届六中全会明确提出，“全党必须铭记生于忧患、死于安乐，常怀远虑、居安思危”。[②] “十三五”时期，党和国家充分发挥信息技术赋能应对突发事件的显著优势，推动突发事件风险防范和应急管理关键决策点的关口前移，“下好先手棋、打好主动仗”，完善全灾种、全流程的风险治理机制，明确其组织机构和运行流程，将风险识别、风险监测、风险评估、风险会商、风险处置等风险治理职能常态化，从以处置灾害为中心转为以处置风险为中心，真正把风险化解在萌芽之时、成灾之前。[③] 在近年实践中，特别是在新冠疫情应对实践中，各地区各部门扎实推进系统治理、源头治理、综合治理、依法治理，充分发挥科技赋能应急管理优势，积极运用系统观念防控重大风险，突发事件源头治理能力不断增强。

第一，突发事件风险管控体系进一步完善。一是建立健全突发事件风险评估标准规范，实现各类重大风险和隐患的监控、预警、识别、评估、处置等全过程动态管理。各地区各部门积极推进村社区、企业突发事件风险管控标准化建设，逐步实现全国突发事件风险网格化管理。二是构建全过程、多层级环境风险防范体系，实施环境风险全过程管理。强化重污染天气、饮用水水源污染、耕地污染、重点流域海域水污染、危险废物污染等重点领域风险预警与防控；加强有毒有害化学物质环境和健康风险评估能力建设；完善工业园区环境风险预警和防控体系。例如，辽宁省发布《“十四五”生态环境保护规划》，明确提出坚持源头防控和系

---

① 参见吴若芊：《以“两个坚持”“三个转变”指导改革新实践》，载《中国减灾》2018 年第 11 期。

② 《中共中央关于党的百年奋斗重大成就和历史经验的决议》，载《人民日报》2021 年 11 月 17 日版。

③ 《坚持中国道路，推进应急管理体系和能力现代化》，载《中国应急管理报》2021 年 12 月 18 日版。

统管理,加强危险废物、重金属、尾矿和高风险化学品环境风险管控,构建"事前、事中、事后"全过程、多层级生态环境风险防范和应急体系,保障环境安全。[①] 三是全面完善立体化社会治安防控体系,建设基础综合服务管理平台。各地区各部门积极健全利益协调机制、诉求表达机制和矛盾调处制度,完善重大决策社会稳定风险评估机制。四是健全公共卫生、食品药品安全检验检测和风险防控体系,提高突发急性传染病、重大动植物疫情、食品安全突发事件、药品不良反应和医疗器械不良事件、农产品质量安全突发事件等早期预防和及时发现能力,强化风险沟通。例如,原国家卫生计生委印发《突发事件卫生应急预案管理办法》,全面提升卫生应急预案管理水平,推动卫生应急工作依法、科学、规范开展。五是完善国家网络安全保障体系,提高关键信息基础设施的风险防控能力,保障金融、电力、通信、交通等基础性行业业务系统安全平稳运行。[②]

第二,突发事件监测预警服务体系进一步完善。一是完善"分类管理、分级预警、平台共享、规范发布"的突发事件预警信息发布体系,提升预警信息发布的覆盖面、精准度和时效性,拓宽预警信息发布渠道,强化针对特定区域、特定人群的精准发布能力。例如,安徽已建成省市县一体化突发事件预警信息发布体系助力防灾减灾,省气象局正联合省应急厅等部门,推动建立省级极端天气停工停课停业机制,9个地市已建立了基于极端天气的停工停业停课机制。二是完善应急信息采集与发布机制,实现与突发事件预警信息发布系统的有效对接,健全国家应急广播体系运行制度和相关标准规范,提升面向公众的突发事件应急信息传播能力。[③] 三是建立健全国家环境安全动态监测预警体系,推进实时在线环境监测监控系统和环境保护大数据建设,完善突发环境事件信息报告和公开机制。根据原环境保护部印发的

---

① 《我省构建全过程多层级　生态环境风险防范和应急体系》,载《辽宁日报》2022 年 4 月 18 日版。

② 《我国发布首个〈突发事件风险评估指南〉》,载《光明日报》2011 年 5 月 29 日版。

③ 《国家突发事件预警信息发布系统介绍》,载中国天气网,http://www.weather.com.cn/zt/qxfwzt/2518418.shtml。

《生态环境监测规划纲要(2020—2035年)》,生态环境监测将在全面深化环境质量和污染源监测的基础上,逐步向生态状况监测和环境风险预警拓展,构建生态环境状况综合评估体系,包括监测指标、监测点位、监测领域、监测手段和监测业务等多方面。[①] 四是建立健全金融风险动态监测预警体系。央行牵头,进一步加强对互联网金融、私募投资基金等新兴市场领域监控,强化新兴金融业态突发事件应急处置能力建设,完善防范和处置非法集资工作机制,优化跨市场数据交换平台的风险隐患识别与预警功能。

第三,城市公共安全风险管理进一步强化。一是推进城市公共安全风险评估,编制城市公共安全风险清单,对重大风险源进行实时监控,形成基于地理信息系统的城市风险“一张图”。例如,中共中央办公厅、国务院办公厅印发《关于推进城市安全发展的意见》后,经全国团体标准信息平台审核公示、青岛市标准化协会审批通过的团体标准《城市安全风险评估导则》由山东省市场监督管理局批准,正式作为山东省地方标准发布。[②] 二是推行常态与应急管理相结合的城市网格化管理模式。各地纷纷探索规范网格巡查标准化操作流程,建立健全城市应急管理单元。各地积极推进“智慧城市”建设,完善网格管理信息平台,强化突发事件预测预警功能,提高先期处置时效。三是探索完善城市应急联动综合应急管理模式。各地积极加强城市应急指挥调度平台和应急联动工作机制建设,实现统一调度、部门联动、资源共享、快速响应、高效处置,提高多部门联合协调行动能力。四是健全风险管理、监测预警与应急响应机制。各地提高城市综合防灾能力,积极有序推进海绵城市、城市地下综合管廊、人民防空工程、城市应急水源等城市基础设施建设。推进

---

① 《生态环境部召开部党组(扩大)会议　审议并原则通过〈生态环境监测规划纲要(2020—2035年)〉〈蓝天保卫战量化问责规定〉》,载生态环境部网,https://www.mee.gov.cn/xxgk2018/xxgk/xxgk15/201909/t20190903_731538.html。

② 《关注!〈城市安全风险评估导则〉等地方标准正式发布!》,载搜狐网,https://www.sohu.com/a/318780012_120068166。

生命线工程全生命周期风险管理，做好城市主要设施运行使用的风险评估与安全监管。[①] 2021 年 9 月，国务院安委办、应急管理部下发通知，部署加强城市安全风险防范工作，推广城市生命线安全工程经验做法，确定 18 个城市（区）作为国家城市安全风险综合监测预警平台建设试点，要求试点城市结合自身实际，因地制宜选择城市安全风险综合监测预警平台建设模式。截至目前，各试点城市安全风险综合监测预警平台已经基本建立。[②]

（四）突发事件应急处置能力显著提升

坚持底线思维，增强忧患意识，着力防范化解重大风险，是习近平新时代中国特色社会主义思想的重要内容。党的十八大以来，习近平总书记多次强调在各项工作中要坚持底线思维，增强忧患意识。2019 年 1 月 21 日，习近平总书记在省部级主要领导干部坚持底线思维着力防范化解重大风险专题研讨班开班式上发表重要讲话，强调要坚持底线思维，增强忧患意识，提高防控能力，着力防范化解重大风险，保持经济持续健康发展和社会大局稳定。习近平总书记明确指出：中国是一个大国，绝不能在根本性问题上出现颠覆性错误，一旦出现就无法挽回、无法弥补。我们的立场是胆子要大、步子要稳，既要大胆探索、勇于开拓，也要稳妥审慎、三思而后行。他还多次强调，要坚持底线思维，不回避矛盾，不掩盖问题，凡事从坏处准备，努力争取最好的结果，做到有备无患、遇事不慌，牢牢把握主动权。[③] 坚持底线思维，要求充分认识防范化解重大风险的重要性和紧迫性。深刻认识和准确把握外部环境的深刻变化和我国改革发展稳定面临的新情况新问题新挑战，坚持底线思维，增强忧患意识，提高防控能力，着力防范化解重大风险，就要努力将防范风

① 参见张鹏：《城市公共安全风险管理研究——以青岛市为例》，青岛大学 2018 年博士学位论文。

② 《提升城市安全治理现代化水平——让城市生活更安全更舒心》，载《人民日报》2022 年 3 月 17 日版。

③ 参见《下好先手棋　打好主动仗——习近平总书记关于防范化解重大风险重要论述综述》，载《光明日报》2021 年 4 月 15 日版。

险的“先手”与化解风险的“高招”结合起来，将防范抵御风险的“有准备之战”与化险为夷、转危为机的“战略主动战”结合起来，着眼最严峻最复杂局面，深入研究突发事件发生发展的动态演化规律，以问题为导向，提出突发事件防范及应急能力建设需求，有针对性地做好各项应急准备，牢牢把握主动权，保持经济持续健康发展和社会大局稳定，为决胜全面建成小康社会、夺取新时代中国特色社会主义伟大胜利、实现中华民族伟大复兴的中国梦提供坚强保障。“十三五”时期，我国坚持资源整合、突出重点，在充分利用政府和社会已有应急救援和保障能力资源的基础上，梳理部门和地方需求，合理规划需进一步补充、完善和强化的建设内容，重点完善信息和资源共享机制，提高核心应急救援能力、社会协同应对能力和基层基础能力，确保应急管理基础能力持续提升，核心应急救援能力显著增强，综合应急保障能力全面加强，社会协同应对能力明显改善，突发事件应急处置能力显著提升。

第一，城乡社区和基础设施抗灾能力进一步提升。一是提升关键基础设施灾害设防标准。各地进一步完善区域城乡综合防灾规划，统筹推进水利、通信、交通、供水、供电、供气、供热、广播电视等基础设施的抗损毁和快速恢复保障能力建设。二是实施《防灾避难场所设计规范》国家标准。结合区域和城乡建设发展规划，根据灾害特点、人口分布和城乡布局，加快推进各级各类应急避难场所建设。三是严格落实企业生产设施规划、设计、建设安全标准。各地积极科学规划布局矿山、危险化学品生产储存与装卸区域、油气输送管道；实施城镇人口密集区和环境敏感区的危险化学品企业生产、仓储安全环保搬迁工程。四是深入推进农村危房改造、城市老旧小区改造等工程，加强隐患治理和抗震加固工作，提升安全性能。五是进一步推进中小河流治理、中小型水库和其他小型水利设施建设；加强铁路、公路、港口、航道和输变电线等重要基础设施防灾能力建设；加强森林草原防火应急道路和阻隔系统建设；加强农牧渔业防灾减灾体系建设；加强农村、山区特别是地震、塌方、泥石流等自然灾害易发地区道路的建设、管理、养护和风险评估。[①] 例如，广西壮族自治区印发《关于加强我区应急管理体系和能力建设的意见》，加快推进自然灾害防治“九大工程”建设和生产安全事故防范工程建设，完善高层及地下建筑、轨道交通、大型综合体、城中村、化工企业等火灾高危单位及区域场所消防安全设施管理，落实城乡生命线工程、应急避难场所和水利、通信、供水、供气等关键基础设施灾害设防标准。[②]

第二，基层应急管理能力进一步强化。一是继续推进基层应急队伍建设。各地积极发展灾害信息员、气象信息员、群测群防员、食品药品安全联络员、网格员等应急信息员队伍，加强综合性业务培训；依托地方优势救援力量和民兵等，推进“专兼结合、一队多能”的综合性乡镇应急队伍建设。加强民兵应急力量建设。[③] 二是广泛开展乡镇（街道）基层应急管理能力标准化建设，要求有班子、有机制、有预案、有队伍、有物资、有培训演练等；推进行政村（社区）应急服务站（点）建设，要求有场地设施、有装备物资、有工作制度；推动移动客户端软件开发与推广应用，强化基层风险评估、预警信息传播、信息报告、隐患排查和先期处置能力。三是积极规范安全社区、综合减灾示范社区、卫生应急综合示范社区、消防安全社区、地震安全示范社区、平安社区等创建工作，完善相关创建标准规范，提高社区应急规范化水平。[④] 例如，湖南省湘潭市加强基层应急管理能力建设，围绕健全完善应急管理体制机制、夯实应急管理基层基础、应急管理保障能力三个方面，明确重点工作和目标任务，提出“四规范、八加强”建设意见。“四规范”包括规范落实应急管理责任体系、规范建设应急管理指挥体制、规范配置应急管理机构编制、规范推进应

---

① 《深入学习贯彻习近平总书记防灾减灾救灾重要论述　全面提高我国自然灾害防治能力》，载人民网，http://dangjian. people. com. cn/gb/n1/2020/0620/c117092-31753835. html。

② 《广西加强应急管理体系和能力建设》，载央广网，http://gx. cnr. cn/cnrgx/yaowen/20210817/t20210817_525568119. shtml。

③ 《加强应急能力建设　提升基层应急救援能力》，载中国网，http://zjnews. china. com. cn/yuanchuan/2021-11-11/311892. html。

④ 参见顾春等：《增强基层应急管理能力》，载《人民日报》2021年10月29日版。

急管理综合行政执法改革;“八加强”包括加强应急工作标准化建设、加强应急救援实体化建设、加强应急救灾规范化建设、加强应急管理信息化建设、加强应急管理科普宣教、加强应急管理监测预警、加强应急管理关爱激励、加强应急管理组织保障。

第三,核心应急救援能力建设进一步加强。一是强化应急救援突击力量建设。各地普遍开展省、市、县三级综合应急救援队伍标准化建设,强化救援人员配置、装备配备、日常训练、后勤保障及评估考核,健全快速调动机制,提高队伍综合应急救援能力,支持重点行业领域专业应急队伍建设,形成突发事件应对的核心力量。二是提高重点行业领域专业应急救援能力。各地积极加强突发急性传染病防控队伍、危险化学品应急救援基地和队伍、区域性危险化学品应急救援队伍、危险化学品生产储运企业应急救援队伍、油气输送管道应急救援基地和队伍建设,加强沿海和内河监管救助基地建设、深海远海海上搜救和航海保障能力建设。三是优化国家卫生应急队伍布局,建立队伍运维保障长效机制。各地深入健全各级紧急医学救援队伍,推进现场卫生应急处置中心建设,完善国家卫生应急现场处置指导专家库,逐步建设国家和省级突发事件心理干预救援队伍,加强安全应急检验检测能力建设,建立应急检验检测绿色通道,提升快速检测能力。[①] 例如,天津市组织制定了《关于进一步加强应急救援能力建设的意见》,着眼有效应对自然灾害、事故灾难需要,以加强应急指挥体系、应急预案体系、应急力量体系、应急物资储备体系建设为抓手,以夯实基础性工作为重点,扎实做好应急救援各项准备工作,统筹推进全市应急救援能力稳步提升。[②]

第四,综合应急保障能力建设进一步加强。一是提升应急平台支撑能力。各地继续推进政府综合应急平台体系建设,加强应急基础数据库

---

① 刘延东:《进一步加强国家卫生应急队伍能力建设　为保护人民群众身体健康和生命安全提供有力支撑》,载《中国应急管理》2016 年第 9 期。

② 《我市全面加强应急救援能力建设》,载天津政府网,http://www. tj. gov. cn/sy/zwdt/bmdt/202007/t20200728_3119799. html。

建设、终端信息采集能力建设,推动平台互联互通、数据交换、系统对接、信息资源共享,提升应急平台智能辅助指挥决策等功能。加强部门专业应急平台建设。推进国家应急地理信息共享平台、危险化学品监管信息平台、环保举报综合管理平台、卫生应急指挥中心等专业应急平台建设。二是强化应急通信保障能力。各地主动加强公众通信网络多路由、多节点和关键基础设施的容灾备份体系建设,提升公众通信网络防灾抗毁能力;构建公用应急卫星通信系统。三是完善应急物资保障体系。各地积极加强应急物资保障体系建设,健全应急物资实物储备、社会储备和生产能力储备管理制度;推进应急物资综合信息管理系统建设,完善应急物资紧急生产、政府采购、收储轮换、调剂调用机制,提高应急物资综合协调、分类分级保障能力。四是提高紧急运输保障能力。各地继续完善铁路、公路、水路、民航等应急运力储备,建立健全调运和征用等应急运输补偿机制。建立健全应急物流体系,逐步建立多层级的应急物资中转配送网络;充分利用物流信息平台和互联网、大数据等技术,提高应急物流调控能力。例如,交通运输部印发《关于加强交通运输应急管理体系和能力建设的指导意见》,要求全面提升交通运输安全风险防范化解、突发事件应急处置和综合交通运输应急保障能力,到 2025 年,基本建成组织完备、协同有力、反应灵敏、运转高效的交通运输应急管理体制、机制和应急救援体系,防范化解重大风险能力不断增强,应急管理科技信息化水平和综合保障能力显著提升,更加适应严峻复杂的安全形势。

三、突发事件应对体系现代化的健全完善

有效应对突发事件、防范化解重大风险,是应急管理体系和能力现代化建设的重要内容。面对新时代新征程上应对突发事件的新命题新任务,以习近平法治思想为指导,贯彻落实习近平总书记关于应急管理、防灾减灾救灾工作的重要论述,根据《法治政府建设实施纲要(2021—2025 年)》的部署安排,中国式突发事件应对体系现代化应从以下几方面加强制度建设和能力建设。

（一）完善突发事件应对制度体系

《法治政府建设实施纲要（2021—2025 年）》明确要求："完善突发事件应对制度。修改突发事件应对法，系统梳理和修改应急管理相关法律法规，提高突发事件应对法治化规范化水平。健全国家应急预案体系，完善国家突发公共事件总体和专项应急预案，以及与之相衔接配套的各级各类突发事件应急预案。加强突发事件监测预警、信息报告、应急响应、恢复重建、调查评估等机制建设。健全突发事件应对征收、征用、救助、补偿制度，规范相关审批、实施程序和救济途径。完善特大城市风险治理机制，增强风险管控能力。健全规范应急处置收集、使用个人信息机制制度，切实保护公民个人信息。加快推进突发事件行政手段应用的制度化规范化，规范行政权力边界。"[①]实践中要做好以下几个方面的工作：

第一，健全完善突发事件应对法律体系。一是以综合应急管理机制为导向，打通单行法之间的衔接障碍，考虑出台综合性应急管理法典。二是将较为成熟的国家应急预案体系和重要的监测预警、信息报告、应急响应、恢复重建、调查评估等阶段纳入立法。三是制定相应的实施细则，详细规定应急管理各环节的步骤、过程和方式，真正构建统一指挥、紧密配合、权威高效的应急管理体系。《突发事件应对法》涉及自然灾害、事故灾难、公共卫生事件和社会安全事件，为实现兼顾各类突发事件共性的立法意图，具体条文难免较为笼统、操作性不强、实用性较差。今后可以考虑在《突发事件应对法》的基础上制定单项应对法律法规，从总体规划视角，建立"紧急状态法 + 分类应对法 + 单项法律法规"的突发事件应对法律体系架构，建立分区域、分级别、分类型的紧急状态规制，依法授权各级政府应对本区域重大突发事件权限，包括但不限于发布紧急状态令、启动应急预案、依法分类别采取有效应对措施等，明确各相关部门突发事件应对的法律职责，形成网络化立体化的管控体系，同

① 《法治政府建设实施纲要（2015—2020 年）》，载《人民日报》2015 年 12 月 28 日版。

时保障紧急状态下公民的相应权利。

第二,健全完善政策法规标准预案体系。一是完善应急物资保障领域政策法规。加强应急物资保障综合管理工作制度建设和各行业、各领域、各区域应急物资保障专项工作制度建设,形成符合各地实际情况的应急物资保障政策体系。二是建立应急物资保障领域地方标准体系。加强应急物资保障领域地方标准制定,优先在应急物资储备、应急物资管理等重点领域制定一批符合各地实际情况的地方标准。三是加强应急物资应急保障预案管理。总结新冠疫情应对经验,加强巨灾场景下应急物资保障工作研究,增强极端条件下应急物资保障能力。建立常态化应急物资保障演练机制,形成物资应急保障预案动态管理机制。

第三,建立健全突发事件应急预案体系。明确应急预案的制定主体和监督部门,对应急预案的制定、修订、备案等环节提出具体要求。对容易引发自然灾害、事故灾难和公共卫生事件的危险源、危险区域进行调查、登记、监控、风险评估,按照国家有关规定向社会公布。各级人民政府及其有关部门、街道办事处应建立健全 24 小时值守应急制度,及时处置、上报突发事件。建立健全突发事件预警制度。进一步细化应急处置措施,设定现场总指挥制度,突发事件发生后,根据应急预案设立现场指挥部,确定现场总指挥。明确应急征用制度,对事后恢复与重建工作中的统计核实评估、过渡安置、政策扶持等事宜作出规定。

第四,强化落实突发事件应对法律责任。一是理顺管理体制。分配细化应急管理职责,明确县级以上人民政府及应急管理、卫生健康、公安等部门在突发事件应对管理工作中的职责。二是明确机构职能。应急指挥机构可以发布有关突发事件应对管理工作的决定、命令、措施等,有关法律后果由本级人民政府承担;明确乡级人民政府、街道办事处和居民委员会、村民委员会在突发事件应对管理工作中的职责义务。三是完善责任制度。科学分配应急职能,层层分解细化应急责任,建立责任分级分项制度、责任公示监督制度、责任考核奖惩制度以及责任免除制度。四是强化责任落实。通过均衡配置、公开宣示职责,合理考核、严格监督责任落实，以及鼓励有担当、有作为的容错纠错机制，切实增强应急处置的针对性、时效性，加快突发事件处置能力整体提升。

（二）提高突发事件依法处置能力

《法治政府建设实施纲要（2021—2025 年）》明确要求："提高突发事件依法处置能力。增强风险防范意识，强化各地区各部门防范化解本地区本领域重大风险责任。推进应急管理综合行政执法改革，强化执法能力建设。强化突发事件依法分级分类施策，增强应急处置的针对性实效性。按照平战结合原则，完善各类突发事件应急响应处置程序和协调联动机制。定期开展应急演练，注重提升依法预防突发事件、先期处置和快速反应能力。加强突发事件信息公开和危机沟通，完善公共舆情应对机制。依法严厉打击利用突发事件哄抬物价、囤积居奇、造谣滋事、制假售假等扰乱社会秩序行为。加强突发事件应急处置法律法规教育培训，增强应急处置法治意识。"①实践中要做好以下工作：

第一，加强突发事件应对能力建设。有效提高突发事件应对管理能力，建立健全突发事件应急响应制度，科学划分应急响应级别，及时启动应急响应，为突发事件应对管理工作提供更坚实的制度支撑。在人才、技术等方面充分予以支持和保障，包括：明确国家综合性消防救援队伍是应急救援的综合性常备骨干力量，规定乡村可以建立基层应急救援队伍；增设应急救援职业资格，明确相应资格条件；鼓励和支持在突发事件应对管理中依法应用现代技术手段，提高突发事件应对管理能力；加强重要商品和服务市场情况监测，必要时可以依法采取干预措施；进一步完善应急处置措施的规定，增加限制人员流动、封闭管理等措施。

第二，加强应急物资保障体系建设。一是建立平战结合的应急物资保障工作体制，建立常态化应急物资统筹管理机制，完善紧急状态下应急物资保障机制，落实应急物资分级储备保障责任，明确应急物资分类储备保障任务，确保平战转换顺畅。二是完善应急物资储备体系，科学

---

① 《法治政府建设实施纲要（2021—2025 年）》，载《人民日报》2021 年 8 月 12 日版。

确定应急物资储备品类规模，完善多元化应急物资储备模式，合理规划应急物资仓储布局。三是提升应急物资管理能力，加强应急物资保障基础设施建设，做好在储应急物资安全管理，加强应急物资保障专业力量储备。四是提升应急物资协同保障能力，提升区域协同保障能力，提升军地协同保障能力，提升社会协同保障能力。五是提升应急物资保障科技创新能力，加强应急物资保障领域科学研究，加强应急管理和应急物资保障科研创新基地建设，深化应急物资保障领域新技术应用。

第三，加强应急指挥平台体系建设。畅通突发事件信息获取渠道，健全有关部门、监测网点的信息收集和报告机制；各级人民政府应当按照预警信息的发布程序和权限，及时向社会发布警报，并采取相应的防范措施。建立应急指挥平台体系，承担突发事件的监测监控、预警预测、信息报告、综合研判、辅助决策、指挥调度等职能。地方政府负责建立本行政区域应急指挥平台，并纳入全国应急指挥平台体系。可以预警的突发事件即将发生时，获悉信息的地方政府及其有关部门、专业机构，应当按照规定向上级人民政府报送信息，必要时可以越级上报。报送敏感性突发事件信息，不受突发事件分级标准限制。报送突发事件信息，应当具备时间、地点、单位名称；信息来源、事件类别或者性质；人员伤亡、经济损失情况以及影响范围；事件发展趋势及处置情况等。

第四，畅通应急信息报送发布渠道。一是完善信息报送和发布制度，保障信息上传下达的及时性、准确性，建立健全突发事件信息发布和新闻采访报道制度，及时回应社会关切。二是建立网络直报和自动速报制度，提高报告效率，打通信息报告上行渠道。三是加强应急通信系统、应急广播系统建设，确保突发事件应对管理工作的通信、广播安全畅通。明确规定不得授意他人迟报、谎报、瞒报，不得阻碍他人报告突发事件信息。四是坚持突发事件应对工作的公开透明，以“快报事实、慎报原因”为原则，做好信息发布和解疑释惑等宣传引导工作，加强与群众沟通互动，引导群众科学应对。五是依法保障个人隐私。

第五，建立健全快速应对和先期处置机制。加强属地化管理，强化区县、街镇应对和处置突发事件的前沿职责，发挥村(居)委会基层组织作用，强化企事业单位安全生产主体责任，开展群防群治。坚持分类管理原则，落实专业部门责任，确保政府各相关部门履行好预案体系建设、应急演练、应急救援、物资保障等职责。各级领导干部要敢于负责，做到快速科学决策；应急相关部门要加强组织协调、应急处置、联勤联训，增强跨区域快速协同作战的能力。建立突发事件先期处置机制，履行统一领导职责或者组织处置突发事件的人民政府应当采取应急措施进行先期处置，防止突发事件扩大、蔓延。

(三)引导规范多元主体参与应对

《法治政府建设实施纲要(2021—2025年)》明确要求："完善乡镇(街道)、村(社区)应急处置组织体系，推动村(社区)依法参与预防、应对突发事件。明确社会组织、慈善组织、社会工作者、志愿者等参与突发事件应对的法律地位及其权利义务，完善激励保障措施。健全社会应急力量备案登记、调用补偿、保险保障等方面制度。"①实践中要做好以下工作：

第一，充分发挥社会力量作用。一是建立突发事件应对管理工作投诉、举报制度，鼓励人民群众监督政府及部门等不履职行为；完善表彰、奖励制度，对在突发事件应对管理工作中作出突出贡献的单位和个人，按照国家有关规定给予表彰、奖励；鼓励和支持社会力量建立提供社会化应急救援服务的应急救援队伍。二是建立健全突发事件专家咨询论证制度，发挥专业人员在突发事件应对管理工作中的作用；支持、引导红十字会、慈善组织以及志愿服务组织、志愿者等参与应对突发事件。三是加强宣传教育，增强全社会应急法治意识。明确社会组织、慈善组织、社会工作者、志愿者等参与突发事件应对的法律地位及其权利义务，完善激励保障措施。具体包括：明确社会力量有权在规定范围、通过规定平台介入应急管理全过程，健全社会应急力量备案登记、调用补偿、保险保障等制度；加强应急处置法律法规教育培训，全面增强各主体应急处

① 《法治政府建设实施纲要(2021—2025年)》，载《人民日报》2021年8月12日版。

置法治意识;强化行政主体应急法治观念、知识和能力,完善乡镇(街道)、村(社区)应急处置组织体系,开展全社会应急能力建设和应急文化宣传,培养自救、互救能力。

第二,保障社会主体合法权益。保障突发事件应对管理工作中社会各主体合法权益,确保人民群众生命安全和身体健康。突发事件应对管理工作应当坚持总体国家安全观,坚持人民至上、生命至上;关怀特殊群体,优先保护未成年人、老年人、残疾人、孕期和哺乳期的妇女等群体;关爱受突发事件影响无人照料的无民事行为能力人和限制民事行为能力人,提供及时有效帮助;加强心理健康服务体系和人才队伍建设,做好受突发事件影响各类人群的心理援助工作;加强个人信息保护,确保突发事件应急处置中获取、使用他人个人信息合法、安全。完善突发事件应对管理过程中的征收征用制度,维护被征收征用人的合法权益。

第三,强化社会组织建设工作。研究出台具体政策措施支持社会应急力量发展,完善登记审查、调用补偿、保险保障等方面的制度,指导地方部门动员社会应急力量在地方党委、政府的统一领导下,规范有序参与突发事件应对处置,发挥好社会应急力量辅助作用。加大对突发事件应对领域社会工作专业人才的培训力度,提升专业服务水平,推动突发事件应对领域社会工作走上规范化、制度化道路。开展社会组织动员工作,按照专业匹配、就近就便的原则,引导具备相应救援能力的社会应急力量有序参与抢险救援救灾行动,引导应急志愿者深入城乡社区开展应急救援、预案演练、科普宣教等工作。

第四,促进应急产业发展政策扶持。为出台应急产业发展促进和保障措施,对龙头企业实行“一企一策”培育,设立应急产业发展股权投资基金,支持应急产业做强做大。扩大应急产业发展规模,把应急产业企业纳入示范基地,不断引进配套项目,扶持产业做大做强逐步形成规模聚集。扶植应急产业发展形成产业链,结合地方经济发展和应急救援需要,发挥企业的互补优势,形成集群效应。提高应急救援产品技术含金量,鼓励企业提高自主创新能力。管理部门发挥牵线搭桥作用,帮助企业用好用透惠企政策，加强政策的规划统筹和方向引领，实现政府部门、企业和应急队伍间应急储备信息平台的互联互通，及时更新信息，实现资源信息共享，逐步完善应急产品和应急服务市场准入政策。

第五，将社会工作服务纳入突发事件应对体系。随着经济社会的不断发展，社会组织和志愿者在防灾减灾救灾和疫情防控等方面发挥了积极作用。今后要有针对性地采取一系列具体措施，规范引导社会组织和志愿者有序参与突发事件应对工作。深入研究社会组织在参与重大突发事件应对工作中的合法权益保障、激励机制等问题，协助立法机关为社会工作服务纳入突发事件应对体系提供坚实的法治保障。要加强部门间的沟通，不断总结提炼抗击新冠疫情的好经验、好做法，精心做好应对突发事件法治保障立法修法工作，持续推动将社会工作服务纳入突发事件应对法律体系，增强应对突发事件的科学性。

第六，探索将民营企业纳入国家突发事件应对体系。从法律上明确民营企业与国有企业共同承担国家突发事件应对的责任。发挥民营企业在应急物资生产、储备，应急物资和人员配送、运输等任务中的优势和特点。明确在应对突发事件时，民营企业与国有企业都具有履行政府下达的应急任务的义务和责任。明确将民营企业纳入国家和各级政府的突发事件应对体系，将民营企业的产能、运能、服务能力作为可以信赖和依赖的国家供给保障，列入国家和各级政府整体应急救援计划规划。在具体应急救援中对民营企业和国有企业一视同仁。

四、本章小结

党的十八大以来，以习近平同志为核心的党中央高度重视突发事件应对体系现代化。"十三五"时期，各地区各部门认真贯彻落实党中央、国务院决策部署，遵循"坚持运用法治思维和法治方式应对突发事件，着力实现越是工作重要、事情紧急越要坚持依法行政，严格依法实施应急举措，在处置重大突发事件中推进法治政府建设"的法治命题，推动突发事件应对领域改革发展取得重大进展，突发事件应对总体格局基本形成,体制机制逐步完善,源头治理能力不断增强,应急处置能力显著提升,应急救援效能、安全生产水平、防灾减灾能力等方面也取得了长足的进步。特别是面对新冠疫情带来的严峻挑战,我国的突发事件应对体系经受住了重大考验,为疫情防控取得重大战略成果提供了有力法治保障。党的二十大报告将"创新医防协同、医防融合机制,健全公共卫生体系,提高重大疫情早发现能力,加强重大疫情防控救治体系和应急能力建设,有效遏制重大传染性疾病传播"作为"推进健康中国建设"的重要内容,并将"提高防灾减灾救灾和重大突发公共事件处置保障能力,加强国家区域应急力量建设"提升到"推进国家安全体系和能力现代化,坚决维护国家安全和社会稳定"的战略高度加以谋划部署,[①]突出体现了中国式突发事件应对体系现代化的战略地位和重要意义。在新发展阶段,要以习近平法治思想为科学指导,深入完善突发事件应对制度体系,有效提高突发事件依法处置能力,有序引导规范多元主体参与突发事件应对,推动中国式突发事件应对体系现代化迈上新台阶。

---

① 习近平:《高举中国特色社会主义伟大旗帜　为全面建设社会主义现代化国家而团结奋斗——在中国共产党第二十次全国代表大会上的报告》,人民出版社 2022 年版,第 49、54 页。

第八章　中国式数字政府保障体系现代化

古人云:“万物有数,道法自然。”从古至今的数字、无远弗届的信息、未来已来的算法,不仅从大历史长时段上持续刷新人类政府治理的想象空间,也在具体而微的层面上深入重组治民治官治王的三维动态耦合结构。[①] 政府治理的数字化转型或曰数字政府建设,是政府治理现代化的深刻革命,也是中国式行政法治现代化的崭新使命。[②] 党和国家高度重视数字政府建设工作。党的十九届四中全会明确提出:“建立健全运用互联网、大数据、人工智能等技术手段进行行政管理的制度规则。推进数字政府建设,加强数据有序共享,依法保护个人信息。”[③]这是“数字

---

① 参见韩啸:《让信息流动起来:人工智能与政府治理变革》,载《社会主义研究》2019 年第 4 期。

② 参见鲍静:《全面建设数字法治政府面临的挑战及应对》,载《中国行政管理》2021 年第 11 期。

③ 参见《中共中央关于坚持和完善中国特色社会主义制度　推进国家治理体系和治理能力现代化若干重大问题的决定》,人民出版社 2019 年版,第 17 页。

政府建设”首次出现在党的中央全会文件中，将数字政府建设提升到全新战略高度。国家“十四五”规划纲要和2035年远景目标专题部署“提高数字政府建设水平”，为新发展阶段数字政府建设描绘了宏伟蓝图。2021年印发的《法治政府建设实施纲要（2021—2025年）》不仅将智能高效列为法治政府建设衡量标准，还专章部署健全法治政府建设科技保障体系，全面建设数字法治政府。由此可见，数字法治政府建设已经并将持续成为推进中国式行政法治现代化的重要聚焦点和战略增长点。在更深层次的意义上，数字政府是数字技术深度融入政府治理和服务的新型政府形态。从内部视角看，数字政府建基于政府服务平台，服务于政府治理目标，通过数据的流转实现跨部门合作。从外部视角看，数字政府适应并推动经济社会数字化转型，旨在提供优质高效的公共服务。伴随理念、技术和机制体制的创新发展，迈向数字政府的进程充满着机遇与挑战。数字政府的发展演变紧随技术变革的脚步，实际上已经深刻影响行政法治现代化的诸多领域，数字法治政府建设正当其时。在习近平法治思想的科学指引下，中国式行政法治现代化突出强调推进数字政府保障体系现代化，法治政府建设的数字化转型深入推进，平台建设、数据开放、政务服务和“互联网+监管”等领域取得突出发展成就，现代化的数字政府保障体系未来可期。

一、数字政府保障体系现代化的法治功能

加强数字政府建设是创新政府治理理念和方式的重要举措，对加快转变政府职能，建设法治政府、廉洁政府、服务型政府意义重大。习近平总书记强调指出：“要全面贯彻网络强国战略，把数字技术广泛应用于政府管理服务，推动政府数字化、智能化运行，为推进国家治理体系和治理能力现代化提供有力支撑。”[①]这就深刻揭示了数字政府保障体系的

① 参见《习近平主持召开中央全面深化改革委员会第二十五次会议》，载中国政府网，http://www.gov.cn/xinwen/2022-04/19/content_5686128.htm。

重要功能，为中国式数字法治政府建设指明了着力方向。在习近平总书记重要论述的科学指引下，我国法治政府建设的数字化转型深入推进，中国式数字政府保障体系的法治功能高度彰显。

（一）法治政府建设的数字化转型

改革开放以来，我国法治政府建设的数字化转型不断深化，大体经历了3个阶段，即政府信息化的早期阶段、政务电子化的发展阶段和互联网+政务服务的升华阶段。概括而言，由实体政府向电子政府的转变，缘起于早期的政府信息化。在此过程中，政府办公逐步自动化，办公效率得以提高。随着信息化的深入发展，电子政务成为各级政府平稳运转和高效履职不可或缺的重要手段，并从侧重支撑政府办公业务发展为提升政府治理能力的创新动力。紧随其后的数字政府植入了互联网基因，形成“互联网+政务服务”治理模式。在互联网技术的加持下，数字政府强调更新技术、重组流程、整合资源，并逐步实现显著提升行政管理效率、有效回应市场社会需求以及强化落实政府治理规则等多维效果。①

第一个阶段是政府信息化的早期阶段。在我国，推动信息技术应用于政府治理活动的官方举措，最早可追溯至1973年第四机械工业部召开的“电子计算机专业会议”。经过一段时间的发展，计算机的普及应用被认为是电子工业部门的主要工作任务之一。② 自那时起，我国逐步将计算机技术应用于人口、电力、气象、地震、地质等领域的信息统计和科学计算。但受制于特定的政治和社会局势，当时的计算机技术应用范围十分狭窄，并不具有开启数字政府建设的典型意义。1978年以后，随着改革开放事业的深入推进，政府信息化工作被提上重要议事日程。1983年，国务院批准组建原国家计划委员会经济信息管理办公室，负责全国经济信息管理系统建设规划和信息技术方案的制定工作。1986年，国务院批准在原国家计划委员会下组建国家经济信息中心（后改为

---

① 参见马颜昕等：《数字政府：变革与法治》，中国人民大学出版社2021年版，第115页。

② 张琪：《半世纪铸就辉煌——为中国计算机事业创建50周年而作》，载《每周电脑报》2006年第43期。

国家信息中心),专门负责国家经济信息系统建设。由此可见,我国政府信息化的早期形态主要是经济信息化。从1984年开始,国务院先后批准在经济、金融、铁道、电力等关系国家经济命脉的领域建设国家级信息系统。1994年前后,我国启动多项重大经济信息化工程,其中以"三金工程"尤为关键。"金关工程"(外贸业务处理系统)主要用于对外贸易业务的管理、监控以及宏观调控,重点在于推动海关报关业务的电子化。"金桥工程"(国家公用经济信息通信网)属于信息化基础设施建设,旨在建立一个覆盖全国、并与国务院各部委专用网连接的国家共用经济信息网。"金卡工程"是我国金融电子化建设的重要内容,旨在发展我国电子货币。"三金工程"是我国政府信息化的早期重大成果,为政务电子化的发展阶段奠定了坚实基础。与此同时,早期阶段的政府信息化建设具有显著的从中央向地方乃至基层延伸的"条条"特征,虽然逐步建立起贯通全国上下的信息通道,但也为日后政务信息系统"烟囱林立"的局面埋下了伏笔。

第二个阶段是政务电子化的发展阶段。伴随世纪之交的全球互联网浪潮,我国的数字政府建设进入政务电子化的发展阶段。1999年,由原国家经济贸易委员会和中国电信牵头,40多家部委联合倡议发起"政府上网"工程,旨在推进政府部门办公自动化、网络化、信息共享和工作效率提升。这就揭开了我国"政府上网"工程的帷幕,唱响了我国电子政务建设的先声。2001年,国务院办公厅印发《全国政府系统政务信息化建设2001—2005年规划纲要》,部署加快全国政府网站建设步伐。2006年1月,中央政府门户网站正式开通,标志着中国政府网站体系基本形成。[①] 2002年,中央办公厅、国务院办公厅印发的《国家信息化领导小组关于我国电子政务建设指导意见》(以下简称《建设指导意见》)明确提出"把电子政务建设作为今后一个时期我国信息化工作的重点,政

---

① 《我国政府网站逐步成为建设服务型政府的重要平台》,载中国政府网,http://www.gov.cn/ztzl/yzn/content_480128.htm,最后访问日期:2022年5月15日。

府先行,带动国民经济和社会发展信息化”。《建设指导意见》为我国电子政务建设发展设计了最初的基本框架,即“一站两网四库十二金”。[①]“一站两网四库十二金”分别对应中央和地方综合门户网站、政府内网和外网、四大基础信息库和十二个重要领域业务系统,此外还有标准化和法制保障体系。2006年,原国家信息化领导小组发布的《国家电子政务总体框架》延续了《指导意见》的框架设计,并在“十二金”基础上增加8项电子政务应用系统。[②] 以政府电子政务网络平台建设为例。我国的电子政务网络由内网和外网构成,两网之间物理隔离。政务外网自2005年开工建设一期,并于2009年通过验收。2009年,国家发展改革委和财政部联合印发《关于加快推进国家电子政务外网建设工作的通知》,要求中央各部门和各省区市将业务接入国家政务外网。截至2013年年底,电子政务网络已经覆盖所有的省、自治区、直辖市以及90%以上的市和80%以上的县。[③] 值得注意的是,地方政务网站足以运行政府信息公开、财政预算、行政审批、卫生应急等多类业务。这一阶段,中央各部门自上而下搭建起相关领域业务系统,先部署重要领域,由点及面,实现了电子政务建设的整体推进和全面应用。但不容忽视的是,重复建设、技术标准不统一、开发应用领域窄、信息资源共享程度低、网络安全保障体系不健全等问题在当时大量存在。[④] 这一时期的电子政务建设多基于政府内部需求,对公众服务需求回应不足,如网上审批手续繁杂、各部门信息资源协同性差。国务院办公厅为此于2014年印发《关于促

---

① 参见黄璜:《中国“数字政府”的政策演变——兼论“数字政府”与“电子政务”的关系》,载《行政论坛》2020年第3期。

② 《指导意见》提出的12个重要领域业务系统包括办公、宏观经济管理、金关、金税和金融监管(含金卡)、金财、金盾、金审、社会保障、金农、金质、金水等。后续提出的8项电子政务应用系统包括国土资源、人事人才、新闻出版、环境保护、城市管理、国有资产监管、企业信用监管、药品监管。

③ 参见国家行政学院电子政务研究中心:《2013年中国电子政务发展分析报告》,载洪毅、杜平主编:《中国电子政务发展报告(2014)》,社会科学文献出版社2014年版。

④ 参见温家宝:《深化行政管理体制改革 加快实现政府管理创新——在国家行政学院省部级干部政府管理创新与电子政务专题研究班上的讲话》,载《国家行政学院学报》2004年第1期。

进电子政务协调发展的指导意见》，要求“信息共享、业务协同和数据开放水平大幅提升；政府公共服务网上运行全面普及”。

第三个阶段是“互联网＋政务服务”阶段。党的十八大以来，我国的数字政府建设加快推进。2015 年 3 月，时任总理的李克强同志在《政府工作报告》中首次正式提出“互联网＋”的战略构想。国务院随后发布《关于积极推进“互联网＋”行动的指导意见》和《促进大数据发展行动纲要》，有力地推动了我国数字政府建设进入“互联网＋政务服务”的转型升级阶段。《关于积极推进“互联网＋”行动的指导意见》明确了“互联网＋”的 11 个重点行动领域，其中“互联网＋”益民服务部分提出了创新政府网络化管理和服务的新要求，旨在提升政府科学决策能力和管理水平。2016 年 9 月，国务院出台《关于加快推进“互联网＋政务服务”工作的指导意见》，明确提出“2020 年底前，实现互联网与政务服务深度融合，建成覆盖全国的整体联动、部门协同、省级统筹、一网办理的‘互联网＋政务服务’体系”的建设目标。随着数字政府建设的不断推进，公众对公共服务事项的需求更为强烈，政府服务日益从单向服务转向双向互动，服务型政府理念深入确立。“互联网＋政务服务”融入了新型思维理念和信息技术，倒逼政府创新管理体制，使电子政务转向电子治理，旨在积极推动国家治理体系和治理能力的现代化。“互联网＋政务服务”聚焦实现业务系统流程重塑和信息资源开放共享，旨在逐步打破“条块分立”“信息孤岛”“数字鸿沟”等不利局面，真正实现“一网办理”。“互联网＋政务服务”背景下，数据不仅是实施治理的手段，也应成为被治理的对象。尤为重要的是，新时代数字政府建设理论与实践对技术的关注，逐步从以办公自动化、管理信息系统、互联网为代表的信息化技术体系，转向以人工智能、大数据、区块链、云计算和物联网为代表的智能化技术体系。[①] 2019 年 10 月，党的十九届四中全会将“推进数

① 参见黄璜：《中国“数字政府”的政策演变——兼论“数字政府”与“电子政务”的关系》，载《行政论坛》2020 年第 3 期。

字政府建设”明确为政府治理体系现代化的重要战略任务。2021 年 3 月,“数字政府建设”被纳入国家“十四五”规划和 2035 年远景目标纲要。新时代中国的数字政府建设不仅聚焦数字化政务服务效能,还将视线前移至公共数据和政务信息系统。在确保公共数据安全的基础上,推进数字政府建设必须深度挖掘和利用现有的基础公共信息数据,使其顺畅接入公共服务体系,不断推动数据开放共享,还应当布局建设执政能力、依法治国、经济治理等重大信息系统,提升跨领域、跨部门协同治理能力。值得注意的是,数字政府建设离不开大数据以及智能化技术的支撑,单纯依靠政府自建自营政务信息化项目不具有可行性。在推进数字政府建设过程中,应当积极审慎地引入社会和市场的力量,强化政社企之间的广泛和深入合作。应乎此理,当前我国数字政府建设主要通过政府直接向社会方采购服务、政府向专业化的数字政府建设运营中心采购服务、政府和社会资本合作(Public-Private-Partnership)三种方式展开,并以向建设运营中心采购服务作为主流合作模式。①

(二)数字政府保障体系的法治功能

《法治政府建设实施纲要(2021—2025 年)》明确提出“全面建设职能科学、权责法定、执法严明、公开公正、智能高效、廉洁诚信、人民满意的法治政府”,专章部署“健全法治政府建设科技保障体系,全面建设数字法治政府”,明确要求“坚持运用互联网、大数据、人工智能等技术手段促进依法行政,着力实现政府治理信息化与法治化深度融合,优化革新政府治理流程和方式,大力提升法治政府建设数字化水平”。② 法治政府建设科技保障体系建设是数字法治政府建设的基础和关键,是法治政府建设的重要内涵,具有助力科学决策、扩大民主参与、促进依法行政和提升治理效能等重要法治功能。

首先,数字政府保障体系建设具有助力科学决策的重要法治功能。

---

① 参见马颜昕等:《数字政府:变革与法治》,中国人民大学出版社 2021 年版,第 182 ~ 190 页。

② 《法治政府建设实施纲要(2021—2025 年)》,载《人民日报》2021 年 8 月 12 日版。

科学决策也称理性决策，是指在科学的决策理论指导下，以科学的思维方式，应用各种科学的分析手段与方法，按照科学的决策程序进行的符合客观实际的决策活动。[①] 科学决策是一种较之经验决策更为高级的决策形式，它是现代人类社会决策的主要形式。科学决策的主要特点是：有科学的决策体制和运动机制，遵循科学的决策程序，特别重视"智囊团"的参谋咨询作用以及运用现代科学技术和科学方法。[②] 在现代社会，利益代表和公众参与有助于夯实行政活动的合法性，工具理性、实践经验和专业知识则促进了行政活动的科学性，二者共同指向强化行政活动的实质合法性。[③] 理性的行政决策能够增强公众对该项活动的理解和接受程度，最终有助于实现行政目的。在中国式行政法治现代化进程中，以科技手段和基础设施为支撑和保障的数字政府，能够集中行政资源科学精准决策相关领域难点和痛点问题，持续完善法治化营商环境，维护良好行政秩序。一方面，现代化的数字政府保障体系能够通过移动互联网、物联网等方式掌握更多科学决策所需的信息和数据，从而减少行政决策的盲目性。特别是人工智能技术的引入和升级，能够为行政决策提供辅助分析，使行政决策的可预见性成为现实，推动行政决策从静态化向动态化发展，减少信息的不对称，极大提升行政决策的科学性。例如，2018 年上海进行智能信号灯系统试点，通过多渠道感知和收集交通数据，形成信号控制和交通组织的最佳方案，优化信号灯配时，动态分配路权，缓解交通拥堵。[④] 新冠疫情暴发以来，以"健康码"为代表的数字政府保障体系，更是对科学精准防控疫情起到了重要支撑作用。另一方面，现代化的数字政府保障体系能够通过对行政活动大数据的分析，实施精准监管，预测评估行政相对人的风险指标，及时处理违反行政秩

---

① 参见石亚军：《实现政府科学决策机制的根本转变》，载《中国行政管理》2006 年第 10 期。

② 参见阮崇武：《科学的行政决策方法》，载《中国软科学》1998 年第 4 期。

③ 参见王锡锌：《依法行政的合法化逻辑及其现实情境》，载《中国法学》2008 年第 5 期。

④ 参见《上海"智慧治堵"：升级电子警察　按秒调整信号灯》，载环球网，https://tech.huanqiu.com/article/9CaKrnKmzP6，最后访问日期：2022 年 5 月 15 日。

序行为。近年来,各地市场监管部门在食品安全、综合执法、信用监管、特种设备、广告监管和平台共治等重点领域先后推行了一系列智慧监管创新举措,取得了良好的科学决策效果。例如,上海长宁区市场监管局充分利用大众点评的后台数据及推送功能,有针对性地展开问题整治,查处下架区内700多家有违法行为的餐饮单位。① 在道路交通领域,上海交警利用大数据、智能识别等科技手段,比对分析"失格"驾驶人、"假牌套牌"机动车、多起交通违法逾期未处理等违法线索,精准清除交通隐患。②

其次,数字政府保障体系建设具有扩大民主参与的重要法治功能。伴随中国式行政法治现代化的深化拓展,行政机关在实施法律的同时也承担着诸多决策任务,包括制定行政立法、编制经济和社会发展规划、决定实施重大公共建设项目等。这些决策往往成为下级行政机关实施行政活动的依据。由于规范的多样性和行政的政治化趋势,行政活动的合法性无法仅通过依法行政逻辑而证成,行政的民主化和科学化日益构成行政活动的重要正当性源泉。③ 改革开放以来,我国行政方式逐渐由"政府负责的一元化管理模式"演变为"社会各方参与的多元合作共治模式",政府也由管理者角色蜕变为服务者角色。④ 在此过程中,公众的知情权、参与权、批评建议权等多项权利得到确认和拓展,行政法治现代化的民主参与之维得到高度彰显,民主行政成为全球法治共识。在当代中国,民主行政是法治政府建设实质合法的重要组成部分,它意味着公众能够通过一定的保障机制直接参与到具体行政事务中,表达自己的观点和诉求,监督行政活动。民主行政的核心在于公众参与,但公众参与依赖其他制度性保障,有效的参与以必要的信息为前提,公众参与需要

---

① 参见成昭远:《上海市场监管引入大数据 对食品安全精准执法》,载东方网,http://shzw.eastday.com/shzw/G/20160611/u1a9430954.html。

② 《上海:道路交通实现智慧治理》,载中国政府网,http://www.gov.cn/xinwen/2019-04/03/content_5379482.htm。

③ 参见王锡锌:《依法行政的合法化逻辑及其现实情境》,载《中国法学》2008年第5期。

④ 参见江国华:《行政转型与行政法学的回应型变迁》,载《中国社会科学》2016年第11期。

健全的程序性规则和促进“均衡参与”的支持性制度。[①] 以科技手段和基础设施为支撑和保障的数字政府，能够为民主行政提供保障政务公开的畅通渠道，进而在此基础上发展扩大民主参与的多元平台。在政务公开方面，2019 年修订的《政府信息公开条例》增加了第 8 条和第 24 条。前者规定“各级人民政府应当加强政府信息资源的规范化、标准化、信息化管理，加强互联网政府信息公开平台建设，推进政府信息公开平台与政务服务平台融合”，后者规定“依托政府门户网站公开政府信息的工作……政府信息公开平台应当具备信息检索、查阅、下载等功能”。政府门户网站、政务微博、微信、移动客户端等都是政务公开的重要载体，政府通过这些平台向公众提供及时、直接、便捷的信息服务。随着政府治理信息化水平的提高，政府掌握越来越多的数据，从政府信息公开迈向政府数据开放有助于改进公共服务，鼓励社会创新。[②] 新冠疫情暴发以来，国家卫健委、各省市区政府及其卫健委发布疫情实时数据，国务院客户端微信小程序上线，提供疫情防控信息、疫情线索征集、发热门诊与医疗救治定点医院查询等功能，这些都促进了防疫政务公开。在民主参与方面，各种政务信息化平台也为有序扩大公众参与提供了极大便利。深化拓展政府网站的立法征求意见、网民留言办理、建议投诉等互动功能，积极利用新媒体搭建公众参与新平台，有助于加快公共政策制定、公共管理和服务的响应速度，增进公众参与的广度和深度。[③] 例如，成都市政府在政策出台前借助“民情 12345”“政事茶叙”微信平台等渠道组织充分的市民讨论，挖掘市民和企业重复投诉的难点问题，并开展

① 参见王锡锌：《公众参与和行政过程——一个理念和制度分析的框架》，中国民主法制出版社 2007 年版，第 43 ~ 45 页。该书中提到的支持性制度包括“公益代表”制度、为分散利益的组织化提供资源信息和技术上的支持、专家知识的支持、司法审查。

② 参见黄璜：《中国“数字政府”的政策演变——兼论“数字政府”与“电子政务”的关系》，载《行政论坛》2020 年第 3 期。

③ 参见马颜昕等：《数字政府：变革与法治》，中国人民大学出版社 2021 年版，第 48 页。

基层第三方评议。[①] 此外,公共社交平台能够为分散利益的组织化提供资源、信息和技术支持。媒体和公众借助平台对政府活动进行监督,会对涉及重大公共利益事件的发展走向施加积极影响,这已经被很多实践所印证。

再次,数字政府保障体系建设具有促进合法行政的重要法治功能。合法行政是指行政机关必须遵守和执行法律,一切行政活动都要以法律为依据,严格遵守法律的有关规定,不得享有法外的特权,超越其权限的行为无效,违反法律导致相应的后果,一切行政违法行为都必须承担相应的法律责任。有法可依是合法行政的前提,违法必究是合法行政的关键。行政机关及其工作人员同普通公民一样,实施违法行为,就必须承担相应的法律责任。我国《宪法》第5条规定:"中华人民共和国实行依法治国,建设社会主义法治国家。"据此,一切国家机关都必须遵守宪法和法律,国家行政机关应当依照宪法和法律行使行政职权。合法行政根据是行政机关在政治制度上对立法机关的从属性,是人民代表大会制度在国家行政制度上的体现和延伸。人民代表大会制度确定了国家行政机关对人民代表大会的从属性。合法行政要求行政主体、行政活动、行政程序和内容均符合法律规定。这里隐含两方面的具体要求:一是有法可依,权责法定;二是严格遵守法律规定,执法严明。以科技手段和基础设施为支撑和保障的数字政府,能够为合法行政提供立法制规和行政执法层面的重要助力。在立法制规层面,合法行政要求政府治理手段变革以符合法律规定为前提,不可采用便宜主义,使治理手段失去法律控制。[②] 我国当前通过法律法规以及政策文件为数字政府建设提供了依循,如《行政处罚法》(2021)第41条以及《福建省大数据发展条例》(2021)和《安徽省大数据发展条例》(2021)等地方性法规。中央和地方数字政府建设的不断发展及其对立法制规的巨大需求,亦将进一步推

---

① 参见李桂华:《"数据—决策一体化"数字政府治理模式效应研究》,载《成都大学学报(社会科学版)》2022年第1期。

② 参见章剑生:《数字化时代政府治理手段的变革》,载《浙江社会科学》2022年第1期。

动数字政府保障体系的完善。在行政执法层面,数字政府保障体系现代化提升了行政执法的法治化水平。政务信息平台有助于规范行政程序,通过设置严谨的程序要求压缩了裁量权滥用的空间。借助政务信息平台全面推行的行政执法公示制度、执法全过程记录制度,使行政活动更加公开透明,且逻辑自洽,经得起法律全方位的审视。此外,法治督查、法治建设考评等执法监督的信息化,有助于对行政执法中的各项细节问题进行常态化督查与及时整改,最终实现以评促建、以评促改的目的。

最后,数字政府保障体系建设具有提升治理效能的重要法治功能。效能是指事物所蕴藏的有利的作用。治理效能是指治理主体在实施治理行为时,以较小的治理资源投入来实现最佳的治理目标,达到资源配置的最优状态。党的十八大以来,随着推进国家治理现代化总目标的确立,治理效能提升的重要性得到高度彰显。党的十九届四中全会明确提出,要将我国制度优势转化为治理效能。现代科学技术在提升国家治理效能中的作用不可忽视。《法治政府建设实施纲要(2021—2025 年)》不仅高度重视提升政府治理效能,还在作为法治政府建设衡量标准的"高效"之前增加"智能",从而彰显了以现代科技提升行政效能的重要导向。从行政法治原理来看,行政效能原则的要求有二:一是行政机关针对特定事项采取的手段能够实现法规范目的;二是该种行政手段是效益最大化的。[①] 以科技手段和基础设施为支撑和保障的数字政府,能够促使政府在提供公共管理和服务的过程中降低行政成本和行政相对人成本,实现多方共赢。其一,数据技术的引入贯穿政务信息平台的全过程。在后台管理上,数字政府包含集约、统一的信息化管理架构,统一数据标准,打通数据壁垒;在中台支撑上,通过建立统一的政务云平台、大数据中心、公共支撑平台等方式,为前端应用提供数据共享、统一身份认证、电子印章、电子签名等基础支撑;在前端应用上,通过协同办公系统、

---

① 参见沈岿:《论行政法上的效能原则》,载《清华法学》2019 年第 4 期。

移动办公端、具体业务应用的建设，极大地提高了公务员办事效率，降低了行政成本。其二，人工智能技术的引入为行政活动的自动化创造了可能性。弱人工智能的出现使部分行政任务被机器所替代，极大地降低了人力成本，加速了行政活动的流程运转。在安全、环保和应急等政府治理领域，政府通过引入人工智能系统，建构了智能监测平台和预警系统，及时响应各类突发事件。在道路交通领域，公安部门设置了电子监控设备，24 小时全天候自动记录超速超载、闯红灯、违停、禁鸣区域路段鸣笛等违法行为。2018 年 6 月，深圳市人民政府率先启用行政许可“无人干预自动审批”，系统“秒批”高校毕业生引进和落户等事项。[①] 税务机关则借助电子设备和网上办税系统，在纳税人和扣缴义务人网上申报纳税后自动审核，完成税款扣缴。其三，在推进政府数字化转型过程中实现“放管服”改革和“互联网 + 政务”深度融合。近年来各地广泛推行的便民化政务服务，如上海市“一网通办”、浙江省“最多跑一次”改革、云南省“一部手机办事通”等，均有助于实现“数据多跑路，群众少跑腿”的目标，降低行政相对人的成本。以浙江省“最多跑一次”改革为例，依托省一体化在线政务服务平台“浙里办”，能够实现依申请政务服务事项“一网通办”，提供商事登记、投资审批、不动产登记、社会事务等多方面公共服务。

二、数字政府保障体系现代化的发展成就

党的十八大以来，以习近平同志为核心的党中央围绕实施网络强国战略、大数据战略等作出一系列重大部署，各方面工作取得新进展。特别是依托现代信息技术的简政放权、放管结合、优化服务等改革创新，有力地推动着政府职能发生深刻转变，市场活力和社会创造力明显增强。国家互联网信息办公室发布的 2021 年数字政府服务能力评估报告显

---

① 参见深圳市人民政府办公厅《关于印发深圳市普通高校应届毕业生引进和落户“秒批”(无人干预自动审批)工作方案的通知》(深府办函〔2018〕109 号)。

示，我国数字政府建设已进入全面改革、深化提升的新阶段。[①]《数字中国发展报告（2020）》和数字政府蓝皮书等资料进一步表明，党的十八大以来，我国在政务服务平台建设、政府信息公开和政务数据开放、“互联网＋政务服务”和“互联网＋监管”等方面取得了长足进步，这正是新时代中国式数字政府保障体系现代化显著发展成就的重要体现。

（一）政务服务平台日趋完善

数字政府保障体系现代化的前提和基础是建立大平台、大系统，强化顶层规划，贯彻“政府即平台”（government as a platform）的理念，促进数据有序流动，释放数据价值，激励创新，从而提高公共服务质量。[②] 我国政府信息化经历了从政府建设业务系统提升本部门办公信息化水平，到搭建全国一体化政务服务、地方政务服务和国家公共数据共享开放等平台的发展过程。日趋完善的政务服务平台不断打通信息壁垒，有力地促进了政府数据协同共享与有序开放。

一方面，全国一体化平台初步建成。全国一体化政务服务平台由国家政务服务平台、国务院部门政务服务平台和各省级政务服务平台组成。国家政务服务平台是全国政务服务的总枢纽，为各地区和国务院部门政务服务平台提供公共入口、公共通道、公共支撑，为企业和公众提供查询、预约、办理、投诉建议和评价反馈等一体化服务。[③]《数字中国发展报告（2020）》显示，国家政务服务平台2019年上线试运行，已联通31个省区市及新疆生产建设兵团和46个国务院部门，接入地方部门300余万项政务服务事项和一大批高频热点公共服务，政务服务正从政府供给导向朝群众需求导向转变。[④] 目前，全国一体化政务服务平台已成为转变政府职能、深化“放管服”改革、优化营商环境、推进数字政府建设

① 参见《2021年数字政府服务能力评估结果发布》，载光明网，https://tech.gmw.cn/2021-12/16/content_35386314.htm。

② 参见《平台驱动的数字政府：能力、转型与现代化》，载《电子政务》2020年第7期。

③ 参见何玲：《全国一体化政务服务平台框架初步形成》，载《中国信用》2020年第6期。

④ 参见何玲：《全国一体化政务服务平台框架初步形成》，载《中国信用》2020年第6期。

的重要抓手,正在深入推进标准化、规范化、便利化建设。[①]

另一方面,地方平台基本实现全覆盖。《数字中国发展报告(2020)》指出,截至2020年年底,31个省区市已构建覆盖省、市、县三级以上的政务服务平台,其中21个省区市已实现省、市、县、乡、村服务五级覆盖,政务服务"村村通"覆盖范围持续扩大。全国政府网站集约化水平和网上服务水平持续提高,数量从2015年年底的84,094个精减至目前的14,581个。为更好发挥公共服务效能,各地开始试行政府数字化改革。[②] 24个省级和10个重点城市政府出台并公开了数字政府建设相关总体规划/行动计划、实施方案、指导意见等。各地区持续探索实践,涌现诸多创新举措,如广东省"数字政府改革"、浙江省"最多跑一次"、贵州省"全省通办"、上海市"一网通办"、北京市"营商环境优化"、江苏省"不见面审批"、安徽省"皖事通办"、福建省"数字福建"等。地方政府在政府服务平台建设管理、服务模式、流程优化等方面的积极探索,为建设全国一体化政务服务平台、推动实现政务服务"一网通办"不断积累经验。

(二)信息数据持续开放共享

2007年施行的《政府信息公开条例》使政府信息公开制度法定化。国务院2015年印发的《促进大数据发展行动纲要》进一步提出"推动政府数据开放共享,促进社会事业数据融合和资源整合"。政府信息公开制度为政府数据开放提供了制度框架,但二者在定位、功能和目标上存在差异。政府信息公开主要定位为提高政府工作透明度,促进依法行政;政府数据开放则强调推进数据资源向社会开放共享,服务公众,推动发展与创新。二者都有助于提高政府的透明度和服务能力建设,促进公

---

① 《打造全国政务服务一张网　赋能"数字政府"建设——专家学者谈国家政务服务平台建成运行两周年》,载新华社网,http://www.xinhuanet.com/2021-05/31/c_1127514381.htm。

② 2017年,中央网信办(国家互联网信息办公室)、国家发展改革委员会同有关部门联合印发《关于开展国家电子政务综合试点的通知》,选定在北京、上海、江苏、浙江、福建等8个省(市、自治区)开展国家电子政务综合试点工作。

共参与,但政府数据开放还力图发挥商业价值,构建数据要素市场。[①]政府信息公开和政府数据开放并非简单的升级替代关系,而是共同完善和丰富了开放政府的结构与内容,构成二元并立的开放机制体系。[②]

一方面,政府信息更加公开透明。政府信息公开旨在提高政府工作的透明度,促进依法行政,充分发挥政府信息对公众生产、生活和经济社会活动的服务作用。中央办公厅、国务院办公厅2016年印发《关于全面推进政务公开工作的意见》,强调政务公开工作"坚持以公开为常态、不公开为例外,推进行政决策公开、执行公开、管理公开、服务公开和结果公开"。《政府信息公开条例》施行十余年后,于2019年作出重要修订。此次修订工作既是对政府信息公开主体、内容和方式的进一步厘定,也是对公众关于政府信息公开广度和深度需求的进一步回应。[③] 修订后的《政府信息公开条例》强调以公开为原则,不公开为例外;扩大了政府主动公开的范围,例如,将行政处罚、行政强制事项和公务员招考录用等事项纳入主动公开范畴;取消了"三需要"的依申请公开门槛;完善了依申请公开的程序规定。修订后的《政府信息公开条例》大幅提升了政府信息公开制度的可操作性,有力推动了我国政务公开水平的持续提升。[④]《中国法治发展报告(2021)》表明,基层政务公开标准化规范化建设加快,各级政府稳步推进决策、执法、管理、服务、结果等信息公开,依托平台建设明显强化了公开效果、畅通了政府申请渠道。[⑤] 与此同时,政府信息公开还是公众参与民主政治的保障性制度,是公众实现知情权的方式。相较于政府主动公开的"涉及公众利益调整、需要公众广泛知

① 参见丁晓东:《从公开到服务:政府数据开放的法理反思与制度完善》,载《法商研究》2022年第2期。

② 参见王万华:《论政府数据开放与政府信息公开的关系》,载《财经法学》2020年第1期。

③ 《司法部负责人就政府信息公开条例修订答记者问》,载《法制日报》2019年4月15日版。

④ 参见马怀德、孔祥稳:《"十三五"时期法治政府建设的主要成就与"十四五"时期法治政府建设展望》,载《中国法治政府发展报告(2021)》,社会科学文献出版社2022年版。

⑤ 参见《中国政府透明度指数报告(2021)——以政府网站信息公开为视角》,载《中国法治发展报告(2021)》,社会科学文献出版社2021年版。

晓或者需要公众参与决策”信息,依申请公开更具有针对性,能够满足公众对政府信息的特殊需求,且遵循利益均衡原则。目前我国中央和地方政府门户网站上均设置了政府信息公开模块。以国务院部门政府信息公开为例,据统计,2015 年后国务院部门年平均依申请公开数量呈现迅速增长的趋势。[①] 2016 年后这一趋势尤为明显。这从侧面反映出公众对于政府信息公开的需求呈直线上升之势,政府回应公众需求的能力也在持续提升。2019 年修订的《政府信息公开条例》以更加规范的依申请公开程序,切实推动满足公众需求。

另一方面,政府数据有序开放共享。近年来,我国多地出台了关于政府数据开放共享和发展应用的立法,如《贵州省政府数据共享开放条例》《上海市公共数据开放暂行办法》《浙江省公共数据条例》等,从而以立法的形式确立了政府数据采集利用、开放共享机制和数据安全保障等内容。2018 年以来,各地根据党中央统一部署和新一轮省级政府机构改革方案,调整或组建了政府数据管理机构。2021 年数字政府服务能力评估结果显示,截至 2021 年 11 月底,我国有 21 个省级地方成立了数字政府建设相关领导小组,23 个省级地方设立了政府数据统筹管理机构。《中国地方政策数据开放报告(2020 年下半年)》显示,各省、市政府数据开放平台总量从 2017 年的 18 个,2018 年的 56 个,2019 年的 102 个,发展到 2020 上半年的 130 个。整体上看,我国地方政府数据开放平台呈现从东部地区向中西部地区不断扩散发展的趋势,东南沿海地区的省级平台已经基本相连成片。[②] 国家工业信息安全发展研究中心发布的《我国数据开放共享报告 2021》表明,62 个中央部门、32 个省级地方全面接入国家数据共享体系,累计发布数据共享服务接口超过 1300 个,提供数据查询核验服务超过 8.3 亿条次,支撑跨部门、跨地区数据共享

① 参见段尧清等:《我国政府信息公开态势及其调控策略研究——基于 2008—2018 年国务院部门政府信息公开年报分析》,载《现代情报》2020 年第 8 期。

② 参见《中国地方政府数据开放报告》(2020 年下半年),载中国大数据产业观察网,http://cbdio.com/BigData/2021-01/22/content_6162544.htm。

交换量达697亿条，初步实现"网络通""数据通"。《数字中国发展报告(2020)》还表明，2020年年底国务院部门40个垂直系统已初步向各级政府部门开放数据共享，开辟数据查询和互认渠道，逐步满足政府服务部门对自然人和企业身份验证、纳税证明、房地产登记、学位证书等约500项数据查询的需求。其中国家发展改革委持续推进全国信用信息共享平台建设，已联通46个部门和31个省(区、市)，累计归集各类信息逾600亿条，基本形成覆盖全部市场主体、所有信息信用类别、全国所有区域的信用信息网络。2021年数字政府服务能力评估结果显示，截至2021年11月底，已有19个省和19个重点城市的数据开放平台上线运行。其中，19个省级平台共开放19万个数据集，8万多个数据接口，67亿多条数据量，数据规模不断扩大。遵循党中央和国家对政府数据开放共享的系列部署要求，通过加快法规制度建设和完善组织实施机制，政府数据统一开放平台建设不断加快，政府数据开放共享稳步推进。

(三)政府服务效能显著提升

数字政府保障体系现代化的关键环节在于提升政府服务能力，构建人民满意的服务型政府。中央全面深化改革委员会第二十五次会议指出："要把坚持和加强党的全面领导贯穿数字政府建设各领域各环节，坚持正确政治方向。要把满足人民对美好生活的向往作为数字政府建设的出发点和落脚点，打造泛在可及、智慧便捷、公平普惠的数字化服务体系，让百姓少跑腿、数据多跑路。要以数字化改革助力政府职能转变，统筹推进各行业各领域政务应用系统集约建设、互联互通、协同联动，发挥数字化在政府履行经济调节、市场监管、社会管理、公共服务、生态环境保护等方面职能的重要支撑作用，构建协同高效的政府数字化履职能力体系。"①近十年来，我国电子政务发展程度稳步提高。《2020联合国

---

① 《习近平主持召开中央全面深化改革委员会第二十五次会议》，载中国政府网，http://www.gov.cn/xinwen/2022-04/19/content_5686128.htm。

电子政务调查报告》显示,2020 年我国电子政务在国际排名提升至第 45 名。建设人民满意的数字政府离不开民主参与。人民在享受高效优质政务服务的同时,通过民主参与为政府工作建言献策,并成为政府服务质量的最终评价者。

一方面,民主参与有序扩大。《数字中国发展报告(2020)》表明,国务院办公厅依托中央政府门户网站充分听取企业群众对政府工作的意见建议,连续 6 年在全国两会前开展网民建言征集活动,为《政府工作报告》提供参考,累计收到建言超 100 万条,汇总梳理后向报告起草组转送建言 1400 余条。在公众监督举报方面,2020 年全国"12315"平台访问量 7247 万人次,接收消费者投诉举报咨询 1775.1 万件,为消费者挽回经济损失 31.57 亿元。中央政府门户网站开通的国务院"互联网 + 督查"平台及小程序为公众搭建社情民意"直通车",大范围拓宽了督查线索来源渠道。国务院"互联网 + 督查"平台与各地区各部门"互联网 + 督查"平台实现互联互通,为问题线索及时高效接收、梳理、分转、办理、反馈、分析、统计等全流程提供支撑保障。截至 2020 年年底,国务院"互联网 + 督查"平台收到留言总数超 1000 万条,访问量超 8100 万次。国务院办公厅督查室转送地方、部门核查办理问题线索 10 万余条,直接派员核查 120 余次,公开发布督查通报 150 余篇,曝光督查发现问题 300 余个。此外,《民法典》草案编纂过程中先后 10 次公开征求意见,累计收到 102 万条意见和建议。①

另一方面,政务服务高效便民。"互联网 + 政务服务"体系建设搭建了全国一体化政务服务平台和地方政务服务平台,促进信息数据的流通和利用,实现政务服务事项网上办、掌上办、一次办,优化"一网通办"在线服务水平,不断增强企业和公众的获得感和满意度。以浙江省"浙里办"政务服务平台为例,它为全省各级部门、各区市政务服务提供接

① 《十三届全国人大三次会议新闻发布会》,载中国政府网,http://www.scio.gov.cn/ztk/dtzt/42313/43090/4309896.htm,最后访问日期:2022 年 5 月 15 日。

口,涵盖网上一站办、大厅就近办和跨省通办事项。“浙里办”移动端包括掌上办事、掌上投诉和掌上咨询三项核心板块,极大地提升了使用者移动服务的体验。2021 年数字政府服务能力评估结果显示,在全国范围的跨省通办之外,京津冀、长三角、泛珠区域、川渝地区、西南五省、西北五省区、东北三省 7 个地区实现了区域内的跨省通办,切实解决了群众异地办事面临的堵点难点问题,多地跑、折返跑等现象得到缓解。为了推动政务服务从可办向好办、易办转变,政务服务平台还增设了“好差评”模块,群众办事犹如购物下单,在下单后可以随时跟踪办理进展、查询办理进度,并可以对办事过程作出评价。[①] 将政务服务评价权力赋予公众,公开展示各级政府的政务服务水平和能力,无疑有助于激励政府弥补短板,提升行政效能。

(四)“互联网 + 监管”深入推进

数字政府保障体系现代化的显著应用是“互联网 + 监管”。2018 年 10 月,国务院常务会议决定依托国家政务服务平台建设“互联网 + 监管”系统,以促进政府监管规范化、精准化和智能化。2019 年 3 月,时任总理的李克强同志在《政府工作报告》中提出,在深化“放管服”改革背景下,今后工作任务要推行信用监管和“互联网 + 监管”改革。“互联网 + 监管”是我国运用现代科技提升政府监管和监督能力的重要应用探索,旨在对数字化监管系统进行数据治理,实现对监管者的“监管”。[②]“互联网 + 监管”在实践中产生了多重积极效果:一是实现监管技术和监管能力的换代升级,探索推行以远程监管、移动监管、预警防控为特征的非现场监管;二是通过监管大数据的汇集,更加精准、智能地运用数据实施监管执法,实时追踪和调整重点监管对象;三是中央政府借助监管系统强化对地方和部门监管工作的监督,推动监管系统信息数据互联互通。[③]

① 参见《平台驱动的数字政府:能力、转型与现代化》,载《电子政务》2020 年第 7 期。

② 参见马英娟:《监管的概念:国际视野与中国话语》,载《浙江学刊》2018 年第 4 期。

③ 参见黄璜、成照根:《“互联网 + 监管”:政策演变与模式划分》,载《电子政务》2019 年第 7 期。

一方面,“互联网 + 监管”系统建设深入推进。根据国务院和各省“互联网 + 监管”系统建设方案,国家“互联网 + 监管”系统不替代地方和部门业务系统和监管职责,省级“互联网 + 监管”系统也不替代各地区各部门监管业务系统和监管职责,而是归集共享各类监管数据,提供综合信息服务、预测预警服务和决策大数据支持服务。[①] “互联网 + 监管”系统由行政执法监管系统、风险预警系统、分析评价系统等应用系统构成,服务于各级监管部门开展的“双随机、一公开”监管、联合监管、信用监管、移动监管等监管活动。中央党校电子政务研究中心课题组调研发现,2020 年全国 31 个省区市和新疆生产建设兵团均已按照统一标准要求建设了省级“互联网 + 监管”系统,基本完成监管系统主体框架和主体功能的建设,并完成了省级系统与国家系统的互联互通,在工作门户、用户、统一身份认证体系、信用监管系统和风险预警系统等方面都进行了对接。[②] 目前,风险预警、信用监管评价、监管综合分析等重点监管业务系统应用初见成效,2020 年已向地方和有关部门推送企业信用分类数据和风险预警线索 4.1 亿条,有力支撑了事中事后监管工作。与此同时,生态环保、市场监管、安全生产等领域立法也对“互联网 + 监管”进行明确。2017 年修订的《水污染防治法》第 23 条、2018 年修订的《大气污染防治法》第 24 条、2020 年修订的《固体废物污染环境防治法》第 56 条、2020 年施行的《优化营商环境条例》第 56 条、2021 年修订的《安全生产法》第 79 条都规定了在线监测预警系统。这些条款旨在提升非现场监管能力,助力“互联网 + 监管”规范化、精准化和智能化运行。

另一方面,监管执法一体化发展深入推进。改革开放以来,我国经历了国家与社会关系的深刻转型。政府监管孕育于社会主义市场经济的发展需要,是指为了矫正“市场失灵”、维护社会正义,政府基于法律

---

① 参见马英娟:《监管的概念:国际视野与中国话语》,载《浙江学刊》2018 年第 4 期。

② 参见中央党校电子政务研究中心课题组:《省级政府“互联网 + 监管”系统建设调研报告(2020)》,载《数字政府蓝皮书:中国数字政府建设报告(2021)》,社会科学文献出版社 2021 年版。

制定相关规范标准,对市场主体的经济活动以及伴随经济活动所产生的社会问题进行干预和控制。[①] 政府监管涉及经济性监管和社会性监管。前者主要是指市场监管;后者涉及安全、健康、环境保护等领域。依托"互联网 + 监管"系统,发挥大数据治理优势,监管和执法得以串联起来。如浙江省依托省级"互联网 + 监管"系统,建设全省统一执法监管系统,实现省、市、县三级行政检查事项全入驻。在市场监管领域,2020年北京市依托"互联网 + 监管"系统数据中心,结合企业信用系统归集数据以及互联网采集数据,搭建市场监管风险洞察平台。163 万余户企业被纳入监测范围,监测企业重点行为 41 项,监测重点行业 77 类,向 18 家市级部门下发了共计 755 条国家平台推送的风险预警线索。建立风险线索核查反馈机制,将监测结果广泛运用于随机抽查、消费维权、执法办案等多个领域,显著提升了政府数字监管的效率和效能。[②] 在社会性监管领域,交通执法已经实现非现场监管与执法的对接融合。经电子技术监控设备记录取证以及法制审核后,可以根据系统记录违法事实进行行政处罚。由公安部刑事侦查局打拐办主导、阿里巴巴公司提供技术支撑,"团圆"系统于 2016 年 5 月上线运行。该系统用于全国一线 6000 余名打拐民警即时上报各地儿童失踪信息,并能通过高德 LBS 定位技术向失踪地周边群众精准推送,实现警民联动快速寻找和侦破案件。截至 2019 年 5 月底,"团圆"系统共发布走失儿童信息 3978 条,找回 3901 名失踪儿童,找回率达 98%。[③] 2022 年 1 月,中央批复同意《浙江省加快推进"大综合一体化"行政执法改革试点工作方案》。根据该工作方案,浙江省将健全全覆盖的整体政府监管体系和全闭环的行政执法体系,构建全方位的监管执法协同体系。[④]

---

① 参见马英娟:《监管的概念:国际视野与中国话语》,载《浙江学刊》2018 年第 4 期。

② 参见中央党校电子政务研究中心课题组:《省级政府"互联网 + 监管"系统建设调研报告(2020)》,载《数字政府蓝皮书:中国数字政府建设报告(2021)》,社会科学文献出版社 2021 年版。

③ 参见《平台驱动的数字政府:能力、转型与现代化》,载《电子政务》2020 年第 7 期。

④ 《全国唯一! 浙江启动"大综合一体化"行政执法改革国家试点》,载杭州网,https://news.hangzhou.com.cn/zjnews/content/2022-03/01/c.htm。

三、数字政府保障体系现代化的提质增效

《法治政府建设实施纲要（2021—2025）》强调“全面建设数字法治政府”。数字法治政府建设既要求法治政府数字化，还要求数字政府法治化。两者相互促进、深度融合，以实现国家治理体系和治理能力的现代化。从数字政府到数字法治政府，有关表述的变化表明数字政府建设不仅是“数字技术的监管”，还是适应数字时代要求对政府理念、机构、职能、流程再造的法治化进程，因此必须坚持技术维度与法治维度并重。数字法治政府建设离不开宏观层面明晰的数字法治政府战略架构，离不开健全完善的政府信息化体制机制和支撑体系。具体而言，它包括政府自身信息化管理体制、政府数据共享开放机制、“互联网＋”监管机制、信息基础设施体系等。面对数字法治政府建设在法治化、数字化双重交互进程中面临的困难和挑战，要从建设和完善数字法治政府的战略架构、体制机制和支撑体系入手，努力构建以数字和法治为驱动的政务新平台和新机制，以期全面推进数字政府保障体系现代化，全面推进数字法治政府建设提质增效。

（一）数字法治政府建设面临的挑战

“政府即平台”“数据治国”“算法之治”等概念的提出，反映了数字时代背景下新型治理思维和治理模式的出现。以不间断“流”的形式存在的动态化、系统化数据应该成为公共决策的资源，为政府和社会广泛使用。与此同时，大数据正在成为各行各业最重要的创新资源。[①] 国务院 2015 年印发的《促进大数据发展行动纲要》明确提出“建立‘用数据说话、用数据决策、用数据管理、用数据创新’的管理机制，实现基于数据的科学决策”。政府基于公共管理职能掌握着公民、法人或其他组织的数据信息。这些庞大的数据信息在政府治理中发挥着极其重要的作用。大数据是信息技术发展的产物，是极具潜力的资源。数字法治政府

① 参见涂子沛：《大数据推动精细决策》，载《人民日报》2015 年 4 月 9 日版。

蕴含用数据治理和对数据治理双重含义。一方面，用数据治理离不开完善的数据制度体系架构和政府内部整体协同。政府政务服务平台、公共数据统一开放平台建设，以及政务数据共享协调机制建设程度均会影响数据治理的实际效果。另一方面，对数据治理要求保障数据安全，兼顾执法的效率价值和公平价值。也正因如此，当前我国的数字法治政府建设面临多重维度的困难和挑战。

第一，公共服务一网通办体系面临协同难题。国务院2016年印发的《关于加快推进"互联网+政务服务"工作的指导意见》明确提出，要"建成覆盖全国的整体联动、部门协同、省级统筹、一网办理的'互联网+政务服务'体系"。公共服务一网通办体系的建立运行依赖省级统筹、部门协同和整体联动等制度保障，旨在通过"数据跑腿"优化政府办事流程，降低双方办事成本。但公共服务一网通办体系以平台搭建和数据运用为基础，服务质量不可避免地会受到政府数字化水平和部门协同程度的影响。一方面，政府数字治理统筹规划能力面临挑战。省级统筹对地方推进数字政府建设至关重要，但地区之间数字政府治理水平的不均衡，加上政府组织结构的"条块分割"，影响了政府基于整体性政府治理理念对数据进行顶层设计的能力。[①] 整体性政府治理理念强调政府系统内部机构之间的功能性整合以及公私部门的多主体合作，将横向部门结构、纵向层级结构与公私多主体结构有机地联结起来。[②] 从实践调研来看，存在大数据管理机构职责认定不清晰，未能完全实现项目、资金、数据的归口管理；各自为政的建设模式带来应用程序过载问题。[③] 令人欣慰的是，目前全国和省级政务服务平台已经搭建完成，政府数据开放已纳入该平台模块，部分省市通过立法的形式确立了大数据发展框架。另一方面，政府部门协同仍然面临数据壁垒难题。由于政府部门将

---

① 参见中央党校电子政务研究中心课题组：《省级政府"互联网+监管"系统建设调研报告(2020)》，载《数字政府蓝皮书：中国数字政府建设报告(2021)》，社会科学文献出版社2021年版。

② 参见程琥：《综合行政执法体制改革的价值冲突与整合》，载《行政法学研究》2021年第2期。

③ 参见《平台驱动的数字政府：能力、转型与现代化》，载《电子政务》2020年第7期。

数据占有视为组织竞争力的重要构成，或基于风险的考虑，或缺乏标准体系支撑，对数据交换共享存在不愿、不敢和不能的难题。[①] 各级政府部门主动推进政府数据共享的内驱动力相对不足，这影响了政府部门协同能力。导致这一现状出现的原因包括政府数据共享责任机制不健全导致责任难以清晰界定的隐忧；对政府部门数据共享缺乏长效的激励和保障措施以及严格的约束措施；不同层级、不同部门所建设的系统标准以及数据采集标准不统一，以及对同一事项、统一信息的认定标准不统一；等等。[②] 这些方面的难题和障碍，均将对政府部门数据协同造成阻碍，也会影响公共服务一网通办体系应用和服务的实际效果。

第二，数据开放与数据安全、隐私保护的平衡。国家"十三五"规划纲要明确提出，实施国家大数据战略，加快政府数据开放共享。主要推进举措包括制定政府数据共享开放目录，统筹布局建设国家大数据平台、数据中心等基础设施，研究制定数据开放、保护等法律法规。2021年，《数据安全法》和《个人信息保护法》制定实施，一些省份还制定了关于数据开放保护的地方性法规。这些中央和地方立法强化了国家数据安全和个人隐私、商业秘密的保护盾。不过，由于我国政府数据开放程度仍处于初期阶段，数据公开范围在逐步扩展，公开的数据多为部分而非完整的数据，政府数据开放和数据安全、隐私保护之间的冲突还有待缓和与平衡。一方面，政府数据开放程度亟待提升。就政府数据开放范围而言，有调查报告显示，按照社保就业、城建住房、财税金融等具体领域划分数据集主题，只有22%的地方平台开放的数据集覆盖了所有重要主题；将各地平台开放的所有数据集进行分析，梳理出14类常见数据集列表，包括企业注册登记类数据、行政许可处罚类数据、预决算类数据、建设规划项目类数据等，仅14%的地方平台开放了所有常见数据集。对于政府公开的数据集，部分还存在高缺失、碎片化、低容量等质量

---

① 参见《平台驱动的数字政府：能力、转型与现代化》，载《电子政务》2020年第7期。

② 参见马颜昕等：《数字政府：变革与法治》，中国人民大学出版社2021年版，第260~261页。

问题。在政府数据开放的获取方式上,公共数据开放一般实行分类分级标准,分为无条件开放、有条件开放和非开放。有条件开放的情形可能存在两个方面的难题:一是政府将诸多有价值的数据列入有条件开放的数据范围内,会增加社会主体获取数据的难度;二是审查程序规范性问题,缺少对政府数据开放申请及时响应和申诉程序将会影响社会主体实际获得数据公开的效果。[①] 此外,尽管数据对所有社会主体平等开放,但不同主体获取和分析数据的能力不同,存在政府数据只为少数企业获取带来数据反垄断和不正当竞争问题的风险,需要解决如何真正有效赋能和实现数据应用普惠性的难题。[②] 另一方面,数据安全和信息隐私侵扰风险增大。由于需要将政府数据尽可能地汇集到平台系统内,数据多呈现初始、未加工的形态,一旦被泄露和盗用,极易产生难以预料的后果。确保政府数据库的安全性是发展大数据战略的基本保障,这需要技术和法律共同努力。根据《个人信息保护法》,个人信息是以电子或者其他方式记录的与已识别或者可识别的自然人有关的各种信息。个人信息不仅关涉个人利益,而且关涉他人和整体社会利益,具有社会性和公共性。[③] 政府数据共享开放以收集、存储和利用部分公民信息为必要条件。目前除了政府掌握一些公共数据资源外,以互联网公司为主的企业基于政企合作或应用市场份额也掌握了诸多个人信息数据,增加了滥用数据共享、侵害个人信息隐私的风险。此外,对于大量零散的、片段的、看似无关紧要的信息,即使每一部分数据收集都经过了个人同意,也有可能通过整合利用产生个人不愿意公开的隐私信息。[④]

第三,自动化行政与传统执法模式的兼容问题。在"放管服"改革背景下,顺应"互联网+"的时代潮流,我国先后开展了"互联网+政务

---

① 参见马颜昕等:《数字政府:变革与法治》,中国人民大学出版社2021年版,第278页。

② 参见丁晓东:《从公开到服务:政府数据开放的法理反思与制度完善》,载《法商研究》2022年第2期。

③ 参见高富平:《个人信息保护:从个人控制到社会控制》,载《法学研究》2018年第3期。

④ 参见王岩、叶明:《人工智能时代个人数据共享与隐私保护之间的冲突与平衡》,载《理论导刊》2019年第1期。

服务”和“互联网+监管”等建设行动,将信息化和数字化的政府治理方式融入政府服务和监管领域,翻开了我国自动化行政的新篇章。自动化行政是指行政程序中特定环节或所有环节由人工智能代为处理,而无须人工的个别介入,从而实现行政活动自动化。① 根据自动化的程度和深度,自动化行政可以划分为半自动化行政(辅助行政)和全自动化行政。半自动化行政是指虽然行政机关借助了电子技术和设备,但在行政程序中仍需人工介入的行政行为,而全自动化行政则是从行政程序开启到结束整个阶段都排除了行政机关的人工介入。② 购车摇号、摇号入学、电子罚单等都可以纳入半自动化行政范畴,税收申报自动扣缴、深圳市“落户秒批”等可以纳入全自动化行政范畴。目前,我国已经步入自动化行政阶段,半自动化行政已经司空见惯,无裁量全自动化行政也成为可能,之后还可能迎来裁量型全决策。这一系列的剧变,使自动化行政与传统执法在价值选择、行政程序和裁量判断等方面产生了一些兼容性问题。首先,自动化行政应在不低于传统标准上提升行政效率。公正和效率都是行政活动追求的重要目标。自动化行政凭借自动化系统事项流程化、全天候监管等特点,极大地提升了行政效率,但高效背后蕴含的是同质化事项的批量处理,对于差异化事项公正和效率价值往往难以兼顾。尽管实践中可以通过自动化裁量的标准化建设不断适应各种类型的新情况,但仍需保持执法的灵活性和伸展性,不能让自动化系统桎梏执法、削足适履,特别是对于行政相对人行为定性、量罚、考量因素等问题,应在系统上保留补充、完善、校正的端口。③ 其次,自动化行政给正当程序原则的落实带来了诸多挑战。根据正当程序原则的核心要素,自动化行政应满足避免偏私、听取相对人意见、说明理由和行政公开等基本要求。但行政主体对系统的依赖和自动化系统的歧视相互深化,对正当程序原则中“裁判者”的公正性具有侵蚀效果。自动化行政过程中的

---

① 参见马颜昕:《自动化行政的分级与法律控制变革》,载《行政法学研究》2019 年第 1 期。

② 参见查云飞:《人工智能时代全自动具体行政行为研究》,载《比较法研究》2018 年第 5 期。

③ 参见余凌云:《数字政府的法治建构》,载《中国社会科学院大学学报》2022 年第 1 期。

信息不对称使行政相对人处于信息劣势境地，行政活动中“沟通与交流”异化为机器行为，[①]决策的瞬时性压缩了行政程序的空间，这些都架空了行政参与和听取相对人意见环节。算法的不透明和复杂性也给行政公开和说明理由带来了困难。最后，行政裁量自动化面临行政法治学理和实践的诘难。根据法律规范对行政行为拘束的程度不同，可以将行政行为划分为羁束行政行为和裁量行政行为，裁量行政行为是指行政主体在法律规定的方式、幅度、期限等范围内，有权根据自身判断，选择作为或不作为，或者选择不同法律效果的行政行为。在裁量行政行为中引入自动化系统，将会促使其发挥行政裁量辅助或者行政裁量替代的作用。在学理上，行政裁量具有两阶段化的特征，前一阶段是行政主体可制定裁量基准解决法律适用一般化问题，后一阶段是行政主体在个案中参照裁量基准进行具体裁量。行政裁量辅助系统行使一般裁量权并不会直接导致个案欠缺公正，但全自动裁量系统完全替代了行政主体的裁量活动，可能存在裁量怠惰和裁量滥用的风险。[②] 实践中，交通运输、生态保护和市场监管等领域已经引入了行政处罚裁量辅助决策系统，[③]新冠疫情期间政府借助大数据技术根据个人信息自动进行行政评级并生成不同类别的健康码，道路交通执法中“交管 12123”已实现对部分违法行为的量罚自动化。但仅因为手机信号抓取的宽泛性与确诊患者存在时空伴随就使健康码变色，以及“交管 12123”系统对危害程度相区别的违章行为均实施 200 元固定处罚等现象，都不同程度引发了对公正执法的质疑。

（二）数字法治政府建设的提升之道

《法治政府建设实施纲要（2021—2025 年）》明确要求：“坚持运用

---

① 雷刚：《算法正当程序：算法决策程序对正当程序的冲击与回应》，载《电子政务》2021 年第 12 期。

② 参见查云飞：《行政裁量自动化的学理基础与功能定位》，载《行政法学研究》2021 年第 3 期。

③ 例如，江苏省在生态环境综合执法领域建设了全省移动执法系统，在系统中录入环保行政处罚自由裁量基准，借助算法实施自由裁量权；广州市市场监督管理局构建了智能化行政处罚案件管理系统，执法人员根据案件情况参考系统提示处罚种类和幅度，并在系统中完成裁量活动。

互联网、大数据、人工智能等技术手段促进依法行政,着力实现政府治理信息化与法治化深度融合,优化革新政府治理流程和方式,大力提升法治政府建设数字化水平。"[①]实现政府治理信息化和法治化的深度融合,要加快推进信息化平台建设,提升政府服务和管理能力;优化革新政府治理流程和方式,要加快推进政务数据有序共享,促进政府业务协同,助力社会创新发展;提升法治政府建设数字化水平,要深入推进"互联网+"监管执法,实现精准有效监管执法。

第一,加快推进信息化平台建设。政务信息化平台是数字政府保障体系现代化的基础设施,国家和省级政务服务平台是政府面向公众的关键窗口。《法治政府建设实施纲要(2021—2025年)》明确提出:"各省(自治区、直辖市)统筹建成本地区各级互联、协同联动的政务服务平台,实现从省(自治区、直辖市)到村(社区)网上政务全覆盖。"[②]中央党校受国务院办公厅委托出具的《省级政府和重点城市一体化政务服务能力(政务服务"好差评")调查评估报告(2021)》显示,截至2020年年底,31个省(自治区、直辖市)和新疆生产建设兵团中,有30个省级政务服务平台构建了覆盖省、市、县、乡、村五级网上政务服务体系,政务服务"村村通"覆盖范围持续扩大。为推动政务服务从"可办"向"好办""易办"转变,我国推进政务服务向移动端延伸,实现更多政务服务事项"掌上办"。国务院办公厅2021年印发的《全国一体化政务服务平台移动端建设指南》要求加强政务服务平台移动端标准化、规范化建设和互联互通,创新服务方式、增强服务能力,推动更多政务服务事项网上办、掌上办,不断提升企业和群众的获得感和满意度。在今后实践中,一方面,要加强政府信息平台建设的统筹规划。信息化建设初期,数字政府建设首要任务是搭建各行业各领域信息化平台,提高政府业务信息化水平。随着信息化程度的深入,数字政府建设不仅指向满足行政组织内部高效

---

① 《法治政府建设实施纲要(2021—2025年)》,载《人民日报》2021年8月12日版。

② 《法治政府建设实施纲要(2021—2025年)》,载《人民日报》2021年8月12日版。

化，更要满足人民对政务服务的智能化需求。今后应进一步加强统筹规划政府信息平台建设，优化整合各类数据、网络平台，防止重复建设。中央全面深化改革委员会第二十五次会议强调“要以数字化改革助力政府职能转变，统筹推进各行业各领域政务应用系统集约建设、互联互通、协同联动”，“构建协同高效的政府数字化履职能力体系”。[①] 实践中，我国已通过政策和法律规范对大数据发展、人工智能发展等战略事项进行顶层设计，还依托地方试点积极探索数字政府架构、标准体系、大数据中心建设等内容。统筹布局数字法治政府建设能够推动构建整体性政府，匹配政府部门对数据资源的需求，使数据在应用层发挥更好效能。随着试点经验的推广，各省级政府应当出台相关数字政府建设规划或者行动方案，分级分类推进新型智慧城市建设，推进大数据标准化体系建设。另一方面，要建设法规规章行政规范性文件统一公开查询平台。《政府信息公开条例》要求行政机关主动公开行政法规、规章和规范性文件，依托政府门户网站、政务微博、微信公众号等平台履行信息公开职责。从各地区各部门政府信息公开年报来看，行政法律规范是我国政务信息公开的主要内容，但体系十分庞杂，散见于各级政府信息门户网站的政务公开板块。为了整合行政法律规范资源，国务院提出分阶段完成建设法律法规规章行政规范性文件统一公开查询平台的目标，即 2022 年年底前实现现行有效的行政法规、部门规章、国务院及其部门行政规范性文件统一公开查询；2023 年年底前各省（自治区、直辖市）实现本地区现行有效地方性法规、规章、行政规范性文件统一公开查询。

第二，加快推进政务数据有序共享。政务数据有序共享是数字政府保障体系现代化的关键环节。中央全面深化改革委员会第二十五次会议强调：“要强化系统观念，健全科学规范的数字政府建设制度体系，依法依规促进数据高效共享和有序开发利用，统筹推进技术融合、业务融

---

① 《习近平主持召开中央全面深化改革委员会第二十五次会议》，载中国政府网，http://www.gov.cn/xinwen/2022-04/19/content_5686128.htm。

合、数据融合，提升跨层级、跨地域、跨系统、跨部门、跨业务的协同管理和服务水平。要始终绷紧数据安全这根弦，加快构建数字政府全方位安全保障体系，全面强化数字政府安全管理责任。”①为推进政务数据高效共享和有序开发利用，我国要建立健全政务数据共享协调机制，强化数据赋能政府管理，借助大数据提升政府的治理能力。在捍卫数据安全、守住安全底线的前提下，各级政府及其组成部门要通过推动政务数据开放共享，促进社会创新发展。在今后的实践中，为加快推进政务数据有序共享，一是建立健全政务数据共享协调机制。政务数据共享依赖于跨部门协同共享信息平台，加快依托省级政务数据共享平台接入各政府部门数据，打破数据壁垒，以推动政府部门内部数据共享和业务协同。其一，要进一步明确政务数据提供、使用、管理等各相关方的职权和责任，形成高效运行的工作机制。其二，要加强政务数据共享平台建设，构建全国一体化政务大数据体系，加强政务信息系统优化整合。在我国集约化平台建设背景下，可以将公共数据服务纳入公共服务体系，构建统一的国家公共数据开放平台和开发利用端口。其三，要建立政务数据共享目录管理机制。国家发展和改革委员会联合中央网信办专门制定了《政务信息资源目录编制指南（试行）》，以加快建立政府数据资源目录体系，推进政府数据资源的国家统筹管理，地方政府根据当地实际情况细化数据共享目录编制，建立数据准确、完整、规范、统一的数据目录管理机制。② 二是强化数据赋能政府管理。自动化行政是大数据、人工智能与行政执法的结合产物。“互联网 + 政务服务”和“互联网 + 监管”就是运用互联网和大数据赋能行政执法的典型场景。基础信息库数据在政务服务中发挥极其关键的作用。为了进一步优化政务服务流程，压减各类证明事项，必须加快推进身份认证、电子印章、电子证照等统一认定使用。为了进一步扩大“跨省通办”范围，必须推进政务服务事项集成

① 《习近平主持召开中央全面深化改革委员会第二十五次会议》，载中国政府网，http://www.gov.cn/xinwen/2022-04/19/content_5686128.htm。

② 参见马颜昕等：《数字政府：变革与法治》，中国人民大学出版社 2021 年版，第 251 页。

化办理,推出优化不动产登记、车辆检测等便民举措。数据赋能政府管理还渗透到行政决策、行政立法和行政执法活动中,例如,大数据检查中警务预测、市场监管领域非现场检查、出入境边防风险安全等级筛查等。通过对大数据的分析、挖掘、处理和应用,发挥大数据的治理潜能,提升行政决策科学化、行政活动高效化。值得注意的是,这种行政机关通过挖掘处理大数据进行预测评估行政相对人将来实施的活动,由于压缩了行政相对人的程序性权利,在实践中已出现全面监控、深度人格画像、责任承担异化等有损人的尊严的现象,需要遵循法律保留原则,调适设定新的程序和实体规范以保证不低于传统执法保护标准。[①] 另外,数据赋能政府管理离不开制度保障,应建立健全运用互联网、大数据、人工智能等技术手段进行行政管理的制度规则。三是扩大政府和公共服务机构数据安全开放。相较于数据安全、隐私保护受到广泛的关注,各地政府数据开放程度和效果显得参差不齐,远未实现以数据再利用带动社会创新发展的政策目标。针对目前政府数据开放范围较为狭窄的问题,要通过制定数据开放目录,扩大基础公共信息数据安全有序开放,优先推动民生保障、公共服务、市场监管等领域政府数据向社会有序开放。针对目前政府数据开放实施分类标准存在的问题,要坚持“以开放为原则,不开放为例外”,设定有条件开放的具体类型和要求,其中涉及国家安全、个人隐私或商业秘密的信息数据应当纳入非开放类。数据安全是数据治理的“压舱石”,也是数据开放的前提条件,我国也在不断推进数据开发利用技术和数据安全标准体系建设。与此同时,数据流通的事中事后监管也非常重要,它是保障政府数据安全开放的“最后一道防线”。《数据安全法》第 6 条规定了行政机关在各自职责范围内承担数据安全监管职责。在数据安全应急方面,还应当构建政府部门联动协调机制,避免多头监管、监管推诿情形的发生。要通过“互联网 + 监管”建设,加强数据处理风险监测,生成数据流通审查记录,保障政府数据安全开放。

---

① 参见查云飞:《大数据检查的行政法构造》,载《华东政法大学学报》2022 年第 1 期。

四是要建立健全个人隐私权益保护机制。尽管政府数据开放的事项中不应涉及个人隐私信息,但仍存在数据开放利用侵犯个人隐私利益的风险。一方面,行政机关未能保障数据安全而发生数据泄露。基于维护公共利益和私人利益的目的,行政机关须承担侵犯个人隐私的行政责任,且受害者具有群体性特征,应建立相应的救济机制。另一方面,为了实现公共利益,对个人隐私脱密、脱敏处理不当并开放。对此应搭建投诉救济平台。此外,政府数据开放应考虑外部效果,通过技术手段保障公众获取数据的普惠性、便利性和有效性,还应出台更加体现目标导向的数据开放法律政策,引入政企数据合作治理,提升政府数据开放质量。[①]

第三,深入推进"互联网+"监管执法。"互联网+"监管执法是数字政府保障体系现代化的重要应用。中央全面深化改革委员会第二十三次会议指出:"要统筹推进市场监管、质量监管、安全监管、金融监管,加快建立全方位、多层次、立体化监管体系,实现事前事中事后全链条全领域监管,堵塞监管漏洞","要创新监管方法,提升监管的精准性和有效性"。[②] "互联网+监管"是提高监管效能、创新监管机制的有效手段,是深化"放管服"改革的重要举措。在今后实践中,要运用互联网、大数据技术打通监管和执法的信息壁垒,通过推行非现场监管执法解决人少事多的难题。一要加强建设国家"互联网+监管"系统。我国现已依托政务服务平台搭建了以国家"互联网+监管"系统为总枢纽、各省"互联网+监管"系统为主干的全国一体化在线监管平台。《法治政府建设实施纲要(2021—2025年)》设定了平台数据汇集时间节点,即2022年年底前要实现各方面监管平台数据的联通汇聚,包括全国信用信息共享平台、国家企业信用信息公示系统等重要监管平台数据,以及各级政府部门、社会投诉举报、第三方平台等数据。为了实现对监管数据的再应用,今后要从侧重数据联通汇聚向服务监管部门转变理念,下一步须精准定

① 丁晓东:《从公开到服务:政府数据开放的法理反思与制度完善》,载《法商研究》2022年第2期。

② 《习近平主持召开中央全面深化改革委员会第二十五次会议》,载中国政府网,http://www.gov.cn/xinwen/2022-04/19/content_5686128.htm。

位监管数据来源，通过政务外网汇聚监管业务数据，建设质量可靠的监管数据资源库，形成可共享利用的监管基础库、主题库、专题库。[①] 二要积极推行非现场监管执法。近年实践中，非现场监管执法已经运用到了道路交通、环境保护、市场监管、城市管理等领域。根据相关政策文件要求，各级各类监管部门要充分运用物联网、视频监控、卫星遥感等技术，探索推行以远程监管、移动监管、预警防控为特征的非现场监管；积极推进智慧执法，加强信息化技术、装备的配置和应用，并促使行政执法向移动端延伸。三要加快建设全国行政执法综合管理监督信息系统。国务院办公厅2018年印发的《关于全面推行行政执法公示制度执法全过程记录制度重大执法决定法制审核制度的指导意见》提出"依托大数据、云计算等信息技术手段，大力推进行政执法综合管理监督信息系统建设"。这就要求通过科技化、信息化手段规范行政执法程序，实现对行政执法行为的全程监督。为落实行政执法"三项制度"，执法机关要及时准确公示执法信息，实现行政执法全程留痕，规范法制审核流程。在此过程中，执法机关可以将执法基础数据、执法程序流转、执法信息公开等汇入全国行政执法数据库。通过分析数据库中执法信息，监管部门能够及时发现行政执法薄弱环节，对症下药，倒逼改进行政立法、行政决策并加强风险防范。

第四，着力提升自动化行政法治化水平。自动化行政法治化是数字政府保障体系现代化的重难点问题。面对数字技术对法律规则带来的冲击，政府应当优先考虑采用技术的方法解决，当技术暂时无法解决时，就必须调适法律规范。[②] 相比于半自动化行政，全自动化行政遭到学界更加强烈的质疑，因为它在实体方面存在有失公正的风险，尤其是在不确定法律概念解释和裁量行政情形中，为此需要着力提升自动化行政法治化水平。首先，引入技术革新和补充规则解决算法歧视和"算法黑

---

① 参见《太极股份：深耕细作"互联网+监管"大有可为》，载《中国信息化周报》2020年11月20日版。

② 参见余凌云：《数字政府的法治建构》，载《中国社会科学院大学学报》2022年第1期。

箱”。自动化行政中的算法歧视、系统依赖、算法决策复杂且不透明，这给传统执法带来了程序和实体方面的挑战。自动化行政系统设计应保障公众参与，可以参考借鉴环境影响评估制度设计算法影响评估，使算法自动化决策被使用前，公众能够提出问题，表达诉求，例如，欧洲议会提出的“算法影响评估”和欧盟《通用数据保护条例》中规定的“数据处理活动影响评估”。[①] 自动化系统投入使用前由独立专业人士通过算法审计判断是否存在算法歧视，包括是否存在数据的歧视性分类与标记，公开自动化决策系统的算法源代码或者相关数据库接受公众监督。[②] 此外，自动化系统至少应该生成审查跟踪记录事实依据和规则依据来支持其决策结果。[③] 其次，调适法律规范确保不低于传统执法保护标准。随着我国数字政府建设的持续推进，关于自动化行政规范的立改增废不断被提上议事日程。2021 年修订的《行政处罚法》新增的第 41 条涉及运用电子技术监控设备进行行政处罚，对自动化行政处罚条件、法律程序、监控记录要求方面进行了原则性规定。在行政执法实践中，随着技术迭代更新升级，电子眼、声呐和超限技术监控系统、行政处罚裁量辅助决策系统以及“交管 12123”App 已经得到广泛应用。这些自动化系统在行政执法中扮演着不同的角色，各阶段自动化行政行为从而具有不同的性质，如抓拍行为是事实行为，后续处罚是行政法律行为。至于行政处罚裁量系统，裁量辅助系统和替代系统面对的风险并不相同，前者有助于实现处罚公正，而后者将带来裁量怠惰和滥用风险。针对后者的防范措施包括合理制定行政裁量规则，同时在处罚决定中明确裁量考量因素和量罚情节等。[④] 最后，通过拓展正当程序内涵来规制自动化行政。技术性正当程序是对避免偏私、听取意见、说明理由和行政公开等正当程序基本要求的新发展。它要求有效的告知，增强算法的透明度和可解

---

① 张凌寒：《算法自动化决策与行政正当程序制度的冲突和调和》，载《东方法学》2020 年第 6 期。

② 参见刘东亮：《什么是正当法律程序》，载《中国法学》2010 年第 4 期。

③ See Danielle Keats Citron, *Technological Due Process*, 85 Wash. U. L. Rev(2008).

④ 参见李晴：《自动化行政处罚何以公正》，载《学习与探索》2022 年第 2 期。

释性。算法透明度的增强以及算法源代码的公开,要围绕披露多少、向谁披露和披露速度来进行。增强算法的可解释性旨在回应行政相对人,向其说明理由,提高相对人对行政决定的可理解性和可接受性。由于算法结构难度不同,专业知识门槛过高将会限制公众的理解,此时需要专家发挥“转译”作用,以理性解释回应公众的疑问,并将该项功能制度化。

四、本章小结

数字政府保障体系现代化是政府治理体系和治理能力现代化的基础环节和新兴领域。我国法治政府建设经历了从政府信息化的早期阶段到政务电子化的发展阶段再到“互联网 + 政务服务”的转型升级阶段的一系列数字化转型。这一过程彰显了中国式数字政府保障体系所具有的助力科学决策、扩大民主参与、促进合法行政和提升治理效能等重要法治功能。历经数十年的发展,我国数字政府保障体系中的政务服务平台日趋完善,信息数据持续开放共享,政务服务效能显著提升,“互联网 + 监管”深入推进。为了实现政府治理信息化与法治化深度融合,优化革新政府治理流程和方式,大力提升法治政府建设数字化水平,数字法治政府建设需要全面提质增效,进一步健全完善现代化的数字政府保障体系。党的二十大报告明确提出“教育、科技、人才是全面建设社会主义现代化国家的基础性、战略性支撑”,[①]明确要求加快建设“数字中国”。根据《法治政府建设实施纲要(2021—2025 年)》的规划部署,新发展阶段要加快推进信息化平台建设、加快推进政务数据有序共享、深入“互联网 + ”监管执法,此外还要着力提升自动化行政法治化水平,以期在中国式数字政府保障体系现代化的基础上加快转变政府职能,全面建设法治政府、廉洁政府和服务型政府。

---

① 习近平:《高举中国特色社会主义伟大旗帜　为全面建设社会主义现代化国家而团结奋斗——在中国共产党第二十次全国代表大会上的报告》,人民出版社 2022 年版,第 33 页。

第九章　中国式行政法治现代化的领导与推进

党政军民学，东西南北中，党是领导一切的。中国式现代化是中国共产党领导的社会主义现代化，坚持中国共产党领导是中国式现代化的第一本质要求。在庆祝中国共产党成立 100 周年大会上的重要讲话中，习近平总书记强调指出："以史为鉴、开创未来，必须坚持中国共产党坚强领导。办好中国的事情，关键在党。中华民族近代以来 180 多年的历史、中国共产党成立以来 100 年的历史、中华人民共和国成立以来 70 多年的历史都充分证明，没有中国共产党，就没有新中国，就没有中华民族伟大复兴。历史和人民选择了中国共产党。中国共产党领导是中国特色社会主义最本质的特征，是中国特色社会主义制度的最大优势，是党和国家的根本所在、命脉所在，是全国各族人民的利益所系、命运所系。"①党的十九届六中全会要求："全党必须自觉在思想上政治上行动上同党中

---

① 习近平：《在庆祝中国共产党成立 100 周年大会上的讲话》，载《人民日报》2021 年 7 月 2 日版。

央保持高度一致，提高科学执政、民主执政、依法执政水平，提高把方向、谋大局、定政策、促改革的能力，确保充分发挥党总揽全局、协调各方的领导核心作用。”[①]党的二十大报告将坚持和加强党的全面领导明确为全面建设社会主义现代化国家必须牢牢把握的首要重大原则，指出：“坚决维护党中央权威和集中统一领导，把党的领导落实到党和国家事业各领域各方面各环节，使党始终成为风雨来袭时全体人民最可靠的主心骨，确保我国社会主义现代化建设正确方向，确保拥有团结奋斗的强大政治凝聚力、发展自信心，集聚起万众一心、共克时艰的磅礴力量。”[②]党的二十大报告还全面部署“坚定不移全面从严治党，深入推进新时代党的建设新的伟大工程”，指出：“全面建设社会主义现代化国家、全面推进中华民族伟大复兴，关键在党”，“我们要落实新时代党的建设总要求，健全全面从严治党体系，全面推进党的自我净化、自我完善、自我革新、自我提高，使我们党坚守初心使命，始终成为中国特色社会主义事业的坚强领导核心”。[③]

具体到法治领域，党的历史上首次召开的中央全面依法治国工作会议将习近平法治思想确立为全面依法治国的根本指导思想，并将坚持党对全面依法治国的领导明确为习近平法治思想核心要义的首要内容。习近平总书记强调指出：“党的领导是推进全面依法治国的根本保证”“全面依法治国决不是要削弱党的领导，而是要加强和改善党的领导。要健全党领导全面依法治国的制度和工作机制，推进党的领导制度化、法治化，通过法治保障党的路线方针政策有效实施。要坚持依法治国和依规治党有机统一，确保党既依据宪法法律治国理政，又依据党内法规管党治党、从严治党”“党的领导是我国社会主义法治之魂，是我国法治

---

① 《中共中央关于党的百年奋斗重大成就和历史经验的决议》，载《人民日报》2021 年 11 月 17 日版。

② 习近平：《高举中国特色社会主义伟大旗帜　为全面建设社会主义现代化国家而团结奋斗——在中国共产党第二十次全国代表大会上的报告》，人民出版社 2022 年版，第 26 ~ 27 页。

③ 习近平：《高举中国特色社会主义伟大旗帜　为全面建设社会主义现代化国家而团结奋斗——在中国共产党第二十次全国代表大会上的报告》，人民出版社 2022 年版，第 63 ~ 64 页。

同西方资本主义国家法治最大的区别"。[①] 习近平法治思想中的党的领导理论为新时代坚持党对全面依法治国的领导，推进和拓展中国式法治现代化提供了根本遵循和行动指南。[②] 通过法治政府建设的中国式行政法治现代化，是中国式法治现代化在行政法治领域的集中体现，是中国特色社会主义法治道路在行政法治领域的生动展开。新时代的中国式行政法治现代化必须始终坚持党的集中统一领导，深入完善行政法治现代化推进机制，全面加强行政能力现代化建设，创新发展行政法治现代化理论研究，不断开辟中国式行政法治现代化新境界。

一、坚持党对行政法治现代化的领导

中国共产党在国家治理体系中处于总揽全局、协调各方的领导核心地位，党在不同时期作出的重大决策深刻决定了我国行政体制改革总体方向和重大举措，坚持党的集中统一领导是中国式行政法治现代化的根本政治保证。[③] 在中央全面依法治国工作会议上，习近平总书记强调指出："我们党历来重视法治建设"，"党的十八大以来，党中央明确提出全面依法治国，并将其纳入'四个全面'战略布局予以有力推进。党的十八届四中全会专门进行研究，作出关于全面推进依法治国若干重大问题的决定。党的十九大召开后，党中央组建中央全面依法治国委员会，从全局和战略高度对全面依法治国又作出一系列重大决策部署，推动我国社会主义法治建设发生历史性变革、取得历史性成就。我们把'中国共产党领导是中国特色社会主义最本质的特征'写入宪法，完善党领导立法、保证执法、支持司法、带头守法制度，党对全面依法治国的领导更加坚强有力。我们完善顶层设计，统筹推进法律规范、法治实施、法治监督、法治保障和党内法规体系建设，全面依法治国总体格局基本形成。

---

① 习近平：《坚定不移走中国特色社会主义法治道路　为全面建设社会主义现代化国家提供有力法治保障》，载《求是》2021 年第 5 期。

② 参见陈柏峰：《习近平法治思想中的"党的领导"理论》，载《法商研究》2021 年第 3 期。

③ 参见李洪雷：《行政体制改革与法治政府建设四十年》，载《法治现代化研究》2018 年第 5 期。

我们推进重要领域立法,深化法治领域改革,推进法治政府建设,建立国家监察机构,改革完善司法体制,加强全民普法,深化依法治军,推进法治专门队伍建设,坚决维护社会公平正义,依法纠正一批冤错案件,全面依法治国实践取得重大进展”。[①] 习近平总书记这段重要论述,既是对党的十八大以来党领导全面依法治国重大进展的高度概括,也是对新时代党领导法治领域改革宝贵经验的深刻总结。[②] 这些重大进展和宝贵经验,同样适用于坚持和加强党对中国式行政法治现代化的集中统一领导。

2015 年印发的《法治政府建设实施纲要(2015—2020 年)》明确提出:“党的领导是全面推进依法治国、加快建设法治政府最根本的保证,必须坚持党总揽全局、协调各方,发挥各级党委领导核心作用,把党的领导贯彻到法治政府建设各方面。各级政府及其部门要自觉接受党的领导,切实增强建设法治政府的使命感、紧迫感和责任感,加强组织领导,强化工作责任,一级抓一级,层层抓落实。”[③]2021 年印发的《法治政府建设实施纲要(2021—2025 年)》明确要求:“党的领导是全面依法治国、建设法治政府的根本保证,必须坚持党总揽全局、协调各方,发挥各级党委的领导作用,把法治政府建设摆到工作全局更加突出的位置。”[④]党的二十大报告旗帜鲜明指出:“坚持依法治国首先要坚持依宪治国,坚持依法执政首先要坚持依宪执政,坚持宪法确定的中国共产党领导地位不动摇,坚持宪法确定的人民民主专政的国体和人民代表大会制度的政体不动摇。”[⑤]根据这一系列重大要求,新时代坚持和加强党对中国式行政法治现代化的领导,必须从全面贯彻落实习近平法治思想、切实履

---

① 习近平:《坚定不移走中国特色社会主义法治道路　为全面建设社会主义现代化国家提供有力法治保障》,载《求是》2021 年第 5 期。

② 参见公丕祥:《习近平法治思想中的改革论述》,载《东方法学》2021 年第 2 期。

③ 《法治政府建设实施纲要(2015—2020 年)》,载《人民日报》2015 年 12 月 28 日版。

④ 《法治政府建设实施纲要(2021—2025 年)》,载《人民日报》2021 年 8 月 12 日版。

⑤ 习近平:《高举中国特色社会主义伟大旗帜　为全面建设社会主义现代化国家而团结奋斗——在中国共产党第二十次全国代表大会上的报告》,人民出版社 2022 年版,第 41 页。

行法治政府建设领导职责、谋划落实法治政府建设重点任务、加强法治政府建设的协调督促等方面着力推进。

(一)全面贯彻落实习近平法治思想

中央全面依法治国工作会议将习近平法治思想确立为全面依法治国的根本指导思想,在中国式法治现代化的时代进程中具有里程碑式的重要意义。习近平法治思想是习近平新时代中国特色社会主义思想的有机组成部分,是全面推进依法治国、实现国家治理体系和治理能力现代化的根本遵循,是当代中国马克思主义法治思想、21 世纪马克思主义法治思想,是马克思主义法治思想中国化进程的最新重大理论成果,开启了马克思主义法治思想与中国具体法治实践相结合的新的历史性飞跃。[①] 习近平法治思想深刻回答了新时代为什么实行全面依法治国、怎样实行全面依法治国等一系列重大问题,是顺应实现中华民族伟大复兴时代要求应运而生的重大理论创新成果,是全面依法治国的根本指导思想。[②] 包括中国特色社会主义行政法治论在内的习近平法治思想是一个科学的法治理论体系,对马克思主义法治思想在当代中国的发展作出了原创性贡献,标志着中国特色社会主义法治理论创新发展进入一个崭新的历史阶段。[③] 中国式行政法治现代化必须全面贯彻落实习近平法治思想特别是习近平法治思想中的行政法治论,以马克思主义行政法治理论中国化最新成果指导法治政府建设崭新实践。

《法治政府建设实施纲要(2021—2025 年)》以“深入学习贯彻习近平法治思想,努力实现法治政府建设全面突破”为统领,明确提出了新发展阶段法治政府建设的指导思想、主要原则、总体目标和主体内容,在指导思想中明确要求“全面贯彻习近平法治思想,增强‘四个意识’、坚定‘四个自信’、做到‘两个维护’,把法治政府建设放在党和国家

---

① 参见公丕祥:《习近平法治思想:马克思主义法治思想中国化的第三次历史性飞跃》,载《法治现代化研究》2021 年第 1 期。

② 参见张文显:《习近平法治思想的理论体系》,载《法制与社会发展》2021 年第 1 期。

③ 参见马怀德:《论习近平法治思想中的法治政府理论》,载《政法论坛》2020 年第 6 期。

事业发展全局中统筹谋划”，在主要原则中明确提出“坚持党的全面领导，确保法治政府建设正确方向”，在主体内容中对“加强党的领导，完善法治政府建设推进机制”作出系统规定，明确要求“各级党委和政府要深入学习领会习近平法治思想，把习近平法治思想贯彻落实到法治政府建设全过程和各方面”。[①] 在具体落实中，必须始终坚持以习近平法治思想为根本遵循，把深入学习宣传贯彻习近平法治思想作为各级党委加强对法治政府建设领导的头等大事，完善多种学习平台，形成有效学习机制，持之以恒，常抓不懈。一要建立健全各级党委政府领导班子定期学习制度，完善学习强国等互联网学习平台学习制度，构建多种形式的学习渠道，确保学习宣传贯彻习近平法治思想活动常态化、长效化、体系化。二要通过报刊、广播、电视等传统媒体平台和互联网、多媒体、自媒体等新兴传播渠道，广泛深入宣传习近平法治思想，做到全方位全覆盖，使习近平法治思想深入人心。三要坚持理论与实际相结合，按照学懂弄通做实的要求，深入推进习近平法治思想学习教育，引导广大干部群众在新的广度和深度上深刻认识习近平法治思想的历史地位、精神实质、丰富内涵、核心要义、实践要求和重大意义，真正把习近平法治思想学习教育转化为推进法治政府建设的强大动力，转化为开创法治政府建设新局面的理念思路、举措办法和科学方法，转化为全面建设法治政府的生动实践。四要将学习宣传贯彻习近平法治思想的落实情况列入各级党组织工作考核指标体系。

（二）切实履行法治政府建设领导职责

中国共产党的性质、地位和使命决定了只有发挥党总揽全局、协调各方、顶层设计、统一布局的领导作用，才能实现全面依法治国的宏伟目标。[②] 党的十九届四中全会明确提出：“必须坚持党政军民学、东西南北中，党是领导一切的，坚决维护党中央权威，健全总揽全局、协调各方的

① 《法治政府建设实施纲要（2021—2025 年）》，载《人民日报》2021 年 8 月 12 日版。

② 参见张文显：《习近平法治思想的系统观念》，载《中国法律评论》2021 年第 3 期。

党的领导制度体系，把党的领导落实到国家治理各领域各方面各环节。”[①]习近平总书记多次强调指出：“领导干部具体行使党的执政权和国家立法权、行政权、监察权、司法权，是全面依法治国的关键”“要带头尊崇法治、敬畏法律，了解法律、掌握法律，遵纪守法、捍卫法治，厉行法治、依法办事”“要完善党政主要负责人履行推进法治建设第一责任人职责的约束机制，督促各级领导干部在法治之下而不是法治之上或法治之外想问题、作决策、办事情”。[②]《法治政府建设实施纲要（2015—2020年）》明确提出：“各级政府要在党委统一领导下，谋划和落实好法治政府建设的各项任务，主动向党委报告法治政府建设中的重大问题，及时消除制约法治政府建设的体制机制障碍”，“党政主要负责人要履行推进法治建设第一责任人职责，将建设法治政府摆在工作全局的重要位置”。[③] 为贯彻落实这项重大要求，中央办公厅、国务院办公厅于2016年印发《党政主要负责人履行推进法治建设第一责任人职责规定》，并于2019年印发《法治政府建设与责任落实督察工作规定》，对于推动切实履行法治政府建设领导职责具有重要意义。[④]《法治政府建设实施纲要（2021—2025年）》明确要求：“各级党委要切实履行推进法治建设领导职责，安排听取有关工作汇报，及时研究解决影响法治政府建设重大问题”，“各级政府及其部门主要负责人要切实履行推进本地区本部门法治政府建设第一责任人职责，作为重要工作定期部署推进、抓实抓好”。[⑤] 在具体落实中，一要认真学习贯彻习近平新时代中国特色社会主义思想，全面落实党中央、国务院关于法治政府建设的决策部署，充分发挥党委在推进本地区法治政府建设中的领导作用，及时研究解决有关

---

① 《中共中央关于坚持和完善中国特色社会主义制度 推进国家治理体系和治理能力现代化若干重大问题的决定》，人民出版社2019年版，第15～16页。

② 习近平：《加快建设社会主义法治国家》，载《求是》2015年第1期。

③ 《法治政府建设实施纲要（2015—2020年）》，载《人民日报》2015年12月28日版。

④ 参见马太建：《习近平法治思想中的推进依法行政建设法治政府理论》，载《法治现代化研究》2022年第1期。

⑤ 《法治政府建设实施纲要（2021—2025年）》，载《人民日报》2021年8月12日版。

重大问题，每年专题听取上一年度本地区法治政府建设情况汇报。二要将法治政府建设纳入本地区经济社会发展总体规划和年度工作计划，与经济社会发展同部署、同推进、同督促、同考核、同奖惩，把法治政府建设成效作为衡量下级党政领导班子及其主要负责人推进法治建设工作实绩的重要内容，纳入政绩考核指标体系。三要自觉运用法治思维和法治方式深化改革、推动发展、化解矛盾、维护稳定，指导本级政府推进法治政府建设工作，支持本级人大、政协、法院、检察院对政府依法行政工作加强监督。四要坚持重视法治素养和法治能力的用人导向，把遵守法律、依法办事情况作为考察干部的重要内容，相同条件下优先提拔使用法治素养好、依法办事能力强的干部，加强法治工作队伍建设。五要建立党委理论学习中心组集体学法制度，每年至少举办 2 次法治专题讲座，加强对党委工作人员的法治教育培训和法治能力考查测试。六要切实履行其他依法依规应当履行的法治政府建设领导职责。

（三）抓好落实法治政府建设重点任务

习近平总书记强调指出："推进全面依法治国，根本目的是依法保障人民权益""推进全面依法治国，法治政府建设是重点任务和主体工程，对法治国家、法治社会建设具有示范带动作用，要率先突破""深入推进全面依法治国，必须坚持党的集中统一领导。各级党委和政府要加强对法治建设的组织领导，重大部署、重要任务、重点工作要抓在手上，确保落到实处"。[①] 法治政府建设既是推进全面依法治国必须抓好落实的重点任务和主体工程，也必须服从和服务于推进国家治理现代化，实现中华民族伟大复兴的战略大局。政府职能的深刻转变，行政权力的规范运行，相对人合法权益的有力保障，这些既是行政体制改革和法治政府建设的核心要义，也是我国经济体制改革和政治体制改革的重要内容。这

① 习近平：《坚定不移走中国特色社会主义法治道路 为全面建设社会主义现代化国家提供有力法治保障》，载《求是》2021 年第 5 期。

些方面的法治政府建设重点任务，随着改革开放和社会主义现代化建设的发展而持续推进和不断深化，同时也对国家治理现代化和民族伟大复兴的战略大局发挥了重要的促进和保障作用。新时代中国行政体制改革和法治政府建设之所以能取得举世瞩目的重大成就，关键原因就在于自始至终坚持党的集中统一领导，自始至终坚持依法保障人民权益，自始至终坚持服从服务大局，从而能够取得人民群众拥护和社会各界支持。[①] 要坚持把推进依法行政建设法治政府放在改革开放和社会主义现代化建设事业全局来考虑，作为全面落实依法治国、依法执政的重大任务来谋划，不仅要从法治本身的要素和环节来考虑，还要从法治外部的经济、政治、文化、社会、生态文明等各领域各方面的条件、环境和要求来考量，要将推进依法行政、建设法治政府完全融入统筹推进“五位一体”的总体布局。

《法治政府建设实施纲要（2015—2020年）》明确提出：“各级政府及其部门要结合本地区本部门实际，每年部署法治政府建设年度重点工作，发挥牵引和突破作用，带动法治政府建设各项工作全面深入开展。”[②]《法治政府建设实施纲要（2021—2025年）》明确要求：“各级政府要在党委统一领导下，履行法治政府建设主体责任，谋划落实好法治政府建设各项任务，主动向党委报告法治政府建设中的重大问题。”[③]《法治政府建设实施纲要（2021—2025年）》还谋划部署了“十四五”时期法治政府建设九个方面的重点任务，具有重要的实践指导意义。一是健全政府机构职能体系，推动更好发挥政府作用。二是健全依法行政制度体系，加快推进政府治理规范化程序化法治化。三是健全行政决策制度体系，不断提升行政决策公信力和执行力。四是健全行政执法工作体系，全面推进严格规范公正文明执法。五是健全突发事件应对体系，依法预防处置重大突发事件。六是健全社会矛盾纠纷行政预防调处化解体

---

① 参见李洪雷：《行政体制改革与法治政府建设四十年》，载《法治现代化研究》2018年第5期。

② 《法治政府建设实施纲要（2015—2020年）》，载《人民日报》2015年12月28日版。

③ 《法治政府建设实施纲要（2021—2025年）》，载《人民日报》2021年8月12日版。

系，不断促进社会公平正义。七是健全行政权力制约和监督体系，促进行政权力规范透明运行。八是健全法治政府建设科技保障体系，全面建设数字法治政府。九是加强党的领导，完善法治政府建设推进机制。在具体落实中，地方各级党委政府主要负责人应当坚持以身作则、以上率下，带头抓好推进本地区法治政府建设各项工作。党的十九大报告对《法治政府建设实施纲要（2021—2025年）》规划部署的法治政府建设重点任务进行了提纲挈领式的确认和宣示，必须在新征程上深入贯彻落实。

（四）加强法治政府建设的协调督促

习近平总书记强调指出："全面依法治国是一个系统工程，要整体谋划，更加注重系统性、整体性、协同性。"[①]法治政府建设是推进全面依法治国的重点任务和主体工程，是法治系统工程的重要子系统，涉及各类主体、各种要素和各类关系的处理和安排。在全面依法治国的新时代，法治政府建设的复杂性更是日益凸显。诚如学者所指出的，改革开放以来，我国法治政府建设虽然已经取得多点突破，但单兵突进居多、整体协同较少，行政系统内部的闭环责任体系和协同发展格局尚未充分形成，[②]"我国法治政府建设是整体、全面的，碎片化和差异化都可能会产生'牵一发动全身'的连锁反应，进而影响法治政府发展的大局"。[③]《法治政府建设实施纲要（2015—2020年）》为此明确要求"中央和国家机关有关部门要根据部门职责承担并履行好本纲要确定的相关任务，并做好统筹协调，及时沟通协商，形成工作合力"。[④]"党的十九大召开后，党中央组建中央全面依法治国委员会，从全局和战略高度对全面依法治国

① 习近平：《坚定不移走中国特色社会主义法治道路　为全面建设社会主义现代化国家提供有力法治保障》，载《求是》2021年第5期。

② 参见章志远：《新发展阶段法治政府建设的时代特色——〈法治政府建设实施纲要（2021—2025年）〉法理解读》，载《法治研究》2021年第5期。

③ 曹鎏：《论我国法治政府建设的目标演进与发展转型》，载《行政法学研究》2020年第4期。

④ 《法治政府建设实施纲要（2015—2020年）》，载《人民日报》2015年12月28日版。

又作出一系列重大决策部署，推动我国社会主义法治建设发生历史性变革、取得历史性成就。”[①]为充分发挥督察工作对法治政府建设与责任落实的督促推动作用，中共中央办公厅、国务院办公厅于2019年印发《法治政府建设与责任落实督察工作规定》。

《法治政府建设实施纲要（2021—2025年）》科学把握新征程新形势新任务，明确提出“党的十八大以来，特别是《法治政府建设实施纲要（2015—2020年）》贯彻落实5年来，各地区各部门多措并举、改革创新，法治政府建设取得重大进展”，与此同时，“统筹中华民族伟大复兴战略全局和世界百年未有之大变局，推进国家治理体系和治理能力现代化，适应人民日益增长的美好生活需要，都对法治政府建设提出了新的更高要求，必须立足全局、着眼长远、补齐短板、开拓进取，推动新时代法治政府建设再上新台阶”。[②]《法治政府建设实施纲要（2021—2025年）》高度强调法治政府建设的整体性、协同性和系统性，在主要原则中明确强调“坚持统筹推进，强化法治政府建设的整体推动、协同发展”，在主要目标中明确提出“各地区各层级法治政府建设协调并进，更多地区实现率先突破”，在加强党对法治政府建设的领导中明确要求“各地区党委法治建设议事协调机构及其办事机构要加强法治政府建设的协调督促推动”，“中央依法治国办要抓好督促落实，确保纲要各项任务措施落到实处”，具有重要的现实针对性和实践指导意义。新时代法治政府建设的整体性、协同性和系统性既强调法治政府建设要率先突破，又强调法治政府建设要统筹协调，即紧扣“加快形成职责明确、依法行政的政府治理体系”，坚持问题导向、目标导向，确立到2025年法治政府建设的总体目标和各领域分目标，为推进中国式政府治理现代化提供有力支撑。在具体落实中，要充分发挥各地区党委法治建设议事协调机构及其办事机构的协调督促推动作用，确保法治政府建设统筹推进、协同发展。

① 习近平：《坚定不移走中国特色社会主义法治道路　为全面建设社会主义现代化国家提供有力法治保障》，载《求是》2021年第5期。

② 《法治政府建设实施纲要（2021—2025年）》，载《人民日报》2021年8月12日版。

二、行政法治现代化推进机制的完善

在法治政府建设全过程全方位全领域坚持和加强党的集中统一领导，是中国式行政法治现代化最本质的特征。在党的集中统一领导下加强统筹推进、全面推进和创新推进，是新时代完善法治政府建设推进机制的基本思路。[①] 党的十八届四中全会明确提出“建设中国特色社会主义法治体系”重大命题后，党和国家综合运用多种形式、力量和制度协同推动法治政府建设向纵深发展，形成了中国特色的行政法治现代化推进机制。新时代坚持和完善中国式行政法治现代化推进机制，应当深入推进法治政府建设督查工作，扎实推进法治政府建设示范创建，严格执行法治政府建设年度报告，建立健全法治政府建设指标体系。

（一）深入推进法治政府建设督察工作

法治督察是中央全面依法治国委员会成立后确立的一项重要制度，是加强党对法治工作领导的重要举措，对法治政府建设具有重要的督促推动作用。2019 年 2 月，习近平总书记主持召开的中央全面依法治国委员会第二次会议审议通过《中央全面依法治国委员会办公室督察工作办法》。同年 4 月，《法治政府建设与责任落实督察工作规定》印发实施，正式确立了法治政府建设督察制度，明确由中央全面依法治国委员会办公室和地方各级党委法治建设议事协调机构的办事机构（督查单位）实施督查工作，以地方各级党委和政府、县级以上政府部门推进法治政府建设与责任落实情况为主要督查内容。除此之外，2017 年国务院原法制办还专题研究制定法治政府建设督察工作方案，强调坚持书面督察和实地督察、综合督察和重点督察相结合，在当年度对 82 个地方和部门法治政府建设情况开展书面督察，赴 5 个省（区）开展实地督察，有

① 参见杨伟东：《法治政府建设的价值追求与重要任务——习近平法治思想深度解读》，载《人民检察》2021 年第 3 期。

力推动了法治政府建设各项任务的落实。[①] 2018 年以来，中央政法委对扫黑除恶专项斗争中一些“骨头案件”“重点案件”进行挂牌督办，确保专项斗争顺利推进。[②] 2019 年印发的《中国共产党政法工作条例》明确了党委政法委对政法系统的政治督察、执法监督、纪律作风督查巡查等制度机制，以解决政法系统有令不行等顽瘴痼疾。

《法治政府建设实施纲要(2021—2025 年)》明确提出：“深入推进法治政府建设督察工作，2025 年前实现对地方各级政府督察全覆盖。”[③] 在具体落实中，一是围绕党中央全面依法治国重大决策部署、聚焦人民群众反映强烈的突出问题展开重点督查，及时发现短板、纠正偏差，对落实不力、问题突出的，要敢于亮黄牌、掏红牌。二是由中央全面依法治国委员会办公室和地方各级党委法治建设议事协调机构的办事机构负责实施，督察组成员主要来自中央和地方法治政府建设督察制度实施单位以及纪委国家监委机关、组织部等单位，还可以邀请法学院校专家学者、律师、媒体记者参与。三是采取听取汇报、个别谈话、明察暗访等多种方式，收集案例、梳理问题、形成报告，了解各地法治政府建设、解决法治领域突出问题等情况。四是坚持问题导向和目标导向，加大督察力度，创新督察方式、明确任务重点，紧紧盯住关键环节、关键部位，构建上下贯通、横向联动的督察工作新格局，推动法治政府建设督察工作常态化长效化。

(二)扎实推进法治政府建设示范创建

法治政府建设对法治国家、法治社会建设具有重要示范带动作用，法治政府建设示范创建活动对法治政府建设具有重要引领标杆作用，是推动各地区各层级法治政府建设协调并进，更多地区实现率先突破的重要工作抓手。《法治政府建设实施纲要(2015—2020 年)》明确提出：

---

① 参见中国法学会:《中国法治建设年度报告 2017》(上)，载《中国法律》2018 年第 3 期。

② 参见黄文艺:《坚持党对全面依法治国的领导》，载《法治现代化研究》2021 年第 1 期。

③ 《法治政府建设实施纲要(2021—2025 年)》，载《人民日报》2021 年 8 月 12 日版。

“积极开展建设法治政府示范创建活动，大力培育建设法治政府先进典型。”[①]中共中央办公厅、国务院办公厅《关于开展法治政府建设示范创建活动的意见》（以下简称《示范创建意见》）进一步指出，开展法治政府建设示范创建活动，是深入贯彻落实党中央、国务院关于法治政府建设决策部署，不断把法治政府建设向纵深推进的重要抓手，对各地区各部门找差距、补短板、激发内生动力具有重要的引领带动作用。《示范创建意见》明确全国范围的法治政府建设示范创建活动前期主要面向市、县政府，开展综合示范创建或者单项示范创建，需经过自愿申报、初审推荐、第三方评估、人民群众满意度测评、实地核查、媒体公示和批准命名等程序。《示范创建意见》还制定了指标体系，作为开展示范创建活动的评估标准和建设法治政府的具体指引。法治政府建设示范创建活动的深入开展表明，治理的互动要求和回应逻辑在我国法治政府建设中发挥了重要作用。在《示范创建意见》指引下，地方法治政府建设的目标导向更为明晰、资源投入更为集约，一些曾经阻碍法治政府建设深入推进的障碍因素逐步得到解决。[②]

《法治政府建设实施纲要（2021—2025 年）》明确要求：“扎实做好法治政府建设示范创建活动，以创建促提升、以示范带发展，不断激发法治政府建设的内生动力。”[③]在具体落实中，各地区各部门要高度重视法治政府建设，深刻认识示范创建活动对加快法治政府建设的重要意义，以开展示范创建活动为契机，深入总结本地区本部门法治政府建设的成绩和问题，摸清制约法治政府建设进程的难点、痛点和堵点，既要尽快补齐短板、改善薄弱环节，也要精准发力、重点突破，努力成为全国法治政府建设的示范样板。各地区各部门要认真抓好示范创建活动的动员部署、督促落实、监督检查，制定创建方案，明确目标方向，切实避免示范创建活动的盲目性、随意性。党政主要负责人要切实履行推进法治建设第一责任人职

---

① 《法治政府建设实施纲要（2015—2020 年）》，载《人民日报》2015 年 12 月 28 日版。

② 参见马怀德：《论习近平法治思想中的法治政府理论》，载《政法论坛》2020 年第 6 期。

③ 《法治政府建设实施纲要（2021—2025 年）》，载《人民日报》2021 年 8 月 12 日版。

责,将法治政府建设示范创建活动纳入重要议事日程。中央依法治国办要加强对示范创建活动的统筹指导,推动示范创建活动达到预期效果。

(三)严格执行法治政府建设年报制度

法治政府建设年度报告制度经历了长期发展历程。国务院 1993 年印发的《关于加强政府法制工作的决定》提出“各级政府在向上级政府和同级人大及其常委会报告工作时,要把报告政府法制工作作为一项重要内容”。2004 年印发的《全面推进依法行政实施纲要》要求“地方各级人民政府应当定期向本级人大及其常委会和上一级人民政府报告推进依法行政的情况;国务院各部门、地方各级人民政府工作部门要定期向本级人民政府报告推进依法行政的情况”。[①]《法治政府建设实施纲要(2015—2020 年)》重申了前述要求并强调报告要通过报刊、政府网站等向社会公开。但近年来的第三方评估结果显示,法治政府建设年度报告制度的实践推进还存在发布时间延迟、发布位置随意、标题表述不一,以及报告内容详略不一、质量参差不齐等问题。《法治政府建设实施纲要(2021—2025 年)》明确要求:“严格执行法治政府建设年度报告制度,按时向社会公开。”[②]《法治政府建设与责任落实督察工作规定》对该制度进行专章规定和细化。在具体落实中,一要做到主动报告。各级政府要在党委统一领导下履行推进依法行政建设法治政府的主体责任,谋划落实好推进依法行政建设法治政府的各项任务,主动向党委报告推进依法行政建设法治政府中的重大问题。二要做到按时报告。每年 4 月 1 日之前,地方各级政府和县级以上政府部门的法治政府建设年度报告,除涉及党和国家秘密的,应当通过报刊、网站等新闻媒体向社会公开,接受人民群众监督。三要做到全面报告。法治政府建设年度报告应包括以下主要内容:(1)上一年度推进法治政府建设的主要举措和成效;(2)上一年度推进法治政府建设存在的不足和原因;(3)上一年度党

---

① 《全面推进依法行政实施纲要》,载《人民日报》2004 年 4 月 21 日版。

② 《法治政府建设实施纲要(2021—2025 年)》,载《人民日报》2021 年 8 月 12 日版。

政主要负责人履行推进法治建设第一责任人职责,加强法治政府建设的有关情况;(4)下一年度推进法治政府建设的主要安排;(5)其他需要报告的情况。四要做好专项督查。法治政府建设督察单位应当督促下一级地方党委和政府、本级政府部门按时报送和公开年度报告,对未按照要求报送、公开的,应当通报批评。五要用好评议机制。督察单位可以邀请人大代表、政协委员、专家学者、新闻记者、政府法律顾问或者委托第三方机构对已公开的法治政府建设年度报告提出意见或者进行评议,有关意见、评议结果应当向被督察单位反馈,并向社会公开。

(四)建立健全法治政府建设指标体系

法治政府建设指标体系不是抽象的数字游戏,而是指导行动、标明效果的目标达成功能模块。自 2004 年以来,法治政府建设指标体系成为理论和实践中的热点问题。[①] 杭州市余杭区 2008 年率先发布“余杭法治指数”,为全国城市法治建设的绩效考评指标体系探索提供了先行先试样本。此后许多省份或城市相继研制符合各地需要的法治建设绩效测评指标体系,比较有代表性的如《广东省法治政府建设指标体系》(2013)、《法治江苏建设指标体系(试行)》(2015)、《法治湖南建设评估指标体系》(2016)、《江苏省法治城市(县、市、区)考核标准》(2016)等。党的十八届三中全会明确提出建立科学的法治建设指标体系和考核标准。党的十八届四中全会进一步要求建立法治建设成效考核制度,把法治建设成效作为衡量各级领导班子和领导干部工作实绩的重要内容,纳入政绩考核指标体系。《法治政府建设实施纲要(2015—2020 年)》重申了前述要求,《法治政府建设实施纲要(2021—2025 年)》进一步强调“建立健全法治政府建设指标体系,强化指标引领。加大考核力度,提升考核权重,将依法行政情况作为对地方政府、政府部门及其领导干部综合绩效考核的重要内容”。[②] 值得注意的是,目前各地公布的法治政

① 参见王敬波:《地方法治政府评估的中国实践》,载《中国法律评论》2017 年第 4 期。

② 《法治政府建设实施纲要(2021—2025 年)》,载《人民日报》2021 年 8 月 12 日版。

府建设指标体系，基本上是以 2004 年《全面推进依法行政实施纲要》确立的 7 项指标作为认知与评价法治政府建设成效的核心标准。[①] 着眼于新时代新形势新要求，今后实践中要根据《法治政府建设实施纲要（2021—2025 年）》以及党中央、国务院关于法治政府建设的重大决策部署，深入总结第一批全国法治政府建设示范创建活动的成功经验，坚持问题导向、目标导向，突出针对性、引领性、可操作性，修订出台新版市县法治政府建设示范指标体系，既作为开展法治政府建设示范创建活动的评估标准，也作为各地区各部门法治政府建设的具体指引，使法治政府建设更加可量化、可证明、可比较。此外还要加强法治政府建设评估的结果运用，上级党委应当将下级党政主要负责人履行推进依法行政建设法治政府第一责任人职责情况纳入政绩考核指标体系，作为考察使用干部、推进干部能上能下的重要依据。

三、依法行政能力现代化的全面加强

党的二十大报告指出："全面建设社会主义现代化国家，必须有一支政治过硬、适应新时代要求、具备领导现代化建设能力的干部队伍。"[②]中国式行政法治现代化包含依法行政体系现代化和依法行政能力现代化两个重要维度。党和国家在推进完善依法行政体系的同时，高度重视提升强化依法行政能力。1999 年印发的《关于全面推进依法行政的决定》要求各级政府及其工作部门加强制度建设，严格行政执法，强化行政执法监督，不断提高依法办事的能力和水平。自此以后，提升行政机关工作人员依法行政的观念和能力就成为法治政府建设的重要内容。2004 年印发的《全面推进依法行政实施纲要》要求各级人民政府及其工作部门的领导干部要带头学习和掌握宪法、法律和法规的规定，不断增强法律意识，提高法律素养，提高依法行政的能力和水平，把依法

---

① 参见江必新、程琥：《论良法善治原则在法治政府评估中的应用》，载《中外法学》2018 年第 6 期。

② 习近平：《高举中国特色社会主义伟大旗帜　为全面建设社会主义现代化国家而团结奋斗——在中国共产党第二十次全国代表大会上的报告》，人民出版社 2022 年版，第 66 页。

行政贯穿于行政管理的各个环节，列入各级人民政府经济社会发展考核内容体系。《法治政府建设实施纲要(2015—2020 年)》明确提出："政府工作人员特别是领导干部牢固树立宪法法律至上、法律面前人人平等、权由法定、权依法使等基本法治理念，恪守合法行政、合理行政、程序正当、高效便民、诚实守信、权责统一等依法行政基本要求，做尊法学法守法用法的模范，法治思维和依法行政能力明显提高，在法治轨道上全面推进政府各项工作。"[①]遵循习近平法治思想关于"坚持抓住领导干部这个'关键少数'"的核心要义，《法治政府建设实施纲要(2021—2025 年)》对依法行政能力现代化提出了一系列新要求。

(一)提高公职人员依法履职能力

习近平总书记强调指出："执法是把纸面上的法律变为现实生活中活的法律的关键环节，执法人员必须忠于法律、捍卫法律，严格执法、敢于担当"，[②]"要加强公职人员队伍建设和管理，提高依法履职能力"。[③]法治政府建设的基础性目标在于科学配置政府职能、促进政府依法履职，强调依法履职、全面履职、积极履职相统一。[④]行政机关的公职人员具体行使国家行政权，是法治政府建设的推进者和主力军。他们的依法治理思维和依法行政能力，直接影响法律的公正有效实施，直接影响法律的尊严和权威，直接影响人民群众对社会公平正义的信任和信心。2004 年印发的《全面推进依法行政实施纲要》从提高领导干部依法行政的能力和水平，建立行政机关工作人员学法制度，建立和完善行政机关工作人员依法行政情况考核制度以及积极营造全社会尊法守法、依法维权的良好环境 4 个方面，部署推进不断提高行政机关工作人员依法行政

---

① 《法治政府建设实施纲要(2015—2020 年)》，载《人民日报》2015 年 12 月 28 日版。

② 习近平：《加快建设社会主义法治国家》，载《求是》2015 年第 1 期。

③ 习近平：《在庆祝澳门回归祖国 15 周年大会暨澳门特别行政区第四届政府就职典礼上的讲话》，载《人民日报》2014 年 12 月 21 日版。

④ 江必新、黄明慧：《习近平法治思想中的法治政府建设理论研究》，载《行政法学研究》2021 年第 4 期。

的观念和能力。《法治政府建设实施纲要(2015—2020 年)》明确提出:“注重通过法治实践提高政府工作人员法治思维和依法行政能力。政府工作人员特别是领导干部想问题、作决策、办事情必须守法律、重程序、受监督,牢记职权法定,切实保护人民权益。要自觉运用法治思维和法治方式深化改革、推动发展、化解矛盾、维护稳定,依法治理经济,依法协调和处理各种利益问题,避免埋钉子、留尾巴,努力营造办事依法、遇事找法、解决问题用法、化解矛盾靠法的良好法治环境。注重发挥法律顾问和法律专家的咨询论证、审核把关作用。落实‘谁执法谁普法’的普法责任制,建立行政执法人员以案释法制度,使执法人员在执法普法的同时不断提高自身法治素养和依法行政能力。”[①]《法治政府建设实施纲要(2021—2025 年)》总结认为,经过 5 年的持续努力,“各级公务员法治意识显著增强,依法行政能力明显提高”,同时要求“全面加强依法行政能力建设”。[②] 在今后实践中,一要推动行政机关负责人带头遵守执行宪法法律,建立行政机关工作人员应知应会法律法规清单。二要坚持把民法典作为行政决策、行政管理、行政监督的重要标尺,不得违背法律法规随意作出减损公民、法人和其他组织合法权益或增加其义务的决定。三要通过完善综合行政执法改革配套机制来助力提升公务人员依法履职能力,要划清业务机构与执法机构的职责边界,解决实践中存在的监管和执法“两张皮”和推诿扯皮问题,要完善综合行政执法的保障机制,解决综合行政执法人员的身份、编制等问题,强化装备、设备配套等。[③]

(二)健全领导干部学法用法机制

坚持抓住领导干部这个“关键少数”是习近平法治思想核心要义的重要内容。各级领导干部作为具体行使党的执政权和国家立法权、行政

---

① 《法治政府建设实施纲要(2015—2020 年)》,载《人民日报》2015 年 12 月 28 日版。

② 《法治政府建设实施纲要(2021—2025 年)》,载《人民日报》2021 年 8 月 12 日版。

③ 参见马怀德、孔祥稳:《“十三五”时期法治政府建设的主要成就与“十四五”时期法治政府建设展望》,载中国政法大学法治政府研究院主编:《中国法治政府发展报告(2021)》,社会科学文献出版社 2022 年版。

权、监察权、司法权的人,在很大程度上决定全面依法治国的方向、道路、进度。首先,法治思维是领导干部的基本素质。领导干部具体行使党的执政权和国家立法权、行政权、监察权、司法权,是全面依法治国的关键。各级领导干部要坚决贯彻落实党中央关于全面依法治国的重大决策部署,要把法治素养和依法履职情况纳入干部考核评价的重要内容,让尊法学法守法用法成为领导干部自觉行为和必备素质。[①] 其次,领导干部是法治政府的重要表率。领导干部必须带头尊崇法治、敬畏法律,了解法律、掌握法律,遵纪守法、捍卫法治,厉行法治、依法办事,不断提高运用法治思维和法治方式深化改革、推动发展、化解矛盾、维护稳定的能力,做尊法学法守法用法的模范。[②] 最后,领导干部要遵循法治底线。各级领导干部不能行使依法不该由自己行使的权力,也不能干预依法自己不能干预的事情,更不能以言代法、以权压法、徇私枉法。[③]《法治政府建设实施纲要(2015—2020 年)》明确提出:"政府工作人员特别是领导干部要系统学习中国特色社会主义法治理论,学好宪法以及与自己所承担工作密切相关的法律法规。完善学法制度,国务院各部门、县级以上地方各级政府每年至少举办一期领导干部法治专题培训班,地方各级政府领导班子每年应当举办两期以上法治专题讲座。各级党校、行政学院、干部学院等要把宪法法律列为干部教育的必修课。"[④]《法治政府建设实施纲要(2021—2025 年)》进一步要求:"健全领导干部学法用法机制,国务院各部门根据职能开展本部门本系统法治专题培训,县级以上地方各级政府负责本地区领导干部法治专题培训,地方各级政府领导班子每年应当举办两期以上法治专题讲座。市县政府承担行政执法职能的部门负责人任期内至少接受一次法治专题脱产培训。"[⑤]新发展阶段

---

① 习近平:《坚定不移走中国特色社会主义法治道路　为全面建设社会主义现代化国家提供有力法治保障》,载《求是》2021 年第 5 期。

② 《习近平谈治国理政》(第三卷),外文出版社 2020 年版,第 287 页。

③ 习近平:《论坚持全面依法治国》,中央文献出版社 2020 年版,第 25 页。

④ 《法治政府建设实施纲要(2015—2020 年)》,载《人民日报》2015 年 12 月 28 日版。

⑤ 《法治政府建设实施纲要(2021—2025 年)》,载《人民日报》2021 年 8 月 12 日版。

深入提高领导干部法治思维和依法办事能力，尤其要做到以下几点：一要守法律、重程序，这是法治的第一位要求。二要牢记职权法定，明白权力来自哪里、界线划在哪里，做到法定职责必须为、法无授权不可为。三要保护人民权益，这是法治的根本目的。四要受监督，这既是对领导干部行使权力的监督，也是对领导干部正确行使权力的制度保护。

（三）加强基层法治机构建设

党的十八届四中全会明确要求："加强基层法治机构建设，强化基层法治队伍，建立重心下移、力量下沉的法治工作机制，改善基层基础设施和装备条件，推进法治干部下基层活动。"[①]这五个方面是推进基层治理法治化的重要内容，也是实现基层治理法治化的关键环节与路径。事实上，当代中国的基层法治社会建设，很大程度上是法治社会对乡土社会的改造。在法治社会改造乡土社会的过程中，难以避免会受到历史惯性、价值理念、文化根源等因素的影响而出现各种社会冲突。一方面，整合法治社会与乡土社会既需要从法学的视角构建具体的法律制度，也需要从社会学的视角考察乡土社会对公民法治观念的影响，还要科学审视公民权利保障与法治社会的动态关系等。另一方面，整合法治社会与乡土社会要加强基层特别是农村地区法治机构建设，构建县、乡、村三级联动的农村治理体系和法治网络，有效整合县域法治工作队伍，组建并完善乡镇法律服务中心、村民法律服务工作室，培养和造就一支上下联动、专兼结合，扎根农村服务社区的高素质基层法治工作队伍，切实发挥其反映村民诉求、协调村民关系、化解社区矛盾的法律服务和社会管理功能，成为打造和维护新型农村社区法治建设的"第一道防线"。尤其值得注意的是，新时代"枫桥经验"作为中国特色基层法治的地方知识结晶，其制度逻辑与法治实践具有示范性，有助于引领其他地区因地制宜开展综合化、源头化、体系化的基

① 《中共中央关于全面推进依法治国若干重大问题的决定》，载《人民日报》2014年10月29日版。

层治理，为基层法治建构、法治中国建设的实践探索和理论创新提供更多可行性方案。中共中央、国务院2021年印发的《关于加强基层治理体系和治理能力现代化建设的意见》围绕推进基层法治建设作出系列重要部署，具有重要指导意义。《法治政府建设实施纲要（2021—2025年）》明确要求："加强各部门和市县政府法治机构建设，优化基层司法所职能定位，保障人员力量、经费等与其职责任务相适应。把法治教育纳入各级政府工作人员初任培训、任职培训的必训内容。对在法治政府建设中作出突出贡献的单位和个人，按规定给予表彰奖励。"[①]在新发展阶段，要解决基层法治机构发展不平衡不充分、人员配备不足、队伍稳定性差、物资装备和经费保障机制不健全、信息化程度低等突出问题，需要从以下方面采取有效措施。一是建立基层法治网络，横向整合县一级公检法司力量，纵向在县乡村建立综合综治工作机构，构建县乡村三级联动的法治网络。二是加强基层社区网格化管理和治保网络建设，加快形成以社区党组织为核心、社区自治组织为主体、各类中介组织充分发挥作用的新型社区组织机构。三是建立健全将人、财、物更多投放到基层的长效机制，确保资源下沉到基层。四是人员编制要向基层一线倾斜，加强和充实基层法治队伍力量，同时提高基层法治队伍整体素质、能力和水平。

（四）加强法治工作队伍建设

法治政府建设的主体是政府，但不能仅依赖政府推进依法行政。公职人员之外的法律职业共同体成员，也是推进法治政府建设的重要力量。2004年印发的《全面推进依法行政实施纲要》明确提出："建立行政机关工作人员学法制度，增强法律意识，提高法律素质，强化依法行政知识培训。要采取自学与集中培训相结合、以自学为主的方式，组织行政机关工作人员学习通用法律知识以及与本职工作有关的专门法律知

① 《法治政府建设实施纲要（2021—2025年）》，载《人民日报》2021年8月12日版。

识。”[1]党的十八大以来，习近平总书记围绕法治人才队伍建设作出系列重大部署，特别强调“完善决策制度，规范决策程序。要加大决策合法性审查力度，法律顾问和公职律师参与决策过程、提出法律意见应当成为依法决策的重要程序”，建立行政机关内部重大决策合法性审查机制，积极推行政府法律顾问制度，保证法律顾问在制定重大行政决策、推进依法行政中发挥积极作用；建立重大决策终身责任追究制度及责任倒查机制。[2] 中共中央办公厅、国务院办公厅 2019 年印发的《关于加快推进公共法律服务体系建设的意见》明确提出，优化公共法律服务队伍结构，稳步增加律师、公证员、法律援助人员、仲裁员数量，加快发展政府法律顾问队伍，适应需要发展司法鉴定人员队伍，积极发展专职人民调解员队伍，增加有专业背景的人民调解员数量，规范发展基层法律服务工作者队伍。这表明建立政府法律顾问制度旨在充分发挥法律人才的专业性，规范政府机关依法履职程序，提升政府机关依法履职水平化。

《法治政府建设实施纲要（2015—2020 年）》明确提出：“健全行政执法人员岗位培训制度，每年组织开展行政执法人员通用法律知识、专门法律知识、新法律法规等专题培训。加大对公务员初任培训、任职培训中法律知识的培训力度。”[3]《法治政府建设实施纲要（2021—2025 年）》明确要求：“加强行政执法队伍专业化职业化建设，在完成政治理论教育和党性教育学时的基础上，确保每人每年接受不少于 60 学时的业务知识和法律法规培训。加强行政复议工作队伍专业化职业化建设，完善管理办法。加强行政复议能力建设，制定行政复议执业规范。加强法律顾问和公职律师队伍建设，提升法律顾问和公职律师参与重大决策的能力水平。加强行政裁决工作队伍建设。”[4]在加强法治工作队伍建设实践中，尤其要积极推行政府法律顾问和公职律师制度，把法律顾问

① 《全面推进依法行政实施纲要》，载《人民日报》2004 年 4 月 21 日版。

② 《中共中央关于全面推进依法治国若干重大问题的决定》，载《人民日报》2014 年 10 月 29 日版。

③ 《法治政府建设实施纲要（2015—2020 年）》，载《人民日报》2015 年 12 月 28 日版。

④ 《法治政府建设实施纲要（2021—2025 年）》，载《人民日报》2021 年 8 月 12 日版。

和公职律师参与决策过程、提出法律意见作为依法决策的重要程序，保证法律顾问和公职律师在制定重大行政决策、推进依法行政中发挥积极作用。

（五）加强政府立法能力建设

习近平总书记强调指出："要把国家各项事业和各项工作纳入法制轨道……实现国家和社会生活制度化、法制化。"[①]依法行政不仅指向严格规范公正文明执法，还包括依法制定行政法规、规章和行政规范性文件等。[②] 推动法治政府建设以善治为归宿，也离不开良法的保障。完备的依法行政制度体系是法治政府运行的可靠保障，要坚持把良法善治落实到政府立法和公共政策中。[③] 政府立法质量直接影响法治政府建设，必须高度重视政府立法的民主性、科学性问题。《法治政府建设实施纲要（2015—2020 年）》明确提出："提高政府立法质量，构建系统完备、科学规范、运行有效的依法行政制度体系，使政府管理各方面制度更加成熟更加定型，为建设社会主义市场经济、民主政治、先进文化、和谐社会、生态文明，促进人的全面发展，提供有力制度保障。"[④]《法治政府建设实施纲要（2021—2025 年）》明确要求："加强政府立法能力建设，有计划组织开展专题培训，做好政府立法人才培养和储备。"[⑤]在具体落实中，一要注重依法行政制度的全面性。要坚持科学立法、民主立法、依法立法，着力实现政府立法质量和效率并重并进，增强针对性、及时性、系统性、可操作性，努力使政府治理各方面制度更加健全、更加完善。尤其是要积极推进国家安全、科技创新、公共卫生、文化教育、民族宗教、生物安全、生态文明、防范风险、反垄断、涉外法治等重要领域立法，健全国家治

---

① 习近平：《在首都各界纪念现行宪法公布施行三十周年大会上的讲话》，载《十八大以来重要文献选编》（上），中央文献出版社 2014 年版，第 89～90 页。

② 姜明安：《法治政府建设的四个关键点》，载《人民论坛》2018 年第 13 期。

③ 江必新、程琥：《论良法善治原则在法治政府评估中的应用》，载《中外法学》2018 年第 6 期。

④ 《法治政府建设实施纲要（2015—2020 年）》，载《人民日报》2015 年 12 月 28 日版。

⑤ 《法治政府建设实施纲要（2021—2025 年）》，载《人民日报》2021 年 8 月 12 日版。

理急需的法律制度、满足人民日益增长的美好生活需要必备的法律制度。二要注重依法行政制度的系统性。要构建系统完备、科学规范、运行有效的依法行政制度体系，使政府管理各方面制度更加成熟更加定型，为建设社会主义市场经济、民主政治、先进文化、和谐社会、生态文明，促进人的全面发展，提供有力制度保障。[①] 三要注重通过多种举措提高政府立法质量。要深入完善政府立法体制机制、加强重点领域政府立法、提高政府立法公众参与度、加强规范性文件监督管理、建立行政法规、规章和规范性文件清理长效机制，聚焦实践问题和立法需求，提高立法精细化精准化水平。

四、行政法治现代化理论的创新发展

党的二十大报告指出："只有把马克思主义基本原理同中国具体实际相结合、同中华优秀传统文化相结合，坚持运用辩证唯物主义和历史唯物主义，才能正确回答时代和实践提出的重大问题，才能始终保持马克思主义的蓬勃生机和旺盛活力。"[②]遵循"两个相结合"的马克思主义中国化时代化发展规律，"在新中国成立特别是改革开放以来长期探索和实践基础上，经过十八大以来在理论和实践上的创新突破，我们党成功推进和拓展了中国式现代化。中国式现代化，是中国共产党领导的社会主义现代化，既有各国现代化的共同特征，更有基于自己国情的中国特色"。[③] 中国式法治现代化新道路是中国式现代化新道路在法治领域的具体体现，是中国共产党领导人民经过长期探索和伟大实践而成功走出的一条符合中国国情、遵循法治规律、通向良法善治的法治现代化正确道路，是马克思主义法治理论与中国法治建设实际相结合、与中华优

---

① 《法治政府建设实施纲要(2015—2020年)》，载《人民日报》2015年12月28日版。

② 习近平：《高举中国特色社会主义伟大旗帜　为全面建设社会主义现代化国家而团结奋斗——在中国共产党第二十次全国代表大会上的报告》，人民出版社2022年版，第17页。

③ 习近平：《高举中国特色社会主义伟大旗帜　为全面建设社会主义现代化国家而团结奋斗——在中国共产党第二十次全国代表大会上的报告》，人民出版社2022年版，第22页。

秀传统法律文化相结合的重大成果。中国式行政法治现代化新道路是行政法治现代化的社会主义道路、中国道路，也是21世纪人类行政法治文明的康庄大道。[①] 以习近平法治思想特别是习近平法治思想中的行政法治论为科学指引的中国式行政法治现代化的推进和拓展，为行政法治现代化理论研究提供了鲜活实践，提出了崭新命题，特别是催生了以"党的领导""行政为民""一体建设""率先突破"为主要代表的原创性理论命题，同时激励和呼唤着中国行政法学基础理论的创新发展。

（一）"党的领导"理论创新

党的二十大报告指出，新时代十年，"我们全面加强党的领导，明确中国特色社会主义最本质的特征是中国共产党领导，中国特色社会主义制度的最大优势是中国共产党领导，中国共产党是最高政治领导力量，坚持党中央集中统一领导是最高政治原则，系统完善党的领导制度体系，全党增强'四个意识'，自觉在思想上政治上行动上同党中央保持高度一致，不断提高政治判断力、政治领悟力、政治执行力，确保党中央权威和集中统一领导，确保党发挥总揽全局、协调各方的领导核心作用，我们这个拥有九千六百多万名党员的马克思主义政党更加团结统一"。[②] 中国共产党领导是中国特色社会主义最本质的特征，是中国特色社会主义制度的最大优势，是党和国家的根本所在、命脉所在，是全国各族人民的利益所系、命运所系。实践反复证明，党领导中国式法治现代化的实践创新历程，也是"党的领导"理论的创新发展历程。在中央全面依法治国工作会议上，习近平总书记深刻阐述了"坚持党对全面依法治国的领导"的核心要义，为行政法治现代化研究创新发展"党的领导"理论提供了指导思想和根本遵循。

首先，党的领导是中国式行政法治现代化的根本特征。在党的十九届三中全会第二次全体会议上，习近平总书记强调指出：党总揽全

---

① 参见公丕祥：《中国式法治现代化新道路的内在逻辑》，载《法学》2021年第10期。

② 习近平：《高举中国特色社会主义伟大旗帜　为全面建设社会主义现代化国家而团结奋斗——在中国共产党第二十次全国代表大会上的报告》，人民出版社2022年版，第6～7页。

局、协调各方的领导体系是居于统领地位的,是全覆盖、全贯穿的,人大、政府、政协、监察机关、审判机关、检察机关、人民团体、企事业单位、社会组织以及武装力量等在党的统一领导下,各就其位、各司其职、各尽其责、有序协同,保证中央和地方各级政令统一、运行顺畅、执行高效、充满活力。[①] 在中央全面依法治国工作会议上,习近平总书记强调指出:"全党同志必须牢记,党的领导是我国社会主义法治之魂,是我国法治同西方资本主义国家法治最大的区别。离开了党的领导,全面依法治国就难以有效推进,社会主义法治国家就建不起来。"[②]党的十九届四中全会第二次全体会议强调指出:"党政军民学,东西南北中,党是领导一切的。"[③]新时代的中国式行政法治现代化,必须始终保持好坚持和加强党的领导这一本质属性。只有在党的集中统一领导下,才能更加有力有序有效地把党的领导贯彻落实到法治政府建设的方方面面,才能保证政令上下贯通、执行有力,才能促进协同配合、形成工作合力,才能优化政策效应,提高行政效能,从而更好地推进新时代政府治理现代化。

其次,党的领导是中国式行政法治现代化的根本动力。我国属于法治后发国家,法治建设要跟上经济社会发展速度,发挥引领、规范、保障作用,必须充分发挥党的领导对法治建设的根本推动作用。习近平总书记强调指出:"我们要在短短几十年时间内在十三亿多人口的大国实现社会主义现代化,就必须自上而下、自下而上双向互动地推进法治化。"[④]在新时代的中国式行政法治现代化的每一个重要时间节点上,以习近平同志为核心的党中央都立足全局和长远,对法治政府建设进行战略谋划和顶层设计。2014 年党的十八届四中全会对"深入推进依法行

① 《习近平谈治国理政》(第三卷),外文出版社 2020 年版,第 169 页。

② 习近平:《坚定不移走中国特色社会主义法治道路　为全面建设社会主义现代化国家提供有力法治保障》,载《求是》2021 年第 5 期。

③ 《中共中央关于党的百年奋斗重大成就和历史经验的决议》,载《人民日报》2021 年 11 月 17 日版。

④ 习近平:《论坚持全面依法治国》,中央文献出版社 2020 年版,第 135 ~ 136 页。

政，加快建设法治政府”作出全面部署，提出了面向法治中国建设的法治政府建设主要目标和重点任务。2015 年印发的《法治政府建设实施纲要（2015—2020 年）》明确了“十三五”时期法治政府建设的目标方向。2018 年党中央组建中央全面依法治国委员会，成为加强党对法治政府建设领导的重要举措等。特别是中央全面依法治国工作会议将“坚持依法治国、依法执政、依法行政共同推进，法治国家、法治政府、法治社会一体建设”确立为习近平法治思想核心要义的重要内容，为中国式行政法治现代化提供了根本遵循。《法治政府建设实施纲要（2021—2025 年）》，正是党领导推动中国式行政法治现代化的最新纲领，必将引领和推进通过法治政府建设的中国式行政法治现代化行稳致远。

最后，党的领导是中国式行政法治现代化的根本保证。坚持党对全面依法治国的领导不是一句空口号，必须具体体现在党领导立法、保证执法、支持司法、带头守法上。[①] 在中央全面依法治国工作会议上，习近平总书记强调指出：“全面依法治国决不是要削弱党的领导，而是要加强和改善党的领导。要健全党领导全面依法治国的制度和工作机制，推进党的领导制度化、法治化，通过法治保障党的路线方针政策有效实施。要坚持依法治国和依规治党有机统一，确保党既依据宪法法律治国理政，又依据党内法规管党治党、从严治党。”[②]习近平总书记还特别强调坚持抓住领导干部这个“关键少数”，强调指出：“领导干部具体行使党的执政权和国家立法权、行政权、监察权、司法权，是全面依法治国的关键。各级领导干部要坚决贯彻落实党中央关于全面依法治国的重大决策部署，带头尊崇法治、敬畏法律，了解法律、掌握法律，不断提高运用法治思维和法治方式深化改革、推动发展、化解矛盾、维护稳定、应对风险的能力，做尊法学法守法用法的模范。要把法治素养和依法履职情况纳入考核评价干部的重要内容，让尊法学法守法用法成为领导干部自

---

① 参见习近平：《加强党对全面依法治国的领导》，载《求是》2019 年第 4 期。

② 习近平：《坚定不移走中国特色社会主义法治道路　为全面建设社会主义现代化国家提供有力法治保障》，载《求是》2021 年第 5 期。

党行为和必备素质。”[①]在行政法治现代化领域，各级党委要全面履行推进法治政府建设领导职责，支持各级政府全面依法行政，为通过法治政府建设的中国式行政法治现代化提供坚强政治保证。

(二)“行政为民”理论创新

党的二十大报告指出：“人民性是马克思主义的本质属性，党的理论是来自人民、为了人民、造福人民的理论，人民的创造性实践是理论创新的不竭源泉。一切脱离人民的理论都是苍白无力的，一切不为人民造福的理论都是没有生命力的。”[②]新时代我国社会主要矛盾的深刻变化，不仅对经济社会发展全局带来深刻影响，也呼唤和催生着以人民美好公共生活需要为原动力的新时代全面依法治国理论与实践创新发展。在中央全面依法治国工作会议上，习近平总书记深刻论述了坚持以人民为中心的核心要义，强调指出：“全面依法治国最广泛、最深厚的基础是人民，必须坚持为了人民、依靠人民。要把体现人民利益、反映人民愿望、维护人民权益、增进人民福祉落实到全面依法治国各领域全过程，保证人民在党的领导下通过各种途径和形式管理国家事务、管理经济文化事业、管理社会事务，保证人民依法享有广泛的权利和自由、承担应尽的义务。推进全面依法治国，根本目的是依法保障人民权益。随着我国经济社会持续发展和人民生活水平不断提高，人民群众对民主、法治、公平、正义、安全、环境等方面的要求日益增长，要积极回应人民群众新要求新期待，坚持问题导向、目标导向，树立辩证思维和全局观念，系统研究谋划和解决法治领域人民群众反映强烈的突出问题，不断增强人民群众获得感、幸福感、安全感，用法治保障人民安居乐业。”[③]习近平总书记这一

① 习近平：《坚定不移走中国特色社会主义法治道路 为全面建设社会主义现代化国家提供有力法治保障》，载《求是》2021年第5期。

② 习近平：《高举中国特色社会主义伟大旗帜 为全面建设社会主义现代化国家而团结奋斗——在中国共产党第二十次全国代表大会上的报告》，人民出版社2022年版，第19页。

③ 习近平：《坚定不移走中国特色社会主义法治道路 为全面建设社会主义现代化国家提供有力法治保障》，载《求是》2021年第5期。

系列重要论述，为中国式法治现代化确立了以人民为中心的法治发展准则，直接指引着新时代行政为民法理的创造性转化和创新性发展。

首先，行政为民依托着深厚的法治文明底蕴。“以民为本”是传统中国治国理政话语体系及其实践中极为重要的宪制性理念。不同于“君权神授”思想长期在西方政治哲学中占据统治地位，中国传统政治哲学较早地摆脱了神权政治的困扰，在先秦时期就敏锐地发现了“人”的重要性，进而高扬“民”的主体性。① “以民为本”的宪制理念落实到传统政府治理领域就是“为民父母行政”的治理者自觉。“为民父母行政”贯穿于传统政府治理的逻辑体系与制度建构中，堪称“中国传统政治和行政制度的最基本立足点和出发点，是中国传统政治和行政制度的灵魂”。② 遵循“为民父母行政”的治理者自觉，“明主治吏不治民”的治理术提炼得以凸显。“为民父母行政”与“明主治吏不治民”有机结合，形成了中国传统行政法律文化中固有行政法理的核心旨趣，即“为民治吏”。儒法结合的“为民治吏”作为固有行政法理之核心旨趣，或曰牧民与治吏相结合，王治与治王相统一，堪称传统政府治理的应有之义与理性选择。正是在治官治王治民此消彼长的动态耦合中，传统中国政府治理得以“安身立命”。

其次，行政为民传承着宝贵的红色法治基因。“为人民服务”是《中国共产党章程》规定的立党宗旨和使命初心，也是《宪法》所确立的宪法原则。早在新民主主义革命阶段，“为人民服务”就是中国共产党领导的革命根据地政权建设与行政管理的基本宗旨原则，由此也奠定了新中国政府治理与行政法治的“红色基因”。中华人民共和国成立后，“为人民服务”获得了崇高宪制地位，也具体化为各级人民政府及其工作人员的行政准则与法律义务。所以“为人民服务”不仅是宪制原则和党的宗旨，更是我国法治政府建设和依法行政事业的根本任务，在此基础上提

① 参见吴欢：《安身立命：传统中国国宪的形态与运行——宪法学视角的阐释》，中国政法大学出版社 2013 年版，第 91～99 页。

② 参见范忠信主编：《官与民：中国传统行政法制文化研究》，中国人民大学出版社 2012 年版，“导论”。

炼的“行政为民”,也应当成为时代化本土化体系化的中国行政法理的核心内涵。党的十八大以来,“为人民服务”的宪制原则进一步升华为“以人民为中心”的发展思想,从而为新时代全面依法治国确立了基本建设原则与崇高价值准则,进一步落实到政府治理和依法行政实践中,就是“行政为民”的行政法理。在中国行政法学学科体系重构与话语体系更新的新时代,重温进而重光“行政为民”的行政法理恰逢其时且十分必要。

最后,行政为民立足于坚实的行政法治实践。党的十八大以来,推进国家治理体系和治理能力现代化的总目标得以确立,政府治理现代化不仅是“形式法治国”意义上的依法行政,更要朝着“实质法治国”的方向全面深化改革,以充分实现共建共治共享的“良法善治”。在“四个全面”战略布局中,“坚持以人民为中心”构成了全面依法治国和法治政府建设的基本原则。[①] 在此基础上,“以人民为中心”的实质法治观得以凸显,“行政为民”的行政法理也迎来了高光时刻。党的十九大作出了中国特色社会主义进入新时代,我国社会主要矛盾发生深刻变化的重大政治判断,并将“坚持以人民为中心”确立为坚持和发展新时代中国特色社会主义的十四项基本方略之一。这就进一步为当代中国的法治政府建设和行政法治发展提出了新的时代课题,即如何有效回应人民在民主、法治、公平、正义、环保、安全等方面的美好生活需要。这既是一个重大的行政法现实问题,也是一个深刻的行政法理论问题,不仅需要在行政法治实践中作出创新探索,也需要从行政法学理论上进行法理重构。党的十九届四中全会明确提出“必须坚持一切行政机关为人民服务、对人民负责、受人民监督,创新行政方式,提高行政效能,建设人民满意的服务型政府”,充分彰显了新时代政府治理的人民性价值及其法理要义,也深刻启发着现代行政法学知识体系回归“人民主权论”的逻辑原

---

① 参见公丕祥:《国家治理与公法发展:中国法治现代化的时代议题》,载《中国高校社会科学》2016年第1期。

点。在依法抗击新冠疫情的伟大斗争中,“人民至上、生命至上”所诠释的使命初心及其指引下的应急行政实践,再一次雄辩地证明了“行政为民”的法理价值与实践伟力。遵循习近平法治思想中坚持以人民为中心的核心要义,在新时代重光进而重构“行政为民”的行政法理,确证了“行政为民”是中国式行政法治现代化的时代使命,具有重要的理论创新意义和实践启示意义。

(三)“一体建设”理论创新

在首都各界纪念现行宪法公布施行 30 周年大会上,习近平总书记首次提出“坚持依法治国、依法执政、依法行政共同推进,坚持法治国家、法治政府、法治社会一体建设”的重大命题。党的十八届四中全会明确提出,全面推进依法治国,总目标是建设中国特色社会主义法治体系,建设社会主义法治国家。在中国特色社会主义法治体系建设中,高效的法治实施体系占据重要位置,行政法治体系则是法治实施体系的重要内容。随着全面深化改革的深入推进,法治国家、法治政府、法治社会的三位一体建设对制度、理念、规则提出了更高要求。党的二十大报告指出:“我们要坚持走中国特色社会主义法治道路,建设中国特色社会主义法治体系、建设社会主义法治国家,围绕保障和促进社会公平正义,坚持依法治国、依法执政、依法行政共同推进,坚持法治国家、法治政府、法治社会一体建设,全面推进科学立法、严格执法、公正司法、全民守法,全面推进国家各方面工作法治化。”[①]中央全面依法治国工作会议将“坚持依法治国、依法执政、依法行政共同推进,法治国家、法治政府、法治社会一体建设”确立为习近平法治思想核心要义的重要内容,具有重要的法理创新意义。

首先,深化扩展了法治政府内涵。在习近平总书记“一体建设”重要论述的科学指引下,我国学界对新时代全面依法治国相关概念、概念

① 习近平:《高举中国特色社会主义伟大旗帜　为全面建设社会主义现代化国家而团结奋斗——在中国共产党第二十次全国代表大会上的报告》,人民出版社 2022 年版,第 40 页。

关系、建设途径、评价标准等问题进行了深入探讨，对作为执政理念的法治思维展开了系统论证，推动了行政法治现代化研究进入与共同推进、一体建设法治中国伟大实践同频共振的新阶段。[①] 党的十八届三中全会提出推进国家治理体系和治理能力现代化的总目标后，政府治理现代化概念和理论深度融入行政法治现代化领域，进而呼唤和要求积极研究运用法治思维和法治方式实现政府治理目标。[②] 着眼于政府治理现代化理论对国家治理现代化理论的深化发展，行政法治现代化研究更加密切关注政府治理现代化理论对法治政府内涵的深化拓展。如强调政府治理机制应当全方位激励治理主体普遍参与，提升社会合作水平，尽可能拓展和开放政府治理过程，强调政府治理具有主体多元、规则多元、过程交叉、方式多样以及纠纷复核等特征，为了实现政府治理现代化的整体目标，需要在行政组织、行政程序以及行政纠纷解决机制等方面持续推进法治化进程。[③]

其次，创新发展法治政府制度。“一体建设”理论不仅对全面依法治国具有全方位全过程全链条的指导意义，也对全面依法治国系统工程中的法治政府制度创新发展具有重要促进意义。“一体建设”理论指引下的中国式行政法治现代化及其相关领域体制机制改革创新，对行政主体理论、行政行为理论、行政监督理论以及行政救济理论等行政法基本理论及其制度建设产生了深刻影响。例如，党的十九大报告提出要“在省市县对职能相近的党政机关探索合并设立或合署办公”，由党政机关合署办公而引发的行政主体类型多样化遂成为近年来行政法治现代化研究的热点问题。学界主要关注合署办公在我国的实践模式和法治进程，党政机构合并设立的合法性依据，以及确定党政机关合署办公的标

---

① 参见姜明安：《论法治国家、法治政府、法治社会建设的相互关系》，载《法学杂志》2013 年第 6 期；江必新：《法治思维——社会转型时期治国理政的应然向度》，载《法学评论》2013 年第 5 期。

② 参见马怀德、孔祥稳：《中国行政法治四十年：成就、经验与展望》，载《法学》2018 年第 9 期。

③ 参见王瑞雪：《治理语境下的多元行政法》，载《行政法学研究》2014 年第 4 期；石佑启、杨治坤：《中国政府治理的法治路径》，载《中国社会科学》2018 年第 1 期。

准等议题,以期稳定不同类型公权力的相互关系,实现新型公权力组织的良性发展。[①] 又如,随着国家监察体制改革的深入推进,国家监察立法受到行政法治现代化研究的普遍关注。学界对制定“国家监察法”以弥补现行监察制度不足的必然性,以及实现反腐败法治化的可能路径等议题展开热烈讨论,进而对监察机关的法治定位、运作机制、监察对象、监察手段、监察程序、对监察机关的监督和制约、监察机关与司法机关的工作衔接等议题进行了深入研究。[②] 再如,权力清单制度是行政组织法领域新兴的研究对象,也是“一体建设”理论及其实践中的热点话题。有学者提炼出责任清单的主要实践形态,认为独立型责任清单最具理论与现实意义,可以成为推进政务公开的理想类型,但应在规范主义控权模式的基础上辅以功能主义模式进行法治化建构。[③] 还有学者主张在现代行政法“合法性”与“最佳性”的二维结构中建立完善三阶段依次推进的权力清单制度逻辑结构。[④]

最后,科学把握法治政府目标。随着中国特色社会主义法治体系建设的推进与深化,以法治水平而不仅仅是以经济水平来衡量国家和社会的发展,深刻影响着新时代的中国式法治现代化实践历程。随着法治建设水平的指标设计与评估实践成为我国学界热点议题,法治政府建设的衡量标准与目标愿景也引起理论界与实务界的高度重视。《法治政府建设实施纲要(2015—2020 年)》明确提出了“经过坚持不懈的努力,到 2020 年基本建成职能科学、权责法定、执法严明、公开公正、廉洁高效、守法诚信的法治政府”总体目标,并以政府职能依法全面履行,依法行政制度体系完备,行政决策科学民主合法,宪法法律严格公正实施,行政权力规范透明运行,人民权益切实有效保障,依法行政能力普遍提高作

① 参见刘权:《党政机关合署办公的反思与完善》,载《行政法学研究》2018 年第 5 期;金国坤:《党政机构统筹改革与行政法理论的发展》,载《行政法学研究》2018 年第 5 期;张力:《党政机关合署办公的标准:功能、问题与重构》,载《政治与法律》2018 年第 8 期。

② 参见姜明安:《国家监察法立法的若干问题探讨》,载《法学杂志》2017 年第 3 期。

③ 参见刘启川:《责任清单编制规则的法治逻辑》,载《中国法学》2018 年第 5 期。

④ 参见朱新力、余军:《行政法视域下权力清单制度的重构》,载《中国社会科学》2018 年第 4 期。

为法治政府建设的衡量标准，还为每个方面设定了具体标准。[①]《法治政府建设实施纲要（2021—2025年）》在指导思想中明确提出"全面建设职能科学、权责法定、执法严明、公开公正、智能高效、廉洁诚信、人民满意的法治政府"，并将"十四五"时期法治政府建设的总体目标表述为"到2025年，政府行为全面纳入法治轨道，职责明确、依法行政的政府治理体系日益健全，行政执法体制机制基本完善，行政执法质量和效能大幅提升，突发事件应对能力显著增强，各地区各层级法治政府建设协调并进，更多地区实现率先突破，为到2035年基本建成法治国家、法治政府、法治社会奠定坚实基础"。《法治政府建设实施纲要（2021—2025年）》对法治政府建设目标的此番设定和表述，是"一体建设"理论的贯彻落实和生动体现。[②] 在今后的实践中，除了围绕中国式行政法治现代化的宏伟目标扎实推进，还要因应全球范围法治定量研究的发展趋势，结合我国法治政府的特定内涵和政治背景，深入推进法治政府建设目标评估与研究。

（四）"率先突破"理论创新

在中央全面依法治国工作会议上，习近平总书记强调指出："推进全面依法治国，法治政府建设是重点任务和主体工程，对法治国家、法治社会建设具有示范带动作用，要率先突破。"[③]党的二十大报告重申指出："法治政府建设是全面依法治国的重点任务和主体工程。"[④]这些重要论述在"一体建设"理论创新基础上提出了"率先突破"的重要思想，具有丰富的哲理、现实和法理意涵。

从哲理依据来看，在全面依法治国系统工程中明确法治政府建设是重点任务和主体工程，明确其所具有的示范带动作用，明确其应当承担

---

① 《法治政府建设实施纲要（2015—2020年）》，载《人民日报》2015年12月28日版。

② 《法治政府建设实施纲要（2021—2025年）》，载《人民日报》2021年8月12日版。

③ 习近平：《坚定不移走中国特色社会主义法治道路　为全面建设社会主义现代化国家提供有力法治保障》，载《求是》2021年第5期。

④ 习近平：《高举中国特色社会主义伟大旗帜　为全面建设社会主义现代化国家而团结奋斗——在中国共产党第二十次全国代表大会上的报告》，人民出版社2022年版，第41页。

的率先突破使命,符合马克思主义哲学基本原理,是唯物论和辩证法的视域融合,是两点论和重点论的有机统一。就此而言,“一体建设”与“率先突破”是辩证统一的,是习近平法治思想中辩证思维的科学运用。从现实依据来看,改革开放以来我国法治建设的出发点和主战场都是依法行政领域。依法行政、法治政府和行政法治等概念,早在 20 世纪 90 年代就先于依法治国、法治国家、法治社会等概念而提出、研讨和实践。经过《全面推进依法行政实施纲要》和《法治政府建设实施纲要(2015—2020 年)》的接力推进,我国法治政府建设可谓是起步早、基础好、社会关注度高。以法治政府建设作为新发展阶段法治一体建设的率先突破口,既有深厚实践基础,也有广泛社会期待。从法理依据来看,法治政府建设率先突破具有三个层面的法理创新意义。一是以法治政府建设率先突破示范带动法治一体建设。在横向层面,法治政府建设要发挥对法治一体建设的示范带动作用,实现率先突破。从法治发展类型原理来看,有关法治发展类型的西方主流学说,大多服膺于演化型法治发展模式,即将法治发展视为自生自发的产物。即便是建构型法治模式论者,也倾向于关注整体推进的宏大叙事或者局部先行的特殊案例,缺乏从整体与局部的辩证关系中认识重点推进动力和率先突破意识的自觉自主论述。习近平总书记从中国法治国情出发,论断法治政府建设要在法治一体建设中率先突破,无疑具有深化认识法治发展类型原理的原创性法理贡献。也正因为如此,《法治政府建设实施纲要(2021—2025 年)》第一部分明确提出“深入学习贯彻习近平法治思想,努力实现法治政府建设全面突破”。二是以法治政府建设率先突破引领推进区域法治发展。在纵向层面,法治政府建设要发挥对区域法治发展的示范带动作用,实现率先突破。从央地关系法治原理来看,推进区域法治政府建设率先突破,超越了传统单一制央地关系和金字塔式行政科层的法理言说,是“两个积极性”宪制原则的生动体现。习近平总书记从中国法治国情出发,论断法治政府建设要在区域法治发展中率先突破,无疑具有深化认识央地关系法治原理的原创性法理贡献。也正因为如此,《法治政府建设实施纲要(2021—2025年)》在总体目标中明确提出“各地区各层级法治政府建设协调并进,更多地区实现率先突破”。三是以法治政府建设率先突破有力支撑国家治理现代化。习近平总书记从中国法治国情出发,论断法治政府建设对国家治理现代化的重要支撑作用,这就突出强调了政府治理现代化在国家治理现代化中的重要地位,以及政府治理法治化在国家治理法治化中的关键作用,是对国家治理现代化总目标的深化拓展,无疑具有深化认识国家治理法治目标的原创性法理贡献。也正因为如此,《法治政府建设实施纲要(2021—2025年)》明确提出法治政府建设是推进国家治理体系和治理能力现代化的重要支撑,要为到2035年基本建成法治国家、法治政府、法治社会奠定坚实基础,并将加快构建职责明确、依法行政的政府治理体系作为贯穿全篇的一条主线。[①] 正是因为具有前述哲理依据、现实依据和法理创新性,以及由此而来的《法治政府建设实施纲要(2021—2025年)》的明确要求,法治政府建设率先突破构成了新发展阶段行政法治发展的紧迫时代使命。

在中央全面依法治国工作会议上,习近平总书记强调指出:“现在,法治政府建设还有一些难啃的硬骨头,依法行政观念不牢固、行政决策合法性审查走形式等问题还没有根本解决。”[②]党的二十大报告也对新征程上扎实推进依法行政的重点任务作了战略部署。我们认为,深入推进新时代法治政府建设率先突破,要从如下方面重点发力,啃下“难啃的硬骨头”。一是切实加强党对法治政府建设的领导,特别是要把习近平法治思想贯彻落实到法治政府建设全过程和各方面。二是切实加强法治政府建设的规划引领和统筹推进,特别是要如期完成《法治政府建设实施纲要(2021—2025年)》科学设定的各项目标任务。三是要根据新发展阶段的特点,围绕推动高质量发展、构建新发展格局,加快转变政府职能,加快打造市场化、法治化、国际化营商环境,打

① 《法治政府建设实施纲要(2021—2025年)》,载《人民日报》2021年8月12日版。

② 习近平:《坚定不移走中国特色社会主义法治道路　为全面建设社会主义现代化国家提供有力法治保障》,载《求是》2021年第5期。

破行业垄断和地方保护，打通经济循环堵点，推动形成全国统一、公平竞争、规范有序的市场体系。四是加快推进政府治理规范化程序化法治化，特别是要着力实现政府立法质量和效率并重并进，增强针对性、及时性、系统性、可操作性，努力使政府治理各方面制度更加健全、更加完善。五是有效破解行政决策合法性审查难题，特别是要着力实现行政决策程序规定严格落实、决策质量和效率显著提高，切实避免因决策失误产生矛盾纠纷、引发社会风险、造成重大损失。六是深入推进严格规范公正文明执法，特别是要加强省市县乡四级全覆盖的行政执法协调监督工作体系建设，强化全方位、全流程监督，提高执法质量。七是积极打造多元化矛盾纠纷解决机制，特别是要坚持和发展新时代"枫桥经验"，完善社会矛盾纠纷多元预防调处化解综合机制。八是持续提升守信践诺和依法行政水平，特别是要重点推动公权力主体诚信守法，建立规范化机制化政企沟通渠道，构建亲清政商关系。九是坚持运用法治思维和法治方式应对突发事件，特别是要着力实现越是工作重要、事情紧急越要坚持依法行政，严格依法实施应急举措，在处置重大突发事件中推进法治政府建设。十是健全法治政府建设科技保障体系，特别是要坚持运用互联网、大数据、人工智能等技术手段促进依法行政，着力实现政府治理信息化与法治化深度融合，优化革新政府治理流程和方式，大力提升法治政府建设数字化水平。

（五）行政法学理论创新展望

党的二十大报告指出："实践没有止境，理论创新也没有止境。不断谱写马克思主义中国化时代化新篇章，是当代中国共产党人的庄严历史责任。"[①]《法治政府建设实施纲要（2021—2025年）》明确要求："加强中国特色社会主义法治政府理论研究。鼓励、推动高等法学院校成立法治政府建设高端智库和研究教育基地。建立法治政府建设评估专家库，

---

① 习近平：《高举中国特色社会主义伟大旗帜　为全面建设社会主义现代化国家而团结奋斗——在中国共产党第二十次全国代表大会上的报告》，人民出版社2022年版，第18页。

提升评估专业化水平。加大法治政府建设成就经验宣传力度,传播中国政府法治建设的时代强音。”[①]站在两个一百年奋斗目标的历史交汇点抚今追昔,中华人民共和国成立以来特别是改革开放以来的中国式行政法治现代化生动实践,始终激励着中国行政法学理论特别是中国特色社会主义行政法治理论的创新发展。在习近平法治思想的科学指引下,新时代中国行政法学理论创新取得显著进步,中国特色社会主义行政法治理论深入形成,通过法治政府建设的中国式行政法治现代化新道路越走越宽。

有学者将改革开放以来的行政体制改革与法治政府建设分为四个主要阶段,分别是恢复发展期(1978～1989年)、加速发展期(1989～1997年)、全面发展期(1997～2012年)、深化发展期(2012年至今)。[②]经过四十余年的创新发展,我国行政管理体制和行政组织法制日趋完善,基本实现了行政管理的规范化、程序化与法治化,有效加强了对公民权利的保护和对行政活动的监督。也有学者结合学术理论发展和重要法治实践,将我国的法治政府建设研究划分为三个阶段:1997～2003年为研究肇始期,2004～2012年为研究发展期,2013年至今为研究深入期。肇始期重在理论建构,侧重关注法治传统内涵和引介西方法治理论,初步提出了法治政府概念;发展期强调理论与实践相结合,着重确认法治政府建设内涵和探讨法治政府建设路径;深入期注重实践引导理论,以法治政府建设评估为代表的多元化研究逐渐成型,尤其注重构建中国特色社会主义行政法治理论;未来的法治政府建设研究将进入变革期,学术研究和法治实践将有更大发展。[③] 我们认为,当代中国的行政法学作为学科意义上的理论体系,确实是在改革开放之后才得以建立和建构,并且随着国家政治生活的变迁和理论注意力的转移,明显地形成

---

① 《法治政府建设实施纲要(2021—2025年)》,载《人民日报》2021年8月12日版。

② 参见李洪雷:《行政体制改革与法治政府建设四十年》,载《法治现代化研究》2018年第5期。

③ 参见王学辉、王亚栋:《法治政府建设研究的三阶段述评——基于中国知网1997－2018年相关文献的分析》,载《福建行政学院学报》2019年第1期。

了几个不同发展阶段。与此同时,我们完全可以从一条更为完整的历史轨迹,描述中国式行政法治现代化的发展历程,从中看到行政法学理论体系的曲折历程,进而引发我们更加深邃的理论思考。随着行政法治现代化研究从引介域外学理进入全面指导实践的新发展阶段,深入开展行政法学理论体系的阶段性反思,是加强中国特色社会主义行政法治理论研究的必然要求。

概括而言,我们认为,在中国行政法学的新生阶段(1978～1989年),行政法学研究和教育开始逐步恢复,行政法学理论体系也开始初步建构,并结合改革开放的发展实际得到一定程度的拓展,为制定行政诉讼法进行了理论准备。在中国行政法学的繁荣阶段(1989～2012年),学界在广泛吸收借鉴外国行政法学研究成果的同时,注意联系实际研究中国式行政法治现代化面临的诸多理论和实践问题,在宪法理论、行政立法、行政行为、监督行政、行政责任、行政救济、行政审判等方面取得重大理论进展。行政法学一般理论的基础性构建发展迅速,行政主体理论的全面更新、行政行为理论的体系化建构、行政程序研究的蓬勃发展、行政法律责任与行政救济研究的深入推进,都是这一阶段的重要学术成果。在中国行政法学的新时代(2012年至今),党的集中统一领导全面加强,法治一体建设格局深入形成,行政为民法理价值高度彰显,行政执法体制改革深入推进,严格规范公正文明执法明显提升,法治政府建设考核评价制度逐步建立,依法行政督促检查力度显著加强。与之相对应的是,我国的行政法学研究广度和深度继续拓展,研究方法更加多元,与社会生活联系也更为密切。行政法治现代化研究与法治政府建设理论需求的联系更加紧密,同时也对行政执法制度进行不断的反思和完善,面向具体领域的规制研究蓬勃兴起,以多元化纠纷解决为目标的行政救济制度创新深入发展,行政法学基础理论进一步深化。回顾历史,中国行政法学的发展历程是中国式行政法治现代化时代进程的生动侧面,这一发展历程不仅意味着学科的建立、生长与成熟,更表征着中国特色社会主义行政法治理论的时代进步。展望未来,在新时代中国行政法学理论园地中,坚持党的领导与坚持行政为民有机统一,推进一体建设与实现率先突破统筹协调,行政法解释论与行政法立法论齐头并进,既关注一般行政法(总论)又关注部门行政法(分论),既重视借鉴域外法治经验又注重凸显中国问题意识,具有鲜明中国特色、时代特色、实践特色的社会主义行政法治理论正在全面形成并将深化发展。

五、本章小结

习近平总书记强调指出:“深入推进全面依法治国,必须坚持党的集中统一领导。”①党的二十大报告明确要求:“坚持依法治国首先要坚持依宪治国,坚持依法执政首先要坚持依宪执政,坚持宪法确定的中国共产党领导地位不动摇,坚持宪法确定的人民民主专政的国体和人民代表大会制度的政体不动摇。”②通过法治政府建设的中国式行政法治现代化新道路,是中国式法治现代化新道路在行政法治领域的集中体现,是中国特色社会主义法治道路在行政法治领域的生动展开。新时代新征程上深入推进中国式行政法治现代化,必须始终坚持党的集中统一领导,全面贯彻落实习近平法治思想,切实履行法治政府建设领导职责,抓好落实法治政府建设重点任务,持续加强法治政府建设协调督促。在此前提和基础上,要着力完善行政法治现代化推进机制,深入推进法治政府建设督察工作,扎实推进法治政府建设示范创建,严格执行法治政府建设年报制度,建立健全法治政府建设指标体系,还要全面加强依法行政能力现代化,提高共治人员依法履职能力,健全领导干部学法用法机制,加强基层法治机构建设,加强法治工作队伍建设,加强政府立法能力建设。在习近平法治思想的科学指引下,新时代中国的

① 习近平:《坚定不移走中国特色社会主义法治道路 为全面建设社会主义现代化国家提供有力法治保障》,载《求是》2021 年第 5 期。

② 习近平:《高举中国特色社会主义伟大旗帜 为全面建设社会主义现代化国家而团结奋斗——在中国共产党第二十次全国代表大会上的报告》,人民出版社 2022 年版,第 41 页。

行政法学理论创新取得了显著进步,中国特色社会主义行政法治理论正在全面形成。展望未来,中国式行政法治现代化理论与实践的创新发展,必将为中国式行政法治现代化新道路的深化拓展作出新的重要贡献,行政法治现代化的中国智慧与中国方案必将进一步为人类法治文明提供新的重要启迪。

参考文献

一、经典文献类

1.《十八大以来重要文献选编》(上),中央文献出版社 2014 年版。

2.《十八大以来重要文献选编》(中),中央文献出版社 2016 年版。

3.《十八大以来重要文献选编》(下),中央文献出版社 2018 年版。

4.《习近平谈治国理政》(第一卷),外文出版社 2018 年版。

5.《习近平谈治国理政》(第二卷),外文出版社 2017 年版。

6.《习近平谈治国理政》(第三卷),外文出版社 2020 年版。

7.《习近平关于全面依法治国论述摘编》,中央文献出版社 2015 年版。

8.《习近平关于社会主义政治建设论述摘编》,中央文献出版社 2017 年版。

9. 习近平:《论坚持全面依法治国》,中央文献出版社 2020 年版。

10. 习近平:《切实把思想统一到党的十八届三中全会精神上来》,载《人民日报》2014 年 1 月 1 日版。

11. 习近平:《在庆祝中国人民政治协商会议成立 65 周年大会上的讲话》,载《人民日报》2014 年 9 月 21 日版。

12. 习近平:《加快建设社会主义法治国家》,载《求是》2015 年第 1 期。

13. 习近平:《在庆祝中国共产党成立 95 周年大会上的讲话》,载《人民日报》2016 年 7 月 2 日版。

14. 习近平:《决胜全面建成小康社会　夺取新时代中国特色社会主义伟大胜利——在中国共产党第十九次全国代表大会上的报告》,载《人民日报》2017 年 10 月 28 日版。

15. 习近平:《加强党对全面依法治国的领导》,载《求是》2019 年第 4 期。

16. 习近平:《关于〈中共中央关于坚持和完善中国特色社会主义制度　推进国家治理体系和治理能力现代化若干重大问题的决定〉的说明》,载《人民日报》2019 年 11 月 5 日版。

17. 习近平:《在庆祝全国人民代表大会成立六十周年大会上的讲话》,载《求是》2019 年第 18 期。

18. 习近平:《国家中长期经济社会发展战略若干重大问题》,载《求是》2020 年第 21 期。

19. 习近平:《坚定不移走中国特色社会主义法治道路　为全面建设社会主义现代化国家提供有力法治保障》,载《求是》2021 年第 5 期。

20. 习近平:《把握新发展阶段,贯彻新发展理念,构建新发展格局》,载《求是》2021 年第 9 期。

21. 习近平:《正确认识和把握中长期经济社会发展重大问题》,载《求是》2021 年第 2 期。

22. 习近平:《在中央人大工作会议上的讲话》,载《求是》2022 年第 5 期。

23. 习近平：《在庆祝中国共产党成立100周年大会上的讲话》，载《人民日报》2021年7月2日版。

24. 习近平：《高举中国特色社会主义伟大旗帜　为全面建设社会主义现代化国家而团结奋斗——在中国共产党第二十次全国代表大会上的报告》，人民出版社2022年版。

25.《中共中央关于全面深化改革若干重大问题的决定》，载《人民日报》2013年11月16日版。

26.《中共中央关于全面推进依法治国若干重大问题的决定》，载《人民日报》2014年10月29日版。

27.《中共中央印发〈深化党和国家机构改革方案〉》，载《人民日报》2018年3月22日版。

28.《中共中央关于坚持和完善中国特色社会主义制度　推进国家治理体系和治理能力现代化若干重大问题的决定》，人民出版社2019年版。

29.《中华人民共和国国民经济和社会发展第十四个五年规划和2035年远景目标纲要》，载《人民日报》2021年3月13日版。

30.《中共中央　国务院关于加强基层治理体系和治理能力现代化建设的意见》，载《人民日报》2021年4月28日版。

31.《中共中央关于党的百年奋斗重大成就和历史经验的决议》，载《人民日报》2021年11月17日版。

32.《全面推进依法行政实施纲要》，载《人民日报》2004年4月21日版。

33.《法治政府建设实施纲要（2015—2020年）》，载《人民日报》2015年12月28日版。

34.《法治政府建设实施纲要（2021—2025年）》，载《人民日报》2021年8月12日版。

二、学术著作类

1. 公丕祥：《法制现代化的理论逻辑》，商务印书馆2021年版。

2. 公丕祥主编:《法治现代化蓝皮书:中国法治社会发展报告(2020)》,社会科学文献出版社 2020 年版。

3. 公丕祥主编:《法治现代化蓝皮书:中国法治社会发展报告(2021)》,社会科学文献出版社 2021 年版。

4. 公丕祥主编:《新时代的中国国家制度与法律制度建设》,法律出版社 2021 年版。

5. 关保英:《法治政府概论》,中国法制出版社 2018 年版。

6. 胡建淼主编:《法治政府建设:全面依法治国的重点任务和主体工程》,人民出版社 2021 年版。

7. 胡建淼、张焕光:《行政法学原理》,劳动人事出版社 1989 年版。

8. 黄仁宇:《万历十五年》,生活 · 读书 · 新知三联书店 1997 年版。

9. 黄仁宇:《中国大历史》,生活 · 读书 · 新知三联书店 2007 年版。

10. 洪毅、杜平主编:《中国电子政务发展报告(2014)》,社会科学文献出版社 2014 年版。

11. 江必新:《国家治理现代化与行政法治》,中国法制出版社 2016 年版。

12. 江必新:《法治政府的制度逻辑与理性构建》,中国法制出版社 2014 年版。

13. 李季主编:《数字政府蓝皮书:中国数字政府建设报告(2021)》,社会科学文献出版社 2021 年版。

14. 刘禾:《跨语际实践》,生活 · 读书 · 新知三联书店 2002 年版。

15. 刘旺洪:《行政与法治:中国行政法制现代化研究》,南京师范大学出版社 1998 年版。

16. 马颜昕等:《数字政府:变革与法治》,中国人民大学出版社 2021 年版。

17. 吴欢:《安身立命:传统中国国宪的形态与运行——宪法学视角的阐释》,中国政法大学出版社 2013 年版。

18. 王名扬:《英国行政法》,中国政法大学出版社 1987 年版。

19. 王名扬:《法国行政法》,中国政法大学出版社 1988 年版。

20. 王名扬:《美国行政法》,中国法制出版社 1995 年版。

21. 汪太贤:《从治民到民治:清末地方自治思潮的萌生与变迁》,法律出版社 2009 年版。

22. 王锡锌:《公众参与和行政过程——一个理念和制度分析的框架》,中国民主法制出版社 2007 年版。

23. 杨登峰主编:《当代中国的法治政府建设》,法律出版社 2017 年版。

24. 俞可平:《治理与善治》,社会科学文献出版社 2000 年版。

25. 余逊达:《法治与行政现代化》,中国社会科学出版社 2005 年版。

26. 朱新力等:《中国法治政府建设:原理与实践》,江苏人民出版社 2019 年版。

27. 郑成良等:《法治政府建设的理念与路径》,上海人民出版社 2018 年版。

28. 张创新:《中国古代政府论纲》,吉林大学出版社 2004 年版。

29. 章剑生:《现代行政法总论》,法律出版社 2019 年版,修订版补记。

30. 朱新力等:《行政法基础理论改革的基本图谱:"合法性"与"最佳性"二维结构的展开路径》,法律出版社 2013 年版。

31. 周佑勇:《行政法原论》,北京大学出版社 2018 年版,第 59 页。

32. [德]奥托 · 迈耶:《德国行政法》,刘飞译,商务印书馆 2002 年版。

33. [法]让 · 里韦罗、[法]让 · 瓦利纳:《法国行政法》,鲁仁译,商务印书馆 2008 年版。

34. [美]理查德 · J. 皮尔斯:《行政法》,苏苗罕译,中国人民大学出版社 2016 年版。

35. [美]塞缪尔·亨廷顿:《文明的冲突与世界秩序的重建》,周琪等译,新华出版社 1999 年版。

36. [日]南博方:《日本行政法》,杨建顺、周作彩译,中国人民大学出版社 1988 年版。

37. [英]约翰·洛克:《政府论》,叶启芳、瞿菊农译,商务印书馆 1996 年版。

38. [英]威廉·韦德:《行政法》,徐炳等译,中国大百科全书出版社 1997 年版。

三、期刊论文类

1. 包国宪、郎玫:《治理、政府治理概念的演变与发展》,载《兰州大学学报(社会科学版)》2009 年第 2 期。

2. 鲍静:《全面建设数字法治政府面临的挑战及应对》,载《中国行政管理》2021 年第 11 期。

3. 包万超:《行政法治:精神及制度》,载《政府法制》1996 年第 4 期。

4. 陈柏峰:《习近平法治思想中的"党的领导"理论》,载《法商研究》2021 年第 3 期。

5. 程潮、卢汉桥:《论中国古代的行政诚信》,载《湖南社会科学》2010 年第 6 期。

6. 程琥:《综合行政执法体制改革的价值冲突与整合》,载《行政法学研究》2021 年第 2 期。

7. 陈坤、仲帅:《权力清单制度对简政放权的价值》,载《行政论坛》2014 年第 21 期。

8. 曹鎏:《论我国法治政府建设的目标演进与发展转型》,载《行政法学研究》2020 年第 4 期。

9. 陈琳、杨明:《"为政以德":儒家治国理念的核心》,载《伦理学研究》2015 年第 2 期。

10. 程燎原:《千古一“治”:中国古代法思想的一个“深层结构”》,载《政法论坛》2017 年第 3 期。

11. 陈鹏:《新中国成立 70 年来的政府机构改革:历程、启示与展望》,载《岭南学刊》2019 年第 4 期。

12. 陈天昊:《法国行政法的法典化:起源、探索与借鉴》,载《比较法研究》2021 年第 5 期。

13. 陈兴良:《论行政处罚与刑罚处罚的关系》,载《中国法学》1992 年第 4 期。

14. 陈振明:《从公共行政学、新公共行政学到公共管理学——西方政府管理研究领域的“范式”变化》,载《政治学研究》1999 年第 1 期。

15. 段尧清等:《我国政府信息公开态势及其调控策略研究——基于 2008—2018 年国务院部门政府信息公开年报分析》,载《现代情报》2020 年第 8 期。

16. 丁煌、李雪松:《整体性治理视角下综合行政执法改革的深化之道》,载《南京社会科学》2020 年第 12 期。

17. 方腾高等:《重大行政决策合法性审查进展、问题及对策》,载《中国司法》2021 年第 7 期。

18. 丁晓东:《从公开到服务:政府数据开放的法理反思与制度完善》,载《法商研究》2022 年第 2 期。

19. 董佡生:《始终尊崇法治厉行法治　一以贯之坚持依法办事依法治理——习近平法治思想正定溯源》,载《民主与法制周刊》2021 年第 21 期。

20. 公丕祥:《全球秩序重构进程中的法治中国建设》,载《法律科学》2016 年第 5 期。

21. 公丕祥:《中国式法治现代化新道路的内在逻辑》,载《法学》2021 年第 10 期。

22. 公丕祥:《习近平的法治与国家治理现代化思想》,载《法商研究》2021 年第 2 期。

23. 公丕祥:《新时代中国法治现代化的战略安排》,载《中国法学》2018 年第 3 期。

24. 公丕祥:《新时代中国法治现代化的内在动因——基于我国社会主要矛盾新变化的初步分析》,载《中国高校社会科学》2019 年第 3 期。

25. 公丕祥:《国家治理与公法发展:中国法治现代化的时代议题》,载《中国高校社会科学》2016 年第 1 期。

26. 公丕祥:《马克思的法律发展思想及其当代意义》,载《中国社会科学》2017 年第 10 期。

27. 公丕祥:《十八大以来全面依法治国的理论与实践论纲》,载《中国高校社会科学》2017 年第 5 期。

28. 公丕祥:《习近平法治思想:马克思主义法治思想中国化的第三次历史性飞跃》,载《法治现代化研究》2021 年第 1 期。

29. 公丕祥:《当代中国区域法治发展的动力机理》,载《江苏社会科学》2018 年第 4 期。

30. 公丕祥:《习近平法治思想中的改革论述》,载《东方法学》2021 年第 2 期。

31. 关保英:《新时代行政法体系的构造研究》,载《甘肃社会科学》2019 年第 5 期。

32. 关保英:《权力清单的行政法价值研究》,载《江汉论坛》2015 年第 1 期。

33. 关保英:《科学立法科学性之解读》,载《社会科学》2007 年第 3 期。

34. 高其才:《现代立法理念论》,载《南京社会科学》2006 年第 1 期。

35. 高富平:《个人信息保护:从个人控制到社会控制》,载《法学研究》2018 年第 3 期。

36. 胡斌:《行政执法案例指导制度的法理与构建》,载《政治与法律》2016 年第 9 期。

37. 胡东:《改革开放 40 年行政法治建设的成就、问题与展望》,载《学术交流》2018 年第 12 期。

38. 韩大元:《论党必须在宪法和法律范围内活动原则》,载《法学评论》2018 年第 5 期。

39. 黄璜:《中国"数字政府"的政策演变——兼论"数字政府"与"电子政务"的关系》,载《行政论坛》2020 年第 3 期。

40. 黄璜、成照根:《"互联网 + 监管":政策演变与模式划分》,载《电子政务》2019 年第 7 期。

41. 黄恒学、孔雪琳:《深化事业管理体制改革的若干重大问题》,载《中共浙江省委党校学报》2014 年第 4 期。

42. 胡建淼:《基本建成法治政府是全面依法治国的关键目标》,载《法治现代化研究》2017 年第 2 期。

43. 韩璐帆、李娣:《行政决策科学化和民主化的研究——基于信息时代公众参与的角度》,载《中国管理信息化》2016 年第 2 期。

44. 何显明:《习近平国家治理体系和治理能力现代化重要论述的理论创新意蕴》,载《观察与思考》2019 年第 1 期。

45. 胡宁生:《国家治理现代化:政府、市场和社会新型协同互动》,载《南京社会科学》2014 年第 1 期。

46. 胡税根、徐靖芮:《我国政府权力清单制度的建设与完善》,载《中共天津市委党校学报》2015 年第 1 期。

47. 韩啸:《让信息流动起来:人工智能与政府治理变革》,载《社会主义研究》2019 年第 4 期。

48. 黄文艺:《坚持党对全面依法治国的领导》,载《法治现代化研究》2021 年第 1 期。

49. 黄小勇:《机构改革的历程及其内在逻辑》,载《行政管理改革》2018 年第 5 期。

50. 黄学贤、杨红:《行政裁量权基准有效实施的保障机制研究》,载《法学论坛》2015 年第 6 期。

51. 金国坤:《党政机构统筹改革与行政法理论的发展》,载《行政法学研究》2018 年第 5 期。

52. 江必新、黄明慧:《习近平法治思想中的法治政府建设理论研究》,载《行政法学研究》2021 年第 4 期。

53. 江必新、程琥:《论良法善治原则在法治政府评估中的应用》,载《中外法学》2018 年第 6 期。

54. 江必新:《法治思维——社会转型时期治国理政的应然向度》,载《法学评论》2013 年第 5 期。

55. 江国华:《行政转型与行政法学的回应型变迁》,载《中国社会科学》2016 年第 11 期。

56. 江国华、陈佳青:《法治政府目标体系——中国法治政府建设十大成就之一》,载《时代法学》2021 年第 1 期。

57. 姜明安:《论新时代中国特色法治政府建设》,载《北京大学学报(哲学社会科学版)》2018 年第 1 期。

58. 姜明安:《新时代中国行政法学的转型与使命》,载《财经法学》2019 年第 1 期。

59. 姜明安:《论法治国家、法治政府、法治社会建设的相互关系》,载《法学杂志》2013 年第 6 期。

60. 姜明安:《国家监察法立法的若干问题探讨》,载《法学杂志》2017 年第 3 期。

61. 姜明安:《21 世纪中外行政程序法发展述评》,载《比较法研究》2019 年第 6 期。

62. 姜明安:《行政诉讼法修改的若干问题》,载《法学》2014 年第 3 期。

63. 姜明安:《中国政府信息公开制度的发展趋势》,载《比较法研究》2017 年第 2 期。

64. 江雪松:《国家治理体系中的区域法治发展类型学分析》,载《宁夏社会科学》2017 年第 4 期。

65. 寇炳灿、孔祥敬:《关于行政审批制度改革的动因和目标》,载《中国行政管理》2002 年第 8 期。

66. 刘东亮:《什么是正当法律程序》,载《中国法学》2010 年第 4 期。

67. 卢芳霞:《基层法治建设的经验、瓶颈与展望——以法治浙江建设十年为视角》,载《法治研究》2016 年第 6 期。

68. 雷刚:《算法正当程序:算法决策程序对正当程序的冲击与回应》,载《电子政务》2021 年第 12 期。

69. 李桂华:《"数据—决策一体化"数字政府治理模式效应研究》,载《成都大学学报(社会科学版)》2022 年第 1 期。

70. 李洪雷:《行政体制改革与法治政府建设四十年(1978—2018)》,载《法治现代化研究》2018 年第 5 期。

71. 林鸿潮:《党政机构融合与行政法的回应》,载《当代法学》2019 年第 4 期。

72. 李龙、任颖:《"治理"一词的沿革考略——以语义分析与语用分析为方法》,载《法制与社会发展》2014 年第 4 期。

73. 骆梅英:《优化营商环境的改革实践与行政法理》,载《行政法学研究》2020 年第 5 期。

74. 李晴:《自动化行政处罚何以公正》,载《学习与探索》2022 年第 2 期。

75. 刘家和:《论司马迁史学思想中的变与常》,载《北京师范大学学报(人文社会科学版)》2000 年第 2 期。

76. 刘松山:《科学立法的八个标准》,载《中共杭州市委党校学报》2015 年第 5 期。

77. 李军鹏:《十九大后深化放管服改革的目标、任务与对策》,载《行政论坛》2018 年第 2 期。

78. 陆杰华、刘芹:《转型期重大决策社会稳定风险评估体制机制探究》,载《中国特色社会主义研究》2019 年第 3 期。

79. 李坤轩:《新时代深化“放管服”改革的问题与对策》,载《行政管理改革》2019 年第 6 期。

80. 刘练军:《人民主权理论的思想史叙事》,载《政法论坛》2020 年第 3 期。

81. 李启成:《治吏:中国历代法律的“宗旨”——读〈法治是什么:从贵族法治到民主法治〉》,载《政法论坛》2017 年第 6 期。

82. 刘权:《党政机关合署办公的反思与完善》,载《行政法学研究》2018 年第 5 期。

83. 刘启川:《责任清单编制规则的法治逻辑》,载《中国法学》2018 年第 5 期。

84. 刘旺洪:《法治政府的基本理念》,载《南京师大学报(社会科学版)》2006 年第 4 期。

85. 李晓兵:《法国法治发展的多维考察:“法之国”的法治之路》,载《交大法学》2014 年第 4 期。

86. 赖先进:《论行政执法中的跨部门协同问题及其治理》,载《国家治理现代化研究》2018 年第 1 期。

87. 赖先进:《从部门化到系统化:行政执行系统建设如何更强有力——基于行政执行系统模型理论的分析》,载《中共天津市委党校学报》2021 年第 5 期。

88. 李小立:《我国规范行政裁量权的困境与出路——基于法治政府的视角》,载《中共四川省委党校学报》2021 年第 4 期。

89. 刘熙瑞:《经济全球化背景下中国政府改革的目标选择》,载《中国行政管理》2002 年第 7 期。

90. 李迎春:《行政法视角下的行政决策》,载《行政法学研究》2007 年第 4 期。

91. 孔祥涛:《推进重大决策社会稳定风险评估治理》,载《中国党政干部论坛》2018 年第 11 期。

92. 龚廷泰:《人的需要、社会主要矛盾与法治保障》,载《法学》2018 年第 8 期。

93. 吕志奎:《从职能带动到体系驱动:中国政府机构改革的“三次跃迁”》,载《学术研究》2019 年第 11 期。

94. 马怀德:《法治政府建设的根本遵循》,载《中国司法》2021 年第 11 期。

95. 马怀德:《新时代法治政府建设的意义与要求》,载《中国高校社会科学》2018 年第 5 期。

96. 马怀德、孔祥稳:《中国行政法治四十年:成就、经验与展望》,载《法学》2018 年第 9 期。

97. 马怀德:《政府信息公开制度的发展与完善》,载《中国行政管理》2018 年第 5 期。

98. 马怀德:《迈向“规划”时代的法治中国建设》,载《中国法学》2021 年第 3 期。

99. 马怀德:《论习近平法治思想中的法治政府理论》,载《政法论坛》2020 年第 6 期。

100. 马怀德:《习近平法治思想中法治政府理论的核心命题》,载《行政法学研究》2020 年第 6 期。

101. 马太建:《习近平法治思想中的推进依法行政建设法治政府理论》,载《法治现代化研究》2022 年第 1 期。

102. 马太建:《论相对集中行政处罚权与综合执法的关系》,载《法治现代化研究》2018 年第 6 期。

103. 茅铭晨:《“行政决策”概念的证立及行为的刻画》,载《政治与法律》2017 年第 6 期。

104. 莫于川:《〈行政诉讼法〉修改及其遗留争议难题——以推动法治政府建设为视角》,载《行政法学研究》2017 年第 2 期。

105. 马英娟、李德旺:《我国政府职能转变的实践历程与未来方向》,载《浙江学刊》2019 年第 3 期。

106. 马英娟:《监管的概念:国际视野与中国话语》,载《浙江学刊》2018 年第 4 期。

107. 马颜昕:《自动化行政的分级与法律控制变革》,载《行政法学研究》2019 年第 1 期。

108. 牟效波:《我国新行政立法程序的进步与保守:比较的视角》,载《北京行政学院学报》2019 年第 1 期。

109. 倪洪涛:《论西方行政法治的主要类型》,载《法律科学》2022 年第 3 期。

110. 闫尔宝:《我国行政行为法体系建构的问题与症结》,载《国家检察官学院学报》2014 年第 5 期。

111. 彭国甫:《当代中国政府机构改革与职能转变》,载《湖南社会科学》2000 年第 2 期。

112. 潘小娟:《政府的自我革命:中国行政审批制度改革的逻辑起点与发展深化》,载《行政管理改革》2021 年第 3 期。

113. 戚建刚、唐梅玲:《论精准扶贫的行政法规制》,载《江汉论坛》2017 年第 9 期。

114. 青锋:《行政执法体制改革的图景与理论分析》,载《法治论丛》2007 年第 1 期。

115. 任才峰:《科学立法、民主立法、依法立法的理论与实践》,载《人大研究》2019 年第 1 期。

116. 阮崇武:《科学的行政决策方法》,载《中国软科学》1998 年第 4 期。

117. 孙潮、徐向华:《论我国立法程序的完善》,载《中国法学》2003 年第 5 期。

118. 史浩林:《依法治国与以法治国、法治与法制论异》,载《长白学刊》1999 年第 3 期。

119. 孙晶:《布罗代尔的长时段理论及其评价》,载《广西大学学报

(哲学社会科学版)》2002 年第 3 期。

120. 沈岿:《论行政法上的效能原则》,载《清华法学》2019 年第 4 期。

121. 沈岿:《解困行政审批改革的新路径》,载《法学研究》2014 年第 2 期。

122. 盛明科:《坚持以人民为中心推进服务型政府建设》,载《湖南社会科学》2017 年第 6 期。

123. 沈荣华:《我国政府机构改革 40 年的启示和新趋向》,载《行政管理改革》2018 年第 10 期。

124. 石佑启:《WTO 对中国行政法治建设的影响》,载《中国法学》2001 年第 1 期。

125. 石佑启、杨治坤:《中国政府治理的法治路径》,载《中国社会科学》2018 年第 1 期。

126. 孙肖远:《国家治理现代化的中国逻辑》,载《江海学刊》2019 年第 4 期。

127. 石亚军:《实现政府科学决策机制的根本转变》,载《中国行政管理》2006 年第 10 期。

128. 唐兴军、齐卫平:《治理现代化中的政府职能转变:价值取向与现实路径》,载《社会学研究》2014 年第 3 期。

129. 唐皇凤、吴瑞:《新冠肺炎疫情的整体性治理:现实考验与优化路径》,载《湖北大学学报(哲学社会科学版)》2020 年第 3 期。

130. 滕锐:《我国电子政务立法的思考——以政府信息公开法律制度为视角》,载《法学杂志》2010 年第 6 期。

131. 童颖华、刘武根:《国内外政府职能基本理论研究综述》,载《江西师范大学学报(哲学社会科学版)》2007 年第 3 期。

132. 唐亚林、刘伟:《权责清单制度:建构现代政府的中国方案》,载《学术界》2016 年第 12 期。

133. 田兆阳:《法治、民治、吏治与自治——论依法行政的主体》,载

《新视野》2000 年第 3 期。

134. 王安:《行政法治原则是行政法的基本原则》,载《理论探索》1992 年第 4 期。

135. 王春业:《论地方行政权力清单制度及其法制化》,载《政法论丛》2014 年第 6 期。

136. 王方玉:《地方立法前评估的内涵与主体模式解析——基于对立法后评估的借鉴》,载《西部法学评论》2018 年第 6 期。

137. 王刚:《从"中国之制"到"中国之治"的内在逻辑》,载《探索》2020 年第 1 期。

138. 王贵松:《风险行政的组织法构造》,载《法商研究》2016 年第 6 期。

139. 吴欢:《"互联网 + "法治政府建设:意义、空间与进路》,载《黑龙江社会科学》2017 年第 1 期。

140. 吴欢:《新时代法治政府建设的区域探索及其意义——基于江苏省近年来实践的评析》,载《黑龙江社会科学》2018 年第 6 期。

141. 吴建依:《行政法治现代化的方法论思考》,载《江汉论坛》2005 年第 7 期。

142. 王敬波:《地方法治政府评估的中国实践》,载《中国法律评论》2017 年第 4 期。

143. 王立胜:《"七一"重要讲话的重大理论创新及意义》,载《人民论坛》2021 年第 21 期。

144. 王利明:《负面清单管理模式与私法自治》,载《中国法学》2014 年第 5 期。

145. 王浦劬:《国家治理、政府治理和社会治理的含义及其相互关系》,载《国家行政学院学报》2014 年第 3 期。

146. 王浦劬:《论转变政府职能的若干理论问题》,载《国家行政学院学报》2015 年第 1 期。

147. 王青斌、高晨辉:《法治政府建设的地区化差异》,载《中国司法》2020 年第 12 期。

148. 王青斌：《论执法保障与行政执法能力的提高》，载《行政法学研究》2012 年第 1 期。

149. 王文：《编制和实施五年规划是我们党治国理政的重要方式》，载《红旗文稿》2020 年第 23 期。

150. 魏琼：《简政放权背景下的行政审批改革》，载《政治与法律》2013 年第 9 期。

151. 王绍光：《治理研究：正本清源》，载《开放时代》2018 年第 2 期。

152. 王太高：《我国整体政府思想的形成及其展开——以〈法治政府建设实施纲要（2021—2025 年）〉切入》，载《探索与争鸣》2022 年第 1 期。

153. 王瑞雪：《治理语境下的多元行政法》，载《行政法学研究》2014 年第 4 期。

154. 王万华：《健全科学民主依法决策机制　大力推进法治政府建设》，载《中国司法》2019 年第 7 期。

155. 王万华：《论政府数据开放与政府信息公开的关系》，载《财经法学》2020 年第 1 期。

156. 王锡锌：《依法行政的合法化逻辑及其现实情境》，载《中国法学》2008 年第 5 期。

157. 王学辉、王亚栋：《法治政府建设研究的三阶段述评——基于中国知网 1997 - 2018 年相关文献的分析》，载《福建行政学院学报》2019 年第 1 期。

158. 王永山：《行政法治现代化标准剖析》，载《江海学刊》1997 年第 5 期。

159. 汪玉凯：《党和国家机构改革与国家治理现代化》，载《中共天津市委党校学报》2018 年第 3 期。

160. 王柱国：《依法行政原则之"法"的反思》，载《法商研究》2012

年第 1 期。

161. 薛澜、李宇环:《走向国家治理现代化的政府职能转变:系统思维与改革取向》,载《政治学研究》2014 年第 5 期。

162. 熊文钊、郑毅:《建设法治政府的模式与政府法治论》,载《法学杂志》2010 年第 11 期。

163. 徐显明:《国家治理现代化关乎国家存亡》,载《法制与社会发展》2014 年第 5 期。

164. 笑侠:《论新一代行政法治》,载《外国法译评》1996 年第 2 期。

165. 谢志强:《从我国政府机构改革历程看国家治理体系现代化》,载《国家治理》2021 年第 4 期。

166. 于安:《试论行政法治的基本理论问题》,载《法律学习与研究》1989 年第 4 期。

167. 杨登峰:《国家任务社会化背景下的行政法主题》,载《法学研究》2012 年第 4 期。

168. 袁达毅:《从“治民”到“民治”:国家治理民主的发展转型》,载《长白学刊》2016 年第 5 期。

169. 杨海坤:《“四个全面”战略布局下如何全面推进法治政府建设》,载《法学评论》2015 年第 5 期。

170. 杨海坤、樊响:《法治政府:一个概念的简明史》,载《法律科学》2016 年第 1 期。

171. 袁曙宏:《健全依法决策机制》,载《行政管理改革》2014 年第 11 期。

172. 郁建兴:《政府自我革命正当其时》,载《浙江经济》2017 年第 5 期。

173. 燕继荣:《服务型政府的研究路向——近十年来国内服务型政府研究综述》,载《学海》2009 年第 1 期。

174. 余凌云:《论行政复议法的修改》,载《清华法学》2013 年第 4 期。

175. 余凌云:《数字政府的法治建构》,载《中国社会科学院大学学报》2022 年第 1 期。

176. 于立深:《新中华法系行政法学的重建与发展》,载《法治现代化研究》2019 年第 2 期。

177. 于立、肖兴志:《规制理论发展综述》,载《财经问题研究》2001 年第 1 期。

178. 袁莉:《新时代营商环境法治化建设研究:现状评估与优化路径》,载《学习与探索》2018 年第 11 期。

179. 于明:《议会主权的"国家理由"英国现代宪制生成史的再解读(1642 – 1696)》,载《中外法学》2017 年第 4 期。

180. 应松年:《新时代行政法治建设的内容、经验与展望》,载《中国司法》2022 年第 2 期。

181. 应松年等:《行政法学理论基础问题初探》,载《中国政法大学学报》1983 年第 4 期。

182. 应松年:《加快法治建设促进国家治理体系和治理能力现代化》,载《中国法学》2014 年第 6 期。

183. 杨树人:《论行政机关落实"谁执法谁普法"普法责任制》,载《成都行政学院学报》2020 年第 4 期。

184. 杨伟东:《法治政府建设的价值追求与重要任务——习近平法治思想深度解读》,载《人民检察》2021 年第 3 期。

185. 尹媛:《重大行政决策实施后评估制度的研究》,载《湖北警官学院学报》2013 年第 3 期。

186. 梅扬:《重大行政决策问责的实践难题及解决》,载《湖北社会科学》2020 年第 12 期。

187. 叶志坚:《国家治理体系和治理能力现代化的历史考察——以中国近代以来社会变革过程为视角》,载《福建行政学院学报》2014 年第 5 期。

188. 郑春燕:《转型政府与行政法治》,载《浙江大学学报(人文社会科学版)》2021 年第 1 期。

189. 周光辉:《当代中国决策体制的形成与变革》,载《中国社会科学》2011 年第 3 期。

190. 章剑生:《行政收费的理由、依据和监督》,载《行政法学研究》2014 年第 2 期。

191. 章剑生:《政府信息获取权及其限制——〈政府信息公开条例〉第 13 条评析》,载《比较法研究》2017 年第 2 期。

192. 章剑生:《我国行政模式与现代行政法的变迁》,载《现代法学》2013 年第 4 期。

193. 章剑生:《从地方到中央:我国行政程序立法的现实与未来》,载《行政法学研究》2017 年第 2 期。

194. 章剑生:《数字化时代政府治理手段的变革》,载《浙江社会科学》2022 年第 1 期。

195. 曾坚:《吏治与治吏:中国实现法治的关键》,载《行政与法》1998 年第 4 期。

196. 张晋藩:《论中国古代的德法共治》,载《中国法学》2018 年第 2 期。

197. 张力:《党政机关合署办公的标准:功能、问题与重构》,载《政治与法律》2018 年第 8 期。

198. 张凌寒:《算法自动化决策与行政正当程序制度的冲突和调和》,载《东方法学》2020 年第 6 期。

199. 张淑芳:《免罚清单的实证与法理》,载《中国法学》2022 年第 2 期。

200. 张文显:《新时代全面依法治国的思想、方略和实践》,载《中国法学》2017 年第 6 期。

201. 张文显:《新时代社会主要矛盾变化与中国法治现代化》,载《法治现代化研究》2018 年第 4 期。

202. 张文显:《习近平法治思想的实践逻辑、理论逻辑和历史逻辑》,载《中国社会科学》2021 年第 3 期。

203. 张文显:《习近平法治思想的理论体系》,载《法制与社会发展》2021 年第 1 期。

204. 张文显:《习近平法治思想的系统观念》,载《中国法律评论》2021 年第 3 期。

205. 张文显:《习近平法治思想是全面依法治国的根本指导思想》,载《法学》2021 年第 12 期。

206. 张文显:《论中国式法治现代化新道路》,载《中国法学》2022 年第 1 期。

207. 郑新立:《增强改革的系统性整体性协同性》,载《红旗文稿》2018 年第 4 期。

208. 张晓莹:《行政处罚的理论发展与实践进步》,载《经贸法律评论》2021 年第 3 期。

209. 朱新力、余军:《行政法视域下权力清单制度的重构》,载《中国社会科学》2018 年第 4 期。

210. 查云飞:《人工智能时代全自动具体行政行为研究》,载《比较法研究》2018 年第 5 期。

211. 查云飞:《行政裁量自动化的学理基础与功能定位》,载《行政法学研究》2021 年第 3 期。

212. 查云飞:《大数据检查的行政法构造》,载《华东政法大学学报》2022 年第 1 期。

213. 周佑勇、尚海龙:《论法国行政法的基本原则》,载《法国研究》2004 年第 1 期。

214. 周佑勇:《行政法基本原则的反思与重构》,载《中国法学》2003 年第 4 期。

215. 周佑勇:《在软法与硬法之间:裁量基准效力的法理定位》,载《法学论坛》2009 年第 4 期。

216. 周叶中:《论重大行政决策问责机制的构建》,载《广东社会科学》2015 年第 2 期。

217. 章志远:《新发展阶段法治政府建设的时代特色——〈法治政府建设实施纲要(2021—2025 年)〉法理解读》,载《法治研究》2021 年第 5 期。

218. 章志远:《法治一体建设地方试验型模式研究》,载《中共中央党校(国家行政学院)学报》2021 年第 2 期。

219. [英]格里·斯托克:《作为理论的治理:五个论点》,华夏风译,载《国际社会科学杂志(中文版)》1999 年第 1 期。

后　记

春去秋来,寒来暑往,古都南京,冷热相宜。2022年5月21日,二十四节气中的小满,《新时代的中国式行政法治现代化》提交初稿。2022年11月7日,二十四节气中的冬至,《新时代的中国式行政法治现代化》修订完稿。

这部书稿是南京师范大学中国法治现代化研究院组织编著的"新时代的中国式法治现代化研究丛书"第三卷,由中国法治现代化研究院法治政府研究所承担写作任务。本书坚持以习近平法治思想特别是习近平法治思想中的行政法治论为指导,深入学习贯彻党的二十大精神,旨在围绕通过法治政府建设的中国式行政法治现代化这一主题主线,准确把握中国式行政法治现代化范式转换的理论内涵,深刻理解中国式行政法治现代化总体方案的内在逻辑,全面阐述新时代中国式行政法治现代化各领域的原创性理论、变革性实践、突破性进展和标志性成果,为推进和拓展全面建设社会主义现代化国家、全面推进中华民族伟大复兴新征程上的中国式行政法治现代化贡献新型法治智库成果。

从2021年秋冬时节项目启动以来,本书写作团队历经提纲拟定、任务分工、要点研讨、初稿撰写、主编审稿、返回修改、总编审稿、二次返修、全书统稿、修改定稿等环节,终于完成这项光荣而又艰巨的任务。在感到欣慰和解脱之余,我们需要借此机会,将参与本书写作的作者及其分工作一些说明,并向为本书写作提供指导、帮助和支持的有关单位和个人表示衷心感谢。

参与本书写作的人员包括:吴欢,南京师范大学法学院副教授,中国法治现代化研究院研究员,法学博士;尹培培,南京师范大学法学院副教授,中国法治现代化研究院研究员,法学博士;孟星宇,南京师范大学法学院讲师,中国法治现代化研究院研究员,法学博士;杜维超,南京师范大学法学院副教授,中国法治现代化研究院研究员,法学博士;李晴,南京大学法学院特聘研究员,中国法治现代化研究院特邀研究员,法学博士;张亮,上海社科院法学所副研究员,中国法治现代化研究院特邀研究员,法学博士;李艾丽,南京大学法学院硕士研究生;周茁涵,江苏省教育科学研究院干部;王思睿,南京师范大学法学院硕士研究生。各章具体写作任务分工如下:

导　论“中国式行政法治现代化的基本方位”,吴欢;

第一章“中国式行政法治现代化的范式转换”,吴欢;

第二章“中国式行政法治现代化的总体方案”,吴欢;

第三章“中国式政府机构职能体系现代化”,孟星宇;

第四章“中国式依法行政制度体系现代化”,孟星宇;

第五章“中国式行政决策制度体系现代化”,尹培培、王思睿;

第六章“中国式行政执法工作体系现代化”,尹培培、王思睿;

第七章“中国式突发事件应对体系现代化”,杜维超;

第八章“中国式数字政府保障体系现代化”,李晴、李艾丽;

第九章“中国式行政法治现代化的领导与推进”,张亮。

此外,吴欢负责拟定全书提纲要点、审读修改各章初稿、统筹修订全书文稿,并在周茁涵的协助下整理主要参考文献。党的二十大胜利闭幕后，吴欢再次进行全面修订，将党的二十大精神有机融入全书各章节。

本书的写作得益于公丕祥教授、李力教授、方乐教授等院领导的悉心指导，得益于中国法治现代化研究院院务会议组成人员的宝贵建议，得益于中国法治现代化研究院法治政府研究所前任所长杨登峰教授的关心支持，也得益于中国法治现代化研究院其他研究人员和办公室工作人员的热情帮助。在这里无法一一罗列所有给我们提供指导和帮助的人员姓名，谨一并致以诚挚谢忱。

新时代的中国式行政法治现代化波澜壮阔且持续向前，本书写作团队对于相关内容的研究和学习非常有限，写作时间也非常紧迫急促，故而肯定存在挂一漏万的不足之处。对此，我们愿意诚恳接受各界的批评意见并在今后的研究中加以改进。此外，本书的写作参考了很多国内外同行的研究成果，在此一并致谢。

本书编写组

2022 年 11 月 7 日